시대가 소환한다

소환 박정희

| 한민족이 가야 할 '자유통일의 길' |

박정희가 있었노라

수수백년 대물림 가난에 찌든 허허 탄식
헐벗고 메마른 산천초목 온누리 허허벌판에
천지개벽의 새벽을 열었노라

나의 넋이 어디에 부딪쳐 가루가 되고 말고
"내 一生 祖國과 民族을 爲하여"
피도 녹일 뜨거운 혼불 일깨운 일편단심
"우리도 한번 잘살아 보세"
가슴 열고 목놓아 울부짖으니
天地人이 三合하여 點指한 巨人
마침내 부국강병 민족중흥 이루었노라

눈부신 거룩한 흔적 어찌 지워질손가
아. 만고에 아니 지워질 큰 이름이여

바를正 빛날熙

박정희가 있었노라

아니 지워질 大韓國의 표상이어라

서기 2025년 12월 5일

獻詞 文田 鄭在浩
謹書 安城 李武鎬

2025년 12월 5일 경북도청 안민관에서 거행된 '박정희대통령 동상 기념사업보고대회'에 봉정된 민족중흥회 정재호 회장의 헌사를 이무호 선생이 근서한 작품.

"시대가 소환한다!"

소환 박정희

저자 우종철

승연사

목차

III 역사 속의 상소문[上疏文] • 59

Ⅳ 역사 속에서 찾는 외교전략[外交戰略] • 133

Ⅴ 역사에서 배우는 포용[包容]의 리더십 • 169

VII 이 나라의 번영을 위한 우국(憂國) 단상(斷想) • 293

VIII 위기(危機)의 대한민국이 나아갈 길 • 341

I.

들어가면서

I
들어가면서

모든 시대에는 그 시대를 관통하는 지배적인 가치가 존재한다. 한 시대를 지배하는 사상·가치·정신을 '시대정신(時代精神)'이라 하는데, 그 시대가 끝나야 비로소 그 시대정신을 알 수 있다. 19세기 독일 철학자 헤겔(Hegel)[1]의 저서 〈법철학 강요〉의 서문에는 "미네르바(Minerva)[2]의 부엉이는 황혼이 깃들 무렵에야 비로소 날아오른다."는 유명한 경구가 있다. 이는 한 시대를 대변하는 정신은 격동과 파란(波瀾)의 흐름을 다 겪고 난 뒤에야 그 진정한 가치를 알 수 있다는 뜻이다.

중국 북송의 시인 동파(東坡) 소식(蘇軾)[3]은 〈제서림벽(題西林壁)〉[4]이

---

1 헤겔(Hegel, Georg Wilhelm Friedrich, 1770~1831) : 독일의 철학자. 독일 관념론의 완성자. 자연, 역사, 정신의 모든 세계는 끊임없이 변화하고 발전하여 가는 과정이며 이들은 정반합(正反合)을 기본 운동으로 하는 관념의 변증법적 전개 원리로 설명될 수 있다고 주장하였다. 이 변증법적 원리는 마르크스주의에 비판적으로 계승되어 19세기 이후의 사상과 학문에 큰 영향을 끼쳤다. 저서에 <정신 현상학>, <논리학> 등이 있다.

2 미네르바(Minerva) : 로마 신화의 지혜의 여신.

3 소식(蘇軾, 1036~1101) : 중국 북송의 문인. 자(字)는 자첨(子瞻). 호(號)는 동파(東坡). 당송(唐宋) 팔대가(八大家)의 한 사람. 구법파(舊法派)의 대표자이며, 서화에도 능하였다. 작품에 <적벽부(赤壁賦)>, 저서에 <동파전집(東坡全集)> 등이 있다.

4 橫看成嶺側成峰(횡간성령측성봉) 遠近高低各不同(원근고저각부동)
不識廬山眞面目(불식여산진면목) 只緣身在此山中(지연신재차산중)
"가로로 보면 고개(嶺), 세로로 보면 봉우리(峰) / 원근고저에 따라 모습이 제각각일세 /
여산의 참모습을 알지 못하는 까닭은 / 단지 이 몸이 산속에 있기 때문이지."

란 시에서 "여산(廬山)의 참모습을 알지 못하는 까닭은/단지 이 몸이 산 속에 있기 때문이지."라고 노래했다. 큰 산을 보기 위해서는 깊은 산속을 벗어나야 하고, 숲을 보기 위해서는 나무 밖으로 나가야 한다. 역사적인 큰 인물에 대한 평가도 나라 안보다 밖에서 더 정확하게 볼 수 있는 법이다.

예로부터 한반도가 처한 지정학적 상황을 '복배수적(腹背受敵)'이라고 했다. 배(腹)와 등(背) 양쪽에서 적이 몰려오는 '샌드위치 형국'이라는 뜻이다. 5,000년 한반도의 역사는 늘 그랬고, 지금도 마찬가지다. 외부에는 북·중·러 전체주의 연합이 자유세계의 균열을 노리고 있고, 내부에는 국가의 권위와 질서가 붕괴되고 있다. 지금 대한민국은 '체제 전쟁'의 한가운데 서 있다. 이승만이 세운 자유의 기초 위에 박정희가 설계한 국가체제가 무너지고 있다. 진영 폭거로 법이 사문화되고 권력이 사유화되고 있다. 정치는 길을 잃었고, 경제는 제로성장의 늪에 빠져 있다. 언론은 진실을 외면하고 있으며, 국민은 국가를 지켜야 할 주체라는 자각을 망각하고 있다.

단재(丹齋) 신채호(申采浩)[5] 선생은 대한제국이 국망(國亡)으로 기우는 국난(國難)의 시기에 〈수군 제일위인 이순신(1908년 대한매일신보)〉이라는 신문소설을 연재해 충무공을 20세기로 호출했다. '끼인 운명'의 조선왕조를 구한 중세의 영웅 이순신을 국권회복의 국민영웅으로 소환한 것이다. 필자는 단재 선생이 전쟁영웅 이순신을 20세기로 호

5 신채호(申采浩, 1880~1936) : 사학자·독립운동가·언론인. 호는 단재(丹齋). 성균관 박사를 거쳐, <황성신문>과 <대한매일신보> 등에 강직한 논설을 실어 독립정신을 북돋우고, 국권 강탈 후에는 중국에 망명하여 독립운동과 국사 연구에 힘쓰다가 일본 경찰에 체포되어 옥사하였다. 저서에 <조선상고사>, <조선사연구초> 등이 있다.

출했듯이, '부국혁명의 영웅' 박정희를 대한민국의 위기극복과 자유통일을 위해 21세기 '정치현장'으로 소환하고 싶다.

1961년 봄. 박정희 육군 소장이 주도한 '5·16혁명'은 식민통치와 전쟁폐허로 극심한 빈곤에 시달리던 신생국 대한민국이 국가의 틀과 국민의 삶을 바꾼 결정적 계기가 되었다. 박정희는 무너진 국가를 다시 세우기 위해 '국가재구성의 길'을 택했다. 그는 체제를 복원하고 새로 짜는 결단을 내려 '하면 된다. 할 수 있다.'는 박정희정신으로 마침내 세계인이 부러워하는 '한강의 기적'을 이뤘다.

박정희는 세계가 인정하는 위대한 지도자다. 역사에 가정이 있을 수 없지만 만약 박정희가 없었더라면 오늘의 대한민국이 가능했을까? 에즈라 보겔(Ezra Vogel)[6] 전 하버드대 교수는 단호히 부정한다. "박정희가 없었다면 오늘날의 한국도 없다. 그는 엄청난 애국심과 강한 비전을 가지고 경제발전을 이루어 냈다." 미국의 전 국무장관 조지 슐츠(George Shultz)[7]는 1992년 서울평화상 수상 연설에서 "한국은 '안보의 기적', '경제발전의 기적', '민주화의 기적' 등 3대 기적을 이룩한 나라"라고 극찬했다.

이렇듯 대한민국은 6·25전쟁의 폐허를 딛고 일어선 위대한 나라요, 원조받던 나라에서 원조 주는 나라가 된 유일한 나라다. 대한민국은 세계 경제 10위권의 '경제대국'으로 G-20의 일원이 되었고, 유엔평화유지활동(PKO) 파병 등을 통해 세계평화에 이바지하는 책임 있는 국가가 되었다. 양적 규모와 질적 경쟁력을 동시에 갖춘 강한 제조·기술 기반

6 에즈라 보겔(Ezra Feivel Vogel, 1930~2020) : 미국 하버드대학교 아시아센터 소장. 세계적인 동아시아문제 연구 전문가.

7 조지 프랫 슐츠(George Pratt Shultz, 1920~2021) : 미국의 교수, 사업가. 공화당의 정치인이자, 60대 국무장관(1982~1989)이다.

을 갖춘 '기술·산업 중심형 경제대국'이 된 것이다. 이는 이승만 대통령이 자유민주주의와 시장경제체제를 선택한 것과 박정희 대통령이 산업화와 부국강병 정책을 성공적으로 추진한 것에 기인한 바 크다.

다산(茶山) 정약용(丁若鏞) 선생은 전남 강진에서 18년 유배 생활 중 저술한 〈경세유표(經世遺表)〉[8]에 아래와 같은 서문을 실었고, 조선은 결국 100년 후에 사라졌다. "나라를 다스리는 법은 시대에 맞게 개혁되어야 한다.……생각해 보건대 터럭 한끝에 이르기까지 병들지 않은 것이 없으니 지금에 와서 개혁하지 않으면 반드시 나라가 망하고야 말 것이다…"

2025년 4월 국제통화기금(IMF)은 한국 GDP는 2020년 9위로 정점을 찍은 뒤 올해 12위, 2030년이면 15위로 하락할 것으로 전망했다. 일본 경제지 머니1은 2023년 11월 '한국은 끝났다'는 제목의 기사에서 "한국의 경제신문에서조차 '한국은 끝났다… 0%대로의 추락은 시간문제'라는 어두운 전망의 기사를 내고 있다"며, 이를 '피크 코리아론'이라고 지칭했다.

한국 10대 수출 주력업종 전체가 5년 뒤엔 중국에 추월당할 수 있다는 전망이 나왔다(한국경제인협회 2025.11). 중국이 이미 한국을 뛰어넘은 업종은 철강, 일반기계, 이차전지, 디스플레이, 자동차부품 분야다. 5년 뒤엔 반도체, 전기전자, 선박, 석유화학, 바이오헬스 시장에서도 비슷한 상황이 될 수 있다는 것인데, 아찔한 전망이 아닐 수 없다.

이제 '혁명적 대(大)전환'이 없다면 대한민국의 미래는 없다. 미래는 우리가 만들어가는 것이지 그냥 주어지는 것이 아니다. 이념과 지역과

8 <경세유표(經世遺表)> : 조선 순조 17년(1817)에 정약용이 관제 개혁과 부국강병을 논한 책. 관제(官制)에 관한 고금(古今)의 실례 및 정치의 폐단을 지적하고 개혁에 대한 견해를 적었다. 44권 15책.

계층으로 분열된 국민을 하나로 통합하여 국가부흥의 새역사를 창조해야 한다. 이를 위해서는 위대한 선각자 박정희를 정치 현장으로 소환하고, 박정희정신을 부활해야 한다. 세상만사 모든 순리가 그러하듯, 나라가 번영하기 위해서는 정권이 수백 번 교체되어도 전임 대통령이 잘한 것은 이어받아 발전시키고, 잘못한 것은 경장(更張)해야 할 것이다.

필자는 멈춰버린 나라를 다시 전진시키기 위해서는 대한민국의 국가정체성을 회복하고 자유민주주의 체제를 수호해야 한다고 생각한다. 이를 위해서는 도전과 모험으로 상징되는 '박정희정신'을 재조명하고, 창조적으로 법고창신(法古創新) 함으로써 답을 찾을 수 있다고 생각한다.

사마천(司馬遷)[9]은 〈사기(史記)〉에서 '앞일을 잊지 않는 것은 뒷일의 스승이 된다'(前事不忘 後事師也·전사불망 후사사야)라고 했다. 또한 '지난 일을 기술하여 다가올 일을 안다'(述往事 知來者·술왕사 지래자)'라고 했다. 특히 취업난과 생활고, 사회적 고립이란 '3중고(苦)'에 내몰려 현실의 암울한 처지에 절망하는 청년 세대들이 '박정희정신'을 통해 멀리 보는 지혜를 갖고 용기와 자신감으로 인생을 설계할 수 있게 되기를 기대한다.

필자는 그동안 언론에 기고한 졸고(拙稿)들을 손질하고 보완하여 대한민국의 미래에 대비하는 작업에 천착(穿鑿)해 왔다. 이 책을 발간하게 된 취지인 '서론'과 대한민국의 자랑스러운 5,000년 역사를 있게 한 선

9 사마천(司馬遷, B.C.145년경~B.C.86년경) : 중국 전한(前漢) 시대의 역사가. 자는 자장(子長). 아버지인 사마담의 관직이었던 태사령(太史令) 벼슬을 물려받아 복무하였다. 태사공(太史公)이라고 불리기도 했다. <사기>의 저자로서 동양 최고 역사가의 한 명으로 꼽히어 중국 '역사의 아버지'라고 일컬어진다.

조(先祖)들의 발자취인 '역사 속의 상소문', '역사 속에서 찾는 외교전략', '역사에서 배우는 포용의 리더십'을 연구 분석했다. 나아가 '박정희정신 계승과 대한민국의 미래', 이 나라의 '번영을 위한 우국(憂國) 단상(斷想)', '위기의 대한민국이 나아갈 길' 순으로 100여 개의 글을 정리했다.

첫째, '역사 속의 상소문(上疏文)'은 우리 역사상 산문(散文) 문학의 정수(精髓)이다. 사국시대로부터 고려, 조선, 구한말에 이르기까지 선비들은 고뇌에 찬 시대의식, 서릿발 같은 기개, 올곧은 정의감으로 벼슬을 내놓고, 심지어 목숨을 던지면서 군주에게 직간(直諫)했다. 그 목적은 백성을 보듬고 세상을 바꾸는 데 힘을 보태는 것이었고, 수단은 대개 상소였다.

상소문은 대부분 국정의 난맥상을 바로잡고 국리민복과 국태민안에 이로운 정책을 제안하기 위해 활용됐다. 군주를 설득하기 위해 탁월한 경륜, 뛰어난 지혜, 고도의 문장력이 동원되다 보니 상소문도 중국 이사(李斯)[10]의 〈간축객서(諫逐客書)〉나 제갈량(諸葛亮)[11]의 〈출사표(出師表)〉처럼 문장이 유려하고 뜻이 간절한 정치문학의 경지에 올랐다. 역사상 군주의 심금을 울렸던 상소문은 소통과 화합에 어려움을 겪고 있는 우리 정치 현실에도 큰 울림으로 다가올 것이다.

둘째, '역사 속에서 찾는 외교전략(外交戰略)'은 대한민국 5,000년

10 이사(李斯, ?~B.C.208) : 중국 진나라의 정치가. 법가 사상을 이용하여 여러 나라를 병합하였다. 시황제의 승상(丞相)으로서 군현제의 실시, 문자·도량형의 통일 등 통일 제국의 확립에 공헌했다. 시황제가 죽은 뒤, 이세(二世) 황제를 옹립하고 권력을 잡았으나 조고의 참소로 실각하여 처형되었다.

11 제갈량(諸葛亮, 181~234) : 중국 삼국시대 촉한의 정치가. 자(字)는 공명(孔明). 시호는 충무(忠武). 뛰어난 군사 전략가로, 유비를 도와 오(吳)나라와 연합하여 조조의 위(魏)나라 군사를 대파하고 파촉(巴蜀)을 얻어 촉한을 세웠다. 유비가 죽은 후에 무향후(武鄕侯)로서 남방의 만족(蠻族)을 정벌하고, 위나라 사마의(司馬懿)와 대전(對戰) 중에 병사하였다.

역사를 만든 치국방략(治國方略)이다. 외교는 전쟁의 가능성을 줄이는 국가 기술이다. 2,300년 전에 아리스토텔레스(Aristoteles)[12]는 '모두의 친구는 누구의 친구도 아니다(A friend to all is a friend to none).'라고 했다. 국제 관계도 마찬가지다. 대한민국은 미국·중국·일본·러시아 4강에 둘러싸여 살아가야 하며, 중국과 일본 사이에서 서로 맞서야 하는 지정학적 운명을 타고났다. 거기에다 북핵(北核)을 머리에 이고 살아야 하는 지난(至難)한 상황에 처해 있다. 구한말과 같은 주변 열강의 각축(角逐)을 이겨내고 대한민국이 자유통일을 이루기 위해서는 선현들의 탁월한 외교전략과 '자주 및 실리외교'에서 많은 것을 배워야 한다.

셋째, '역사에서 배우는 포용의 리더십'은 한국사에 뚜렷한 행적을 남긴 명재상(名宰相)들의 기록이다. 사국시대 3명(을파소, 성충, 김유신), 고려 4명(배현경, 최승로, 최충, 이제현), 조선 6명(하륜, 황희, 류성룡, 이원익, 김육, 채제공)의 명재상을 대상으로 그분들의 위국헌신·애국애민 리더십을 살펴보았다. 나라가 어지러우면 어진 재상이 생각난다(國亂思良相·국난사양상). 우리가 처한 현재의 답답한 정치 상황도 '명재상'을 갈망하는 배경이다. 역사는 과거를 되돌아보는 거울이고 미래를 비추는 나침판이다. 역사를 거울로 삼으면 나라의 흥망을 알 수 있다. 우리 역사를 이끈 최고 경세가(經世家)들의 삶의 철학과 국정운영 비전을 고찰하는 것이 각 분야의 '인사 실패'를 해결하는 방안이 될 수 있을 것이다.

12 아리스토텔레스(Aristoteles, B.C.384~B.C.322) : 고대 그리스의 철학자. 소요학파의 창시자이며, 고대에 있어서 최대의 학문적 체계를 세웠고, 중세의 스콜라 철학을 비롯하여 후세의 학문에 큰 영향을 주었다. 저서에 <형이상학>, <오르가논>, <자연학>, <시학>, <정치학> 등이 있다.

넷째, '박정희정신 계승(繼承)과 대한민국의 미래'는 한강의 기적에서 '헬조선'까지 추락한 멈춰 선 대한민국이 다시 전진할 수 있는 방안을 모색한 것이다. 경북 4대정신은 '화랑정신-선비정신-호국정신-새마을정신'이다. 오늘의 대한민국을 있게 한 기본정신이며, 국가정체성의 원형으로 '박정희정신'의 뿌리이기도 하다. '박정희정신'은 대한민국을 세계 10대 부국 반열에 올린 가치관과 철학'이다. 한마디로 표현하면 '하면 된다(We can do)'이다. 박정희정신은 '자기책임정신, 자립·자조정신, 실용주의정신, 부국강병정신'의 복합체다. 한국이 이룬 '한강의 기적'을 말하면 진부한 이야기라고 깍아내리는 부류가 있지만, 개발도상에 있는 인류에게 한국은 경이로운 대상이며, 가 보고 싶고 배우고 싶은 희망의 나라다. 박정희정신이 창조적으로 계승되어야 하는 이유이기도 하다.

다섯째, 이 나라의 '번영을 위한 우국(憂國) 단상(斷想)'은 대한민국 앞에 가로놓인 난제들을 해결하는 방안의 일환(一環)이다. 국격을 높이는 선비정신을 선양해야 하며, 월남-아프간 패망의 역사에서 배워야 한다. 2024년 기준 한국의 합계출산율은 0.75명으로, 전 세계 198개국 가운데 꼴찌이다. 80년 후(2100년경)에는 우리나라 총인구가 1,650만 명대로 쪼그라들고, 280년 후(2300년경)에는 100만 명도 안 돼 사실상 대한민국은 소멸한다. 청년실업, 소멸하는 지방과 대학, 수도권 팽창 등 발등에 떨어진 불을 끄는 비상한 노력이 강구되어야 한다. 아울러 통일한국 이후 만주회복과 한몽골연합의 '뉴칭기즈칸' 전략, 한국형 '핵추진 잠수함' 건조, 우크라이나 전후(戰後) 재건 참여, 신북방외교 전개에 국운을 걸어야 한다.

여섯째, '위기(危機)의 대한민국이 나아갈 길'은 이 책의 결론 부분이다. 박정희 대통령이 펼친 경국대본(經國大本)은 부국강병과 국태민안으로 압축된다. 전직 대통령이 예우받는 나라가 되어야 한다. 박정희 지우기는 역사 부정이며, 대한민국 지우기다. 역사를 부정하고 지우는 나라엔 미래가 없다. 박정희 대통령의 '공과(功過)'를 객관적으로 조명해야 하며, 공은 공대로, 과는 과대로 바로 봐야 한다. 그 바탕 위에 오늘의 대한민국을 있게 한 불멸의 박정희정신을 복원하고 박정희 정부의 행동원리(박정희 모델)를 중흥시켜야 한다. 나아가 집권 좌파의 광풍에 맞서 보수우파가 자유통일을 위한 '국가 대개조(大改造)' 장정(長征)에 나서야 함을 강조했다.

박정희 대통령이 세상을 떠난 해에 태어나지도 않았던 이들이 전체 인구의 45%를 차지하고 있다. 박정희는 기러기가 우연히 눈밭에 발자국을 남기고 홀연히 떠난 것이 아니다. 그는 1977년 봄 기자간담회에서 이렇게 말했다.

"나도 물론 인간인 이상 나라를 다스리는 데 시행착오가 없지 않았다. 그러나 나는 당대(當代)의 인기를 얻기 위해서 일하지 않았고, 후세 사가(史家)들이 어떻게 기록할 것인가를 항상 염두에 두고 일해 왔다."

그렇다. 박정희는 진정 역사를 두려워한 지도자였다. 이제는 박정희에 대한 개인적인 호불호(好不好)를 넘어 '박정희정신'이 대한민국에 남긴 위대한 발자취를 제대로 평가할 때가 되었다. 박정희는 대붕(大鵬)의 큰 뜻을 품고 혁명의 길에 나서서 대업(大業)을 이룬 위대한 영웅이다.

시대가 증명하고 역사가 인정했던 구국(救國)의 지도자 박정희 대통령. 그가 세상을 떠난 지 반세기가 되어간다. 그가 지녔던 민족중흥의 신념과 부국강병의 요체인 '박정희정신'과 미래지향적 '통찰'이 지금 우리에게 묻는다. "국가가 무너질 때, 무엇부터 새로 세울 것인가?" 박정희의 불굴의 용기와 냉철한 결단은 오늘 우리에게 국가를 새로 짜고, 체계를 다시 세우는 '대한민국 재도약의 길'을 요구한다.

필자가 소장으로 있는 '박정희정신연구소'는 지난 2019년 10월 26일, '박정희정신과 대한민국이 나아갈 길'이라는 주제로 박정희 대통령 서거 40주년 학술 포럼을 경북 구미시에 있는 경북환경연수원에서 주관한 적이 있다. 필자는 그 연장선상에서 '시대가 소환한 박정희정신'이라는 담론(談論)과 '한민족이 가야 할 자유통일의 길'을 조명하고자 한다. 그러나 호랑이를 그리려다 개를 그리게 된 것(畵虎類狗·화호유구)은 아닌지 두려움이 앞선다. 천학비재(淺學菲才)한 필자의 아둔한 작업이 더 나은 세상을 만드는 일에 작은 보탬이라도 될 수 있기를 바라며 강호제현(江湖諸賢)의 애정 어린 질정(叱正)을 기다린다.

끝으로 이 책이 나올수 있도록 성원해 주신 현경대 전 민주평통 수석부의장님과 이주영 전 국회부의장님, 그리고 박정희대통령기념재단의 유영구 이사장님과 손병두 후원회장님께 깊은 감사를 드린다. 또한 미력한 후학의 글에 제자(題字)를 허락해 주신 초당(草堂) 이무호(태극서법 창시자, 경북도청 앞 천년숲 소재 박정희대통령 동상 제액(題額) 헌서자(獻書者)) 선생님께 감사의 마음을 올린다.

2026. 1. 북한산 기슭 자하문연구소에서

문산(文山) 우 종 철

Ⅱ. 서론序論

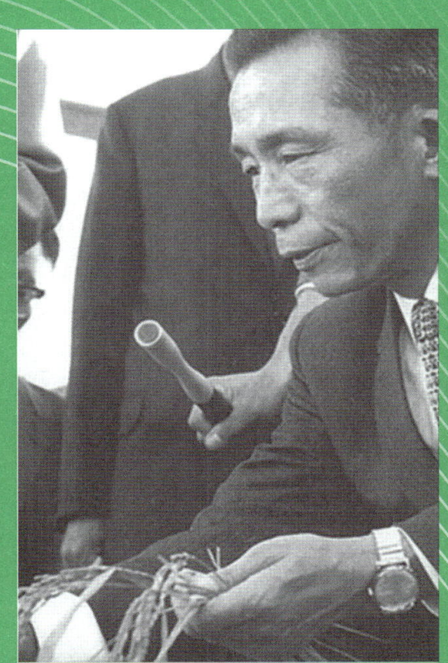

1. 두 번의 '탄핵정변(政變)'과 보수의 각성(覺醒)

2. 무너진 국가정체성을 되살려야

3. 한 번도 경험해 보지 못한 나라

4. 꿈이 사라진 대한민국

5. 기적(奇跡)을 잊은 나라

6. 6·25전쟁 75주년과 '패망의 역사' 고찰

7. '절정기와 쇠락기가 겹친' '피크 코리아(Peak Korea)'

8. 선진국(先進國)의 '세 가지 기준'

9. 이승만의 '건국(建國)', 박정희의 '성국(盛國)' 리더십

10. 교사·군인·혁명가, 그리고 위대한 CEO, 박정희

11. 박정희 대통령의 '통치철학'

II 서론序論

1 두 번의 '탄핵정변(政變)'과 보수의 각성(覺醒)

"인생은 백마가 달려가는 것을 문틈으로 내다보는 것처럼 빨리 지나간다(人生如白駒過隙, 인생여백구과극)."는 〈예기(禮記)〉[13]의 고사(故事)가 있다. 천지는 영원한 데 인생은 두 번 다시 돌아오지 않는 법이다. 인간의 수명은 길어야 백 년, 눈 깜짝할 사이에 지나가고 만다. 세월은 쏜 화살보다 빨리 지나갔으니, 벌써 9년 전, 그리고 1년 전의 일이다. 한국 현대 정치사에서 지난 10년은 '탄핵 광풍의 시대'였다. 박근혜·윤석열 두 보수 대통령이 연이어 헌법재판소의 칼날에 쓰러졌다. 이는 단순한 최고 공직자의 파면 결정이 아니었다. '헌정질서의 교란'이자 외부적 요인에 의한 '보수 정체성의 부정'이었다.

소위 '최순실 태블릿PC' 조작 보도가 발단이 된 2017년 박근혜 대통

13 <예기(禮記)> : 유학 오경(五經)의 하나. 한나라 무제 때에 하간(河間)의 헌왕이 공자와 그 후학들이 지은 131편의 책을 모아 정리한 뒤에 선제 때 유향(劉向)이 214편으로 엮었다. 후에 대덕(戴德)이 85편으로 엮은 대대례(大戴禮)와 대성(戴聖)이 49편으로 줄인 소대례(小戴禮)가 있다. 의례의 해설 및 음악·정치·학문에 걸쳐 예의 근본정신에 관하여 서술하였다.

령 탄핵은 광장의 촛불혁명으로 미화되었다. 대한민국의 거의 모든 언론·방송은 "한 집의 개가 사람을 보고 짖으면 여러 집의 개들이 짖는 소리만 듣고 따라 짖는"(一犬吠形 百犬吠聲·일견폐형 백견폐성)' 오류를 범했다. "한 사람이 거짓된 말을 전하면 수많은 사람이 사실처럼 전하게 되었다"(一人傳虛 萬人傳實·일인전허 만인전실). 즉 얼마나 선동 언론이 잘못했으면 한 독자가 "조·중·동이 신문이면 우리 집 화장지는 팔만대장경이다."라고 조롱했겠는가.

12.3 비상계엄으로 촉발된 2025년 윤석열 대통령 탄핵은 '내란 종식'이라는 명분 아래 추진되었다. 헌재 재판관들은 국민이 뽑은 대통령을 내쫓아 조기 대선으로 정권을 탈취하려는 민주당의 입법 독재에 굴복했고, 대한민국의 역사와 미래보다는 자신들의 안위만을 위한 '비루한 길'을 선택했다. 두 탄핵 모두 헌법 수호의 허울을 빌린 '탄핵정변(彈劾政變)'이었다. 일부 정치인, 법조인, 언론인들이 국가의 근간을 송두리째 흔들었고, 대한민국은 보수 대통령 연속 탄핵으로 좌익 사법 카르텔에 '갇힌 사회'가 되었다. 법치가 정치의 무기로 전락했고, 자유민주주의는 형해화되었다.

박근혜 대통령 탄핵은 진실이 아닌 광장의 여론이 앞섰고, 윤석열 대통령 탄핵은 법리보다 정략이 앞섰다. 두 대통령은 명백한 헌법 위반 없이 8대0 전원일치 담합(인민재판)으로 파면됐다. 두 사건 모두 헌법의 외피를 썼으나, 속살은 '정치적 제거'에 있었다. 보수는 두 번의 탄핵을 겪으며 '하늘에서 땅으로 곤두박질 당한 신세'(一落千丈·일락천장)가 되었다. 이 나라를 세우고 지키고 키워온 국가 중심 세력에서 적폐청산 대상으로 전락한 것이다. 첫 번째 탄핵 때는 스스로를 버렸고, 두 번째 탄핵 때는 첫 탄핵의 교훈을 망각한 후과(後果)를 고스란히 받았다.

박근혜 대통령에 대한 무리한 탄핵소추를 주도한 국회, 거짓으로 국민을 선동한 언론, 인권을 유린한 검찰 및 특검, 탄핵을 인용한 헌법재판관들은 모두 씻을 수 없는 오명(汚名)을 남겼고, '역사의 법정'에 서야 할 것이다. 그리고 8년 뒤, 윤석열 대통령의 탄핵 역시 같은 궤적을 밟았다. 헌법재판관들은 또다시 법의 이름으로 정치를 자행했고, 정치권은 사법(司法)을 도구로 삼았다. 사법적 판단이 정권교체의 도구로 남용된다면, 대의민주주의는 껍데기만 남는다.

첫 번째 탄핵을 주도한 김무성·유승민 등은 자신들의 권력욕을 위해 자당(自黨)의 대통령을 몰아낸 천고(千古)의 '배신자들'이고, 두 번째 탄핵에 편승한 한동훈과 그 추종자들은 탄핵 반대 당론을 어기고 내란에 빌붙은 만고(萬古)의 '배신자'들이다. 이들의 공통점은 좌파 정권 탄생의 일등공신(부역자)으로서 자유민주주의 체제를 짓밟은 보수의 공적(公敵)이라는 점이다. 이 두 탄핵은 '한국 보수의 대(大)위기'를 초래했다. 좌파의 공세보다 더 무서운 것은 보수의 '자기기만'이었다. 보수가 박근혜 정부 시절에는 '청와대의 폐쇄성'에 안주했고, 윤석열 정부 시절에는 '정치의 본질'을 잊었다. 보수 정치가 국가수호와 국민책임이 아닌 권력 타산(打算)을 향해 굴러가면서 국민의 신뢰를 잃었다.

나라의 중심은 바뀔 수가 없다. 어느 시대든 현실을 개혁하는 것은 보수의 몫이다. 보수가 다시 일어서려면 '나라의 주인이 국민임'(民爲邦本·민위방본)을 다시 확인해야 한다. 이제 보수는 '탄핵의 정치'를 끝내야 한다. 사법이 정치의 수단이 되고, 정치가 사법의 대상이 되는 악순환을 끊지 못하면 나라는 무너진다. 대통령은 법정이나 광장이 아니라 업적에 대하여 임기 후 국민의 평가로 심판받아야 한다. 보수의 각성은 언제 어떻게 잘못되었는지를 성찰하고, 법의 이름으로 정치가 행해지는 시대를 끝내는 것이다. 보수는 두 번의 대통령 탄핵을 대오각성(大悟覺醒)하고 그 바탕 위에서 재설계해야 한다. 이것이 '정치의 복원'이며, 박근혜·윤석열의 비극을 넘는 보수의 새로운 시작이다.

2 무너진 국가정체성을 되살려야

정체성은 '본래 그 자체의 모습'을 의미하며, 국가정체성(國家正體性, national identity)은 그 나라가 추구하는 이념이나 가장 중시하는 가치이다. 유럽은 14~15세기에 기원 전후의 그리스·로마에서 정체성을 찾아 '서양 흥기'의 시발로 삼았으며, 미국은 '청교도 정신'이라는 정체성으로 건국해서 세계 최강대국이 되었다.

그러나 대한민국은 △광복 후 남북분단과 좌우의 대립, △김구 등 일부 민족지도자들의 대한민국 건국에 불참, △6.25전쟁 과정에서의 보복, △북한의 적화통일 전략에 따른 종북좌파 세력의 준동, △지역주의에 의한 남남갈등 등으로 서구의 선진국들보다 국가정체성 형성이 더욱 어려웠다.

나라가 흔들릴 때마다 되풀이되는 질문이 있다. "우리는 누구인가." 이 단순한 물음에 대한 답을 잃을 때, 국가는 표류한다. 최근 한국 사회는 이념·역사·법의 기초에서부터 '정체성 붕괴'라는 심각한 병증을 드러내고 있다. 독립·건국·자유라는 국가의 근본 서사가 정치적 입장에 따라 왜곡되고, 국기를 거부하거나 국가를 부정하는 세력이 '다양성'이라는 이름으로 용인되고 있다.

대한민국의 정체성은 헌법에 '자유민주주의'와 '시장경제'가 기본노선으로 제시돼 있다. 그리고 법치주의, 한미동맹, 그리고 개인의 존엄을 기반으로 세워졌다. 그러나 지금의 정치권과 일부 학계는 '대한민국의 정통성'을 흔드는 언어를 일상화하고 있다. 건국 1948년을 '정부수립'으로 격하하거나, 6·25 전쟁을 '내전'으로 서술하는 역사 왜곡과 헌법의 기본질서를 부정하는 이념이 공공연히 확산된다. 이것은 국가 근간을 흔드는 위험한 일이다.

정체성의 위기는 정치적 혼란에서 비롯된다. 두 차례의 대통령 '탄핵정변'이 남긴 후유증은 아직 끝나지 않았다. 법과 절차를 넘어선 정치의 폭주, 사법권의 정치화, 언론의 진영화는 국민을 분열시키고 있다. 그 결과 '국민은 국가의 주인'이라는 헌법 제1조의 정신이 사실상 실종됐다.

이러한 정체성 혼란의 근저에는 '역사 부정'이 있다. 일제 강점과 해방, 그리고 냉전의 격랑 속에서 대한민국이 어떤 선택으로 여기까지 왔는지에 대한 역사적 인식이 희미해졌다. 북한 체제와의 근본적 차이를 흐리고, 자유를 희생시키고 평화를 미화하는 사고가 청년 세대에까지 스며든다. 그 결과, 자유를 지키기 위한 희생의 의미가 퇴색되고, 애국은 조롱의 대상이 되었다.

이제 무너진 국가정체성을 되살려야 한다. 첫째, 헌법정신의 재확인이다. 대한민국 헌법은 '자유민주적 기본질서'를 천명하고 있다. 헌법이

보장한 자유와 권리를 '집단의 명분'으로 억압하거나, 법치를 선택적으로 적용하는 순간 국가는 사유화된다. 둘째, 교육의 정상화가 필요하다. 국가의 미래를 세우는 터전인 학교가 반국가적 이념의 주입장 되어 있다. '대한민국은 실패한 나라'라는 왜곡된 서사를 가르치는 교과서는 청소년에게 혼란을 심는다. 올바른 역사교육과 시민교육을 통해 자유·책임·공동체 의식을 길러주어야 한다. 셋째, 정치권의 기능 회복이다. 정치는 분열을 조장하는 기술이 아니라, 국민통합의 예술이어야 한다. 지도자는 진영의 이익이 아니라 국가의 정체성을 지키는 수호자여야 한다. 국민의 신뢰를 잃은 권력은 어떤 명분으로도 정당화될 수 없다.

국가의 본질은 이념이다. 국가가 올바른 이념을 가지면 성공하고, 잘못된 이념을 가지면 실패한다. 국민이 자신의 이익만 추구하고 지배 엘리트가 대중에 영합할 때 그 나라는 쇠망한다. 또한 분열주의가 공동체주의를 이기고, 당파(黨派)의 사익이 공익을 이기면 국가가 쇠망하게 된다. 원리주의가 판치는 사회는 유연성을 잃게 되며, 이성 아닌 우성(愚性)에 사로잡힌 국가는 중우정치와 패망에 이른다.

김영호 성신여대 교수는 이렇게 주장했다. "문재인 정부는 역사·헌법·자유시장·안보·동맹과 관련해 연속성이 아닌 단절성을 강조하며 '대한민국 탄핵'을 추진하고 있다. 박근혜 대통령 탄핵은 대한민국 체제탄핵의 시작이다." "문 정부는 '1919년 건국설'을 주장한 '역사 탄핵', 남북군사 이행합의서로 북방한계선(NLL)을 무력화시킨 '안보 탄핵', 북한과 민족공조론에 서서 한미공조와 국제공조를 무시한 '동맹 탄핵'을 전개했다."

국가정체성은 헌법·역사·문화·도덕의 결합체다. 그것이 무너지면 국가는 존재할 이유를 잃는다. 대한민국은 '기적의 나라'였지만, 지금은 '정체성의 위기'를 겪고 있다. 도덕과 양심은 사라졌고, 절차적 공정과 결과적 정의는 무너졌다. 그 결과 국민을 위한 정부는 사라졌다. 자유를 지키려는 의지, 역사를 존중하는 겸허함, 법치를 바로 세우는 용기가 없다면 우리는 또다시 길을 잃게 될 것이다. 이제는 다시 일으켜 세워야 한다. 대한민국이라는 이름의 의미를. 그것이 바로 무너진 국가정체성을 되살리는 길이며, 국민이 주인인 나라를 회복하는 출발점이다.

3 한 번도 경험해 보지 못한 나라

문재인 정부 출범 이후 대한민국은 그의 약속대로 '한 번도 경험해 보지 못한 나라'가 되었다. 2018년 2월, 더불어민주당은 개헌안 논의 과정에서 현행 헌법의 '자유민주적 기본질서'라는 표현을 '민주적 기본질서'로 바꾸려 했다가 자유와 민주를 지향하는 국가정체성을 훼손한다는 비판을 받고 철회한 바 있다.

2017년 12월 15일, 문재인 대통령은 베이징(北京)대학 연설에서 중국은 "높은 산봉우리와 같은 나라"며 "한국은 작은 나라"라고 칭하며 "중국몽(夢)을 함께 하겠다"고 했다. 이는 중국은 대국(大國)이고 한국은 소국(小國)이라는 '자학(自虐) 역사관'의 소산이다. 국제역학관계에서 강자는 영원한 강자가 아니고 약자는 영원한 약자가 아니다. 한 국가의 자존을 버리고 남의 나라 아래에 복속되기를 자청하는 자는 이미 지도자가 아니다.

2018년 9월 19일. 문 대통령은 평양 5.1 경기장 연설에서 "남쪽 대통령으로서 김정은 국무위원장의 소개로 여러분에게 인사말을 하게 되니 그 감격을 말로 표현할 수 없습니다."라고 말했다. '남쪽'은 국호가 아니라 지역이다. 대한민국을 남쪽이란 지방으로 격하시키고 이른바 조선민주주의인민공화국을 '국가'로 보는 표현법은 대한민국의 헌법정신과 국가정체성을 포기한 것이다.

이 연설 직후 미국의 저명한 보수 평론가 고든 창(Gordon Chang)[14]은 2018년 가을 자신의 트위터에 "문재인은 북한의 에이전트일지 모른다. 에이전트이든 아니든 우리는 그를 에이전트라고 간주해야 한다. 그는 자유, 민주주의, 그리고 한국에 반역하고 있다. 그는 위험하다."라고 썼다.

문 대통령은 자신의 저서 〈문재인의 운명〉에 "미국이 월남전에서 패배할 것을 예견한 리영희 선생(모택동 숭배 좌익 학자)의 글을 보고 희열을 느꼈다."라고 썼다. 또한 그는 통혁당 간첩사건의 주요 인물인 신영복을 '가장 존경하는 인물'로 추켜세웠고, 2019년 현충일 추모사에서는 6.25 전쟁의 주역인 김원봉에 대한 서훈 언급과 함께 '국군의 뿌리'라고 했다. 나아가 그는 2020년 7월 6.25 한국전쟁에서 나라를 구한 영웅 백선엽 장군의 영결식을 외면하여 국가정체성을 앞장서 파괴했다.

문 대통령이 취임 이후 한 일이라고는 400조 예산을 600조로 늘리고, 600조 국가부채를 1,000조로 만들어 청년들에게 부담을 주고, '남북 평화쇼'와 '현금 복지'를 뿌려 지방선거와 4.15총선 승리를 거둔 일뿐이다. 서정욱 변호사는 일찍이 2019년 9월 신문칼럼에서 문재인 정

14 고든 거스리 창(Gordon Guthrie Chang, 1951~) : 미국의 기고가, 시사평론가, 변호사이다. 고든 창은 2001년에 출간한 저서 <중국의 몰락>(The Coming Collapse of China)을 통해 유명해졌다.

권을 이렇게 진단했다. "시대의 저주로다. 광인(狂人)이 맹인을 이끄는 구나(셰익스피어, 리어왕)." "문재인 '광인 정권'이 '좌파 맹인'들을 이끌고 대한민국을 '완전하고, 검증 가능하며, 돌이킬 수 없는 망국의 길(complete, verifiable, irreversible dismantlement)'로 빠뜨리고 있다."

독재자는 국민의 분열을 먹고 산다. 히틀러의 '제3제국', 스탈린의 '대공포', 마오쩌둥의 '문화혁명'이 그랬다. 문 정권은 출범 이후 줄 곳 '국민의 뜻'을 앞세워 계층·지역·출신·직군 간 '국민 갈라치기'로 국론을 양분시켰고, 과거 보수 정권을 부관참시(剖棺斬屍)했다. '한 번도 경험해 보지 못한 나라'를 만들기 위해, 주류세력 교체를 위해 '적폐청산'을 명분으로 정치보복을 자행했다.

김대중 전 대통령은 박정희대통령기념도서관 건립에 앞장섰다. 그는 2004년 9월 박근혜 한나라당 대표를 만난 자리에서 "(박정희기념도서관) 건립은 최대 정적(政敵)인 내가 적임자였기에 한 것"이라고 했다. 노무현 전 대통령도 "외국에 돌아다녀 보니 외국 지도자들이 온통 박정희 대통령 얘기뿐"이라고 언급한 바 있으며, '대연정(大聯政)' 구상까지 추진했다. 두 전직 대통령은 좌파정책을 구현했지만, 정치보복으로 국민을 편 가르지는 않았다. 또한 앞에서는 공정과 정의를 외치고 뒤에서는 반칙과 특권을 일삼는 문재인 정권은 김대중·노무현 정권과는 결이 다르고 정체성이 다른 정권이다.

문화대혁명의 최대 피해자 중 하나인 중국의 등소평(鄧小平)[15]도 과

15 등소평(鄧小平, 1903~1997). 쓰촨성(四川省) 출생으로, 실용주의 노선을 주장하면서 마오쩌둥(毛澤東)과 노선 갈등을 빚어 1966년 문화대혁명 때 홍위병으로부터 반모주자파(反毛走資派)의 수괴라는 비판을 받고 실각하였다. 1977년 7월 복직되었고, 1981년 실질적인 권력을 장악하였다. 1989년 4월 톈안먼 사건의 위기를 수습하고 중국 정계의 최고 실권자로서

거와 단절을 하지 않았다. 그는 '문화대혁명'이란 재앙과 그 책임 문제에 대해 이렇게 '포용적'인 대답을 했다. "모택동(毛澤東) 주석 개인 잘못이 아니라 모두의 잘못이었습니다. 우리는 경험이 부족했고 판단력이 부족했습니다."

이병태 카이스트 교수는 문재인 정권을 한 마디로 이렇게 규정한다. "어설픈 차베스 정권 같아요. 경제만 놓고 얘기하자면, 대한민국을 베네수엘라로 만들려고 하는… 이 정권은 사회주의 정권이에요.(하략)"

4
꿈이 사라진 대한민국

국가든 사회든 개인이든 꿈이 있어야 한다. 꿈(夢·몽, 미래)을 잃은 나라는 병들고 나락으로 추락하며, 국민에게 희망을 주지 못한다는 게 역사의 법칙이다. 세계를 주도하는 국가는 모두 꿈이 있다. 미국은 '미국을 다시 위대하게(미국夢·몽)'라는 아메리칸드림이 있고, 중국은 '중화민족의 위대한 부흥(중국夢·몽)'이라는 중화 패권이 있고, 일본은 '강한 일본을 되찾자(일본夢·몽)'는 일등국의 꿈이 있다.

유대인들은 2,000여 년 동안 세계를 유랑하면서 언젠가는 '약속의 땅'에 돌아가 독립국가를 만든다는 꿈을 키웠다. 테오도어 헤르츨(Theodor Herzl, 1860~1904)은 근대 '시온주의(Zionism)'의 태두다. 그는 반유대주의에 맞서 이스라엘 건국의 토대를 닦았고, 마침내

개혁과 개방 정책을 추진하였다.

1948년 5월14일 이스라엘은 건국을 선포했다. 1899년 공화 정부를 모의한 죄로 체포된 이승만은 사형선고를 받았다. 그는 1904년 러일전쟁이 발발하자 "내 나라를 구해주소서"라는 간절한 소망을 담아 한성감옥에서 〈독립정신〉을 썼다. 대한제국의 문제점과 주변 열강의 움직임 및 국민이 해야 할 일들을 저술한 이승만은 20대에 이미 가슴 속 깊이 요동치는 자주독립과 입헌정치를 향한 꿈을 키웠다.

한때 대한민국은 '기회의 나라'였다. '하면 된다'는 구호가 현실의 약속이었다. 그러나 지금 이 나라에서 '꿈'이라는 단어가 사라진 지 오래다. 청년들은 미래를 두려워한다. 취업난은 구조적이고, 결혼과 출산은 사치가 되었다. 세습화된 기득권 구조가 청년의 의지를 꺾고 있다. '헬조선'이라는 자조가 일상이 되었다. 정치도 희망을 주지 못한다. 대통령이 바뀌어도 삶은 달라지지 않고, 국회는 싸움터로 전락했다. 법과 정책은 국민의 현실보다 정파의 이해에 맞춰 움직인다. 정치는 과거에 매달리고, 국민은 정치인을 믿지 않는다. 언론 또한 희망의 언어를 잃었다. 정치와 언론이 함께 만든 '분노의 생태계' 속에서 사회 전체가 냉소와 무기력에 잠겨 있다. 가장 심각한 것은 '국가의 비전 부재'다.

대한민국은 한때 '잘살아 보세'라는 단 한마디로 국민을 움직였다. 박정희 대통령 시절. 서독에 광부와 간호사를 파견하고, 월남에 장병을 참전시키던 시절에는 국민이 배고팠지만 행복했다. 그것은 미래에 대한 꿈과 희망이 있었기 때문이다. 그뿐만 아니다. 이병철의 "기업보국", 정주영의 "해봤어?", 김우중의 "세계는 넓고 할 일은 많다"는 도전정신도 박정희의 "하면 된다"는 시대정신과 정확히 일치했다.

대한민국은 산업화·민주화·정보화를 거치며 기적을 일궈냈지만, 이제는 다음 목표가 없다. 국가가 제시해야 할 '다음 꿈'이 사라졌다. 철학자 키에르케고르는 희망을 잃은 상태, 즉 절망을 '죽음에 이르는 병'이라고 갈파했다. "할 수 있다"는 '박정희정신'은 연기처럼 소멸하고, '한강의 기적'이라는 역사는 지워지고, 박물관에 가야 발견할 수 있는 박제(剝製) 언어가 되었다. 그 빈자리를 "공정·평등·분배"로 포장된 가치들이 차지했다.

지금 우리에게 필요한 것은 희망의 리더십이다. 국민에게 '내일의 그림'을 보여주는 지도자가 필요하다. 자유와 공정의 토대 위에서 다시 한 번 "다 함께 잘사는 나라"를 설계해야 한다. 교육은 경쟁이 아니라 잠재력의 발견이어야 하고, 정치권은 권력 투쟁이 아니라 국민의 꿈을 복원하는 데 헌신해야 한다.

과거와 현재가 싸우면 미래가 희생당하기 마련이다. 미래는 과거 역사에 대한 제대로 된 평가와 현재에 대한 반성 위에 설계되어야 한다. 이스라엘의 국부, 시몬 페레스 대통령이 남긴 말을 되새겨 보자. "기억은 과거로의 여행, 상상은 안 가 본 미래로의 여행이다. 기억하지 말고 상상하라."

청년의 꿈이 공무원인 나라에는 미래가 없다. 세계 3대 투자가 중 한 명인 짐 로저스(Jim Rogers)가 지난 2017년 이런 발언을 했다. "한국의 공무원 열풍은 대단히 충격적이다. 10대의 꿈이 공무원이라는 것은 슬픈 일이다. 중국, 러시아 등 어느 나라에 가더라도 10대의 꿈이 공무원인 곳은 없다." 그는 한국의 비정상적 공무원 열풍의 원인으로 안정 지향적 청년들의 사고, 보수적 부모들의 성향, 사회적 불안정성과 정부의 과도한 규제를 꼽고 있다. 미래 한국의 번영과 발전은 청년들의 도전 없이는 불가능하다.

대한민국은 불과 반세기만에 폐허에서 기적을 만들었다. 그 원동력은 국민의 꿈이었다. 그 꿈이 사라지면 국가는 멈춘다. 인도 시인 타고르(Tagore)[16]는 "한국이 동방의 등불"이라고 했고, 골드만삭스는 "통일한국이 되면 2050년 세계 2위 국가가 될 것"이라 했다. 희망이 있는 나라는 정치 지도자가 꿈을 제시하고, 국민은 그 꿈을 북극성 삼아 한 방향으로 결집한다.

5
기적(奇跡)을 잊은 나라

한국의 현대사는 '건국'과 '부국'을 이룬 기적(奇跡)의 서사(敍事)다. 대한민국은 두 가지 기적을 이뤘다. 하나는 전쟁의 폐허 위에서 이룬 '경제 기적(산업화)'이고, 다른 하나는 권위주의를 넘어 민주화를 완성한 '정치 기적(민주화, 6.29선언)'이다. 세계는 대한민국을 '기적의 나라'라며 찬사를 보냈다. 다수의 학자는 대한민국이 '한강의 기적'을 이룩한 원동력으로 '자유민주주의와 시장경제체제', '지도자의 미래지향적 통찰력', '하면 된다(can do)는 정신', '국민의 굳건한 안보의식'을 들고 있다.

대한민국이 '한강의 기적'을 일군 것은 국가비전과 국민의지의 결합

16 타고르(Tagore, 1861~1941) : 인도의 시인. 사상가. 시집 <기탄잘리(Gitāñjalī)>로 1913년 노벨 문학상을 받았다. 인도의 근대화를 촉진하고 동서 문화를 융합하는 데 힘썼다.

이었다. 지금 박정희가 이룬 '기적의 나라'는 세월에 녹슬고 이념에 무너져 '기적을 잊은 나라'로 전락하고 있다. 박정희 시대가 남긴 '국가의 백년대계'는 지워지고, 과거의 성취는 이념의 잣대로 재단되고 있다. 대한민국은 국가정체성, 역사의식, 상무(尙武)정신의 부재(不在) 상태가 오랜 기간 지속되고 있어 국운이 기우는 풍전등화(風前燈火) 상황이다.

박정희 시대는 "잘살아 보세"라는 단 한 문장으로 국민의 에너지를 모았다. 박정희 리더십의 핵심은 '국가목표 중심주의'였다. 그는 개인의 자유와 권리보다 먼저 '국민의 의식개혁'을 요구했다. 새마을운동, 근로보국, 수출입국의 구호 속에는 '국민통합의 정신혁명'이 담겨있었다. 가난 극복, 산업화, 자주국방, 교육열. 이 모든 과제는 '국가생존 프로젝트'였다. 국민은 고통을 견디며, 국가의 성장과 개인의 꿈을 동일시했다.

정권마다 '새로운 나라'를 외쳤지만, 그 어떤 지도자도 국가의 장기 비전을 제시하지 못했다. 한강의 기적을 만든 국민정신이 사라지고, 복지 의존과 책임 회피, 세대 갈등이 기적의 불씨를 꺼뜨리고 있다. 청년은 희망을 잃고, 중산층은 붕괴되며, 국가는 방향을 잃었다. 박정희 시대가 가졌던 국가 서사(근면, 책임, 자립, 희생)는 더 이상 정치의 언어 속에 존재하지 않는다. 기적의 본질은 '할 수 있다'는 신념이었다. 지금의 지도자들이 그 신념을 잃었기 때문에, 나라는 표류하고 있다. 국민에게 희망을 제시하지 못한 정치, 책임을 지지 않는 권력, 과거의 공적마저 깎아내리는 언어가 오늘의 위기를 만들었다. '기적을 잊은 나라'는 더 이상 미래를 만들 수 없다.

산업화와 민주화는 대립이 아니라 상호 보완의 두 축이어야 한다. 자유민주주의는 경제적 토대 위에서 완성되고, 성장의 기억은 국민통합의 기초가 된다. 지금 필요한 것은 새로운 '기적'이 아니라 잊힌 기적의 정신을 복원하는 일이다. 기적은 하늘이 준 것이 아니었다. 그것은 절망 속에서도 포기하지 않았던 국민의 땀과 지도자의 비전이 만들어낸 산물이었다. 이제 우리는 묻는다. 그 정신을 잃은 나라가, 과연 다음 세대에게 무엇을 물려줄 수 있는가.

지금 대한민국은 건국 77년 동안 세우고, 지키고, 키워온 자유민주주의와 시장경제 체제가 무너지고 한미동맹과 헌법정신이 유린당하고 있다. 그 결과 대한민국의 전진(前進)이 멈춰 섰다. 영국은 1등이 된 후에 풍요를 걱정했고, 미국은 1등이 되고도 '풍요의 도전'을 이기고 패권국을 유지하고 있다. 세계 12위의 대한민국은 2017년 이후 풍요에 무너지고 내리막길을 걷고 있다. 고작 5년짜리 정권이 대한민국의 정통성과 역사에 대한 반역(反逆)을 하는 것이다.

국민은, '우리는 누구인가? 어디로 가야 하는가? 무엇을 해야 하는가?' 하는 그 지향점조차 정하지 못하고 있다. "단군 이래 세계 역사상 가장 역동적이고 부강을 누렸던 한민족이 기적을 잊은 망국(亡國)의 길로 들어섰다."고 후세의 역사가는 기록할 것이다. 이 무능한 좌파 정권 광풍(狂風)의 끝은 어디일까?

대한민국은 다시 갈림길에 서 있다. 성장의 신화가 멈춘 시대, 외교·안보·산업의 기반이 흔들리고 있다. '박정희 리더십의 현대적 계승'은 산업화의 추억을 복원하자는 것이 아니라, 국가를 바로 세우겠다는 책임정신의 회복이다. 박정희 시대의 국가 서사를 복원하는 일은 과거로의 회귀가 아니라, 미래로 가는 나침반을 되찾는 일이다. 그 나침반을 되살릴 때, 대한민국은 다시 한번 기적의 나라가 될 것이다.

이제 시간이 없다. 방향을 잃고 표류하고 있는 대한민국호(號)는 혁명적인 대(大)전환이 필요하다. 기적은 한 번만 일어나는 일이 아니다. 기적을 가능케 한 국민정신을 되살린다면, 우리는 또 한 번의 '기적'을 만들어갈 수 있다. 한 국가의 흥성과 쇠퇴는 국가지도자의 옳고 그른 이념과 정책 선택에 달려 있다. 백년지책(百年之策)의 경세방략(經世方略)을 갖춘 올바른 지도자가 나와야 한다. 그리하여 대한민국을 국혼(國魂)이 살아 있는 21세기 선진자강(先進自强) 국가로 만들어야 한다.

6
6·25전쟁 75주년과 '패망의 역사' 고찰

이스라엘과 이란이 미국의 이란 핵시설 공습 후 전면 휴전에 합의함으로써 '압도적 힘이 평화를 이룬다'는 것을 보여줬다. 대화 외교를 최우선으로 여겨온 국제사회 규범이 형해화되었다. 북한이 이란의 굴복을 보며 러시아와의 군사·경제적 밀착을 가속할 것이기에 핵무장을 포기할 가능성은 더 낮아졌다.

올해는 6·25전쟁 발발 75주년이다. 1950년 6월의 새벽, 북한군의 남침으로 시작된 전쟁은 이 땅을 잿더미로 만들었다. 그로부터 75년이 흐른 지금, 자유대한민국은 세계 10위권의 경제대국으로 성장했고, 북한은 폐쇄된 독재국가로 남았다. 그러나 이 극명한 대비 속에서도 우리는 근본적 질문을 던져야 한다. "우리는 과연 패망의 역사를 극복했는가.” “역사는 되풀이된다”는 말은 진부하지만, 여전히 유효하다. 우리는 패망한 나라들의 역사를 반면교사(反面教師)로 삼아야 한다. 그러한 성찰이 없다면, 오늘의 번영 역시 또 다른 실패의 시작이 될지 모른다.

역사학자 아놀드 토인비(Toynbee, Arnold Joseph)[17]는 문명의 흥망성쇠를 분석한 〈역사의 연구〉에서 “모든 문명은 안(내부의 적)에서 무너진다.” “국가 흥망은 조직 구성원들이 ‘도전’에 얼마나 잘 ‘응전’하느냐에 달려 있다.”고 갈파했다. 나아가 ‘국가 패망의 세 가지 원인’으로 “권력층이 독재할 경우, 국민 다수가 애국심이 없을 때, 사회가 분열되어 서로 다툴 때”를 들었다. 지금 대한민국의 극단적 대결정치, 법치와 신뢰의 붕괴, 삼권의 권력 집중은 과거 제국들의 쇠락 전조를 보는 듯하다.

백제가 망하고 고구려가 멸망하기 직전인 668년 6월, 김유신(金庾信)이 아우와 생질에게 한 말이 있다. “지금 신라는 ‘충성과 믿음’ 때문에 생존했고, 백제는 ‘오만’ 때문에 망했으며, 고구려는 ‘교만’ 때문에 위태롭다.” 김유신의 교훈에서 멸망 당시 백제와 고구려는 군사력과 물질적 토대가 취약하지 않았다는 것을 방증(傍證)한다. 두 나라의 근본적인 멸망 원인은 ‘정신력’에 있었으며, ‘오만과 교만’은 강자가 약자에게 먹히는 공식임을 시사해준다.

백제의 의자왕(義慈王)은 즉위 이후 유교정치 이념을 신봉하였고, 용맹스럽고 효심이 깊어 ‘해동증자’라고 칭송받았다. 그는 642년에 신라의 미후성(獼猴城, 고령)을 비롯한 40여 성을 빼앗았고, 대야성(大耶城, 합천)을 함락시킬 만큼 활발한 정복사업을 펼쳤다. 이후 자만과 사치와

17 아놀드 토인비(Toynbee, Arnold Joseph, 1889~1975) : 영국의 역사가·문명 비평가. 결정론적 사관(史觀)에 반대하여, 인간의 자유 의지와 행위에 따라 역사와 문화가 형성됨을 강조하였다. 저서에 <역사의 연구> <시련에 선 문명> <역사가가 본 종교관> 등이 있다.

주색에 빠진 그는 '3충신'(성충, 흥수, 계백)을 가지고도 망국의 군주로 전락하고 말았다.

고구려는 연개소문(淵蓋蘇文) 타계(665년) 시까지 전성기를 누렸다. "너희 형제는 고기와 물처럼 화합해 작위를 다투는 일을 하지 말라."는 연개소문의 유언을 망각한 큰아들 남생(男生)이 동생 남건(男建)·남산(男山)과의 골육상쟁 끝에 당나라에 투항하였고, 동생인 연정토(淵淨土)는 신라에 투항하였다. 고구려는 결국 '내부 분열'과 '반역자의 적과의 내통' 때문에 멸망하고 말았다.

송나라는 경제·문화적 풍요를 누렸지만, 지도층이 문약하여 안보가 무너져 북방의 요·금에 유린당했고, 끝내는 몽골에 의해 멸망했다. "배부른 나라는 배고픈 나라에 먹힌다."는 속설이 입증된 사례이다. '송의 말로(末路)'는 쇠망하는 한국의 모델이 될 수도 있다. 물질적 풍요에 젖어 상무정신을 잃은 점, 경제·문화·예술은 발달했으나 애국심과 지도층의 청렴성이 부족한 점, 문존무비(文尊武卑)의 폐단이 많은 점 등이 두 나라가 닮았기 때문이다.

세계 역사를 보면 평화협정은 모두 휴지 조각이 되었고, 전쟁으로 이어졌다. 월남과 월맹이 '파리평화협정'을 맺었지만, 1975년 미군이 철수한 후 사이공이 함락되어 월남이 패망했다. 아프가니스탄의 패망도 도널드 트럼프 미국 대통령이 탈레반과 맺은 평화협정이 직접적 원인이었다. 두 나라는 지도자의 무능과 부패, 군기 문란, 국민의 국가수호 의지 부족으로 망국의 길을 걸었다.

몰락의 징조는 언제나 '그 당시 사람들'은 잘 보지 못하는 법이다. 역사를 잊고 사는 민족에게 역사는 비극의 반복이라는 벌(罰)을 내린다.

스스로 지키고자 하지 않는 나라는 아무도 지켜주지 않는 법이다. 지금 대한민국은 6·25의 교훈을 '전쟁박물관의 유물'로 취급하고, '안보의식의 해이'와 와각지쟁(蝸角之爭, 아무 소용도 없는 싸움)으로 분열되어 있다.

6·25전쟁 75주년, 우리는 다시 초심으로 돌아가야 한다. 자유는 거저 주어진 것이 아니다. 피로 지켜낸 가치이며, 다시 피로써 지켜야 할 자산이다. "2차 세계대전은 히틀러가 일으킨 게 아니라 유럽의 평화주의자들이 불러온 것이다."라는 영국 윈스턴 처칠(Winston Churchill) 수상의 통탄을 '반면교사(反面教師)'로 삼아야 한다. 선진통일의 꿈을 이루기 위해서 우리에게는 폭넓은 역사적 시각과 시대를 읽는 원대한 안목이 필요하다.

7
'절정기와 쇠락기가 겹친' '피크 코리아(Peak Korea)'

대한민국은 지금 역사상 가장 역설적인 시기를 맞고 있다. 한쪽에서는 세계 10위권의 경제력, 세계적 기술력, 문화 수출의 전성기를 구가하고 있지만, 다른 한쪽에서는 정치의 퇴락, 사회의 분열, 청년층의 절망이 깊어지고 있다. 이처럼 '절정기와 쇠락기가 겹친 나라'는 드물다. 국력은 절정에 이르렀는데, 정신은 쇠락의 길로 가고 있다. 이 모순의 핵심은 '정신적 기반의 상실'에 있다. 산업화 세대가 피와 땀으로 일군 근대화의 기적 위에, 민주화 세대는 자유와 권리를 확장했지만, 지금의 세대는 그 성취를 계승하기보다 해체하려 한다. 정체성과 가치의 혼란 속에, '국가'라는 공동체적 의식은 빠르게 허물어지고 있다. 세계는 여전히 '강한 국가'를 중심으로 돌아가는데, 우리만 '국가 없는 자유'라는 허상을 좇고 있다.

'피크 코리아(Peak Korea)'는 한국경제가 성장의 정점을 지나 하락 국면에 접어들었다는 위기의식을 담은 표현이다. 이 용어는 일본 언론에서 처음 제기되었으며, 한국의 상경계열 교수 111명 중 66.7%가 이 말에 "동의한다"고 했다. 피크 코리아는 '제로 성장의 경제, 망가진 정치'가 그 근거로, 한국 사회 전반의 구조적 문제를 반영하는 경고등이다. 2024년 노벨경제학상 공동 수상자인 아제모을루·존슨·로빈슨 교수는 수상자 회견에서 "한국이 이뤄낸 업적이 놀랍다"고 찬탄했다. 20세기 인류의 기적이었던 박정희표 경제성장('한강의 기적')은 성장과 분배를 동시에 달성한 '포용적 성장'이었는데, 그 성공 신화가 막을 내리고 있다. 국가 미래를 위한 백년대계와 도전정신은 사라지고, 각자 눈앞의 이익을 좇는데 바쁘다.

최근 스위스 국제경영개발대학원(IMD)이 매긴 한국의 순위는 △국가경쟁력 27위, △기업효율 44위, △정치안정 60위이다. 지금 대한민국은 저출산 고령화로 인한 생산가능인구 감소, 투자 위축과 성장동력 부재에 따른 제로 성장, 경직되고 낮은 노동생산성, 지방소멸 위기로 이어진 수도권 집중 현상, 높은 부채 수준과 OECD 국가 중 최고 수준의 가계부채 등 '피크 코리아' 위기가 굳어지고 있다. '회광반조(回光返照)'는 해가 지기 직전에 일시적으로 하늘이 밝아지는 현상으로 몰락 직전 최후의 전성기를 뜻하기도 한다. 촛불도 꺼지기 전에 가장 밝다고 했다.

대한민국이 회광반조와 촛불의 운명이 되지 않기를 바란다. 시무(時務)를 밝혀 다시금 나라의 정신과 문화를 '경장(更張)'해야 한다.

'절정기와 쇠락기의 겹침 현상'은 역사가 증명하고 있다. 당나라는 '개원의치'를 이룬 현종(玄宗) 때의 재상 '이임보(李林甫, 683~753)의 난정(亂政)'과, 청나라는 '강건성세(康乾盛世)'를 이룬 건륭제(乾隆帝) 때의 환관 '화신(和珅, 1750~1799)의 부패'로 쇠락의 길이 시작되었다.

에드워드 기번(Gibbon, Edward)[18]은 〈로마제국 쇠망사〉에서 "로마제국의 최전성기를 쇠망의 시작이라고 보고, 이른바 '팍스 로마나'가 실현된 5현제 시대부터 기술하면서 180년 아우렐리우스의 죽음을 위대한 로마 종말의 시초"로 보고 있다. 시오노 나나미[19] 역시 〈로마인 이야기〉에서 "5현제가 위대한 로마라는 명성을 얻긴 했지만, 그들은 안정될 때 위기를 생각하지 않는 어리석음을 범했다."고 지적하고 있다. 조선도 예외가 아니었다. 세종 시대를 이어 르네상스를 이룬 18세기 영·정조 시기에 세도정치가 태동했고, 양반의 무능화로 절정기와 쇠퇴기가 겹치는 현상이 발생했다.

국가의 존재 목적은 생존(안보)과 번영(경제)에 있다. 서애(西厓) 류성룡(柳成龍)이 〈징비록〉을 쓴 지 한 세대 만에 국난(정묘-병자호란)을 당했고, 백암(白巖) 박은식(朴殷植)이 〈한국통사〉를 쓴 지 반세기도 안 돼 한국은 분단되었다. 한강의 기적을 이룬 위대한 대한민국이 가야 할 길은 '부민강국(富民强國)'이다. 이를 위해 우선 필요한 것은 경제성장, 국민통합, 국가정체성 확립이다.

18 에드워드 기번(Gibbon, Edward, 1737~1794) : 영국의 역사가. 부유한 지주 계급 출신으로, 옥스퍼드 대학을 다니다 중도에 그만두었다. 계몽주의적 관점에서 역사 서술을 하였으며, 저서에 <로마 제국 쇠망사> 등이 있다.

19 시오노 나나미(1937~) : 일본의 작가, 에세이스트. 현재는 이탈리아에 거주하고 있다.

대한민국은 여전히 가능성이 많은 나라다. 세계는 우리의 기술력과 창의력을 주목하고 있다. 쇠락의 길을 걷느냐, 부흥의 길로 나아가느냐는 결국 스스로의 선택에 달려 있다. 절정기에 스스로를 무너뜨린 문명은 많았다. 반면 위기의 순간에 다시 일어선 나라도 있었다. 지금 대한민국은 그 갈림길에 서 있다. 우리가 다시 정신을 바로 세운다면, 오히려 '제2의 도약기'로 기록될 것이다. 그러나 쇠락을 방치한다면, 이 절정은 마지막 불꽃으로 끝날 것이다.

'참을 수 없는 존재의 가벼움'이 한국 정치의 현실이 되었다. 여야 정당은 '갈등 증폭자'가 아니라 '합의 종결자'로 거듭나야 한다. 이재명 대통령은 국가 위기 극복을 위해 먼저 '정치를 복원'해야 한다. 정치가 불안한데도 경제가 잘되는 경우는 그 사례를 찾기 어렵다. 정치보복은 국민통합을 저해하고 경제에도 독이 된다. '3 특검'을 조속히 마무리하고, 무조건 경제에 집중해야 한다. 지도자의 미래지향적 통찰력에 '국가 중흥'이 달려 있다. 인간 박정희를 보라!

8

선진국(先進國)의 '세 가지 기준'

선진국(先進國)의 사전적 의미는 '다른 나라보다 정치·경제·문화 등의 발달이 앞선 나라'를 이르며, 대체로 미국·영국·프랑스·독일·캐나다·이탈리아·일본 등 G7 국가를 꼽는다. 한국은 세계가 인정하는 경제 강국이다. 1인당 국민소득 3만 달러, OECD·G20

회원국, 반도체·조선·배터리 산업의 세계적 경쟁력까지 갖췄다. 그러나 진정한 선진국은 경제력이 아니라 세 가지 기준인 품격, 법치, 책임의 문화로 증명된다.

첫째, 품격 있는 국민의식이다. 선진국은 시민 한 사람의 태도에서 시작된다. 공공의 질서를 존중하고, 타인의 자유를 침해하지 않으며, '내가 옳다'보다 '우리의 규범'을 우선한다. 한국 사회는 여전히 '내 편이면 무조건 옳다'는 진영논리에 갇혀 있다. 선진 시민은 권리보다 의무를 앞세운다. 작은 불편을 감수하며 사회 전체의 조화를 생각한다. 일본의 규범의식, 독일의 질서 의식, 북유럽의 신뢰 문화가 선진국의 토대가 된 이유다.

둘째, 법치(法治)의 확립이다. 한국의 정치와 행정은 아직도 '법 위에 정치가 있는 나라'라는 오명을 벗지 못했다. 권력에 따라 법이 휘어지고, 같은 사건이 정권마다 다른 판결을 받는다면 국민은 정의를 믿을 수 없다. 법의 일관성, 절차의 공정성, 권력의 겸손이 바로 선진국의 심장이다. 법이 무너진 사회에서는 경제도, 윤리도, 신뢰도 무너진다. 선진국이란 국민이 법을 두려워해서가 아니라, 신뢰해서 따르는 나라다.

셋째, 책임정치다. 독일 총리는 약속 한 번 어기면 국민 앞에서 사과한다. 한국 정치권은 아직 '책임' 대신 '변명'의 정치에 머물러 있다. 선진국의 리더는 인기보다 신뢰를, 명분보다 실적을 중시한다. 그것이 국정의 품격을 결정한다. 이 세 가지 기준은 서로 연결돼 있다. 품격 없는 국민의식은 법치를 지탱할 수 없고, 법치 없는 사회에서는 책임정치가 설 자리도 없다. 한국은 이미 물질적으로는 선진국의 문턱을 넘었지만, 정신적으로는 아직 시험대 위에 있다.

선진국과 후진국은 또 다른 세 가지 기준으로 구분할 수 있다. '노블레스 오블리주', '국가정체성', 그리고 '자국(自國)의 위대한 인물 추앙' 유무를 들 수 있다. 그러나 우리나라는 이 기준에 부합하지 못하고 있다.

첫째, '노블레스 오블리주'를 살펴보자. '노블레스 오블리주'는 높은 사회적 신분에 상응하는 도덕적 의무를 뜻하며, 초기 로마시대에 왕과 귀족들이 보여 준 투철한 도덕의식과 솔선수범하는 공공정신에서 비롯되었다. 로마시대 귀족들은 전쟁이 발발하면 가문의 대를 이을 자식 한 명은 남기고 전쟁터에 나갔다. 영국의 이튼스쿨(Eton College)[20] 학생들이 제1차·2차 세계대전 시에 2,000명 이상 전사했다. 이 두 사례는 신라의 화랑에 비하면 족탈불급(足脫不及)이다.

신라 화랑 중에는 반굴(盤屈)-영윤(令胤)처럼 부자가 나라를 위해 순절한 경우가 많았다. 취도(驟徒)-부과(夫果)-핍실(逼實)처럼 삼형제가 모두 나라를 위해 충절을 바친 예도 있었다. 무엇보다 태종무열왕(太宗武烈王)은 두 사위인 김품석(金品釋)과 김흠운(金歆運)의 피를 삼한일통을 위해 사직의 제단(祭壇)에 바쳤다. 이처럼 신라의 화랑들은 '노블레스 오블리주' 실천을 위해 자신의 목숨을 초개처럼 버릴 줄 알았다. 그것이 약소국 신라가 삼한일통의 여세를 몰아 '나당7년전쟁'을 통해 당시 세계 최강대국인 당나라를 한반도에서 몰아낸 힘의 원천이 되었다.

둘째, '국가정체성'을 살펴보자. 국가정체성은 대한민국의 '혼'이다. 혼이 사라지면 대한민국은 존속할 수 없다. 대한민국 77년은 전쟁상태의 연속이었는데도 불구하고 역대 대통령들 중 '역사 바로 세우기', '대

20 이튼 스쿨(Eton College) : 영국 버크셔주 이튼에 위치한 사립 중등교육 기관. 영국 상류층 자제들이 입학하며, 13~18세의 학생 전원이 기숙사 생활을 하는 남학교다.

한민국은 태어나지 말아야 할 나라' 같은 주장을 하는 바람에 국가의식이 약해졌다. 그 결과 체제수호에 앞장서야 할 정치인·법조인·공무원·교사·군인들까지도 국가정체성에 대한 확신이 부족해서 혼란스럽다.

셋째, 한 나라가 진정한 선진국이 되려면 자기 나라의 위대한 인물을 제대로 기릴 줄 알아야 한다. 어느 나라든 나라를 세운 분을 국부(國父)라고 평가한다. 이승만은 '건국의 원훈(元勳)'으로 건국(建國) 대통령이다. 박정희는 이승만이 세운 나라를 부강하게 만든 '근대화의 아버지'로 부국(富國) 대통령이다. 이들이 제대로 평가받아야 한다.

정치 지도자들은 전임 대통령들의 업적을 밝게 조명할 필요가 있다. 역사 발전의 연속성을 강조하고, 역사 인물의 공과(功過)를 균형 있는 시각으로 보는 '긍정의 역사관'이 큰 물줄기를 이룰수록 국민의 자부심은 커질 것이고 국민통합에도 도움이 될 것이다. 이제 한국이 진정한 선진국이 되려면 국민 한 사람 한 사람이 바뀌어야 한다. 선진국의 기준은 통계가 아니라 품격이다. 그 기준을 다시 바로 세울 때, 대한민국은 비로소 이름값을 하는 나라가 될 것이다.

9 이승만의 '건국(建國)', 박정희의 '성국(盛國)' 리더십

건국(建國)과 성국(盛國)은 한 나라의 운명을 가르는 두 개의 거대한 축이다. 건국은 나라의 근본을 세우는 일, 성국은 그 나라를 번영의 길로 이끄는 일이다. 대한민국 현대사에서 이 두 축을 완성한 인물이 이승만과 박정희였다. 전자는 일본의 식민지였던 조선이 독립국으로 다시 태어날 수 있도록 냉혹한 국제질서 속에서 치열하게 싸워 자유민주주의의 기초를 닦은 '건국의 아버지'이다. 후자는 전쟁의 잿더미 속에서 산업화를 통해 '한강의 기적'을 일으켜 대한민국을 세계 10위의 경제대국으로 만든 '성국의 영도자'였다. 대한민국 현대사의 두 거목, 이승만과 박정희는 시대적 과제는 달랐지만 '자주(自主)와 중흥(中興)'이라는 일관된 국가철학으로 나라를 세우고 키운 지도자였다.

20대 청년 이승만은 옥중에서 저술한 〈독립정신〉에서 "백성이야말로 나라의 주인이며, 그들 각자가 자유, 독립, 자주, 자율적인 존재이고, 스스로 시비(是非)를 판단할 줄 아는 각성된 개인이며, 그런 개인들이 모여서 '나라집'이란 단체를 만들고, 법을 제정하여 운영해 간다."는 현대 자유민주주의 사상을 국내 최초로 주장하였다.

이승만의 리더십은 '자주(自主)'와 '자유(自由)'로 요약된다. 그는 미·소 냉전의 소용돌이 속에서도 대한민국을 '자유민주주의 국가'로 뚜렷이 세웠다. 일제 잔재와 좌익세력이 뒤엉킨 혼돈 속에서 그는 공산 전체주의의 유혹을 단호히 배격하고, 헌법 제1조의 정신을 '대한민국은 민주공화국'으로 못박았다. 이승만의 '건국 리더십'은 이념적 결단의 산물이었으며, 그것이 오늘의 자유대한민국을 가능케 했다.

창업이 어렵지만, 수성이 더 어렵다 했다. 건국만으로 국가는 유지되지 않는다. 이승만이 나라의 기본 '틀'을 세웠다면, 박정희는 그 틀 위에 '살'을 입혔다. 박정희의 리더십은 '근면·자조·협동'의 실천윤리 속에서 빛났다. 폐허 위에 나라를 일으킨 그의 '경제 제일주의'는 국가생존의 명령이었다. 국민의 땀을 에너지로 삼아 그는 '한강의 기적'을 이루었고, 가난이 숙명이던 민족을 산업국가로 변모시켰다. 그가 추구한 것은 민족 자강(自强)의 실천이었다.

대한민국의 안보·경제에 가장 중요한 나라는 미국이다. 이승만·박정희 대통령은 미국 앞에 가장 당당했던 지도자였다. 미국이 오히려 쩔쩔맸으며, 심지어 제거하려고 마음먹기조차 했던 대통령들이다. 이승만 대통령의 집권 기간은 대부분 워싱턴과의 갈등으로 점철됐다. 이승만은 미국이 정전(停戰)을 서두를 때, "통일 없는 휴전은 민족의 반쪽 포기"라며 완강히 맞섰다. 미국이 휴전회담에 박차를 가하자 이승만은 '벼랑 끝 전술'로 "휴전 조약이 체결되기 전에 한미상호방위조약을 먼저 체결해 달라"는 요구를 했고, 마침내 '한미동맹'을 성공시켰다. 그 결과 대한민국은 공산세력의 남침을 억제할 수 있는 안전판을 얻게 되었다. 이승만은 '정신의 자주'를 잃지 않았다. "우리가 자유를 지키기 위해 싸우는 것은 미국을 위해서가 아니라 우리 스스로의 생존을 위해서"라는 그의 발언은, 외교의 근본이 '자기 주권의 의지'에 있음을 천명한 것이었다.

박정희는 또 다른 방식으로 자주외교를 실천했다. 그는 냉전구도 속에서 미국의 원조가 끊긴 후에도 '우리 손으로 나라를 일으키겠다.'는 결의를 굳혔다. 박정희의 외교전략은 단순한 친미(親美)가 아니었다. 그는 미국의 군사적 보호 아래서 경제적 자립을 꾀했으며, 미국의 압박에도 핵심 산업정책과 수출드라이브를 흔들림 없이 추진했다. 베트남 파병은 대한민국의 생존과 산업화의 발판을 마련한 현실적 선택이었다. '닉슨 독트린(Nixon Doctrine)'[21] 이후 주한미군 철수가 논의될 때

21 닉슨 독트린(Nixon Doctrine) : 1969년 닉슨이 괌에서 발표한 외교정책으로, 미국이 베트남 전쟁 같은 직접적 군사개입을 피하고 동맹의 자주국방을 지원하는 전환을 천명한 것.

도, 그는 자주국방을 외치며 국군 현대화를 서둘렀다. 그 결과 한국은 미군의 방패 뒤에 숨어 있던 약소국에서 스스로를 지킬 능력을 갖춘 국가로 성장했다.

이승만의 건국 리더십이 '자유의 기초'를 세운 정신적 토대라면, 박정희의 성국(盛國) 리더십은 '자립의 근육'을 길러낸 실천적 동력이었다. 두 분 모두 국민에게 '국가의식을 각성시킨 지도자'였다. 오늘날 대한민국이 자유민주주의 체제를 굳건히 유지하면서 선진국이 된 것은, 두 분이 보여준 '자주와 중흥의 리더십' 덕분이다. 그러나 지금 우리의 현실은 이승만과 박정희 시대의 자주정신과는 거리가 멀다. 외교는 국내 정치의 연장선으로 전락하고, 국방과 산업정책마저 진영논리에 휘둘린다.

오늘날 대한민국은 정치권의 분열과 이념의 혼란 속에서 '국가 리더십'이 실종된 지 오래다. 지금 우리에게 필요한 것은 이승만과 박정희의 국가철학과 실행력을 시대에 맞게 계승하는 일이다. 건국의 이상 위에 성국의 정신을 되살려야 한다. 그래야만 대한민국은 다시 '자주적이고 번영하는 국가'로 우뚝 설 수 있다.

10
교사·군인·혁명가, 그리고 위대한 CEO, 박정희

'세한연후지송백지후조(歲寒然後知松柏之後凋)'. '날씨가 추워진 후에야 소나무와 측백나무가 늦게 시듦을 안다'는 〈논어(論

語)〉「자한(子罕)편」의 구절처럼, 국가위기 시에 박정희 대통령의 높은 기상과 정신(리더십)을 생각해 본다. 박 대통령은 우리 5천 년 역사의 가장 극적인 지도자였다. 그는 절망과 폐허 위에서 기적의 역사를 썼다. 불과 한 세대만에 세계가 놀란 산업화를 이룬 '한강의 기적'은 분명한 국가전략과 리더십의 산물이었다. 그 중심에는 국가를 먼저 생각한 '박정희 정신'이라 불리는 실천의 철학이 있었다.

박정희(朴正熙, 1917~1979)는 일제강점기인 1917년 11월 14일 경북 선산군 구미읍 상모리에서 가난한 농부 박성빈(朴成彬)과 백남의(白南義) 사이에서 5남 2녀 중 막내로 태어났다. 그 일주일 전에 러시아에서 레닌이 주도한 '볼셰비키 혁명'이 일어났다. 하늘은 한편으로는 레닌에게 1억 명이 죽는 피의 제국을 만들게 하고, 또 다른 한편으로는 박정희에게 공산주의를 막는 방파제 역할을 맡겼다.

박정희는 유교적인 집안에서 성장해, '자신을 먼저 닦아야 나라를 이끌 수 있다'는 '수기치인(修己治人)'의 사고방식을 초년기부터 내면화했다. 그는 일기와 편지에서 "덕으로 자신을 먼저 다스리고, 장부의 뜻을 세워야 한다."고 언급한 바 있다. 이 가치관은 이후 그의 '근면·자조·협동' 정신과 리더십의 기반이 되었다.

박정희는 1937년 대구사범학교를 졸업, 문경소학교에서 3년간 교직 생활을 했다. 그는 어린 시절부터 농촌의 실상을 보며 "왜 우리 민족은 늘 가난해야 하는가?"라는 질문을 품었고, 이 문제를 해결할 수 있는 길을 '교육'과 '국가 경영 능력'에서 찾았다. 그는 교사 시절 "나라를 잘 다스리면 백성이 배불리 살 수 있다."는 말을 자주 언급한 것으로 알려져 있다.

이후, 박정희는 1940년 만주의 신경군관학교(新京軍官學校)를 최우등생으로 수료한 뒤 일본 육군사관학교로 전학, 1944년에 졸업했다. 1946년 육군사관학교에 들어가 제2기로 졸업했다. 박정희는 군관학교 진학을 결심하며 "장부의 길은 나라와 민족을 바로 세우는 데 있다."는 웅지를 세웠다. 군은 그에게 조직·전략·행정 능력을 다지는 훈련장이 되었고, 훗날 국가경영의 토대가 되었다.

박정희는 1961년 제2군 부사령관으로 재직 중 5·16혁명을 주도하여 집권한 후 18년 5개월 동안 '한강의 기적'을 이뤘다. 이처럼 박정희 생애는 4단계로 구분된다. 교사, 군인, 혁명가 그리고 위대한 CEO였다.

이인영 서울대 교수는 5.16 직전의 시대상을 이렇게 묘사했다. "거리는 실직자로 득실대고, 농민과 노동자는 기아와 궁핍으로 고통받고 모든 공장은 폐쇄상태라 생산이 제대로 되지 못했다. 강도와 절도가 날뛰고 상이군경·학생들의 데모로 날이 지샜지만 4·19로 탄생한 장면 정부는 치안 능력이 무기력했다. 국민 모두 불평과 비탄에 잠겨 있었다. 그때 박정희가 나타났다."

이 교수의 주장대로 4·19로 집권한 민주당은 무능하고 부패했다. 법치가 무너진 무질서 속에서 국민은 '굶주린 자유'의 허망함에 절망했다. 6·25를 겪은 국민은 김일성을 추종하는 좌익 선동에 "군이 나서지 않고 뭘 하느냐"며 분통을 터뜨렸다. 좌익세력이 민주화를 빙자해서 자유민주 체제를 전복하려는 군중 폭동을 하루에 평균 6회 연간 2,000회나 벌이는 상황에서 유일하게 체제를 수호할 힘은 국군밖에 없었다.

송복 선생은 '박정희 통치철학 국제포럼(2011년)'에서 "5·16은 정변이며 혁명"이라는 해석을 내놨다. 비합법적 수단으로 합헌 정부를 전복시켰다는 점에서 '쿠데타'이지만, 이후 산업화를 성공시키고 국가개조에 성공했다는 점에서 '근대화 혁명'이라는 것이다. 필자는 박정희 장군의 5·16혁명은 민주팔이 세력들이 주장하는 '군사쿠데타'가 아니라, 국민의 갈망이 담긴 '구국의 결단'이라고 주장한다. 전상인 서울대 교수도 토론회에서 "세계 10위권의 경제부국이 된 것은 박정희 시대의 공적으로 명확히 평가해야 한다."고 주장했다.

이처럼 박정희는 인고의 세월을 떨치고 겨레를 보릿고개 가난에서 구해내기 위해 국민의 부름을 받고 '5·16혁명'(무혈혁명)이라는 구국의 결단을 내릴 수밖에 없었다. 1960년 4·19혁명의 자유민주주의는 1961년 5·16혁명으로 계승되어, 대한민국을 근대화 혁명으로 완성했다. 5·16 후 박정희는 6개 항의 '혁명공약'을 발표했는데, 넷째 항은 이러하다. "절망과 기아선상에서 허덕이는 민생고를 시급히 해결하고 국가 자주경제 재건에 총력을 경주할 것입니다."

5·16일은 이승만의 8·15 건국과 함께 오늘의 한국이 시작된 출발점이다. 박정희의 '기적의' 리더십이 없었다면 오늘의 대한민국이 있을 수 있을까. 박정희 대통령의 사상과 통치철학인 '박정희정신'을 되돌아보면서 위기의 대한민국이 나아갈 길을 생각한다.

11 박정희 대통령의 통치철학(統治哲學)

통치철학(統治哲學)은 통치자가 국가를 운영함에 있어 따르는 기본 사상·이념·가치관으로, 정치의 방향과 정책의 원칙을 규정하는 정신적 나침반이다. 박정희 대통령은 국가와 국민을 먼저 생각한 실천의 리더십을 발휘한 국가경영의 철학자였다. 전쟁의 폐허와 절대 빈곤 속에서 그는 "우리 힘으로 근대국가를 세운다."는 단 하나의 목표에 국가 역량을 집중시켰다.

박 대통령은 재임기간 18년 5개월 동안 반공을 국시(國是)로 삼고, 자주국방과 자립경제의 두 틀 아래 '수출주도-중화학공업육성-외자도입' 전략으로 세계인이 부러워하는 '한강의 기적'을 이뤄냈다. 그의 통치철학은 국방과 경제가 두 축으로, '나라의 융성이 나의 발전의 근본임을 깨달아'라는 국민교육헌장 문구로 대변되는 '근대화·국가주도 경제개발 철학'으로 요약된다.

첫째, 박정희의 통치철학은 국가 목표주의였다. 그는 개인의 이해보다 국가의 목표를 앞세웠다. 정치적 인기보다 산업화, 국방, 교육, 과학기술을 우선했고, 단기적 성과보다 장기적 비전을 택했다. 새마을운동은 국민의식 개혁이었고, 한일국교정상화는 국제질서 속에서 생존을 위한 전략이었다. 그의 통치는 '민족의 생존'을 최우선 가치로 삼은 실용의 철학이었다.

둘째, 그는 자립자강(自立自强)을 국가정신으로 세웠다. 원조경제의 굴레를 끊고, 수출입국·중화학공업·국산무기개발을 추진했다. "가난은 국가의 수치"라는 그의 신념은 산업화의 동력이었다. 국민에게 근면·자조·협동을 강조한 이유는 정신적 자주독립을 이루기 위한 의식혁명이었다.

셋째, 박정희의 통치에는 윤리적 책임의식이 깔려 있었다. 그는 권력자를 '책임자'로 여겼다. 국가의 실패를 자신의 실패로, 국민의 고통을 자신의 책임으로 받아들였다. 그런 통치철학이 있었기에 혹독한 시대를 뚫고 근대화의 기적을 가능케 했다.

오늘의 대한민국은 박정희 시대의 유산 위에 서 있지만, 그 정신은 잊혀져 가고 있다. 정치권은 책임보다 이익을, 지도자는 국가보다 당파를 우선한다. 박정희의 통치철학이 다시 소환되어야 하는 이유가 바로 여기에 있다. 역사는 국민 모두가 만들어가는 것이다. 그러나 바른 역사 창조의 방향을 제시하고, 민족의 역량을 하나로 결집해 나가는 지도자가 없다면 '영광된 역사'는 기록될 수 없다.

박정희는 '수출주도 공업화정책'과 더불어 '농민이 잘사는 정책'을 '경제정책의 2대 지주'로 삼았다. 그 결과 농가소득이 74년부터는 도시노동자 소득을 웃돌기 시작했다. 박정희는 영국 등 선진국과 비교하면 2세기, 1868년 메이지유신(明治維新)[22]으로 근대화를 이룩한 일본과 비교하면 100년 뒤진 산업화를 한 세대(20년) 만에 이룩했다. 그뿐만 아니라 이승만 대통령이 이룩한 토지개혁과 의무교육 등 사회개혁의 바탕 위에 미래지향적 통찰력(혁신정책)으로 국가백년대계를 설계했다.

대한민국의 혁신정책은 박정희 정부 때 시작됐다. 그 산물이 '고교평준화·의료보험·산업재해보험·국민연금·고용보험·그린벨트 정책' 등 진보 아젠다였다. 오늘날 우리나라가 세계에 자랑하는 의료보험과 국민연금 등은 보수정권의 테마로 박정희의 실사구시(實事求是)의 혁신 마인드에서 나온 것이다. 박정희는 5,000년 역사의 숙원인 '보릿고

22 메이지유신(明治維新) : 1868년에 일본이 서구식 근대화를 목표로 추진한 개혁이다. 일본은 이를 통해 근대화를 이루었지만, 군국주의로 나아가 전쟁을 일으키고 우리나라를 강제로 병합해 식민지로 만들었다.

개'를 해결했고, 남북한 체제경쟁에서 김일성과 싸우지 않고 이겼다.

박정희는 〈맹자(孟子)〉에 나오는 '무항산무항심(無恒産無恒心)'을 치국의 통치철학과 근대화를 위한 정치철학으로 삼았다. 그는 "먹고사는 경제(항산)를 해결해야 정치발전(항심)이 가능하다."는 통찰력으로, '선(先) 산업화' 성취의 토대 위에 '후(後) 민주화'가 이룩된 오늘의 대한민국을 만들었다.

하버드대 에즈라 보겔 교수의 말대로 선진국, 강대국이 된 국가는 초기에 중앙집권적인 강한 통제하에 경제와 산업을 발전시켰다. 일본의 메이지유신이 그랬고, 독일의 비스마르크 시절이 그랬고, 중국의 등소평 시절이 그랬다. 〈제3의 물결〉의 저자 앨빈 토플러(Alvin Toffler)[23]는 산업화와 민주화의 상관관계를 이렇게 정의했다. "민주화라는 것은 산업화가 끝나야 가능한 것입니다. 자유라는 것은 그 나라의 수준에 맞게 제한되어야 합니다. 이를 가지고 독재라고 매도하는 것은 말이 되지 않습니다."

20세기 많은 신생국은 '민주화 우선', '경제와 정치 동시 발전'을 추구했지만 모두 실패했다. 이 사례에서 박정희의 선택('선 경제개발 후 민주화' 국가발전전략)이 옳았다는 것이 입증된다.

23 앨빈 토플러(Alvin Toffler, 1928) : 미국의 미래학자이다. 저널리스트 출신으로 <미래의 충격>에서 변동하는 사회에 적응하기 위한 전략을 논하였고, <제3의 물결>(1980)에서는 산업 문명에서 새로운 정보 문명에로의 이행을 주장하여 화제를 불러일으켰다.

III.

역사 속의 상소문上疏文

1. 김후직의 ‘상진평왕서(上眞平王書)’
2. 설총의 ‘화왕계(花王戒)’
3. 최치원의 ‘시무십여조(時務十餘條)’
4. 최승로의 ‘시무이십팔조(時務二十八條)’
5. 우탁의 ‘지부상소(持斧上疏)’
6. 이곡의 ‘공녀금지상소‘(貢女禁止上疏)’
7. 양성지의 ‘비변십책(備邊十策)’
8. 조광조의 ‘개혁상소(改革上疏)’
9. 이황의 ‘무진육조소(戊辰六條疏)’
10. 조식의 ‘을묘사직소(乙卯辭職疏)’
11. 이지함의 ‘본말상보론(本末相補論)’
12. 이이의 ‘만언봉사(萬言封事)’
13. 조헌의 두 번째 ‘지부상소(持斧上疏)’
14. 최명길의 ‘개혁상소(改革上疏)’
15. 윤집의 청유금지상소(淸遊禁止上疏)
16. 채제공의 ‘육조진언(六條進言)’
17. 정약용의 ‘사직상소(辭職上疏)’
18. 김옥균의 ‘개혁상소(改革上疏)’
19. 서재필의 ‘독립협회상소(獨立協會上疏)’
20. 이상설의 ‘을사조약반대상소(乙巳條約反對上疏)’

III

역사 속의 상소문上疏文

1 김후직의 '상진평왕서(上眞平王書)'

신라 제26대 진평왕(眞平王)[1]은 고구려의 장수왕에 비견될 만큼, 53년의 긴 재위 동안 커가는 신라를 튼튼히 앉혀 놓은 장본인이다.

진평왕 때의 충신인 김후직(金后稷, ?~?)은 언제 태어나서 언제 죽었는지 기록이 정확하지 않다. 김후직은 지증왕의 증손으로 이찬(伊飡)[2]을 지냈으며, 진평왕 2년(580)에 병부령(兵部令)[3]이 되었다〈삼국사기 제45권 열전 제5〉. 진평왕이 왕위에 오른 다음 해에 김후직이 병권을 장악하는 요직에 임명된 사실에 비춰보면 훈신(勳臣)으로 실세였을 것이다.

1 진평왕(眞平王, 재위 579~632) : 신라 제26대 왕. 휘(諱)는 백정(白淨)이다. 연호를 건복(建福)이라 고치고 원광(圓光), 담육(曇育) 등을 수(隋)나라에 유학시켜 불교 진흥을 꾀하는 한편, 수의 원조를 받아 고구려와 대결했다.

2 이찬(伊飡) : 신라 때에 둔, 십칠 관등 가운데 둘째 등급. 자색 관복을 입었다. 진골만이 오를 수 있었다.

3 병부령(兵部令) : 신라의 6부 체제 이후 중앙 군사행정 최고 책임자. 화랑·군단 통제, 군사훈련, 징병 담당.

김후직이 생전에 진평왕에게 올렸던 간언(諫言)은 현존하는 우리나라 최초의 상소문으로, 한국 고대 문학과 사상사 연구에서 매우 귀중한 자료이다. 진평왕이 사냥을 매우 좋아해 정사를 돌보지 않자 김후직은 이를 만류하는 〈상진평왕서(上眞平王書)〉를 올렸다.

"사냥을 중지하시고 정사를 돌보십시오. 옛날의 임금은 하루에도 1만 가지 일을 보살피되 깊이 생각하고 멀리 염려하였으며, 그 좌우에는 올바른 선비를 두고서 직간을 받아들여 부지런히 힘쓰고 감히 평안히 놀지 않았으므로, 덕정(德政)[4]이 순수하고 아름다워 국가를 보전할 수 있었습니다.

(중략) 지금 전하께서는 날마다 놀이에 미친 사람처럼 사냥꾼과 더불어 매나 개를 풀어놓고 꿩이나 토끼를 쫓아 산야(山野)를 달리는 일을 그만두지 않는 것은 마음을 방탕하게 하고 나라를 망하게 하는 것이니 이래서야 되겠습니까?"

사냥에 빠져 정사를 돌보지 않는 진평왕의 무절제함을 바로잡으려 목숨을 걸고 충간(忠諫)한 글이다. 정론직필(正論直筆)이 글자 그대로 서릿발 같다. 진평왕의 치세를 비판하며, 왕도정치(王道政治)의 회복과 유교적 도덕 통치를 강조하였다. 논리적 구성, 문체의 엄격함, 유교 경전 인용 등에서 이후 고려·조선 시기 상소문 문체의 효시를 이루었다.

김후직은 노자의 〈도덕경(道德經)〉[5]과 공자의 〈서경(書經)〉[6]을 인용

4 덕정(德政) : 덕으로 다스리는 어질고 바른 정치.

5 <도덕경(道德經)> : 춘추시대 말기에 노자가 난세를 피하여 함곡관에 이르렀을 때 윤희(尹喜)가 도를 묻는 데에 대한 대답으로 적어 준 책이라 전하나, 실제로는 전국시대 도가의 언설을 모아 한(漢)나라 초기에 편찬한 것으로 추측된다. 내용은 우주 간에 존재하는 일종의 이법(理法)을 도(道)라 하며, 무위(無爲)의 치(治), 무위의 처세훈(處世訓)을 서술하였다.

6 <서경(書經)> : 공자가 중국 요순(堯舜) 때부터 주(周)나라 때까지의 정사(政事)에 관한 문서를 모아 지은 책. 총 20권 58편으로, 유가(儒家)의 이상정치(理想政治)에 관해 서술하였다. 오경(五經)의 하나이다.

하여 극간(極諫)하였다. "노자는 '말을 달리고 사냥하는 것은 사람의 마음을 미치게(狂·광) 한다'고 하였고, 〈서경〉에는 '안으로 여색을 탐하거나, 밖으로 사냥에 미치거나 이 중 한 가지만 하더라도 망하지 않은 이가 없다'고 하였습니다. (중략) 전하께서는 이를 유념하시옵소서." 그러나 왕은 이를 받아들이지 않았고, 김후직이 재차 간하여도 듣지 않았다.

김후직은 병이 들어 죽게 되었을 때, 세 아들에게 이렇게 유언했다. "내가 남의 신하로서 임금의 잘못을 바로잡지 못했다. 대왕께서 놀이에 계속 빠져 계시면 패망에 이를까 근심하는 바이다. 내가 비록 죽더라고 반드시 임금을 깨우쳐 주려 생각하니 나를 대왕이 사냥 다니는 길가에 묻어라."

그 뒤 어느 날 진평왕이 사냥을 위해 출행(出行)하는데 어디선가 "가지 마옵소서" 하는 듯한 소리가 들렸다. 진평왕은 신하들을 돌아보며 "소리가 어느 곳에서 나느냐?"고 묻자 종자(從者)가 "후직(后稷) 이찬의 묘입니다"라고 아뢰었다. 마침내 진평왕은 묘에 얽힌 사연을 알게 되어 눈물을 흘리며 말했다. "그대의 충성스러운 간함은 죽은 후에도 잊지 않는구나. 만약 이를 듣고도 고치지 않는다면, 살아서나 죽어서나 어찌 낯을 들고 다닐 수 있겠는가." 이후 진평왕은 크게 뉘우쳐 사냥을 가지 않고 정사에 힘썼다고 전해진다.

태생이 기이하고 장대한 풍모를 지녔던 진평왕은 대대적인 관제를 정비하고, 원광법사(圓光法師)를 중용해 화랑도를 육성하는 등 삼한일통과 천년사직의 기초를 닦은 영걸이다. 진평왕의 업적은 모두 죽어서까지 왕의 잘못을 바로잡기 위해 소임을 다한 김후직의 간언에서 비롯된 것이니, 후세는 김후직을 충신의 전범(典範)으로 삼고 그의 충간을 '묘간(墓諫)'이라 하며 칭송했다.

이는 중국 춘추시대 위(衛)나라 영공(靈公)[7] 때 사추(史鰌)[8]가 죽음을 맞이하면서 그 아들에게 자신의 시체를 북당(北堂)에 두게 하여 영공으로 하여금 현능한 거백옥(蘧伯玉)[9]을 등용하고 불초한 미자하(彌子瑕)[10]를 내치도록 한 고사(故事)에서 나온 '시간(屍諫)'[11]에 비견된다.

정조대왕은 〈홍제전서(弘齋全書)〉[12]에서 "언로(言路)는 나라의 혈맥과 같다. 혈맥이 제대로 통하지 않으면 사람의 원기가 막히듯, 언로가 제대로 열려 있지 않으면 모든 뜻이 막혀 버린다. (중략) 거리낌 없이 하고 싶은 말을 다 하라"고 했다.

정치가 어지럽고 사회가 혼란에 빠져 어려움을 겪고 있는 대한민국이다. 나라가 방향을 잃고 헤매고 있을 때 직간을 통해 폐정(弊政)이 고쳐질 수 있어야 한다. '직간(直諫)이 그리운 시대'이다.

2
설총의 화왕계(花王戒)

신라 제31대 신문왕(神文王)[13]은 선왕들이 닦아 놓은 삼한일통의 바탕 위에 바야흐로 태평성세를 구가했다. 신문왕은 고려 4대 광종, 조선 3대 태종과 같이 공신들의 막강한 힘을 무력화시키고, 왕권을 안정시키는 역할을 했다. 그는 통일신라 수성기(守成期)에 자신의 역할을 잘 수행한 임금이었다.

13 신문왕(神文王, ?~692, 재위 681~692). 신라 제31대 왕. 이름은 정명(政明) 또는 명지(明之), 자는 일초(日怊). 국학(國學)을 세워 학문을 장려하였으며 지방 통치 조직인 구주 오소경(九州五小京)을 완비하는 등 전성시대를 이루었다.

설총(薛聰, 655~?)은 고승 원효(元曉)와 요석공주(태종무열왕의 딸) 사이에 태어났으며, 초기에 사문(沙門)에 들어가 불교 서적을 탐독했으나 뒤에 환속하여, 유교(儒教)로 개종하였다. 경전을 우리말로 해석한 한국 유학(儒學)의 유종(儒宗)으로 일컬어지고 있다. 신라 3문장(三文章 : 強首·강수, 설총, 崔致遠·최치원) 중 한 사람이자 '신라 십현(十賢)'의 한 사람으로 꼽히며, 벼슬은 한림(翰林)에 이르렀다. 문묘에 종사된 '해동 18현' 중의 한 사람이다.

〈삼국사기 제46권 열전 제6〉에 보면 신문왕 때 설총이 지은 〈화왕계(花王戒)〉라는 글이 있다. 한여름, 신문왕은 오랫동안 내리던 비가 그치고 향기로운 바람이 부니 비록 좋은 음식과 애절한 음악이 있다고 해도 재미있는 해학으로 울적한 마음을 푸는 것만 못할 것으로 생각했다. 신문왕은 설총에게 "기이한 이야기를 많이 알 테니 색다른 이야기를 들려달라"고 청하였다.

이에 설총은 〈화왕계〉라고도 불리는 〈계화왕(戒花王)〉을 지어 올려, 신문왕에게 비행을 경계하고, 스스로 자성할 것을 촉구하였다.

"옛날 화왕(花王, 임금꽃, 모란牧丹)을 정원에 심자, 한 봄 내내 고운 색깔을 발산하고 온갖 꽃을 능가하여 홀로 빼어났습니다. 그러자 아름답고 고운 꽃들이 찾아와 임금꽃에게 잘 보이려고 야단들이었습니다. 이때 홀연히 한 여인이 나타났습니다. 고운 얼굴과 붉은 입술과 옥같이 흰 이에다 아름답게 장식한 옷을 입고 맵시 있는 걸음으로 다가와 말했습니다. '저는 눈같이 흰 모래를 밟고, 거울같이 맑은 바다를 마주 보면서 봄비로 목욕하여 때를 씻고, 맑은 바람처럼 자유롭게 지내니, 이름을 장미(薔薇)라고 하옵니다. 제가 향내 풍기는 휘장 속에서 임금님의 잠자리를 모시고자 하오니, 저를 받아주시겠습니까?'"

"이때 또 한 사내가 베옷에 띠를 두르고 흰 모자를 쓴 채 지팡이를 짚고 절름거리는 걸음으로 와서 허리를 구부리고 말했습니다. '저는 백두옹(白頭翁, 할미꽃)이라 하옵니다. 임금께서는 기름진 음식으로 배를 채우고 차와 술로 정신을 맑게 하더라도, 반드시 좋은 약으로 기운을 돋우고 아픈 침으로 독을 제거해야 할 것입니다. 옛말에 모든 군자는 결핍될 때를 대비하지 않음이 없는 것이라고 한 것입니다. 임금님도 그럴 뜻이 있으십니까?'"

"이때 옆에서 누군가가 '이 둘 중 어떤 쪽을 따르시겠습니까?'하고 물었습니다. 임금꽃이 대답했습니다. '사내의 말에도 이치가 있지만, 미인은 얻기가 어려우니 어떻게 하면 좋단 말인가?' 그 말을 들은 사내가 앞으로 나와 말했습니다. '임금께서 총명하고 의리를 안다고 해서 왔는데 이제 보니 틀렸습니다. 무릇 임금들은 아첨을 가까이하고, 정직을 멀리하지 않는 이가 드물다고 합니다. 예로부터 이러하니 난들 어찌하겠습니까?' 이에 임금꽃이 깨닫고, 곧 '내가 잘못했소'하고 사과하였답니다."

장미와 백두옹을 인간계의 간신과 충신에 빗댄 이 동화 같은 이야기를 들은 신문왕은 "참으로 그 우화에는 나뿐만 아니라 후대의 왕들이 들어야 할 귀감이 될 내용이 들어 있다"라며 "말로만 하지 말고 글로 써 바치라" 하여 기록으로 남게 된 것이 〈화왕계(花王戒)〉이다.

최초의 가전체 문학작품으로 평가되는 〈화왕계〉는 우화문(寓話文, 비유를 통해 교훈을 전하는 글)으로 변려문(騈儷文, 문장이 대구를 이루며 운율이 있는 산문체)의 형식을 취하고 있다. 꽃을 의인화해 간신을 멀리하고 충신을 가까이 하라는 유교적 교훈을 전하는 우리나라 최초의 '유교 윤리서'로 알려졌다.

설총은 고대 한국어를 한문으로 표현한 첫 문자 체계 이두(吏讀)[14]와 구결(口訣)[15] 문자를 규정한 것으로 가장 잘 알려져 있으며, 그때까지 존재하던 향찰(鄕札)[16]을 집대성하였으며, 육경(六經)[17]을 읽고 새기는 방법을 개발하여 한문을 국어화하고 유학 연구를 쉽게 그리고 빨리 발전시키는 데에 공이 컸다. 700여 년 후인 1444년, 세종대왕은 훈민정음 반포를 반대하는 최만리(崔萬理)[18] 등 신하들을 설득하기 위해 설총을 소환했다.

"설총이 이두를 제작한 본뜻이 백성을 편리하게 하려 함이 아니겠느냐. 만일 그것이 백성을 편리하게 한 것이라면 지금의 언문(諺文)도 백성을 편리하게 하려 한 것이다. 너희들은 설총은 옳다고 하면서 군상(君上, 임금)이 하는 일은 그르다 하는 이유가 무엇이냐?"

설총은 원효가 세상을 떠나자 그의 소상(塑像, 찰흙으로 만든 사람의 형상)을 만들어 분황사(芬皇寺)에 모시는 효성을 보였다. 이렇듯 원효는 불교를 통해, 설총은 유교를 통해 구도(求道)의 길을 제시하였던 유불의 쌍벽이었다.

14 이두(吏讀) : 한자에 의한 한국어 표기법의 한 가지이다. 신라시대부터 시작하여 19세기 말까지 사용되었다. 고대 한국어를 분석하기 위한 자료의 하나이다.

15 구결(口訣) : 한문을 읽을 때 그 뜻이나 독송(讀誦)을 위하여 각 구절 아래에 달아 쓰던 문법적 요소를 통틀어 이르는 말.

16 향찰(鄕札) : 한자의 음과 뜻을 빌려 한국어를 표기하는 방법으로, 주로 신라 향가에 사용되었다.

17 육경(六經) : 중국 춘추시대의 여섯 가지 경서(經書). <역경>, <서경>, <시경>, <춘추>, <예기>, <악기>를 이르는데 <악기> 대신 <주례>를 넣기도 한다.

18 최만리(崔萬理) : 조선 세종 때의 문신·학자(?~1445). 자는 자명(子明). 호는 강호산인(江湖散人). 집현전 부제학, 강원도 관찰사를 지냈다. 훈민정음의 창제와 반포에 대하여 여섯 가지 이유를 들어 반대 상소를 올렸다.

3
최치원의 ‘시무십여조(時務十餘條)’

고운(孤雲) 최치원(崔致遠, 857~?)은 6두품 출신으로 신라 하대에 골품제도를 비판하고 중앙집권적인 유교정치의 실현을 주창했으며, 유교·불교·도교에 깊은 이해를 지녔던 학자이자 뛰어난 문장가였다.

신라는 엄격한 골품제 사회였다. 6두품은 아무리 능력이 뛰어나도 신라 17관등 가운데 6등위에 해당하는 아찬(阿飡)[19] 이상의 벼슬에는 오를 수 없었다. 반면 당나라는 외국인에게도 관직의 문이 열려 있고 능력에 따라 높은 지위에 오를 수도 있는 기회의 땅이었다. 837년 한 해 동안 도당(渡唐) 유학생이 216명에 이를 정도로 당시 신라에서는 유학 열풍이 불고 있었다.

868년 아버지 최견일(崔肩逸)은 더 넓은 세상에서 큰 꿈을 펼치길 위해 당 유학길에 오르던 12세 아들 최치원에게 “10년 공부해 과거에 급제하지 못하면 나의 아들이라 하지 말라”고 단단히 일렀다. 경주최씨 가문의 자부심과 6두품의 한과 비애가 숨어 있는 가르침이었다.

최치원은 유학 6년 만인 18세(874년) 때 빈공과(賓貢科)[20]에 장원 급

19 아찬(阿飡) : 신라 때에 둔, 십칠 관등 가운데 여섯째 등급. 육두품이 오를 수 있었던 가장 높은 관등이다.

20 빈공과(賓貢科) : 중국에서 외국인을 대상으로 실시하는 과거시험. 우리나라 사람이 당(唐)·송(宋) 빈공과에 급제한 경우가 많았음. 신라시대 처음 숙위유학생(宿衛留學生)이 증가하면서 빈공과에 급제한 자가 나타났음. 특히 신라말 육두품으로서 빈공과에 급제한 자가 많았는데, 최치원(崔致遠)·최승우(崔承祐)·최언위(崔彦撝) 등은 그 대표적인 사람들임. 이후 원(元)·명(明) 나라의 빈공과에서도 급제자가 많이 나옴.

제한 후 약관 20세(876년)에 첫 관직(율수현위)에 오를 만큼 학문이 출중했다. 그는 자신의 능력을 가리켜 "짧은 두레박줄은 깊은 우물물을 길을 수 없고 무딘 창은 굳은 것을 뚫을 수 없습니다"라며 겸손했지만, 재능은 난세에 빛을 발했다.

'황소의 난'을 일으킨 황소(黃巢)[21]가 수도 장안까지 점령한 881년. 토벌군 사령관인 고변(高駢)의 종사관으로 복무하던 최치원은 자신의 이름 석 자를 당나라 전역에 알리는 〈토황소격문(討黃巢檄文)〉을 지었다.

훗날 고려의 이규보(李奎報)[22]는 "황소가 격문을 읽다가 '온 천하 사람이 너를 드러내놓고 죽이려 할 뿐 아니라, 아마 지하의 귀신들까지 쥐도 새도 모르게 너를 죽이려 이미 의논했을 것'이라는 구절에서 너무 놀라 상 아래로 굴러떨어졌다고 한다."며 최치원을 칭송했다.

최치원은 884년(헌강왕8) 28세 청년이 되어 16년 만에 귀국했다. 당 황제가 '자금어대(紫金魚袋)[23]'를 하사할 만큼 능력을 인정받았지만, 풍전등화(風前燈火) 같은 조국의 현실을 외면할 수 없었다. 신라 하대의 혼란은 진성여왕(眞聖女王,)[24] 때에 이르러 극도에 달하였다. 중앙 귀족

21 황소(黃巢, ?~884) : 당나라 말기의 군웅 가운데 한 사람. 왕선지가 난을 일으키자 그를 따르다가, 그가 죽은 뒤에는 남은 무리를 이끌고 중국 땅 대부분을 공략하였다. 한때 수도 장안을 점령하여 스스로 황제라 일컫고 국호를 '대제(大齊)'라 하였으나, 뒤에 이극용 등의 관군에게 패하여 자살하였다.

22 이규보(李奎報, 1168~1241) : 고려 중기의 문신. 문인. 자는 춘경(春卿). 호는 백운거사(白雲居士). 벼슬은 정당문학을 거쳐 문하시랑평장사 등을 지냈다. 경전(經典)과 사기(史記)와 선교(禪敎)를 두루 섭렵하였고, 호탕 활달한 시풍은 당대를 풍미하였으며 명문장가였다. 저서에 <동국이상국집>, <백운소설> 등이 있다.

23 자금어대(紫金魚袋) : 물고기 모양의 장식이 붙어있는 주머니. 공복(公服)의 띠에 매달아 관직의 귀천을 구분하였음.

24 진성여왕(眞聖女王, ?~897/재위 887~897) : 신라의 제51대 왕. 성은 김(金). 이름은 만(曼). 재위 기간에 나라가 혼란에 빠졌으며 후삼국으로 다시 나누어지게 되었다. 888년 각간 위홍

들은 부패하고 사치와 향락에 젖어 있었다. 국가재정은 궁핍해지고, 지방에서 조세와 공부(貢賦)가 걷히지 않으며, 각지에서 도적이 봉기하여 마침내 견훤(甄萱)과 궁예(弓裔)가 각기 건국하고 세력을 굳혀가는 존망지추(存亡之秋)의 상황에 처하게 되었다.

최치원은 이러한 혼란을 수습하기 위해 894년(진성여왕 8) 2월 신라 사회 개혁안인 〈시무십여조(時務十餘條)〉를 진성여왕에게 올렸다. 내용은 전하지 않지만, 학자들의 추측을 정리해 보면 다음과 같다.

첫째, "신라사회의 발전을 저해하는 골품제를 완화하고 과거제에 의한 인재등용을 하라는 건의 등이 피력되었을 것이다."(하현강 〈한국의 역사〉) 둘째, "신라사회의 모순을 극복하기 위한 합리적인 유교정치의 실행을 요구한 것이다. (중략) 새로운 중세국가 건설의 방향을 제시하는 단계까지 이르렀다."(변태섭 〈한국사통론〉)

훗날 연암 박지원(朴趾源)[25]은 "십여 조를 여왕에게 간했으나 여왕이 받아들이지 않았다"〈연안집(燕巖集)〉[26]며 안타까워했다. 최치원은 결국 898년 42세에 벼슬을 그만두고 가야산으로 은거하였고, 개혁을 거부했던 천년왕국 신라는 역사의 뒤안길로 사라졌다.

〈삼국사기〉는 열전에서 최치원을 두고 "스스로 때를 만나지 못함을 슬퍼하며, 다시 벼슬할 뜻을 품지 않았다" "마음 내키는 대로 돌아다니며 산림

과 대구 화상에게 향가집 ≪삼대목≫을 편찬하게 하였다.

25 박지원(朴趾源, 1737~1805) : 조선 정조 때의 문장가. 실학자. 자는 중미(仲美). 호는 연암(燕巖). 정조 4년(1780)에 진하사(進賀使) 박명원(朴明源)의 수행원으로 청나라에 다녀와서 <열하일기>를 저술하여 유려한 문장과 진보적 사상으로 이름을 떨쳤다. 북학론을 주장하였고 이용후생(利用厚生)의 실학을 강조하였다. 문집에 <연암집>이 있다.

26 <연안집(燕巖集)> : 조선 정조 때의 실학자 박지원의 시문집. 시문·서간과 <열하일기> 따위가 수록되어 있으며, 광무 5년(1901)에 김택영이 간행하였다. 9권 3책.

아래와 강가·바닷가에 누정(樓亭)을 짓고 솔과 대를 심었으며 책 속에 파묻혀 풍월을 읊었다. 경주 남산, 강주 빙산, 합주 청량사, 지리산 쌍계사, 합포현의 별서가 모두 그가 거닐던 장소다"라고 적었다.

이러한 최치원의 개혁사상은 당대엔 좌절됐지만, 유교에서 그의 선구적 업적은 훗날 자기 증손(曾孫)인 최승로(崔承老)의 〈시무(時務) 28조〉를 통해 고려의 정치이념으로 실현되었다.

최치원은 '나말여초'라는 역사적 전환기의 정치 사상적 변화를 대변한 시대정신의 산증인이었다. 이후 최치원은 한국유학 사상 최초의 도통(道通)으로 모셔지고 있으나, 그의 사상은 유교·불교·도교를 통합한 사상이라고 볼 수 있다.

4
최승로의 '시무이십팔조(時務二十八條)'

최승로(崔承老, 927~989)는 신라 말 육두품 출신 최은함(崔殷諴, ?~?)의 아들로 경주에서 태어났다. 최승로가 12살이 되었을 때, 고려 태조가 불러서 〈논어〉를 읽혀 보고 매우 가상히 여겨서 원봉성(元鳳省)[27]의 학생으로 두게 하였다. 태조는 신동 승로를 귀여워하고 장래에 큰 기대를 걸었다. 대대의 임금들이 그를 특별히 대우한 것도 태조의 이와 같은 은총이 있었기 때문이다.

27 원봉성(元鳳省) : 고려 초기에 두었던 관아로 제찬(制撰), 사명(詞命) 등 왕의 칙서(勅書)에 관한 일을 맡아 보던 기구. 현종 때 한림원(翰林院)으로 바뀌었다.

고려 초인 982년 성종이 즉위하면서 명령하기를, "임금의 덕은 오직 신하의 보필에 달려 있다. 짐이 새로 정무를 총괄하게 되었으니 잘못된 정사가 있을까 걱정된다. 경관(京官) 5품 이상은 각기 봉사를 올려 시정(時政)의 잘잘못을 논하라" 하였다. 정광(正匡)[28] 최승로는 〈28조의 시무책(時務策)〉을 제시했다. 현재 22항목만 전해지는 시무책은 사실상 국정의 개혁방안이고, 이후 조선조의 〈경국대전(經國大典)〉[29]과 같은 역할을 하였다.

"신이 삼가 보건대, 개원(開元)[30] 연간에 사관 오긍(吳兢)[31]이 〈정관정요(貞觀政要)〉를 지어 올려 현종(玄宗)에게 태종(太宗)의 정치를 닦도록 건의한 것은, 대개 어떤 일이 일어난 본질은 서로 비슷하여 한 집안의 일에서 벗어나지 않고 그 정치를 잘하여서 본보기가 될 만하기 때문이었습니다. 우리 태조가 건국한 때로부터 신이 아는 것은 모두 신의 마음에 기억하고 있으니, 이제 삼가 역대 5대 왕의 정치와 교화에서 본받을 만하거나 조심할 만한, 잘되고 잘못되었던 역사를 기록하여 조목별로 아뢰어 드리겠습니다. ……(중략)……

무릇 역대 사조(四朝) 왕이 정사를 행한 자취는 대략 이와 같으니 성상께

28 정광(正匡) : 고려 태조 19년(936)에 정리된 16등급의 고려 위계 중 4등급인 2품의 관계이다.

29 <경국대전(經國大典) : 조선시대에 나라를 다스리는 기준이 된 최고의 법전. 조선 초기의 법전인 조선경국전, 경제육전, 속육전을 모두 모아서 세조 때부터 만들기 시작하여 성종 때 완성됐다. 조선의 정치, 경제, 사회 등 모든 기본 규범을 정리한 책으로, '이전, 호전, 예전, 병전, 형전, 공전'의 육전으로 이루어져 있다.

30 개원(開元) : 당나라 6대 황제 현종(玄宗)이 713년부터 741년까지 사용한 연호.

31 오긍(吳兢, 670~749) : 중국 당나라의 역사가이자 <정관정요>의 편찬자다. '정관'은 당태종 이세민의 연호이고 '정요'란 정치의 요체를 뜻한다. 오긍이 정관정요를 저술한 시기는 당태종이 재위하던 시기가 아니다. 당태종의 정치적 언행을 기록한 것으로, 태종이 죽은 지 약 50년이 지난 후에 오긍이 후세에 규범이 될 만한 내용을 엮어서 10권 40편으로 편찬한 책이다.

서는 마땅히 잘한 것은 취하여 행하고 잘못한 것을 보고서는 경계하여, 긴급하지 않은 일은 제거하고 이로운 것이 없는 쓸데없는 노동은 폐지해서 다만 임금은 위에서 편안하고 백성은 아래서 기뻐하도록 해야 할 것입니다. 시작을 잘하는 마음을 이어 유종의 미를 생각하여, 날로 더욱 조심하여 비록 훌륭하여도 훌륭하게 여기지 말며, 비록 귀하게 군주가 되었지만 스스로 높은 체하지 말고, 재덕을 많이 가졌지만 교만하고 자랑하지 않고, 오직 스스로를 낮춰 공경하는 마음을 돈독히 하고 백성을 근심하는 생각이 끊이지 않는다면, 복은 구하지 않아도 저절로 이르고 재앙은 기도하지 않아도 저절로 소멸할 것이니, 성군께서 어찌 만년을 누리지 않으며, 왕업이 어찌 백 세만 전할 뿐이겠습니까. 신은 또한 시무(時務) 28조를 기록하여 장계와 함께 별도로 봉하여 올립니다.……(중략)…

왕이 백성을 다스리는 것은 집집마다 가서 돌보고 날마다 이를 보는 것이 아닙니다. 그러므로 수령을 파견하여 가서 백성의 이익과 손해를 살피게 하는 것입니다. 우리 태조께서 나라를 통일한 후에 외관(外官)을 두고자 하였으나, 대개 초창기에 일이 번잡하여 미처 할 겨를이 없었습니다. 지금 보건대 지방의 호족들이 항상 국가의 일이라고 속이고 백성을 수탈하니 백성이 그 명령을 견뎌내지 못하므로 외관을 두기를 청합니다. 비록 모든 지역에 한꺼번에 다 보낼 수는 없더라도 먼저 10여 주·현을 묶어 하나의 관청을 두고 관청마다 두세 명의 관원을 두어 백성 다스리는 일을 맡기소서.……(중략)……

천하의 세속 풍습은 각각 그 지역의 토성(土性)을 따르는 것이기 때문에 전부 고치기는 어렵습니다. 그 예·악·시·서의 가르침과 군신·부자의 도리는 마땅히 중국을 본받아 비루한 풍속을 고쳐야 하겠지만, 그 밖의 거마(車馬)·의복의 제도는 나라의 풍속대로 하여 사치와 검소를 알맞게 하되 굳이 중국과 같이 할 필요는 없습니다.…(중략)……

우리나라에서는 봄에는 연등회를 벌이고 겨울에는 팔관회를 개최하는데, 사람을 많이 동원하고 쓸데없는 노동이 많으니, 바라건대 그 가감을 살펴서 백성이 힘을 낼 수 있게 해주소서. ……(중략)……

바라건대 성상께서 날로 더욱 조심하여 스스로 교만하지 말고, 아랫사람을 대할 적에 공손히 할 것을 생각하고, 혹시 죄지은 자가 있을 때 처벌의 경중을 모두 법대로 결정한다면 태평할 수 있을 것입니다.……(중략)……

불교를 행하는 것은 몸을 닦는 근본이며 유교를 행하는 것은 나라를 다스리는 근원이니, 몸을 닦는 것은 다음 생을 위한 밑천이며 나라를 다스리는 것은 곧 지금의 할 일입니다. 오늘날은 지극히 가깝고 다음 생은 지극히 머니, 가까운 것을 버리고 먼 것을 구하는 일이 또한 그릇된 것이 아닙니까."

〈시무28조〉는 태조에서 경종까지 5대의 정치를 놓고 거리낌 없이 비평하고 사회의 병폐를 날카롭게 파헤치고 있다. 상소문은 내용상 크게 불교 비판, 대외관계, 사회제도, 통치체제 등 네 부분으로 나누어 볼 수 있다.

첫째, 불교 비판은 불교 자체를 비판한 것이 아니라, 광종(光宗, 재위 949~975) 대에 지나치게 커진 불교 의식과 이로 말미암은 사회적 폐단을 지적하였다. 정치적으로도 불교를 배제할 수는 없으나 과도한 행사를 줄이고, 유교의 비중을 높일 것을 주장하였다. 둘째, 대외관계 측면에서는 광종 대에 무분별하게 중국 문화와 중국 인재를 도입한 것을 비판하고, 중국 문물을 받아들이더라도 고려의 실정에 맞게 하자고 주장하였다. 또한 북쪽 변방 지역의 방비를 위해 토착인을 활용할 것을 건의하였다.

셋째, 사회제도 측면에서는 신라 말 이후 복식제도나 신분제도, 가옥제도 등이 문란해졌음을 지적하고 이를 정비하자고 주장하였다. 넷째, 통치체제에서는 수령을 파견하여 지방 민생을 살피고, 섬 지역의 곤궁함과 불교 사원으로 인한 폐단 등을 살필 것을 주장하였다. 또한 광종 대 이래 전반적으로 과다해진 왕실의 숙위(宿衛) 군인과 공급해야 할 말, 노비 등을 줄이자고 건의하였다.

〈시무28조〉 가운데서 가장 주목되는 것은 불교와 유교에 대한 정책이다. 성종 대는 나말여초 시기의 질서가 본격적으로 정비되면서 고려사회의 질서가 형성된 시기였다. 당시 최승로는 정국을 주도하면서 〈시무 28조〉로 대표되는 새로운 국가운영 방안을 갖고 시대적 과제들을 해결하고자 했으며, 성종은 그의 방안을 그대로 수용하였다. 최승로는 고려사회의 새질서를 만드는 데 크나큰 이바지를 하였다.

5 우탁의 '지부상소(持斧上疏)'

고려 역사에는 특이하게 '원간섭기(元干涉期)[32]'가 있다. 고려가 대몽항쟁 끝에 강화를 성립시킨 1259년부터 반원(反元) 운동에 성공한 1356년까지 97년 동안을 그렇게 부른다. 이 시기 7명의

32 원간섭기(元干涉期) : 고려가 몽골(원나라)의 간섭을 받으며 내정과 외교에서 자주성을 상실한 시기를 말한다. 원간섭기는 고려의 주권이 크게 약화된 예속기(隸屬期)였지만, 동시에 몽골 문화와 한반도 문화가 융합된 시기로 이후 조선 전기의 국제감각 형성에도 일정한 영향을 미쳤다.

고려왕들은 원나라 공주를 왕비로 맞아야 했고, 왕자들은 볼모가 되어 원나라 수도 연경(燕京, 북경)에 잡혀 있어야 했다. 이른바 '원의 부마국(駙馬國)' 시기에 고려는 역사의 한 전환기를 맞게 된다. 고려 왕실은 무신정권에게 잃었던 힘을 회복했지만, 조신(朝臣)들의 힘은 미미해져 정치가 실종되고, 고려는 점차 자생력을 잃어갔다.

역동(易東) 우탁(禹倬, 1262~1342)은 단양군 적성면에서 태어날 때부터 범상치 않았는데, 탄생해서 3일간을 계속 울어대기만 했다. 집안과 마을 사람들은 아기가 잘못되었다고 수군거렸는데, 지나던 노승이 그를 보고 "그 녀석 벌써부터 주역을 외우고 있구만. 큰 인물이요"하면서 지나갔다고 한다.

우탁은 안향의 문하에서 수업받았는데, 안향은 항상 말하기를 "문하에 수업한 사람이 수백 명에 이르고 있으나 그 도를 깨닫고 이어받는 선비로는 오직 역동을 비롯하여 덕암 신천, 상당 백이정, 국재 권보 등 네 사람뿐이다."라고 했다. 또 "내가 세상을 떠나거든 탁을 나와 똑같은 스승으로 섬기라"라고 당부했다.

우탁은 '원간섭기'의 거의 전 시기를 살다간 시대의 증인으로, 〈고려사(高麗史)〉 '열전'에도 "경서와 사기를 통달하고, 역학(易學)에도 정통하여 점괘가 맞지 않음이 없다"고 기록될 만큼 뛰어난 역학자였다.

제26대 충선왕(忠宣王, 재위 1308~1313)[33]은 부왕인 충렬왕(忠烈王)의 후궁을 범한 패륜행위 저질렀다. 이를 중지시키기 위한 우탁의

33 충선왕(忠宣王, 1275~1325/재위 1308~1313) : 고려 제26대 왕. 이름은 장(璋). 초명은 원(謜). 자는 중앙(仲昻). 즉위 직후 교서를 발표하여 권세가의 탈세와 양민의 노비화를 금지하는 따위의 혁신정치를 실시하였고, 원나라 수도인 대도(大都)에 거주하면서 만권당을 세우고 고려와 원나라의 학자들을 모아 학문 교류에 크게 힘썼다.

'지부상소(持斧上疏)[34]'는 우리 역사상 목숨을 걸고 직간(直諫)한 최초의 사례이다. 우리나라 선비의 대쪽 같은 충절(忠節)과 간언(諫言) 정신을 보여주는 상소문으로, 원 간섭기 국정 문란과 왕의 잘못된 행태를 직언한 글이다. 이후 우탁의 지부상소는 조헌(趙憲)의 임진왜란 직전 일본사신의 목을 베라는 지부상소와 최익현(崔益鉉)의 강화도조약을 반대하는 병자지부소(丙子持斧疏)로 맥이 이어진다.

700년 전인 1308년. 아버지 충렬왕이 죽자 다시 복위한 충선왕은 선왕의 후궁이었던 숙창원비(淑昌院妃)[35] 김씨를 취했다. 충선왕은 그녀를 숙비(淑妃)로 봉하여 패륜의 길로 들어서고 말았다. 마침내 감찰규정(監察糾正)[36] 우탁은 홀로 죽음을 각오하고 상복을 입고 부월(斧鉞, 도끼)을 들고 짚방석을 짊어진 채 대궐로 들어가 지부상소를 올렸다.

충선왕의 곁에 있던 신하는 임금의 노여움을 살까 두려워 상소문을 펴고도 감히 읽지를 못했다. 그러자 우탁은 "경은 임금을 가까이 모시는 신하로서 임금의 패륜을 바로 잡지 못하고 악으로 인도하니, 경은 그 죄를 아느냐"고 호통을 치며 통렬하게 꾸짖었다. 우탁은 여기서 그치지 않고 한발 더 나아가 목숨을 걸고 충선왕의 잘못을 극간(極諫, 끝까지 간함)했다.

"군왕은 날마다 신하들과 더불어 정사를 토론하여 백성을 교화하고 풍속을 바로 잡기에도 겨를이 없을 터인데, 만고에 걸쳐 변할 수 없는 윤상(倫

---

34 지부상소(持斧上疏) : '도끼를 들고 상소를 올린다'는 뜻으로, 신하가 목숨을 걸고 임금에게 간언(諫言)을 올리는 것을 이르는 말.

35 숙창원비(淑昌院妃) : 김취려의 아들 김양감의 딸이며 김문연의 누이이다. 제국대장공주 사망 후 충선왕이 충렬왕의 제3비로 들였다가 충렬왕 사망 후 충선왕이 자신의 후궁으로 받아들여 숙비에 봉했다.

36 감찰규정(監察糾正) : 고려시대에 감찰사(監察司)에 속한 종6품 관직.

常)[37]을 무너뜨림이 어찌 이와 같을 수 있사옵니까? 전하께서는 부왕이 총애하는 후궁을 숙비에 봉했는데, 이는 삼강오륜에도 맞지 않을뿐더러 종사(宗社, 종묘와 사직)에 전례가 없는 패륜이옵니다.

(중략) 군왕이 나라의 흥망을 가늠하는 것은 오직 인(仁)과 불인(不仁)에 달려 있사옵니다. '신하는 간언을 할 때 목숨을 건다'고 했는데, 오늘 소신에게 터럭만큼의 잘못이 있다면 신의 목을 치시옵소서."

충선왕은 개혁군주였고 무도하지 않았기 때문에 윤상을 무너뜨린 자신의 패덕(悖德)한 행위를 극간한 우탁을 징치(懲治)하지는 않았다. 벼슬을 버리고 예안(禮安)에 은거하며 학문을 연마하던 우탁은 〈탄로가(嘆老歌)〉[38]를 지어 어느덧 백발이 되어버린 자신의 늙어 감을 실감나게 노래했다.

"한 손에 막대 들고, 또 한 손에 가시를 쥐고
늙은 것은 가시로 막고, 백발은 막대로 치려했더니
백발이 먼저 알고 지름길로 오더라."

목숨을 걸고 자신의 옳음에 도전했던 기개 높은 우탁은 세월의 덧없음을 애절하게 슬퍼하지 않았다. 가시로 막고 막대기로 공격해도 지름길로 찾아오는 백발을 막을 수는 없는 법. 이 시조에서 자연의 섭리는 거역할 수 없으므로 순응해야 한다는 달관적인 마음을 담고 있다.

정몽주(鄭夢周)는 우탁을 '동방사림(東方士林)의 조종'으로 받들었으며, 이황(李滉)은 우탁을 흠모하여 역동서원(易東書院)[39]을 창건하였다.

37 윤상(倫常) : 일상생활에서 항상 지켜야 하는 인륜(人倫) 상의 도덕(道德). 삼강오륜을 일컬음.
38 <탄로가(嘆老歌)> : 고려 말 우탁(禹倬)이 지은 가장 오래된 시조 작품으로, 늙음을 한탄하는 주제를 담고 있다. 가장 오래 패러디되어 불리고 있는 시조.
39 역동서원(易東書院) : 안동대학교 내에 있는 역동서원은 1570년(선조 3)에 퇴계 이황 선생의

그는 친필로 쓴 역동서원 봉안문에서 "충의대절은 천지를 움직이고 강학의 밝고 진퇴의 정당함이 뛰어나니 후학의 귀감으로 백 세의 묘향을 받을 분"이라며 우탁의 학문적 업적과 인품을 높이 찬양했다.

단양팔경 중 하나인 사인암(舍人巖)은 우탁이 사인 벼슬을 지내며 이곳에서 청유(淸遊)[40]하였다는 유래에서 붙여진 이름이라 한다. 사인암 주변의 바위에는 우탁이 두었다는 바둑판과 장기판이 새겨져 있다.

6
이곡의 '공녀금지상소(貢女禁止上疏)'

나라가 힘이 없으면 백성들, 그중에서도 부녀자들이 가장 큰 고통을 받는다. 고려가 원나라의 부마국이었던 '원간섭기'(1259~1356) 시대의 비극적 산물의 하나가 '공녀(貢女)'다. 공녀는 여자 공물이라는 뜻으로, '동녀(童女)'라고 표현되는 주로 13세에서 16세까지의 앳된 소녀들이었다.

1274년(원종 15년)에 고려 조정에서는 '결혼도감(結婚都監)[41]'을 설치하여 140명의 공녀를 원나라로 보낸 것을 시초로, 이후 60여 년 동안 50여 차례에 걸쳐 공녀를 보냈다. 공녀로 뽑히지 않기 위해 조정의 금

발의로 역동 우탁 선생의 학문과 덕행을 추모하기 위해 서원을 창건하여 위패를 봉안했다.

40 청유(淸遊) : 맑고 고상한 기분으로 자연 속을 유람(遊覽)하거나, 속세의 욕심을 떠나 품격 있게 노니는 것.

41 결혼도감(結婚都監) : 고려시대 원나라의 요구로 만자(蠻子, 남송인으로 원나라에 항복한 사람)에게 시집보낼 여자를 뽑는 일을 관장하던 관서. 1274년(원종 15)에 설치되었다. 이는 이후 1356년(공민왕 5)까지 무려 80년에 걸친 공녀(貢女)의 비극을 낳게 한 기틀을 만든 계기가 되었다.

혼령이 내려지기 전에 미리 혼인시킴으로써, 13세가 되기 전에 혼인을 서두르는 조혼(早婚)의 풍습도 이때 생겨났다.

기황후(奇皇后)[42]는 기자오(奇子敖)의 딸이고 권신 기철(奇轍)[43]의 누이동생이다. 처음 원나라에 공녀로 끌려갔다가 순제(順帝)[44]의 황후 자리에까지 오른 입지전적인 인물이다. 기황후는 자신의 처지를 한탄만 하지 않고 스스로 원 제국의 심장이 되어 북원(北元) 소종(昭宗)[45]의 어머니가 되었다.

공녀가 원나라로 떠나갈 때 딸을 잃은 백성들의 울음소리가 하늘과 땅을 뒤흔들었으며, 산천초목도 서러워서 울었다. 이를 보는 사람들도 슬퍼서 탄식하지 않은 자가 없었다. 사랑하는 임과의 이별은 언제나 두려운 법. 공녀문제로 인한 남녀의 이별을 노래한 〈가시리〉도 이 암울한 시대상을 대변한다.

가정(稼亭) 이곡(李穀, 1298-1351)은 이제현의 제자이자 목은 이색의 아버지다. 토정 이지함이 그의 7대손이다. 1333년 원나라 (征東省) 향시(鄕試)에 수석으로 급제하였다. 문장에 뛰어나 〈죽부인전〉을 지었으며, 백이정·우탁·정몽주 등과 함께 경학(經學)의 대가로 꼽힌다. 이곡

42 기황후(奇皇后, ?~?) : 중국 원나라 순제의 황후. 고려인 기자오(奇子敖)의 딸로, 1333년에 고려인 내시의 도움으로 원실(元室)의 궁녀가 된 뒤, 1340년에 황후가 되어 30년 동안 권세를 부렸다. 고려에도 큰 영향을 미쳐서 오빠인 기철 일파가 탐학과 횡포를 일삼는 데에 결정적인 힘이 되었다.

43 기철(奇轍, ?~1356) : 고려 공민왕 때의 권신(權臣). 기황후의 오빠. 횡포가 심해서 민폐가 많았다. 공민왕이 원나라를 배척하는 정책을 쓰자 반역하였으나, 진압되어 죽었다.

44 순제(順帝, 1320~1370, 재위 1333~1367?) : 중국 원나라의 마지막 황제. 명나라 태조 주원장에게 나라를 빼앗겼다.

45 소종(昭宗, 1340~1378, 재위 1370~1378) : 북원의 제2대 황제. 묘호는 소종(昭宗) 또는 철종(哲宗), 시호는 무승화효황제(武承和孝皇帝). 휘는 아유시리다라(愛猷識理答臘). 혜종(순제)과 기황후의 아들이다.

과 이색 부자는 모두 원나라 과거에 합격해 벼슬살이하면서 문명(文名)을 중원에 떨친 것으로도 유명하다.

1336년(충숙왕 복위 5) 봄. 이곡은 원나라에 들어가 정동행중서성좌우사원외랑 벼슬을 제수받고, 인종(仁宗)[46] 황제에게 동녀구색(童女求索)을 중지하도록 상소문을 올렸다.

"고려의 풍속을 보면, 차라리 아들을 별거하게 할지언정 딸은 내보내지 않으니, 이는 옛날 진(秦)나라의 데릴사위와 비슷한 점이 있다고 할 것입니다. 그래서 부모를 봉양하는 일은 전적으로 딸이 주관하고 있으므로, 딸을 낳으면 애정을 쏟아 돌보면서 얼른 자라나 자기들을 봉양해 주기를 밤낮으로 바라고 있습니다. 그런데 하루아침에 그 딸을 품 안에서 빼앗겨 사천리 밖으로 내보내고는, 그 발이 한번 문밖으로 나간 뒤에는 종신토록 돌아오지 못하고 있으니, 그 심정이 과연 어떠하겠습니까?

공녀로 뽑히면 부모와 친척들이 서로 한곳에 모여 곡(哭)을 하는데, 밤낮으로 우는 소리가 끊이지 않습니다. 공녀로 나라 밖으로 떠나보내는 날이 되면, 부모와 친척들이 옷자락을 부여잡고 끌어당기다가 난간이나 길바닥에 엎어져 버립니다. 비통하고 원통하여 울부짖다가 우물에 몸을 던져 죽는 사람도 있고, 스스로 목을 매어 죽은 사람도 있습니다. 근심 걱정으로 기절하는 사람도 있고, 피눈물을 흘려 실명하는 사람도 있습니다. 아! 우리 고려 사람 무슨 죄가 있어 이 괴로움을 언제까지 당해야 한다는 말입니까?"

이 애절한 상소를 접한 원나라 황제는 감동하여 앞으로 고려의 공녀

46 인종(仁宗, 1285~1320, 재위 1311~1320) : 몽골제국의 제8대 대칸이자, 원나라의 제4대 황제. 묘호는 인종(仁宗), 시호는 성문흠효황제(聖文欽孝皇帝). 휘는 아유르바르바다(愛育黎拔力八達)이며, 산스크리트어로 '장수(長壽)의 산'을 뜻한다. 재위 기간 혼란스러운 중앙 정치와 달리 원나라의 경제와 민생은 상당히 안정적이었다.

제도를 없애겠다는 화답을 했다. 상소문의 힘으로 고려판 정신대로 불리는 공녀제도를 폐지(1337년)한 것이다. 그러나 이후에도 고려 여인의 수난은 계속되었다. 결국 20년이 지나 공민왕이 즉위한 후, 이제현이 1356년(공민왕 5)에 반원 개혁정책을 시행하게 건의하여 고려가 주권을 회복한 다음에야 공녀제도가 완전히 폐지되고 고려 여인들은 성적 수난에서 해방될 수 있게 된다.

이곡의 상소문은 우탁의 지부상소와 이제현의 입성책동 반대 상소와 함께 우리 역사상 가장 가치 있는 상소문 중 하나로 평가된다. 이 상소문을 통해 고려시대까지 가정에서 남녀가 평등했고, 때로 여성이 우위에 있기도 했다(부모를 봉양하는 일은 전적으로 딸이 주관하고 있으므로....)는 시대상황을 엿볼 수 있다.

충렬왕 대의 박유(朴褕)[47]는 상소를 올려 "우리나라는 본래 남자는 적고 여자가 많은데 지금 존비(尊卑)에 상관없이 모두 처(妻) 1명을 두는 데 그치기 때문에, 아들이 없는 자도 감히 첩(妾)을 두지 못합니다. 다른 나라 사람이 와서 제한 없이 아내를 두므로 인재들이 모두 원(元)으로 흘러들어갈까 두렵습니다. 청컨대 대소신료(大小臣僚)는 여러 명의 처를 두게 하되, 관품(官品)에 따라서 수를 줄여 서인(庶人)에 이르면 처 1명과 첩 1명을 두게 하며, 여러 처가 낳은 아들도 적자(嫡子)와 같이 벼슬에 나갈 수 있게 하소서. 만일 이렇게 하면 원망을 품은 자들도 없어지고 호구(戶口)도 증가할 것입니다." 라고 하였다.

47 박유(朴褕, ?~?) : 고려 후기의 문신. 1275년(충렬왕 1)에 대부경(大府卿)으로 있으면서 당시 고려의 처녀들이 공녀(貢女)로서 원나라에 보내지는 데 반발하여 첩제(妾制)의 수용을 건의하였다. 그러나 이러한 주장은 곧 첩제의 수용으로 인식되어 부녀자들의 원망을 사게 되었고, 재상 가운데 아내를 무서워하는 사람이 있어 논의가 중지되었다.

부녀자들이 이 소식을 듣고 원망하여 이 같은 논의는 실행되지 못하였다. 고려사회는 일부일처제가 일반적이었고, 여성문제에서 볼 때 조선시대보다 더욱더 개방적인 사회였다.

7 양성지의 '비변십책(備邊十策)'

눌재(訥齋) 양성지(梁誠之, 1415~1482)는 세조가 '해동의 제갈량(諸葛亮)[48]'이라고 평가했을 정도로 총애했던 인물로, 세종 때부터 성종 때까지 6명의 왕을 섬겼다. 300년 후 개혁군주인 정조의 정신적 스승이기도 했다. 정조는 양성지를 상소 문장이 가장 뛰어난 사람으로 꼽았다. 양성지는 과거시험에 〈삼국사기(三國史記)〉와 〈고려사(高麗史)〉 등 국사를 넣을 것을 주장했는데, 당시로서 이는 매우 파격적인 주장이었다.

세종 때 집현전 부교리를 지낸 양성지는 1450년에 〈비변십책(備邊十策)〉을 제안하여, 국방력 강화를 촉구했다.

양성지는 ▲국가의 계책을 세우는 일 ▲사졸(士卒)을 뽑는 일 ▲장수(將帥)를 택하는 일 ▲군량을 비축하는 일 ▲기계(器械)를 준비하는 일 ▲성보(城堡)를 수선하고 관방(關防)[49]을 정하는 일 ▲근본을 장(壯)하게 하는 일 ▲스스로를 다스리는 일(자치) ▲행성(行城)을 의논하는 일 ▲

48 제갈량(諸葛亮, 181~234) : 자는 공명으로 중국 촉한의 전략가이자 정치가. 와룡선생이라 일컬어졌으며 221년 유비 제위 후 승상이 됨.

49 관방(關防) : 나라의 요충지(要衝地)를 지키는 방어 시설' 또는 '국가의 방어 체계'

왜인을 비어(備禦)[50]하는 일 등 열 가지에 걸쳐 상소를 올렸지만, 세종은 비답하지 않았다.

"신이 다시 반복하여 생각하옵건대, 성을 쌓는 폐단을 제거하면 북방의 백성이 편안할 것이옵고, 왜인을 대우하는 도리를 다하면 남방의 백성이 편안할 것이오니, 군졸을 가려 뽑고 기계를 준비하며, 군량을 저축하고 성보(城堡)를 수리하며, 현장(賢將)을 택하여 이를 맡겨 상벌(賞罰)을 밝게 하여 통솔하게 하고, 안으로는 근본이 되는 곳을 튼튼하게 하고 밖으로는 대국(大國)을 섬기는 체도(體道)를 지키소서.

이렇게 하오면 내치(內治)가 지극히 잘 되어 우리나라 수천 리 산해(山海)의 험조(險阻, 지세가 험난함)와 수십만 사졸(士卒)의 힘으로 만세(萬世)토록 대동(大東)을 지킬 수 있을 것이오니, 어찌 적인(狄人, 여진족)의 침략을 두려워할 것이옵니까."

양성지는 조선의 지리적 특성으로 볼 때 북방에 길게 뻗은 성곽인 행성(行城) 건설에 반대하고, 산성은 강대국의 침입에 맞서 지구전을 펼칠 수 있는 근거지이기 때문에 전국에 산성을 쌓아야 한다고 주장했다. 그는 '30만 양병설'도 주장했는데, 이는 당태종이 고구려를 칠 때 12만 명을 동원한 사실 등 여러 전쟁사를 연구해 작성한 것이다.

〈비변십책〉은 세조~성종 대(15세기 중엽)에 국경 방비와 국가안보 강화를 위해 제시한 10가지 정책 건의서이다. 양성지는 학문과 문장, 정치적 식견이 뛰어난 관료로, 특히 북방(함경도·압록강·두만강 일대)의 방어 문제에 깊은 관심을 가졌다. 〈비변십책〉은 이후 조선의 비변사(備邊司) 설치(중종 5년, 1510년)에도 사상적 기초가 되었다는 평가를

50 비어(備禦) : '방비하고 막는다', 즉 적이나 재난 따위의 침입을 대비하여 지키고 방어함.

받는다.

또한 양성지는 군대를 다스리기 위한 계책을 진술한 〈군정 10책(軍政十策)〉에서 군호(軍戶)의 중요성을 다음과 같이 강조했다.

"신라의 풍속에는 전쟁에서 사망한 자는 벼슬을 한 등 올려주어 명예롭게 하고, 유가족들은 관록으로써 부양해 우대하였다. 그러니 위국진충(爲國盡忠, 나라를 위해 충성을 다함)의 용사들이 생겨남은 당연한 일이었다. 그런데 최근 전사자(戰死者)에게는 특별한 은전이 없고 마땅히 주는 부미(賻米, 부의로서 주는 쌀)까지도 받기가 어렵다. 이러고서야 어찌 군졸들의 모험심을 고취할 수 있으랴."

1776년 정조는 개혁정치를 추진하기 위해 왕실 도서관인 규장각(奎章閣)[51]을 세웠다. 그런데 규장각 설치를 건의한 사람은 양성지였다. 양성지는 조정과 선비들이 펴낸 모든 서책을 수집, 간행하여 규장각에 보관케 할 것을 건의하였는데, 이와 같은 건의가 300여 년이 흐른 후에 실현된 것이다.

정조는 양성지의 경제실용(經濟實用)의 학문을 좋아하여 자신의 정신적 스승으로 삼고, 양성지의 문집인 〈눌재집(訥齋集)〉[52]을 왕명으로 출간했다. 양성지는 자신의 호 '눌재(訥齋)'처럼 실제로 말을 잘하지는 못했지만, 자신의 어눌함을 항상 글로 드러내어 '아는 것이 있으면 말하지 않고는 못 배긴다(知無不言·지무불언)'는 평을 들을 만큼 국방과 관

51 규장각(奎章閣) : 조선 정조 즉위년(1776)에 설치한 왕실 도서관. 고종 32년(1895)에 규장원으로 고쳤다가 34년(1897)에 다시 이 이름으로 고쳤다. 역대 임금의 글이나 글씨·고명(顧命)·유교(遺敎)·선보(璿譜, 사자 명단)·보감(寶鑑) 따위와 어진(御眞)을 보관하고, 많은 책을 편찬·인쇄·반포하여 조선 후기의 문운(文運)을 불러일으키는 중심 역할을 하다가 1894년 갑오개혁 때 폐지하였다.

52 <눌재집(訥齋集)> : 조선 전기의 문신, 양성지의 시·주의·잡저·기 등을 수록한 시문집.

련해 150여 건의 상소를 올린 집념의 소유자였다. 특히 고려 때 요동지(遼東志)를 인용하여 우리의 국경을 요동지방의 심양까지 확대해서 해석해야 한다고 했다.

양성지는 자주적이고 부강한 조선을 건설하려는 목표를 갖고 있었다. 이를 위해 단군을 국조(國祖)로 받들고 제사를 지내자고 주장했으며, 예부터 만주가 우리 영토라는 점을 일관되게 피력한 〈눌재집〉을 남겼다. 그는 문무일치를 통한 상무정신 진작, 시험과 훈련을 통한 군사의 정예화, 국가와 국민의 자부심을 높이는 방법으로 역대 애국명장과 명유(名儒)들에 대한 제사 등에 대해서도 깊은 관심을 보였다.

양성지는 조선의 안보는 명나라에 대한 사대(事大)로 지켜지는 것이 아니라, 스스로를 지켜낼 힘을 갖춰야 한다고 생각했다. 그는 국가의 일은 자치(自治)보다 큰일이 없고, 자치의 도(道)는 민심을 잃지 않는 데 있고, 민심이 나라의 근본이라고 갈파한 애국적이고 주체적인 경륜가였다.

8
조광조의 '개혁상소(改革上疏)'

1506년 중종반정(中宗反正)[53]으로 조선 사회는 연산군 시대의 잘못된 정치를 일신, 새로운 조선을 재창조하는 분위기가 성

53 중종반정(中宗反正) : 조선 중종 1년(1506)에 성희안, 박원종 등이 연산군을 몰아내고 성종의 둘째 아들인 진성 대군(晉城大君), 곧 중종을 왕으로 추대한 사건.

숙되었다. 이때 사림들이 정치에 재진출하며 조정에 '새로운 피'가 수혈되었다. 조광조(趙光祖, 1482~1519)는 훈구세력의 잘못된 정치 관행과 권력형 비리를 문제시하는 사림세력을 영도하는 위치에 있는 인물이었다. 그는 조선시대 '개혁의 아이콘'으로, 정도전 이후 최고의 개혁가로 손꼽힌다.

조광조는 언관으로서 부여된 소명에 최선을 다한 대표적인 인물이었다. 1515년(중종 10), 사간원(司諫院) 정언(正言)[54]이 된 지 이틀 만에 그는 "박상·김정 등의 상소(억울하게 폐위된 중종의 왕비 신씨 복위 요청)에 대하여 재상이 혹 죄주기를 청하더라도 대간(臺諫)[55]은 구제하여 풀어주어서 언로를 넓혀야 할 터인데, 도리어 언로를 훼손하여 그 직분을 잃었습니다. 사간원은 바른 말을 하는 자리인데, 아직까지 제대로 바른 말을 한 자가 없으니 사헌부와 사간원 전부를 파직해주시기 바랍니다."라는 사직상소를 올려, 자신을 제외한 대간 전원이 교체되었다.

조광조는 유교적 이상정치, 즉 도학정치(道學政治, 요순시대의 정치)를 구현하려는 다양한 정치개혁을 시도하였다. 국왕에 대한 교육, 조정 내 언로의 확충, 소격서 폐지, 성리학 이념의 전파, 〈소학(小學)〉[56]의 보급, 향촌질서의 개편, 현량과(賢良科)를 통한 사림파의 등용과 훈구정치의 개혁을 추진하였다.

1518년(중종 13), 홍문관 부제학(副提學)[57]이 된 조광조는 자신이 추

54 사간원 정언(正言) : 조선시대 사간원(司諫院)의 정육품(正六品) 관직으로 정원은 2인이다.

55 대간(臺諫) : 조선시대 사헌부·사간원 벼슬의 총칭.

56 <소학(小學)> : 송나라의 유자징(劉子澄)이 자신의 스승인 주자(朱子)의 지시에 따라 8세 안팎의 아동들에게 유학을 가르치기 위하여 1187년에 편찬한 수양서. 일상생활의 예의범절, 수양을 위한 격언, 충신·효자의 사적 등을 모아 놓았다.

57 홍문관 부제학(副提學) : 조선시대의 홍문관에 둔 정3품 관직.

진하는 개혁정치의 정당성을 확보하기 위해 다음과 같은 상소를 올려 공론을 조성하고자 하였다.

"신 등이 듣건대 군자는 양이요 소인은 음이라 합니다. 군자가 나오면 천하가 태평하고, 소인을 등용하면 천하가 어지럽게 되는 것입니다. 조정에서 할 일은 군자와 소인을 가려서 등용하고 물리치는 것보다 더 급한 것이 없습니다.

(중략) 장수를 잘 가려 뽑는 일이 가장 긴요합니다. 합당한 인물을 얻은 뒤에 부하 아전들을 골라 백성을 살피고, 규율을 세워 군사들을 다스리며, 나라의 경계와 요충지를 지키며, 방어를 조심하고 적의 형세를 잘 살펴야 합니다.

(중략) 우리나라가 어지러운 정치(연산군 시대)를 겪은 이후로, 선비들의 습성이 더럽고 인심이 게으르며 기강이 문란하고 법도가 무너져 버린 지 이제 10여 년이 지났는데 아직도 이를 고치지 못한 것은 실로 전하와 함께 천직(天職)을 다스리는 자들이 능히 보좌하는 공을 다하지 못하기 때문입니다. (하략)"

조광조가 추진한 개혁정치의 핵심은 현량과의 설치와 위훈삭제(僞勳削除)[58]를 들 수 있다. 그러나 급진적인 개혁은 조광조에게 '기묘사화(己卯士禍)'라는 부메랑으로 돌아왔다. 추천으로 관료를 뽑는 현량과는 공정성을 담보할 수 없는 맹점이 있었고, 위훈삭제는 중종을 옹립한 정국공신(靖國功臣)[59]들의 반발을 불러일으켰기 때문이다.

훈구파의 남곤과 심정 등은 "민심이 점차 조광조에게로 돌아간다" 하고,

58 위훈삭제(僞勳削除) : 1519년(중종 14) 중종반정 때 공을 세운 정국공신(靖國功臣) 중 자격이 없다고 평가된 사람들의 공신호를 박탈하고 토지와 노비를 환수한 사건. 정국공신 117명 가운데 76명의 공신 칭호 박탈.

59 정국공신(靖國功臣) : 조선시대에, 연산군을 내쫓고 중종을 추대한 공신들에게 내린 훈호(勳號). 중종 1년(1506)에 중종반정 유공자인 성희안, 박원종, 유순정 등 117명에게 내렸는데 뒤에 기묘사화의 원인이 되었다.

대궐 후원에 있는 나뭇가지 잎에다 '주초위왕(走肖爲王)'이라고 꿀로 글을 써서 그것을 벌레가 파먹게 한 다음, 자연적으로 생긴 양 꾸미어 궁인에게 중종에게 고하도록 하였다. '주초(走肖)'는 즉 '조(趙)'자의 파획(破劃)이니 이는 조씨가 왕이 된다는 혹세무민(惑世誣民)이었다. 중종은 점차 사림들의 급진적·배타적인 태도에 염증을 느끼게 되었고, 위훈삭제 사건이 중종반정을 반역사건으로 몰아가는 것으로 의심하게 되었다.

마침내 남곤·심정·홍경주 등은 밤중에 대궐로 들어가 신무문에 이르러 중종에게 "조광조의 무리가 모반하려 한다"고 아뢰었다. 이 사건으로 조광조는 38세의 젊은 나이에 불꽃 같은 삶을 마감했지만, 그의 개혁정신은 후대 사림의 정치철학으로 계승되었고, 조선왕조의 도덕적 파수꾼으로 역사에 길이 남는 존재가 되었다.

조광조는 사약을 받고 죽기 전에 다음과 같은 시를 지어 자신의 감회를 피력하였다. 그의 개혁은 4년 만에 멈췄지만, 그의 절명시(絶命詩)는 마지막까지 임금과 나라를 걱정했던 자신의 단심(丹心)을 담고 있다.

임금을 어버이처럼 사랑하고 愛君如愛父(애군여애부)
나라 걱정을 내 집 걱정하듯 하였노라 憂國如憂家(우국여우가)
밝은 해가 이 세상을 내려다보니 白日臨下土(백일임하토)
나의 붉은 마음 환히 비추리 昭昭照丹衷(소소조단충)

율곡(栗谷) 이이(李珥)는 〈석담일기(石潭日記)〉[60]에서 조광조의 실패에 대해 다음과 같이 평하고 있다.

60 <석담일기(石潭日記)> : 경연일기(經筵日記)라고도 한다. 조선 명종~선조 연간의 17년간 율곡 이이가 경연(經筵)에서 강론한 내용을 적은 책.

"그는 어질고 밝은 자질과 국가를 경영할 재주를 타고났음에도 불구하고, 학문이 채 이루어지기도 전에 정치에 나간 결과, 위로는 임금의 잘못을 시정하지 못하고 아래로는 구세력의 비방도 막지 못하였다. (중략) 후세 사람들에게 그의 행적이 경계가 되었다."

이이는 조광조의 개혁이 실패한 원인으로, ▲조광조의 학문의 숙성되지 않았다는 점, ▲너무 급진적이었다는 점, ▲기본에 충실하지 않았다는 점 등을 지적하고 있다. 시대를 앞서간 개혁정책은 기묘사화로 비록 물거품 되었으나, 조광조가 꿈꾸었던 이상사회는 이후 후학들에 의해 조선 사회에 구현되었다.

9 이황의 '무진육조소(戊辰六條疏)'

퇴계(退溪) 이황(李滉, 1501~1570년)은 조선시대 선비를 대표하는 학자이자 지식인이며, 동양 3국의 도의철학(道義哲學)의 건설자이며 실천자이다. 퇴계의 사상은 일본 성리학에도 큰 영향을 끼쳤다. 그는 '귀거래사(歸去來辭)'[61]를 지은 도연명(陶淵明)[62]의 시와 삶을 좋아했으며, '청백리'로 관직에 있을 때는 늘 고향으로 돌아가 학문

61 귀거래사(歸去來辭) : 중국 진(晉)나라의 도연명이 지은 사부(辭賦). 벼슬을 버리고 고향으로 돌아갈 때 지은 것으로, 자연과 더불어 사는 전원생활의 즐거움을 동경하는 내용이다.

62 도연명(陶淵明, 365~427) : 중국 동진(東晉) 시대의 대표적인 시인이자 은둔 철학자로, 중국 문학사에서 '은일(隱逸) 문학'의 상징적 인물이다. 그는 벼슬을 단기간 맡았으나 곧 관직을 버리고 시골로 돌아가 농사를 지으며 자연과 인간의 본성, 자유로운 삶을 노래했다. 그의 문학과 삶은 후대 문인들에게 큰 영향을 미쳤다.

을 하며 조용히 지내고자 했다.

무진년(1568년) 선조(宣祖, 재위 1567~1608)가 17세의 어린 나이로 즉위하자, 68세의 퇴계는 대제학·지경연(知經筵)[63]의 중임을 맡고 7,400여 자 6조 목으로 된 〈무진육조소(戊辰六條疏)〉를 올렸다.

"신 이황(李滉)은 삼가 재계하고 절하며 주상전하께 말씀드립니다. 신은 초야의 미미한 존재로서 재주도 쓸모없고 나라 섬기기도 바로 하지도 못하고 향리에 돌아와 죽기만 기다리고 있는데, 선조(先祖)께서 잘못 아시고 총명(寵命, 임금이 총애하여 내리는 명령)을 자주 가해 주셨고, 전하께 이르러 더욱 잘못을 되풀이하여 금년 봄에 특채 제수(除授)해 주신 데 대해서는 더욱 놀랄 일이었습니다. (하략)"

선조는 "경의 도덕은 옛사람과 비교해 보아도 따를 사람이 적을 것이다. 이 6조목은 참으로 천고의 격언이며 지금의 급선무이다. 내 비록 하찮은 인품이지만 어찌 가슴에 지니지 않을 수 있겠는가?"라고 선언했고, 상소의 내용을 도표로 그려 병풍을 만들고 다스림의 표본으로 삼았다.

군왕이 갖춰야 할 덕목과 몸가짐을 정리한 〈무진육조소〉는 율곡 이이의 〈만언봉사(萬言封事)〉와 더불어 조선시대 성리학의 정치이념을 잘 드러내는 풍격(風格) 높은 명문으로, '6가지 내용'으로 요약된다.

첫째, 계통을 중히 여겨 백부인 선제(先帝) 명종에게 인효(仁孝)를 온전히 할 것. 둘째, 시신(侍臣)·궁인의 참언·간언(間言)을 두절하게 해 양궁(兩宮)이 친하게 지낼 것. 셋째, 성학(聖學)을 돈독(敦篤)히 하여 다스림의 근본을 삼을 것. 넷째, 도덕과 학술을 밝혀 인심(人心)을 바로 잡을

63 대제학(大提學) : 조선시대 홍문관·예문관의 정2품이며, '문형(文衡)'으로도 불렸다.
지경연(知經筵) : 조선시대 경연청(經筵廳)에 둔 정이품(正二品) 관직인 지사(知事).

것. 다섯째, 충성되고 어진 신하를 찾아 눈과 귀를 통하게 할 것. 여섯째, 인주(人主)는 수성(修省, 자신을 닦고 반성함)을 정성스럽게 해서 하늘의 사랑(天愛)을 이어받을 것.

"조정의 신하들 가운데 바른 사람을 질시하고 남을 기피하여 틈만 나면 일을 저지르는 자는 단연코 미리 눌러야 할 것입니다. 그러나 스스로 현명하고 착한 사람들을 멀리하고 서로 배척하게 되면 도리어 손해를 보게 될 것입니다. 오직 보수적이고 상리(常理)[64]만을 지키는 신하에게만 의지하면 새로 분발하고 북돋워 잘 다스리는 데 지장이 있을 것이며, 반대로 지나치게 진취적이고 새로운 것만을 좋아하는 자에게 일을 맡기면 잘못하다가는 기존 질서가 문란해질 것입니다."

이 〈무진육조소〉에는 군주가 국가를 경영하는 데 갖춰야 할 리더십이 빠짐없이 담겨있어 통치자의 수기치인(修己治人)을 담아 성군의 길을 제시한 '동양판 군주론'이라고 할 수 있다.

먼저, 퇴계는 선조에게 "세(勢)를 갈라 많은 것을 다투고 작은 것을 비교하는 통에 은원(恩怨)이 생기고, 이해(利害)가 등 뒤에서 결정됩니다. 보통사람에게는 말할 것도 없고 제왕의 가정에서도 이런 폐단이 많습니다"라며 이간하는 자를 경계해야 한다고 지적했다.

아울러, 퇴계는 선조에게 "성학(聖學)으로 정치의 근본을 삼고, 도덕과 학술로 인심을 바로 잡으십시오. 충성되고 어진 신하를 찾아 중요한 자리를 맡기고, 맡긴 이후에는 두 마음을 갖지 말고 믿음을 가지십시오" 라고 당부했다.

퇴계는 평생 부와 명예보다 학문을 가까이하며 청빈과 무욕의 리더

64 상리(常理) : 누구에게나 적용되는 변하지 않는 당연한 법칙.

십을 몸소 실천했다. 비교적 늦은 나이인 34세(1534년)에 문과에 급제해 출사한 후 1569년 69세로 마지막 낙향할 때까지 모두 여섯 차례나 출향과 물러나기를 반복했다. 퇴계는 타계하기 2년 전에 제자에게 왜구의 창궐을 걱정하는 편지를 보냈는데, 사후의 국가적 환란을 걱정한 대학자의 예지력이 돋보인다.

"남쪽 바다에 왜구의 흉한 기운이 날뛰니 나라가 장차 무엇으로써 이 캄캄한 밤의 한탄을 막아낼 것인가 알 수 없다. 산골의 벽촌도 견딜 수 없겠거늘 하물며 나라 강토를 어찌하면 좋으냐."

퇴계는 자신의 일생을 정리했는데,

〈퇴계 선생 자명(自銘)〉 앞 구절이다.

생이대치(生而大癡) / 태어나서는 크게 어리석었고

장이다질(壯而多疾) / 장성해서는 병도 많았네.

중하기학(中何嗜學) / 중년에는 어찌 학문을 좋아했으며

만하도작(晩何叨爵) / 만년에는 어찌 벼슬을 탐하였는가.

학구유막(學求猶邈) / 학문은 구할수록 오히려 멀기만 하고

작사유영(爵辭愈嬰) / 벼슬은 사양해도 더 내리시네.

진행지겁(進行之跲) / 벼슬길에 나가서는 잘못 있었고

퇴장지정(退藏之貞) / 물러나서 갈무리는 곧게 하였네.

심참국은(深慙國恩) / 나라의 은혜에 매우 부끄럽고

단외성언(亶畏聖言) / 성현의 말씀이 참으로 두려워라.

10
조식의 ‘을묘사직소(乙卯辭職疏)’

남명(南冥) 조식(曺植, 1501~1572)은 한평생 열 차례 이상 조정으로부터 벼슬을 천거 받았지만, 딱 한 차례를 제외하고는 나아가지 않았다. 스스로 처사(處士)로 자처하면서 학문과 제자들의 교육에 힘썼으나, 당시의 사회 현실과 정치적 모순에 대해서는 서릿발 같은 비판의 자세를 견지했다.

영남의 경상좌도에 퇴계 이황이 있었다면, 경상우도에는 남명 조식이 있었다. 두 사람은 생전에 서로 명성을 듣고 있었지만 한 번도 만나지는 않았다. 편지만 다섯 차례 오갔을 뿐이다. 퇴계의 제자들은 남인, 남명의 제자들은 북인 세력을 이루었다. 수제자 정인홍을 필두로 곽재우·김면·조종도·이노 등이 대표적인 남명의 문인들이다. 동갑내기인 퇴계가 이론에 치중하였다면, 남명은 실천에 무게를 두었다.

1555년, 조식은 단성(丹城)[65] 현감을 제수받았을 때, 단성 현감직을 사직하면서 죽음을 각오하고 명종(明宗, 재위 1545~1567)에게 ‘을묘사직소(乙卯辭職疏)’인 ‘단성소(丹城疏)’를 올렸다.

“…전하께서 나랏일을 잘못 다스린 지 이미 오래돼, 나라의 기틀은 이미 무너졌고, 천의(天意, 하늘의 뜻)도 이미 떠났으며, 백성들의 마음 또한 이미 임금에서 멀어졌습니다. 비유하자면 큰 나무가 백 년 동안이나 그 속을 벌레한테 파먹혀 진이 빠지고 말라 죽었는데도 그저 바라보기만 하고, 폭풍우가 닥치면 견디어 내지 못할 위험한 상태가 언제 올 지도 모르는 실정에 있은 지

65 단성(丹城) : 경남 산청군 단성면·신안면·생비량면·신등면 일대.

가 오랩니다.

뿐만 아니오라 조정의 내신(內臣)들은 파당을 세워 궁중의 왕권을 농락하고 외신(外臣)들은 향리에서 백성들을 착취해 이리 떼처럼 날뛰면서도, 가죽이 다 닳아 없어지면 털이 붙어있을 곳이 없는 이치를 모르고 있습니다. 이런 까닭에 신은 깊은 시름에 탄식만 길게 나올 뿐, 낮이면 하늘을 우러르기 여러 차례였고, 눈물과 한숨을 누를 길 없어 밤이면 잠 못 이룬 지가 오랩니다.

조정에 충의로운 선비와 근면한 양신(良臣)이 없는 것은 아니나, 그 형세가 이미 극에 달하였으므로 사방을 돌아보아도 손을 쓸 곳이 없습니다. 소관(小官)은 아래에서 시시덕거리면서 주색이나 즐기고, 대관(大官)은 위에서 어물거리면서 오직 재물 불리는 데만 관심이 있습니다.

(중략) 자전(慈殿, 문정왕후)[66]께서는 생각이 깊으시기는 하나 깊숙한 궁중의 한 과부에 지나지 않고, 전하께서는 어리시어 다만 선왕의 외로운 아드님, 고자(孤子, 고아)이실 뿐이니, 천 가지 백 가지의 천재(天災)와 억만 갈래의 인심(人心)을 무엇으로 감당해 내며 무엇으로 수습하겠습니까?(중략)"
〈조선왕조실록 중에서〉

이 상소는 조정의 신하들에 대한 준엄한 비판과 아울러 명종을 고아로 대비(문정왕후)를 과부로 표현해 큰 파문을 일으켰지만, 서릿발 같은 선비의 기상을 잘 보여준다. 이 상소문을 접한 명종은 진노했다. 특히 어머니인 문정왕후를 직설적으로 폄하한 대목에 대해서는 "공손하지 못한 말이 대비에게 관계되는 것은 매우 통분(痛憤)하다. 임금을 공경하

66 문정왕후(文定王后, 1501~1565) : 조선 중종의 계비(繼妃). 성은 윤(尹). 중종 12년(1517)에 왕비에 책봉되었으며, 아들 명종이 12세 때 왕위에 오르자 대신 정치를 맡아 권력을 잡았으며 동생 윤원형과 함께 '을사사화'를 일으켰다. 승려 보우를 가까이하여 불교의 부흥을 꾀하였다.

지 않은 죄를 다스리고 싶으나 빼어난 선비라고 하므로 내버려 두고 묻지 않겠다"라고 하였다.

당시 명종은 나이가 어렸으므로 어머니인 문정왕후가 수렴청정하고 있었다. 그로 인해 문정왕후의 동생인 윤원형 등 외척이 권력을 장악하고 있었다. 죽음으로 불의와 맞선다는 것은 누구나 할 수 있는 일이 아니다. 이처럼 남명은 불의와는 일절 타협하지 않고 올곧은 선비정신의 원류를 보여줬다.

남명은 "멀리 보지 못하면 위난은 항상 가까이 있다"는 공자의 가르침을 실천한 학자였다. 외환(外患)의 위기를 예상한 남명은 제자들에 유비무환 정신을 교육하여 사후 20년 후에 발발한 임진왜란에 정인홍, 곽재우를 포함한 50명에 달하는 의병장들을 키운 것이다.

1561년, 남명은 지리산 천왕봉 아래 덕천동으로 옮겨 산천재(山天齋)를 짓고, 오직 학문과 제자 양성에 전념하였다. 이후에도 명종이 여러 번 그를 불렀고, 이황과 이언적 등 사림들이 그를 추천했지만, 그는 한사코 사양하였다.

18세기의 실학자 성호(星湖) 이익(李瀷)[67]은 퇴계와 남명을 이렇게 평가했다. "중세 이후에는 퇴계가 소백산 밑에서 태어났고, 남명이 두류산 동쪽에서 태어났다. 모두 경상도의 땅인데, 북도에서는 인(仁)을 숭상했고 남도에서는 의(義)를 앞세워 유교의 감화와 기개를 숭상한 것이 넓은 바다와 높은 산과 같게 되었다. 우리 문화는 여기서 절정에 달하였다."

67 이익(李瀷, 1681~1763) : 조선 영조 때의 학자. 자는 자신(自新). 호는 성호(星湖). 유형원의 학풍을 이어받아 실학의 대가가 되었으며 특히 천문, 지리, 의학, 율산(律算), 경사(經史)에 업적을 남겼다. 관계(官界)에 나가지 않고 저술과 후진양성에 전력하였다. 저서에 <성호사설>, <성호문집>이 있다.

〈조선왕조실록〉의 남명 「졸기(卒記)」는 다음과 같이 기록했다.

"조용한 방에 단정히 앉아 칼로 턱을 고이는가 하면 허리춤에 방울을 차고 스스로 행동을 조심하여 밤에도 정신을 흩뜨린 적이 없었다. 천 길 높이 우뚝 선 기상이 있었고 꼿꼿한 절개로 악을 미워하였으며, 오직 학도들만이 종유(從遊, 학덕이 있는 사람을 좇아 함께 지냄)하였다."

직언(直言)이 사라진 자리에 곡학아세(曲學阿世)와 견강부회(牽强附會)가 난무하는 시대다. 남명의 간담을 서늘케 하는 일갈(一喝)이 그리워진다. 나라를 걱정하는 지식인의 바른말이 용솟음쳐야 나라가 산다.

11 이지함의 '본말상보론(本末相補論)'

길흉화복을 보는 〈토정비결(土亭祕訣)〉의 저자로 알려진 토정(土亭) 이지함(李之菡, 1517~1578)은 16세기 조선 중기의 학자로, 실사구시(實事求是)를 실천한 진보적인 인물이다. 백성 구제에 헌신하고 나라를 일으켜 세우려 한 경세가로 우리나라 실학(實學)의 효시(嚆示)로 알려지기도 하였다. 이지함의 본관은 한산(韓山), 시호는 문강(文康)이다. 목은(牧隱) 이색(李穡)의 6대손으로, 현령 이치(李穉)의 아들이며, 북인의 영수 이산해(李山海)의 숙부이다.

이지함은 서경덕(徐敬德)의 문하에서 공부했으며, 성리학 외에도 역학·의학·수학·천문·지리에 해박하였다. 초야에서 지내던 토정이 벼슬길에 나가게 된 것은 선조 대이다. 58세가 되던 1574년에 6품직을 제수받아 포천 현감이 되어 민생을 살리기 위해 선조(宣祖)에게 상소를 제출했다.

"대개 덕(德)이란 사람이 살아가는 데 있어서 근본이라고 할 수 있고 재물은 말단 지엽이라고 할 수 있습니다. 그러나 근본과 지엽은 어느 한쪽도 버릴 수 없습니다. 근본으로 지엽을 견제하고 또한 지엽으로 근본을 보충한 다음에야 사람의 도리가 궁색하지 않은 법입니다. 재물을 생산하는 일에도 근본과 말단이 있습니다. 농업이 근본이라면 소금을 굽거나 철을 주조하는 일은 말단입니다. 그래서 근본인 농업으로 말업인 상공업을 통제하고 말업인 상공업으로 근본인 농업을 보충한 다음에야 온갖 재용(財用)이 궁핍하지 않게 되는 것입니다."

유교 국가 조선은 농본상말(農本商末)[68]의 경제체제와 사농공상(士農工商)의 신분질서를 국가의 기본으로 삼아왔다. 그러나 이지함은 농업만을 국가의 기간산업으로 보고, 상업이나 수공업을 천시하던 시대에 상공업과 어업, 광업 또한 나라와 백성을 부유하게 해 이로움을 준다고 생각했다. 그의 '말업인 상공업으로 본업인 농업을 보완하라'는 '본말상보론(本末相補論)'은 혁명적 사고였다.

이지함은 상공업은 물론 어업, 광업 등을 활성화해 육지·바다·산·강의 전 국토에서 새로운 재용(財用)을 개발하고 새로운 국부를 창출해 부국안민(富國安民)을 이루어야 한다고 주장했다.

또한 상소문에는 '제왕이 가진 세 가지 곳간'을 열라는 내용이 들어 있다. 첫째, '민심인 도덕의 곳간'이다. 통치자가 바른 법칙을 세워 솔선

68 농본상말(農本商末) : 조선 성리학적 세계관 속에서 농업을 국가의 근본으로, 상업을 보조적 수단으로 보는 경제 철학을 함축한 표현.

수범한다면 백성은 책임을 다해 이를 따를 것이다. 둘째, '정부 인재의 곳간'이다. 공정한 인사로 인재를 적재적소에 배치한다면 정사는 바르게 돌아갈 것이다. 셋째, '육지와 바다라는 자원의 곳간'이다. 국가 자원을 마음껏 이용하게 한다면 국민에게 돌아가는 혜택은 한없이 클 것이다. 그러나 역대 제왕들은 도덕의 곳간은 사사로운 욕심으로, 인재의 곳간은 간사한 신하들로, 자원의 곳간은 샘하고 질투하는 무리로 인해 열지 못했다고 간언했다.

1578년 다시 아산 현감이 되어서는 다시 선조에게 상소문을 올려 피폐한 농촌사회의 참담한 실상을 낱낱이 거론했다.

"남쪽의 왜적 2만~3만 명이 침입해 와도 이 나라는 무너질 것입니다. ...... 국가가 백성을 위해 해준 게 없으니 백성 또한 나라를 위해 죽을 자가 없을 것입니다."

많은 백성이 군역의 부담 때문에 장가를 못 가자 군역 개혁을 건의했으며, 노숙 재활 기관과 비슷한 '걸인청(乞人廳)'을 설치했다. 그는 젊고 튼튼한 거지들은 땅을 개간해 농사를 짓거나 배를 타고 나가 고기잡이를 하게 시켰고, 손재주 있는 자는 도구를 마련해주어 수공업에 종사토록 했다. 이것도 어려운 자에게는 짚신을 삼거나 새끼 꼬는 일을 가르쳐 자립을 이끌었다.

조식(曺植)은 "이지함을 도연명(陶淵明)에 비유"하였으며, 의병장 조헌(趙憲)은 스승인 토정을 "은나라를 일으켜 세운 이윤(伊尹)[69], 유비를 도와 촉을 세운 제갈공명(諸葛孔明)"에 비유했다. 민생·부국(富國)·통

69 이윤(伊尹) : 중국 은나라의 전설상의 인물. 이름난 재상으로 탕왕(湯王)을 도와 하나라의 걸왕을 멸망시키고 선정을 베풀었다.

상을 강조한 이지함의 사상은 16세기~17세기 이후 정인홍, 김육, 김신국, 유몽인뿐만 아니라 유형원[70], 박제가(朴齊家)[71], 유수원, 이규경 등에게 직간접적으로 큰 영향을 끼쳤다. 500년 전 인물이지만 이지함은 영국의 애덤 스미스(Adam Smith)[72]보다 앞서 '국부론'을 주장했으며, 그가 제시한 산업개발과 민생안정책은 오늘날에도 여전히 유효하다 하겠다.

이지함이 인사의 난맥상을 규탄하며 '적재(適材)를 적소(適所)에 앉혀야만 나라가 바로 선다'고 한 상소문은 유명하다.

"해동청(海東靑)은 천하의 좋은 매이지만 새벽 알리는 일을 맡기면 늙은 닭만도 못하고, 한혈구(汗血駒)는 천하의 명마이지만 쥐 잡는 일을 맡기면 오히려 늙은 고양이만도 못하다. 하물며 닭이 사냥을 할 수 있고, 고양이가 수레를 끌 수 있겠는가."

70 유형원(柳馨遠, 1622~1673) : 조선 효종 때의 실학자. 자는 덕부(德夫). 호는 반계(磻溪). 진사시에 합격하였으나 벼슬에 뜻이 없어 오로지 학문연구에만 전념하였다. 중농사상을 기본으로 한 토지개혁론을 주장하였다. 저서로 <반계수록(磻溪隧錄)> 등이 있다.

71 박제가(朴齊家,1750~1805) : 조선 후기의 실학자. 자는 차수(次修). 호는 위항도인(葦杭道人). 시문 사대가(詩文四大家)의 한 사람으로, 박지원에게 배웠으며, 이덕무·유득공 등과 함께 북학파를 이루었다. 시·그림·글씨에도 뛰어났으며 저서에 <북학의>, <정유고략(貞蕤稿略)> 등이 있다.

72 애덤 스미스(Adam Smith, 1723~1790) : 영국의 정치 경제학자이자 윤리철학자다. 근대 경제학을 확립하여 '경제학의 아버지'라고도 불린다. <국부론>(1776년)에서 정부는 개인의 경제생활에 간섭해서는 안 된다는 입장을 표명하였다. 그는 각 개인이 자신의 이익을 추구하도록 내버려두면 '보이지 않는 손'이 작용하여 결과적으로 사회 전체의 복지를 증진시키고 국가의 경제발전이 보다 많이 이룩될 수 있다고 주장하였다. 한편 그는 국가의 기능을 최소한으로 축소시켜 정부의 역할을 소극적인 경찰관의 지위로까지 낮춘 '야경 국가론'을 펼쳤다. 또한 국제적인 경제 질서에서도 '자유방임주의'를 주장하여, 당시 각국의 정부가 자국의 산업을 보호하기 위하여 보호 관세를 부과함으로써 수입을 제한하고 있는 것을 자연 상태에 어긋나는 일이라고 비난하고, 자연의 법칙에 맞는 경제질서는 국제적 분업에 입각한 '자유무역'이라고 강조하였다.

12 이이의 '만언봉사(萬言封事)'

율곡(栗谷) 이이(李珥, 1536~1584)는 어머니 신사임당(申師任堂)과 함께 지폐 4종 중 오천 원과 오만 원권을 장식하고 있으니, 모자(母子)가 동시에 지폐 인물로 선정된 사례는 세계에서도 보기 드문 사례다. 그 이유는 율곡이 시대가 지나도 역사적 평가가 변하지 않을 위인이기 때문이다.

조선의 선조(宣祖) 대는 퇴계와 율곡으로 대표되는 사림정치와 성리학이 꽃을 피운 시기였지만, 사림 간의 갈등으로 붕당(朋黨)이 출현하였다. 당시는 조선 건국 후 200년이 지나 각종 제도와 관행 등에 폐단이 있었다. 율곡은 이를 '위기의 시대'로 규정하고 국가운영 체계의 혁신을 통하여 새로운 기풍을 조성하지 않으면 나라를 유지하기 어려울 것이라고 진단하였다.

율곡은 사마시(司馬試)와 문과(文科)를 거치면서 장원을 차지한 것이 아홉 차례에 이르러 '구도장원공(九度壯元公)'이라고 불리었다. 우리 역사상 가장 많은 상소를 올린 선비가 율곡이다. 율곡은 홍문관 교리 때 을사사화(乙巳士禍)[73]에 화를 입은 사림의 신원을 위해 41번이나 상소를 올린 끝에 선조의 동의를 얻어낼 정도로 집요한 면이 있었다. 이때 사가독서(賜假讀書)에 뽑혀 독서당에 있으면서 〈동호문답(東湖問答)〉을 지어 올렸다. 이는 손님과 주인이 서로 이야기를 주고받는 대화체의

73 을사사화(乙巳士禍) : 조선 명종 즉위년(1545)에 일어난 사화. 인종이 죽자 새로 즉위한 명종의 외숙인 소윤(小尹)의 거두 윤원형이 인종의 외숙인 대윤(大尹)의 거두 윤임 일파를 몰아내는 과정에서 대윤파에 가담했던 사림(士林)이 크게 화를 입었다.

글로서, 성군이 되기 위해 갖춰야 할 자세, 당시 조선의 역사와 현실 그리고 당대에 시급히 개선해야 할 문제들과 그 해결책 등을 서술하였다.

〈동호문답〉은 34세의 율곡이 새 군주 선조에게 과제로 제출한 정치개혁 보고서로서 이이의 현실 인식 및 개혁안을 11개 조항으로 망라하였다. 11개 조항은 다음과 같다. 1. 군주의 길. 2. 신하의 길. 3. 좋은 군주와 좋은 신하가 만나기 어려움. 4. 우리나라에서 도학이 행해지지 않음. 5. 우리 조정이 옛 도를 회복하지 못함. 6. 오늘의 시대 정세. 7. 무실(務實)이 수기(修己)의 요체임. 8. 간인(奸人)의 판별이 어진 이를 기용하는 요체임. 9. 안민정책. 10. 교육정책. 11. 정명(正名)이 정치의 근본임.

율곡이 우부승지(右副承旨)[74] 재직 시 39세에 올린, 선조의 도량이 넓지 못하고 공부가 부족해 문제라는 〈만언봉사(萬言封事)〉는 '세상의 잘못된 점 일곱 가지'를 일만 자로 쓴 상소문이다. ▲위와 아래가 서로 믿지 않는다 ▲신하들이 일을 책임지지 않는다 ▲경연에서 성취되는 실상이 없다 ▲현명한 사람을 등용하지 않는다 ▲재변을 당하여도 구제할 대책이 없다 ▲여러 가지 정책에 백성을 구제하는 실상이 없다 ▲인심이 선(善)을 지향하는 실상이 없다 등으로 요즘 우리 정치현실에도 딱 들어맞는 지적이다.

율곡은 선조에게 폐정(弊政) 개혁을 서릿발같이 충간(忠諫)한다.

"조선은 하루가 다르게 붕괴되어 가는 한 채의 집입니다. 지금 나라가 나라가 아닙니다. (중략) 지금 전하께서는 근신(近臣)보다 더 가까운 신하가 없는데도 환관으로 사사로운 신하로 삼고 계시며, 만백성보다 더 많은 백성이

74 우부승지(右副承旨) : 조선시대, 중추원(中樞院)과 승정원(承政院)에 두었던 정삼품(正三品)의 벼슬. 왕의 옆에서 왕명 출납을 담당했으며 육조(六曹)의 임무를 나누어 맡았다. 태종 때 우부대언(右副代言)으로 잠시 개칭되기도 하였다.

없는데도 내시들로 사사로운 백성을 삼고 계십니다."

율곡은 이에 대한 처방전을 제시한다.

"환관들이 임금을 가까이 모심을 믿고 조정의 신하들을 가벼이 여기게 하지 말 것이며, 만백성을 한결같이 보시어 내시들이 임금을 사사로이 모심을 믿고 엿보아서는 안 될 일을 엿보게 하지 마십시오."

율곡은 상소의 머리말에 "정사란 때를 아는 것이 귀하고, 일은 실질에 힘쓰는 것이 중요하므로, 이것이 맞지 않는다면 성스러운 임금과 어진 신하가 만난다고 하더라도 치적이 이루어지지 않는다"고 강조하였다. 율곡의 〈만언봉사〉는 조선왕조에 있었던 '상소문 중의 상소문'으로 후대 학자들의 사랑을 받았으며, 시대 상황에 맞는 제도와 법을 만들어 백성의 삶을 돌보라고 주장한 '시의론'과 '변통론'이 그 핵심이다.

율곡은 상소의 끝에 "자신의 건의를 채택하여 국정을 개혁한다면 반드시 3년 이내에 새로운 나라가 될 것"이라고 장담하고 있으며, "그렇게 되지 않으면 자신을 기망(欺罔)의 죄로 다스려 달라"고 요청했다. 그러나 당쟁이 격화됨으로써 이 상소문은 빛을 보지 못하였다.

만약 선조가 율곡의 상소를 채택하여 개혁정치(경장)를 실행하고, 병조판서가 된 율곡이 임진왜란 발발 9년 전(1583년)에 〈시무육조계'(時務六條啓)〉에서 주장한 '십만양병설'을 받아들였다면, 임진왜란 같은 미증유의 국난을 당하지 않았을지도 모를 일이다.

율곡은 우리나라 18대 명현(名賢) 가운데 한 분으로 문묘(文廟)에 배향되어 있다. 그는 〈성학집요(聖學輯要)〉[75]의 「위정(爲政)편」 '식시무(識

75 <성학집요(聖學輯要)> : 조선 중기 왕도정치의 이상을 집대성한 불후의 명저로, 군주가 갖추어야 할 학문과 통치의 길을 체계적으로 제시한 제왕학(帝王學)의 교본이다. 1575년(선조 8년), 40세의 율곡이 당시 젊은 군주였던 선조를 위해 편찬하여 바친 이 책은, 개인의 내면적

時務)'란 글에서 왕조의 단계를 '창업, 수성, 경장(更張)'의 3단계로 나누고, 경장기에 들어선 조선의 구조적인 문제를 통찰하고 대안 제시를 통해 시대를 개혁하고자 한 사상가였다.

그가 보여준 학문을 대하는 올바른 자세, 홍익인간의 대동사회 건설, 미래를 예견하고 준비하는 유비무환(有備無患)의 자세 등은 오늘의 위정자들이 배워야 할 덕목임이 틀림없다.

13 조헌의 '지부상소(持斧上疏)'

임진왜란이 일어나기 전 율곡 이이는 국정 전반에 거친 개혁방안을 담은 금과옥조와 같은 〈만언봉사(萬言封事)〉를 올렸으며, 〈시무육조계'(時務六條啓)〉[76]에서 '십만양병설'을 주장했지만, 선조(宣祖)와 조정은 이를 받아들이지 않았다.

조헌(趙憲, 1544~1592)은 자는 여식(汝式), 호는 중봉(重峯). 이이와 성혼의 문인으로 조선 선비의 기상을 보여준 대표적 인물이다. 율곡의 학덕을 배우고 기린다는 뜻으로 '후율(後栗)'이라 자호(自號, 자기의 호를 스스로 지어 부름)했으며, 시호는 문열(文烈), 저서로 〈중봉집(重

수양인 '수기(修己)'와 백성을 다스리는 '치인(治人)'을 유기적으로 결합하여 성인(聖人) 군주가 되는 길을 논리적으로 설명한다. <대학(大學)>의 체계를 따라 경전과 역사서의 핵심을 발췌하고 자신의 견해를 덧붙여, 성리학의 이론을 현실 정치에 적용할 구체적인 방법론을 제시했다는 점에서 높은 평가를 받는다.

76 <시무육조계'(時務六條啓)> : 조선 중기 율곡 이이가 병조판서로 재직하던 1583년, 국방력 강화와 국가개혁을 건의한 상소문.

峰集)〉이 있다.

조헌은 고려 우탁(禹倬)의 '지부상소'(持斧上疏, 도끼를 들고 상소)' 전통을 이었고, 이는 숙종조의 윤지완(尹趾完)[77], 고종조의 최익현(崔益鉉)[78] 등으로 이어졌다. 1589년 도끼를 들고 동인의 전횡을 공격하며 시정의 폐단을 극론(極論, 지나치게 심한 말이나 논의)으로 상소하다 길주 영동역으로 유배당하였으나, 그해 정여립(鄭汝立)의 모반 사건[79]으로 동인이 실각하자 풀려났다.

1591년 도요토미 히데요시(豊臣秀吉·풍신수길)[80]가 겐소(玄蘇, 임진왜란 전후 일본의 외교승)를 시켜 '명나라를 칠 길을 빌려달라(征明假道·정명가도)'고 요구했다. 이에 조헌은 옥천에서 백의(白衣)로 걸어와서 "일본 사신의 목을 베고, 일본의 침략에 대비하여 국방력을 강화하라"는 지부상소를 올렸다.

"강적(强賊)을 이간시키는 일은 여러 사람의 마음이 귀부(歸附)하기 전에 해야 하는데 반드시 현소(겐소)와 종의지(요시토시, 왜군의 장수이자 대마도주)의 목을 자르고 천하에 선포하여 천하 사람들과 함께 소리를 같이하여 격

77 윤지완(尹趾完, 1635~1718) : 조선 숙종 때의 문신. 자는 숙린(叔麟). 호는 동산(東山). 현종 3년(1662) 증광 문과에 급제하고, 예조판서와 병조판서를 거쳐 우의정을 지냈다. 청백리로 뽑혀 기록되고 숙종의 묘에 배향되었다.

78 최익현(崔益鉉, 1833~1906) : 구한말의 문신·학자·애국지사. 자는 찬겸(贊謙). 호는 면암(勉菴). 대유학자(大儒學者)로 대원군을 탄핵하였으며 갑오개혁 때 단발령에 반대하였다. 을사조약을 반대하여 의병을 일으켰으며 유배지 쓰시마섬(對馬島)에서 단식사(斷食死)하였다. 저서에 <면암집(勉菴集)> 등이 있다.

79 정여립(鄭汝立) 모반 사건 : 1589년 정여립의 모반 고변으로 촉발된 옥사로, 동인 다수가 처벌되고 호남이 소외된 조선의 정치 참사.

80 도요토미 히데요시(豊臣秀吉·풍신수길, 1536~1598) : 일본의 장군 · 정치가. 오다 노부나가(織田信長)의 부하로 있다가, 오다가 죽은 후 일본 통일을 완수하였다. 중국 침략의 야망을 실현하기 위해 1592년 조선을 침입하여 임진왜란을 일으켰으나 뜻을 이루지 못하고 병사하였다.

문(檄文)[81]을 보내되 허점을 노려 수도를 공격한다고 하면 이러한 말이 사방에서 동쪽으로 보고되어 풍신수길도 바다를 건너와서 우리나라를 엿볼 계책을 세우지 못할 것이다…."

대궐 밖에서 사흘 동안 선조의 비답(批答, 상소에 대한 임금의 대답)을 기다렸으나, 회답이 없자 조헌은 머리를 주춧돌에 사정없이 찧어 피가 흘러 얼굴에 낭자했다. "명년 산골짜기로 도망갈 때 반드시 내 말이 생각날 것이다."

조헌은 선산이 있는 김포에 가 조상께 마지막 성묘를 올렸다. "세상이 장차 어지러워 영원히 하직하나이다." 이후 금산전투[82]에서의 전사가 그의 유언 같은 이 말이 예언처럼 증명이 된 것이다.

1592년 4월 13일. 임진왜란이 발발하자 조헌은 5월 3일 청주에서 "귀신과 사람이 다 같이 증오하는 것은 도적이라. 화살이 이 원수들에게 함께해 그들의 고향 땅에 돌아가지 못하게 하리라. 뜻을 굳게 먹는다면 귀신이 감동하고 백성들이 따라나서며 일을 이루려고만 한다면 천지만물도 도우리라"라는 격문을 띄우고 700여 명의 의병을 모집해 보은에서 첫 승리를 거두었다. 8월 1일에는 승병장 영규(靈圭)[83]의 군대와 연합해 청주에서 왜적을 격파하고 청주성을 탈환했다. 그리고 8월 16일에는 영규와 함께 전략적 요충지 금산으로 진격했다.

금산 전투에서 "적은 수만 명의 정예군입니다. 어찌 오합지졸로 대

81 격문(檄文) : 군병을 모집하거나, 적군을 달래거나 꾸짖기 위한 글.
82 금산전투 : 임진왜란(1592년) 당시 의병장 고경명과 조헌이 이끄는 의병이 일본군 고바야카와 다카카게의 부대와 금산에서 벌인 두 차례의 전투.
83 영규(靈圭) : 조선 선조 때의 승병장(?~1592). 속성은 박(朴). 호는 기허(騎虛). 임진왜란이 일어나자 승병을 모아 청주를 수복하고, 금산에서 왜군과 격전 끝에 전사하였다.

결하려 하십니까?"라고 별장이 말하자, 조헌은 "죽고 사는 것과 나아가고 물러남에 오로지 '의(義)' 자에 부끄럼 없게 할 것이다. 여기가 내가 죽을 곳이다. 장부가 전쟁에 임해서는 죽음이 있을 뿐 구차하게 모면할 수 없다"라고 답하며 장렬히 전사했다.

임진왜란이 일어나기 18년 전에 율곡 이이가 올린 상소를 선조가 받아들여 국가혁신을 이루고, 조헌의 상소를 국정에 반영했더라면, 조선의 역사는 달라졌을지도 모른다. 율곡이나 조헌 같은 선비는 지도자가 지녀야 할 시대를 내다보는 미래지향적 통찰력과 예지력을 갖춘 선지자이다.

"지당(池塘, 연못)에 비 뿌리고 양류(楊柳, 버드나무)에 내 끼인 제
사공은 어디 가고 빈 배만 매었는고.
석양에 짝 잃은 갈매기만 오락가락하더라."

조헌이 벼슬에서 물러나 향리에 있을 때 지은 시조이다. 평화로운 저녁 풍경을 그대로 옮겨놓은 듯, 한 폭의 수묵화 같다. 그는 이 시조와 같이 평화로운 전원생활을 꿈꾸어왔지만, 존망의 갈림길에 서 있는 나라를 위해 목숨을 초개처럼 던진 우국충절의 위인이다.

토정 이지함은 일찍이 조헌을 이렇게 평가했다.

"가난하기는 하나 스스로 분수를 지키며 명예나 사리를 추구하지 않았고, 임금을 아끼고 나라를 걱정하는 마음은 지성에서 우러나왔다."

조헌의 개혁론은 후에 실학파 유형원·홍대용·박지원·박제가 등에 큰 영향을 미쳤다. 특히 박제가(朴齊家)는 그의 저서 〈북학의(北學議)〉[84]

84 <북학의(北學議)> : 조선 정조 2년(1778)에 실학자인 박제가가 지은 책. 청나라의 풍속과 제도를 시찰하고 자신의 의견을 덧붙여 쓴 책으로, 실학사상을 연구하는 데 중요한 자료이다. 2권 1책의 사본(寫本).

에서 "나는 어릴 적부터 고운 최치원과 중봉 조헌의 사람됨을 사모하여 그분들의 말을 끄는 마부가 되어 모시고 싶다는 간절한 소망을 가졌다…." 라며 조헌을 존숭하고 계승하려 했다.

14 최명길의 '개혁상소(改革上疏)'

광해군은 후금(後金·淸)의 존재를 인정함으로써 국제적인 전쟁에 휘말리는 것을 피하는 외교력을 발휘했다. 그러나 인조(仁祖, 재위 1623~1649)는 주변의 국제정세와 너무나 동떨어진 '향명배금(向明排金)' 정책을 씀으로써 정묘호란(1627년)을 초래하고, 병자호란(1636~1637년) 때는 삼전도(三田渡)에서 치욕적인 '삼배구고두(三拜九叩頭)'의 굴욕을 당하고 만다.

최명길(崔鳴吉, 1586~1647)은 자는 자겸(子謙). 호는 지천(遲川)이다. 인조반정의 1등 공신 중 한 명이며, 정묘호란과 병자호란으로 대변되는 혼란의 시기에 주화파(主和派)를 대표했던 인물이었다. 성리학과 문장에 뛰어나고 글씨에도 일가를 이루었다. 청나라를 배척하는 척화파(斥和派)에 맞서 강화를 주장하고, 실리적 외교정책을 추진하여 존망의 갈림길에 처한 조선을 구한 인물이다.

조선은 임진왜란-정묘호란의 외침을 당하고도 부국강병을 외면했다. 그 결과 청 태종은 1636년 12월1일. 12만 대군을 심양(瀋陽)에 모아 조선 침입에 나섰다. 인조는 피신할 겨를도 없었다. 한양이 청군의 손에 떨어진 12월 14일, 최명길은 시간을 벌기 위해 목숨을 걸고 홀로 적진으로 뛰어들었다. 적에게 출병의 이유를 묻는 등 시간을 버는 사이 인조는 도성을 빠져나가 남한산성으로 향했다. 남한산성에서 45일을 버텼지만, 추위와 굶주림으로 더 이상 버틸 수 없는 상황에 이르자, 인조는 최명길의 '주화론(主和論)'으로 종묘와 사직을 보존할 수밖에 없었다.

1637년 1월18일, 최명길이 청 태종에게 항복문서를 초안했다.

"(전략) 황제께서 끝내 노여움을 거두지 아니하시고 군사의 힘으로 다스리신다면 소방(小邦, 국력이 약하거나 국토가 작은 나라)은 말길이 끊어지고 기력이 다하여 스스로 갇혀서 죽을 수밖에 없으니, 천명(天命)을 이미 받들어 운영하시는 황제께서 시체로 가득 찬 이 작은 성을 취하신들 그것을 어찌 패왕의 사업이라 하겠나이까. (중략) 하늘과 사람이 함께 귀의하는 곳(天人所歸·천인소귀)에 소방 또한 의지하려 하오니 길을 열어주시옵소서...."

남한산성을 나온 인조는 백성에게 유시(諭示)를 내렸다.

"내가 천성이 용렬하고 어두워 정치의 요체를 몰랐다. 합당한 정치를 펴려다 도리어 혼란으로 몰고 갔으니 대군이 몰려오기도 전에 나라는 이미 병들었다. 나라는 반드시 자신이 먼저 해친 뒤에야 남이 해친다는 옛말을 어찌 믿지 않을 수 있겠는가?"

인조의 참담한 고백에는 국방과 외교에 무능했던 뼈저린 후회와 자책이 서려 있다. 최명길의 주화론은 '대명의리론'을 부정하지 않았다. 병자호란 이후 명나라와의 관계를 유지하는 데서도 알 수 있다. 그러나 대명의리를 위해 조선을 희생하지도 않았다. 조선의 사직과 백성이 대명의리보다 더 중요하다고 생각한 현실주의자로 상황에 따라 대응을 달리할 수 있었다. 최명길은 〈예기(禮記)〉를 해석한 후 논리적인 근거를 제시해 인조가 청나라 황제에게 항복하여 사직을 보존하도록 설득하고 위로할 수 있었다. 최명길은 청나라에 항복했던 일을 자괴(自愧)하고 있는 인조를 위로하는 한편, 개혁정책을 추진하여 전쟁의 폐해를 극복할 것을 상소하였다.

"가령 전하께서 융통성 없이 필부의 절개를 지키셨더라면 종묘사직은 멸망했을 것이고 백성들도 다 죽었을 것입니다. 조정의 의견을 받아들이시고 백성들의 바람을 따르시니, 하루 안에 위기가 변하여 종묘사직의 혈식(血食, 나라를 보존함)을 연장하게 되고 살아 있는 생명이 어육(魚肉) 됨을 모면하게 되었습니다. (중략) 뜻을 안으로 세우고 덕을 몸에 닦아서 현명하고 유능한 사람을 등용하며 기강을 세워서 밝히고도 정치와 교화가 펴지지 않고 백성들의 비방이 멈추지 않는 예는 없습니다. (하략)"

남한산성에서 최명길은 실리와 명분에 따라 항복문서를 초안했고, 김상헌(金尙憲)[85]은 그 항복문서를 찢었다. 후세의 사가들은 "열지자(裂之者)도 가(可)요, 습지자(拾之者)도 가(可)라"고 했다. 항복문서를 찢은 김상헌도 옳고, 다시 주워 수습한 최명길도 옳다는 이야기다. 어느 한쪽만을 탓할 수 없다는 논리이다. 나라와 백성을 위한 길이 달랐지만, 16세 차이로 조선을 대표하는 두 대신은 후일 심양(瀋陽)의 감옥에서 포로의 신세로 만나 오해를 풀고 화해했다.

김상헌은 "양대(兩代)의 우정을 찾고 백 년의 의심을 푼다"는 시를 읊고,

85 김상헌(金尙憲, 1570~1652) : 조선 중기의 문신. 자는 숙도(叔度). 호는 청음(淸陰). 대제학, 이조판서, 예조판서, 공조판서, 병조판서를 지냈다. 한국사에서 절개와 지조의 한 상징이다. 그 상징의 핵심은 '숭명배청(崇明排淸)'이다. 저서에 <야인담록(野人談錄)>·<풍악문답(☒岳問答)> 등이 있고, <청구영언> 등의 가곡집에 시조 4수가 전한다.

최명길은 이에 화답하여 "그대 마음 굳은 바위 같아 끝까지 바뀌지 않거니와, 나의 도는 둥근 고리 같아 믿는 바에 따르네."(君心如石終難轉·군심여석종난전, 吾道如環信所隨·吾道如環信所隨)라고 했다.

병자호란을 예언한 척화론자 이경여(李敬輿)[86]는 두 충신의 우국충절에 대하여 시를 지어 기렸다.

두 노인의 경·권(經權)[87]이 각기 나라를 위한 것이니
하늘을 떠받친 큰 절개요, 한 시대를 건진 큰 공적일세.
이제야 순리 따라 저절로 함께 생각이 같아졌지만
모두가 심양 남관(南館, 심양에 있는 감옥)의 백발 늙은이가 되었네.

최명길의 종전(終戰) 협상력과 김상헌의 강경론에 상보(相補) 작용을 함으로써 힘을 받아 조선 측 주장이 관철될 수 있었다는 해설이다.

15 윤집(尹集)의 청유금지상소(淸遊禁止上疏)

병자호란의 굴욕은 조선 역사에서 가장 깊은 상처였다. 인조는 삼전도에서 청 태종에게 무릎 꿇었고, 조선은 '속국'의 이름으로 전락했다. 그 참혹한 현실 속에서도 윤집(尹集, 1606~1637)은 꺾이지 않았다. 윤집의 본관은 남원, 자는 성백(成伯), 호는 임계(林溪)·고산(高山)이다. 그의 조부는 임진왜란 때 상주전투(尙州戰鬪)에서

86 이경여(李敬輿, 1585~1657년) : 본관은 전주. 자는 직부(直夫), 호는 백강(白江)·봉암(鳳巖). 세종의 7대손. 조선 후기에 전라도관찰사, 우의정, 영중추부사 등을 역임한 문신이다.

87 경권(經權) : 경(經)-변할 수 없는 것. 권(權)-일에 따라 변하는 것.

순절한 윤섬(尹暹)이고, 형은 병자호란 때 순절하는 윤계(尹棨)이다. 청음 김상헌(金尙憲)의 딸을 아내로 맞이하여 두 아들 윤이선, 윤이징을 두었다.

13세에 아버지를 여의고 형을 따라 공부해 1627년(인조 5) 생원이 되고, 1631년 별시 문과에 을과(乙科)[88]로 급제해 이듬해 설서(說書)[89]가 되었다. 그 뒤 1636년 이조정랑(吏曹正郎)[90]·부교리를 거쳐 교리(校理)[91]로 있을 때 병자호란이 일어났다. 국왕과 조정 대신들이 남한산성으로 난을 피했으나 청병에게 산성이 포위되어 정세가 극히 불리하게 되었다.

당시 고관 중에서는 정온, 김상헌, 신익성(申翊聖), 윤황(尹煌) 등이 강경한 척화론을 견지하고 있었다. 윤집은 삼사 관원으로서 척화론을 주장하면서 성을 지키기 위한 방책들을 건의하고, 성 밖으로 군사를 내보내어 적과 싸울 것을 주장하였다. 윤집은 강화(講和)를 배척하는 상소에서 조선에서 먼저 강화를 청하면 적이 더욱 조선을 가볍게 보아 화의가 끝내 이루어지지 못할 것이라며, 오직 조선이 방어능력을 갖추었음을 보여준 후에야 강화가 가능할 것이라고 주장하기도 하였다.

이때 윤집은 오달제(吳達濟)[92] 등과 함께 화친의 사신을 보내자고 주

88 을과(乙科) : 조선시대에, 과거 합격자를 성적에 따라 나누던 세 등급 가운데 둘째 등급. 정원은 일곱 명으로, 정팔품의 품계를 받았다.

89 설서(說書) : 조선시대에, 세자시강원에서 경사(經史)와 도의(道義)를 가르치는 일을 맡아보던 정칠품 벼슬.

90 이조정랑(吏曹正郎) : 조선시대에, 이조에 속한 정오품 벼슬. 정원은 2명으로 병조전랑과 함께 인사 행정을 담당하였다.

91 교리(校理) : 조선시대에, 집현전, 홍문관, 교서관, 승문원 따위에 속하여 문한(文翰)의 일을 맡아보던 문관 벼슬. 정오품 또는 종오품이었다.

92 오달제(吳達濟, 1609~1637) : 조선 인조 때의 문신. 자는 계휘(季輝). 호는 추담(秋潭). 삼학사(三學士)의 한 사람.

장하는 최명길(崔鳴吉)이 나라를 그르쳤으니 그의 목을 벨 것을 청했으며, 최명길이 국왕의 뜻을 움직여 화친의 일을 성립시키고자 입대(入對, 궁중에 들어가 임금을 알현하던 일)해 승지와 사관을 물리치도록 청하자, 이를 규탄하는 극렬한 내용의 〈청유금지상소(淸遊禁止上疏)〉를 인조에게 올렸다.

"신은 들었습니다. '나라는 망할 수 있으나 도(道)는 망할 수 없고, 몸은 죽을 수 있으나 의(義)는 죽을 수 없다'고 하였습니다. 지금 우리나라가 당한 치욕이 이보다 더할 수는 없지만, 의리의 도를 단 하루라도 잊어서는 아니 됩니다. 저 청나라라는 자들은 중원을 빼앗고 스스로 제국을 칭하며 우리 임금을 굴복시키고 모욕하였습니다. 그런데 이제 사신을 보내 서로 교류하고 잔치를 벌인다면, 그것은 부끄러움을 모르는 짓입니다. 그러므로 신은 '청유(淸遊)'를 금하여,

우리가 본래의 뜻을 잊지 않았음을 천하에 보여야 한다고 아룁니다."

이 상소문에서 "옛날 화친을 주장해 사필(史筆)[93]의 베임을 피할 수 없었던 진회(秦檜)[94]와 같은 대간(大姦, 아주 간악한 사람)도 감히 사관을 물리치지 못했다"고 극렬한 말로 규탄했으며, "국왕이 대간(臺諫)을 꺼리지 않고 오직 사특한 의논만을 옹호하고 간사한 신하만을 의뢰하면 마침내 나라를 잃어버리고 만다"고 경고하였다.

윤집이 말한 '청유(淸遊)'란 청나라에 사신을 보내 교류·연회를 즐기는 행위를 뜻한다. 패전의 수모 속에 최명길 등 신하들은 청과의 유화

93 사필(史筆) : 사관(史官)이 적던 필법(筆法).

94 진회(秦檜, 1090~1155) : 중국 남송(南宋) 초기의 정치가. 자는 회지(會之). 악비(岳飛)를 죽이고 주전파(主戰派)를 탄압하면서 금(金)과 굴욕적인 화약(和約)을 맺어 뒤에 간신으로 몰리었다.

(宥和)를 도모했으나, 윤집은 그것이 의리의 붕괴이자 민족의 자존 포기라고 단언했다. "적국과 교류하며 웃는 것은 부끄러움을 모르는 짓"이라며, 청나라와의 사대 외교를 거부했다.

병자호란의 화의가 성립되고 청나라 측에서 '척화론자'의 처단을 주장하자, 윤집은 오달제와 더불어 소를 올려 자진해 척화론자로 나섰다. 청병에 의해 북쪽으로 끌려갈 때도 조금도 절개를 굽히지 않아 청병이 오히려 감복해 존경했다고 한다. 청나라에서 고문과 회유 등으로 윤집의 뜻을 돌리려 했으나, 끝내 굴하지 않고 항변하자 마침내 심양성 서문밖에 끌려가 사형당하였다. 세상에서는 오달제·홍익한(洪翼漢)[95]과 더불어 '삼학사(三學士)'라고 이른다.

처음 부제학에 추증되고, 뒤에 영의정에 추증되었다. 광주(廣州)의 절현사(節顯祠), 강화의 충렬사(忠烈祠), 평택의 포의사우(褒義祠宇), 홍산의 창렬서원(彰烈書院), 영주의 장암서원(壯巖書院)에 제향 되었다. 시호는 충정(忠貞)이다.

이 상소는 조선 유학의 근본이자 정치의 도덕적 기초였던 '대의명분론(大義名分論)'의 절규였다. 윤집은 현실의 패배를 인정하되, 정신의 패배만은 거부했다. 그의 상소는 오늘의 우리에게도 묵직한 물음을 던진다. 국익을 이유로 자존을 잃고, 현실을 핑계로 원칙을 굽히는 시대. 윤집은 400년 전 이미 경고했다. "몸은 죽어도 의는 죽지 않는다." 그 한 문장이, 외교의 명분과 국가의 품격을 지켜낸 최후의 불꽃이었다.

95 홍익한(洪翼漢, 1586~1637) : 조선 인조 때의 문신. 자는 백승(伯升). 호는 화포(花浦)·운옹(雲翁). 삼학사의 한 사람.

16
채제공의 '육조진언(六條進言)'

한국사에서 18세기는 문예부흥을 통해 새로운 정치를 구현하려 한 시기였다. 소모적인 당쟁을 지양하고 탕평을 추구했으며, 생산력을 확대하고 수취제도를 개선하려는 시도가 전개되었으며, 북학(北學)과 새로운 문체·화풍 등이 나타났다. 번암(樊巖) 채제공(蔡濟恭, 1720~1799)은 18세기를 대표하는 인물이다. 그는 80세의 긴 생애 동안 영조(英祖, 재위 1724~1776)와 정조(正祖, 재위 1776~1800)라는 걸출한 두 국왕이 이끈 국정의 중심에서 여러 개혁을 추진하고 성공시켰다. 그의 궁극적인 목표는 왕권을 강화해 국정을 안정시키고, 이용후생(利用厚生)에 기초하여 경제를 회생시키는 것이었다.

1758년(영조 34), 채제공은 39세에 도승지(都承旨)[96]로 임명되었다. 이 해 사도세자를 폐위시키려는 영조의 비망기(備忘記)[97]가 내려졌다. 노론은 뒷짐을 진 채 영조와 세자의 갈등을 즐겼다. 이때 채제공은 목숨을 걸고 영조의 옷을 부여잡고 울면서 세자 폐위를 반대했다. 영조도 비망기를 철회했다. 이때의 채제공의 간언에 영조는 깊은 인상을 받았다. 훗날 영조는 정조에게 "너에게 아버지와 아들로서의 은혜를 온전하게 해준 사람은 채제공이다. 그는 나에게는 '순신(純臣, 사심 없는 신하)'이지만 너에게는 '충신(忠臣)'이다. 너는 그것을 알아야 한다"라고 높이 평가했다.

96 도승지(都承旨) : 조선시대, 승정원(承政院)에 있던 여섯 승지(承旨) 중 수석 승지. 왕명을 전달하거나 신하들이 왕에게 올리는 글을 상달하는 일을 맡아서 하였다.

97 비망기(備忘記) : 임금이 명령을 적어서 승지에게 전하던 문서.

1780년(정조 4), 홍국영(洪國榮)[98]의 세도가 무너지자 채제공은 홍국영과 친하게 지냈다는 점과 사도세자의 신원을 주장, 영조가 금한 정책을 부인했다는 죄로 노론의 집중 공격을 받아 이후 8년간 서울 근교 명덕산(수락산)에서 은거 생활을 하였다. 채제공은 정치적 소수파인 남인계였다. 1788년(정조 12), 정조는 주위의 극렬한 반대에도 채제공을 우의정에 기용했다. 이때 채제공은 자신의 경험을 바탕으로 국가개조를 위한 제도개혁안인 〈육조진언(六條進言)〉을 상소했다.

그 내용은 '임금이 황극(皇極, 편파가 없는 곧고 바른 치국의 도리)을 세울 것', '탐관오리를 징벌할 것', '세상에 의리를 올바르게 세울 것', '당파 싸움을 없앨 것', '백성의 어려움을 돌볼 것', '권력 기강을 바로잡을 것' 등이었다. 이는 조선 후기의 실학적 개혁정신과 충직한 간언(諫言)이 잘 드러난 글이다. 형식적으로 나라의 틀을 세우고 정국의 안정을 도모하는 것이지만 실질적으로 청나라에 대적할 만한 힘을 키우려면 반드시 해야 할 원칙을 제시한 것이다.

정조는 이 〈6조진언〉을 모두 받아들였다. 이후 정조는 채제공을 개혁의 기수로 세우고 '조선의 제2 문예부흥'을 이룩해냈다. 이때 중용된 인물들은 정약용, 이가환, 박제가, 유득공, 이덕무 등이다. 1790년(정조 14), 채제공은 다시 좌의정이 되었는데, 이때 영의정과 우의정이 공석인 독상(獨相)으로서 3년간을 재직하며 중요한 개혁과제를 추진했다. 이것은 100년 동안 없던 일이었다. 이 시기에 채제공은 당쟁을 완

98 홍국영(洪國榮, 1748~1781) : 조선 말기의 문신. 자는 덕로(德老)이다. 정조에게 신임을 얻어 누이동생을 빈으로 들여보냈으며 이를 바탕으로 세도정치를 펼쳤다. 1780년 왕후를 독살하려던 것이 발각되어 가산을 몰수당하고 추방되었다.

화하고 탕평을 강화하기 위해 이조전랑의 '통청권(通淸權)'[99]과 '자대권(自代權)'[100]을 혁파하자고 상소해 관철했다.

"매점·독점으로 인한 백성의 고통이 큽니다. 국가의 쓰임에 응하기 위해 육의전(六矣廛)[101] 이외의 난전(亂廛)[102]을 금하는 법이 있는데, 요즘 무뢰배들이 난전을 금하는 법을 멋대로 적용하여 자유로운 상업활동을 저해하고 횡포를 저지르고 있습니다. 난전을 벌였다 하여 붙잡혀온 자를 처벌할 것이 아니라, 거꾸로 그 처벌을 주장하는 자들을 처벌해야 합니다. 이로 인한 원성은 제가 감당하겠습니다."

채제공의 가장 중요한 업적은 대상인의 특권을 폐지하고 소상인의 활동 자유를 늘리는 조치인 '신해통공(辛亥通共, 1791)'이다. 이것은 육의전을 제외한 시전(市廛)[103]의 특권을 박탈해 자유로운 상업활동을 보장하는 획기적인 조치였다. 이 정책으로 조선 후기의 경제는 크게 성장했다. 훗날 정약용은 이렇게 평가했다. "반대하고 불평했지만, 신해통공 조치 후 1년 만에 물화가 모여 일용품이 넉넉해졌다. 백성들은 크게 기뻐하고 원망하던 자들도 칭찬했다."

1793년(정조 17), 채제공은 73세의 고령에 일인지하 만인지상인 영의정에 임명되었다. 그러나 임명된 지 열흘 만에 사직상소를 올리면서

99 통청권(通淸權) : 조선시대에 이조전랑(吏曹銓郞) 등 관직 임명권을 가진 고위 관직자가 삼사(三司) 등 청요직(淸要職) 인사에 직접적으로 추천하거나 영향력을 행사할 수 있었던 권한.

100 자대권(自代權) : 조선시대 관직 임명에서 자기 후임자를 추천할 수 있는 권한.

101 육의전(六矣廛) : 명주·비단·무명·종이·모시·생선 등 여섯 가지 주요 물품을 국가에 독점적으로 납부하던 상점.

102 난전(亂廛) : 나라에서 허가한 시전(市廛) 상인 이외의 상인이 하던 불법적인 가게.

103 시전(市廛) : 지금의 종로를 중심으로 설치한 상설 시장. 관아에서 임대하고, 특정 상품에 대한 독점 판매권과 난전을 금지하는 특권을 주는 대신 관아에서 필요로 하는 물품을 바칠 의무를 부과하였다.

"임오화변(壬午禍變)[104] 때 정권을 잡고 있던 노론에게 책임을 물어 사도세자의 원수를 갚아야 한다"고 주장해 큰 정치적 파란을 일으키기도 했다.

채제공은 18세기 후반 남인의 영수로 태종 때의 조준·하륜이나 세종 때의 황희·맹사성처럼 정조 시대를 대표하는 정승이었다. 그는 한평생 군주를 향한 올곧은 충성과 백성을 위한 위민정신을 실천했으며, 조선의 중흥을 마지막으로 주도함으로써 역사에 큰 발자취를 남겼다.

17 정약용의 '사직상소(辭職上疏)'

다산(茶山) 정약용(丁若鏞, 1762~1836)은 18세기 실학사상을 집대성한 최고봉의 실학자이자 개혁가이다. 1782년(정조 6), 21세 때 초시와 회시에 합격하여 생원으로서 벼슬길에 오른 지 3년 뒤에 정조(正祖)의 부름을 받아 경연석에서 〈중용(中庸)〉을 강의하면서 파란 많은 삶이 시작된다.

이후의 그의 삶은 대체로 3기로 나눠질 수 있다. 제1기는 정조의 총애를 한 몸에 받으며 벼슬살이하던 득의의 시절이고, 제2기는 정권에서 밀려나 귀양살이하던 시절이며, 제3기는 고향으로 돌아와 학문에 전념하던 시절이다.

1797년(정조 21), 정약용은 동부승지(同副承旨)[105]로 있을 때 공서파

104 임오화변(壬午禍變) : 1762년 사도세자가 노론과 부왕 영조에 의해 뒤주에 갇혀 사망한 사건.
105 동부승지(同副承旨) : 조선시대, 승정원(承政院)의 정삼품 벼슬. 여섯 승지(承旨) 가운데 끝자리로, 공방(工房)의 일을 맡았다. '동부대언(同副代言)'을 고친 것이다.

(攻西派)[106]의 탄핵을 받게 되자, 해명서인 '자명소(自明疏)'[107]를 제출한다. 그는 자명소에서 "자신은 천주교에 관심을 가졌던 것이 아니라 서양의 학문, 특히 천문, 농정, 지리, 건축, 수리, 측량, 치료법 등의 과학적 지식을 얻기 위해 서학에 접근했다. 이를 위해 서학에 능통한 천주교 신부와 신자를 만났다"고 밝혔다. 또한 정약용은 정조에게 정치적 부담을 주지 않기 위하여 사직을 요청하면서 자신의 과거 행적에 대하여 후회한다는 상소를 올렸다.

"중국의 고염무(顧炎武)[108] 같은 학자들은 벌써 천주학이 거짓됨을 환하게 알고 그 핵심을 깨뜨렸습니다. 그러나 신은 멍청하게도 미혹되었으니, 이는 젊은 시절에 고루하고 식견이 적어서 그렇게 되었던 것으로, 몸을 어루만지며 부끄러워하고 후회한들 어찌 돌이킬 수 있겠습니까. (중략) 위로는 군부(君父)에게 의심을 받고 아래로는 당세(當世)에 나무람을 당하여 입신한 것이 한번 무너짐에 모든 일이 기왓장처럼 깨졌으니, 살아서 무엇을 하겠으며 죽어서는 장차 어디로 돌아가겠습니까. 신의 직을 체임(遞任, 벼슬을 갈아 냄)하시고 이어 내쫓으소서."

정조는 이 상소문을 읽고 답변하기를, "선(善)의 싹이 봄바람에 만물이 싹트듯 하고 종이에 가득 열거한 말은 듣는 사람을 감동시키기에 충분하다. 그러니 사직하지 말라"라고 하였다.

106 공서파(攻西派) : 조선 후기 천주교(서학)를 강하게 배격한 남인계의 강경파로, 주로 정조~순조 연간 남인 내부에서 형성된 정치적·사회적 집단.

107 자명소(自明疏) : 자기의 죄가 없음을 스스로 변명하는 상소(上疏).

108 고염무(顧炎武, 1613~1682) : 중국 명나라 말에서 청나라 초의 사상가. 자는 영인(寧人). 호는 정림(亭林). 명나라 말기의 양명학이 공리공론에 치우치자 경세치용의 실학에 뜻을 두어 실증적 학풍의 기초를 닦았다. 황종희, 왕부지와 함께 청조의 삼대사(三大師)로 꼽힌다. 저서에 <일지록>, <천하군국이병서>, <금석문자기(金石文字記)> 등이 있다.

그러나 3년 후 정조가 죽은 후 정약용의 제2기 인생이 시작되었다. 1801년(순조 1) 신유박해(辛酉迫害)[109]가 일어나 수많은 천주교도가 처형되거나 유배당했다. 정약용 역시 유배된 뒤, 황사영(黃嗣永) 백서사건[110]으로 강진에 유배되어 무려 18년 동안 귀양살이를 하였다. 이 기간에 경학(經學)에 전념하여 학문적 체계를 완성하고 수많은 저술 활동을 통하여 조선 후기 학계에 지대한 영향을 끼쳤다.

귀양살이는 정약용에게 깊은 좌절도 안겨주었지만, 실학의 최고봉이 된 밑거름이 되기도 했다. 귀양살이라는 정치적 탄압을 학문을 하라는 하늘의 뜻으로 승화시켜 학문적 업적을 이뤄낸 정약용의 초인적인 의지는 만세에 빛날 것이다.

1818년(순조 18), 유배가 풀리자 정약용은 고향인 마현으로 돌아왔다. 그의 나이 57세 때였다. 여기서 정약용은 1836년 75세로 세상을 뜰 때까지 제3기 인생을 맞이한다. 유배생활 중에 쌓은 학문적 성과를 바탕으로 〈여유당전서(與猶堂全書)〉[111] 등 500여 권의 저술을 통해 실학사상을 집대성하였다.

정약용은 자찬묘지명(自撰墓誌銘)에서 자신의 저술에 대해 이렇게 말했다.

109 신유박해(辛酉迫害) : 조선 순조 원년(1801)인 신유년에 있었던 가톨릭교 박해 사건. 중국에서 세례를 받고 돌아와 전교하던 이승훈(李承薰)을 비롯하여 이가환, 정약종, 권철신, 홍교만 등의 남인에 속한 신자와 중국인 신부 주문모 등이 사형에 처해졌는데, 수렴청정하던 정순왕후(貞純王后)를 배경으로 하는 벽파가 시파와 남인을 탄압하려는 술책에서 나왔다.

110 황사영(黃嗣永) 백서(帛書)사건 : 1801년 신유박해 당시 천주교 박해로 인해 황사영이 조선 교회의 참상을 북경 주교에게 알리고, 교회의 재건과 외부의 도움을 요청하는 장문의 밀서(백서)를 작성해 적발된 사건.

111 <여유당전서(與猶堂全書)> : 다산 정약용의 저술을 한데 모은 문집. <목민심서(牧民心書)>, <경세유표(經世遺表)>, <흠흠신서(欽欽新書)> 등에서 <시율(詩律)>에 이르기까지 방대한 저술과 실증적 이론이 포함되었다. 154권 76책이다.

"육경(六經)[112]과 사서(四書)[113]는 자신을 수양하는 것이고, 일표(一表, 경세유표)와 이서(二書, 목민심서·흠흠신서)는 천하와 국가를 위함이니, 본말(本末)이 갖추어졌다고 할 것이다."

육경과 사서에 관한 저술이 근본이라면, 〈경세유표〉·〈목민심서〉·〈흠흠신서〉는 경세(經世)를 위한 구체적인 실천 방안이었다. 실학자로서 정약용의 사상을 한마디로 요약하면, 개혁과 개방을 통해 부국강병(富國强兵)을 주장한 인물이라 평가할 수 있다. 정약용의 위대함은 비단 그가 남긴 학문과 사상에만 국한하지 않는다. 그는 수많은 정치적 박해와 모함을 받았지만 단 한 번도 남을 비방하는 상소를 쓰지 않았으며, 자신을 모함한 자조차 포용한 인물이었다.

국가개혁 사상이 집대성된 〈경세유표(經世遺表)〉에서 정약용은 경세치용(經世致用)과 이용후생(利用厚生)이 종합된 개혁사상을 전개하였다. 그는 〈경세유표〉를 후대에도 계속해서 갈고 닦아야 할 '초본'이라 했다. 우리는 그의 개혁안이 무시되거나 좌절되어가는 과정에서 조선왕조의 몰락 원인을 찾을 수 있을 것이다.

18 김옥균의 '개혁상소(改革上疏)'

김옥균(金玉均, 1851~1894), 1851~1894)은 본관은 안동, 자는 백온(伯溫), 호는 고균(古

112 육경(六經) : 중국 춘추시대의 여섯 가지 경서(經書). <역경>, <서경>, <시경>, <춘추>, <예기>, <악기>를 이르는데 <악기> 대신 <주례>를 넣기도 한다.

113 사서(四書) : 유교의 경전인 <논어>, <맹자>, <중용>, <대학>을 통틀어 이르는 말.

筠)·고우(古愚)이다. 조선 말기의 정치가, 개화사상가이다. 구한말의 급진개화파이며 한국의 근대화 과정에서 가장 혁신적이고 적극적인 개혁운동을 추진한 인물이다. 김옥균은 1851년(철종 2) 충남 공주에서 태어났다.

어린 시절부터 포부가 대단했던지 달을 보고 "저 달은 비록 작으나 온 천하를 비추는구나."라고 했다는 일화가 유명하다. 아버지가 강릉 군수 등 외직을 주로 전전했기에 김옥균도 그곳에 따라가야 했는데, 어릴 적엔 과거 합격을 위해 주로 강릉의 송담서원(松潭書院)에서 공부했다. 송담서원은 이이의 고향에 세워진 서원으로, 기호학파의 정통인 노론-낙론계[114] 학맥을 이은 곳이다.

문과 알성시(謁聖試)[115]에 장원으로 합격한 이후 개화 선구자인 연암 박지원의 손자 박규수, 역관 오경석, 의원 유홍기, 승려 이동인 등을 만나 개화사상을 배우게 되고 고종의 매제 박영효(朴泳孝)[116], 서재필과도 친구가 된다.

일찍이 수신사로 일본에 다녀와 후쿠자와 유키치(福澤諭吉·복택유길)[117] 등의 계몽운동에 큰 감명을 받았다. 이후 서구 문물의 중요성

114 노론-낙론계 : 조선 18세기 노론(老論) 학맥 내에서 인성(人性)과 물성(物性)의 본연성 선(善)을 강조하며, 인간의 보편적 선함을 중시한 사상적 집단을 의미한다.

115 알성시(謁聖試) : 조선시대에 임금이 문묘에 참배한 뒤 성균관 유생에게 시행하던 비정규 과거시험.

116 박영효(朴泳孝, 1861~1939) : 구한말의 친일 정치가. 자는 자순(子純). 호는 춘고(春皐)·현현거사(玄玄居士). 정치적 혁신을 부르짖어 김옥균 등과 개화당을 조직하여 갑신정변을 일으켰으나 사대당(事大黨)에 패하여 일본으로 망명하였다. 귀국하여 김홍집 내각의 내무대신, 이완용 내각의 궁내부 대신을 지냈다. 국권 강탈 후 일본으로부터 후작(侯爵)을 받고 중추원 고문으로 임명되었다.

117 후쿠자와 유키치(福澤諭吉·복택유길, 1835~1901) : 근대 일본의 계몽운동가 겸 철학자로, 메이지 유신의 주역 중 한 사람이다. 게이오기주쿠대학의 전신인 게이오기주쿠(慶應義塾)를 설립한 교육인, 지지신보(時事新報·시사신보)를 창간한 언론인이자 Democracy(→民主主義),

을 깨닫고 급진개화 세력에 참여하여 1884년 박영효, 서재필 등과 함께 갑신정변을 주동했으나 실패하고, 국외로 도피했으나 홍종우(洪鍾宇)[118]에 의해 피살되었다.

1881년, 젊은 개화 관료 김옥균과 박영효는 고종 앞에 상소문을 올렸다. 그들의 절규는 단순한 개혁론이 아니라, 국가의 생존전략을 담은 〈개혁상소〉였다.

"지금 우리나라의 형세는 알을 여러 개 쌓아놓은 듯 위태롭습니다. 밖으로는 열강의 침탈이 있고, 안으로는 재정이 텅 비어 있습니다. 스스로 강해지는 방책을 서둘러 세우지 않는다면 망국의 우려가 있을 것입니다."

이는 조선이 처한 위기를 국제정세와 내부 부패라는 두 축에서 진단했다. 개화파는 단순한 기술 도입이 아닌 국가 체질 개혁을 요구했다.

"정치는 사람을 얻는 데 있고, 재정은 절약에 있습니다. 탐욕스럽고 부패한 관리들을 물리치고, 재능과 지혜 있는 신하를 등용하여, 법으로 나라를 다스리고, 학문으로 백성을 세워야 합니다."

이는 인사개혁·법치주의·교육진흥을 3대 개혁축으로 제시한 것으로, 조광조의 도학정치와 맥이 닿으면서도, 오늘의 헌정국가 원리를 예견한 점에서 혁신적이다.

"궁중에 의정원(議政院)을 두어 국정을 의논하게 하소서. 서울에 학당(學堂)을 세워 인재를 기르소서. 상법(商律)을 정해 무역을 일으키고, 군기창(軍器廠)을 세워 군을 훈련하게 하소서."

Government(→政府) 등 영어의 여러 어휘를 번역해 한자문화권에 소개한 언어학자이기도 하다.

118 홍종우(洪鍾宇, 1854~?) : 구한말 수구파의 정객. 김옥균을 중국 상하이(上海)로 유인하여 암살하고, 황국 협회를 조직하고 보부상을 동원하여 독립협회의 활동을 방해하였다.

이는 의회제, 교육제도, 상업진흥, 군제개혁 등 근대국가의 핵심 제도를 총망라한 것으로 훗날 '갑신정변(甲申政變, 1884)'의 개혁강령으로 구체화 된다.

김옥균의 개혁은 외세를 배척하자는 고립이 아니라, 자주를 위한 개방이었다.

그러나 조선의 현실은 그의 이상을 감당하지 못했다. 기득권 세력의 저항 속에 개화파는 좌절했고, 갑신정변은 실패로 끝났다. 그 이유는 개화사상이 국민 속에 퍼지지 못하여 민중의 지지를 받지 못하였고, 개혁이 일본의 힘을 빌려 정변의 방식으로 추진됨으로써 국민의 반발을 샀기 때문이다. 그뿐만 아니라, 일본군보다 수적으로 우세한 청군이 개입한 것도 실패한 원인 중의 하나였다. 그러나 김옥균의 〈개혁상소〉는 여전히 살아 있다. 국가가 위기에 빠질 때마다, 이 상소는 다시 묻는다. "스스로 강해지지 않으면, 누구의 나라가 되겠는가."

훗날 박영효는 김옥균에 대해 아래처럼 회고했다.

"김옥균의 장점은 사교적이다. 외교술뿐만 아니라 시서화 모두 능했다. 그러나 그의 단점이라면 덕이 없고 모략이 없다는 것이다."

김옥균에 관한 평가에는 긍정적 평가와 부정적 평가가 공존한다. 당시 조선 정국에 비추어 선구자적으로 시세를 파악했던 개화사상가로서의 면모, 청의 내정 간섭을 배제하고 새로운 정부를 건설하여 개혁정치를 추진하고자 했던 갑신정변의 의의를 긍정적으로 평가하는 시각이 있으며, 일본을 맹신하고 정변을 일으키기 위해 외세의 힘을 빌렸다는 것이나, 민중을 설득하는 데 실패하고, 일본의 지원이 떨어지자 청나라의 반격으로 정변에 실패했다는 점 등에서 비판적 시각이 존재한다.

도쿄의 아오야마 공원묘지에도 김옥균의 묘비가 세워져 있다. 여기에는 '오호 포비상지재 우비상지시 무비상지공 유지상지사(嗚呼, 抱非常之才, 遇非常之時, 無非常之功, 有非常之死)'. '아, 비상한 재주를 가지고, 비상한 시대를 만났지만, 비상한 공적도 없이, 비상한 죽음만 얻었도다.'라는 묘비명이 새겨져 있다.

19 서재필의 '독립협회상소(獨立協會上疏)'

서재필(徐載弼, 1864~1951)은 독립운동가이며 정치가이다. 본관은 대구, 호는 송재(松齋)다. 김옥균 등과 일으킨 갑신정변의 실패로 일본과 미국에서 망명 생활을 하였다. 후에 귀국하여 독립협회를 조직하고, 우리나라 최초의 민간 신문인 〈독립신문〉 창간자로서 한국 근대민주주의와 언론, 시민정신의 선구자로 평가된다.

1884년 7월. 서재필은 일본 유학에서 귀국한 뒤 고종을 알현하는 자리에서 사관학교의 설립을 건의하였다. 고종도 이를 승낙하여 서재필을 조련국(操鍊局) 사관장(士官長)에 임명되었으나, 일본 세력의 침투를 우려한 청나라와 임오군란(壬午軍亂) 이후 수구정책으로 회귀한 친청 정권의 반대로 사관학교 설립이 지지부진하게 되고 말았다.

이에 서재필은 급진적인 개화와 개혁을 꿈꾸게 되었고, 이를 달성하기 위해 1884년 12월 4일 김옥균·박영효·서광범·홍영식(洪英植) 등 급진 개화파 인사들과 함께 '갑신정변(甲申政變)'을 일으켰다. 우정국(郵

政局) 개국 축하연을 기회로 거사에 돌입한 정변에서 서재필은 청년 사관생도들을 지휘하여 고종을 호위하고, 수구파 인사들을 제거하는 일을 맡았다. 개화당 정부는 서정쇄신과 근대적 사회개혁 이념을 담은 14개 조 개혁강령을 반포하였지만, 청나라의 무력 개입으로 3일 만에 붕괴하고 말았다.

1898년, 경운궁 앞에 모인 수만 명의 백성이 하늘을 향해 외쳤다. "우리에게도 말할 권리가 있다." 그 중심에는 서재필과 윤치호(尹致昊)[119]가 이끈 독립협회(獨立協會)가 있었다. 그들은 고종에게 올린 〈독립협회 상소문〉에서 "나라의 주권은 백성에게 있다"고 천명했다.

이는 조선 500년 왕정 질서 속에서 처음으로 제기된 '국민주권 선언'이었다.당시 조선은 을미사변(乙未事變)[120]과 아관파천(俄館播遷)[121]의 여파 속에 국권이 흔들리고, 열강이 조선을 제물로 삼던 격랑의 시대였다. 이에 서재필은 '문명개화'와 '자주독립'을 병행해야 한다고 주장했다.

"나라는 백성을 근본으로 삼고, 백성은 권리를 생명으로 삼습니다. 권력이 임금에게만 있으면 나라가 위태롭고, 백성에게 있으면 나라가 편안합니다. 오늘날 조선이 비록 독립이라 하나 외환은 날로 심하고, 내정은 날로 피

119 윤치호(尹致昊, 1865~1945) : 구한말의 정치가. 호는 좌옹(佐翁). 윤웅렬의 아들. 신사유람단의 일원으로 일본에 다녀와서 개화사상에 눈을 뜬 후 미국에 유학하였다. 서재필 등과 독립협회를 조직하였으며, 국권 강탈 후 총독 암살 계획에 가담한 혐의로 6년 형을 받았다. 일제강점기 말기에 귀족원 의원을 지냈으며 광복 후 일본에 협력한 것을 자탄하다가 자결하였다.

120 을미사변(乙未事變) : 1895(고종 32)년에 일본의 자객(刺客)들이 경복궁을 침입하여 명성황후를 죽인 사건. (=민비 시해 사건)

121 아관파천(俄館播遷) : 1896년 2월 11일부터 1897년 2월 20일까지 친러 세력에 의하여 고종과 세자가 러시아 공사관으로 옮겨서 거처한 사건. 일본 세력에 대한 친러 세력의 반발로 일어난 사건으로, 이로 말미암아 친일 내각이 붕괴하였으며 각종 경제적 이권이 러시아로 넘어갔다.

폐합니다. 이것은 권력이 백성에게 돌아가지 못하고 위에만 집중되어 있기 때문입니다."

이는 조선의 전제정치를 근본 원인으로 비판하며, '민권(民權)'을 정치의 기초로 선언한 상소문으로, 동시대 동아시아에서 보기 드문 국민주권 선언문이라 할 수 있다.

"지금 급한 일은 법을 고치는 일입니다. 법을 고친다는 것은 임금의 권한을 빼앗고 백성만의 권리를 세우려는 것이 아닙니다. 임금의 권한에 절도가 있고, 백성의 권리가 펴져서 위와 아래가 서로 의지하는 것, 그것이 바로 국가의 도리입니다."

이는 '입헌군주제(立憲君主制)'의 원리를 밝힌 대목이다. 서재필은 '왕권 폐지'가 아닌 '법에 의한 통치'를 요구했다. 즉, '군주와 국민이 함께 법 아래에 있는 나라'를 이상으로 제시했다.

"서울에 의회(議院)를 설치하고, 어진 인재를 뽑아 의원으로 삼아 국정에 참여하게 하소서. 또한 신문(報紙)을 세워 백성의 뜻을 통하게 하여, 여론이 생기게 하소서."

이는 오늘날의 국회 설립과 언론 자유를 예견한 구절이다. '의회 설립'과 '신문 발간'이라는 두 요구는 당시 조선 사회로서는 혁명적인 발상이었다.

"백성은 나라의 뿌리입니다. 지금 그들의 지혜를 열어주지 않고, 권리를 펴주지 않는다면 이는 나무가 뿌리를 잃고, 물이 근원을 잃는 것과 같습니다."

이는 교육과 계몽의 중요성을 강조하며, '민중 계몽운동'의 근본 사상을 보여준다. 이 구절은 훗날 '국민이 곧 나라'라는 민주주의 선언의 기원이 되었다.

1921년 독립운동의 진행방침을 건의한 서재필의 장서(長書)에서 서재필은 이렇게 말했다.

"독립은 선전만으로 될 수 없고 허장성세만으로 될 수 없다. 독립의 가장 근본적 요소는 각성한 민중이다. 그러므로 우리는 민중교양에 총력을 집중하지 않으면 안 될 것이다. 2천만 민중이 총궐기하여 독립을 부르짖게 되면 한국의 독립은 반드시 성취될 것이다."

〈독립협회상소문〉은 단순한 청원서가 아니었다. 이 상소문은 고종에게 자주적 국가 운영, 민권 신장, 외세(특히 러시아)의 이권 침탈 저지 등을 요구하며, 국민계몽과 근대적 정치발전을 촉구하는 내용을 담고 있다. 그것은 조선이 근대국가로 전환하려는 첫 목소리이자, 민권의 서문이었다. 그러나 고종은 이들의 요구를 '왕권에 대한 도전'으로 받아들였다. 독립협회는 결국 해산되고, 서재필은 다시 망명길에 올랐다. 하지만 그들의 상소문은 이후 헌정(憲政)의 불씨가 되어 1919년 3·1운동의 '대한독립선언서'와 1948년 제헌헌법의 서문으로 이어졌다.

"나라의 주인은 백성이다." 이 한 문장은 조선의 왕정 체제를 흔들었고, 오늘의 대한민국 헌법 제1조 "대한민국의 주권은 국민에게 있다"로 이어졌다. 서재필의 상소는 지금도 묻는다. "국민이 나라의 주인이라면, 그 주인은 얼마나 깨어 있는가?" 그의 외침은 단지 19세기의 민주주의가 아니라, 오늘의 대한민국에 자주·민권·헌정의 정신을 다시 세우라는 경종이다. 나라를 살린 것은 총칼이 아니라, 깨어 있는 한 장의 상소문이었다.

20
이상설의 '을사조약반대상소(乙巳條約反對上疏)'

이상설(李相卨, 1870~1917)은 자는 순오(舜五), 호는 보재(溥齋)이다. 1870년 12월 7일 충북 진천군 덕산면 산직마을에서 경주 이씨 이행우(李行雨)와 벽진 이씨의 큰아들로 태어났다. 정3품 동부승지를 지낸 이용우(李龍雨)의 양자로 입적됐다. 25세(1894년) 때 조선의 마지막 과거인 갑오년 식년시(式年試)[122] 문과에 병과 2위로 급제하여 성균관장, 한성사범학교 교관 등을 역임하였다. 독립운동가이자 근대교육, 특히 '한국 근대수학의 아버지'였다.

1904년 일제는 조선 정부에 '황무지개척권'을 요구하였는데, 이상설은 박승봉(朴勝鳳)[123]과 연명으로 황무지개척권 요구를 반대하는 상소를 올리고, 이를 철회시켰다. 상소의 요지는 이러했다.

"일본의 요구를 물리치지 않으면 국권을 지킬 수 없으며, 황무지의 개척을 자국민이 하지 않으면 국가재정이 파탄될 것이기 때문에 반드시 일본의 요구를 물리쳐야 합니다."

1905년 11월 17일(고종 42), 일본 추밀원장 이토 히로부미는 외부대신 박제순, 학부대신 이완용, 군부대신 이근택, 내부대신 이지용, 농상공부대신 권중현 등 을사오적(乙巳五賊)과 '한국이 부강해졌다는 사실을 인정할 때까지'라는 단서를 달아 외교권을 빼앗는 '을사늑약(乙巳

122 식년시(式年試) : 조선시대 3년마다 정기적으로 시행된 과거시험으로, 문과뿐 아니라 모든 과거시험의 공통적인 정규시험이다.

123 박승봉(朴勝鳳, 1871~1933) : 조선 말기의 개화파 관료이며 일제강점기에도 관료를 지냈다. 자는 중무(仲武), 호는 산농(汕農), 본관은 반남이며 본적은 경성부 계동이다.

勒約)'을 체결했다.

이처럼 국권이 상실되어 가는 상황에서 이상설은 1905년 11월 의정부 참찬(參贊)[124]에 발탁되었다. 이에 이상설은 11월 22일 고종(高宗, 재위 1863~1907) 황제가 사직(社稷)을 위해 몸을 바칠 각오로 조약에 반대할 것을 촉구하는 강한 상소를 올렸다.

"(전략) 대저 그 조약을 비준하여도 망하고 비준하지 않아도 또한 망하게 될 것입니다. 어차피 망한다고 할 것 같으면 차라리 순사(殉死)할 뜻을 결심하고 단행하는 것을 거절하시어 우리 열조열종(列祖列宗)이 폐하께 맡기신 중임을 저버리지 마옵소서.

바라건대 폐하께서는 빨리 참정대신 한규설(韓圭卨)이 상주한 바에 따라서 조약을 가결한 여러 대신을 모두 징판(懲辦, 징계하여 처벌함)하사 방헌(邦憲, 나라의 법률이나 법규)을 바로잡으시고 올바르다고 생각하시는 조신(朝臣)을 다시 택하시어 교섭을 벌이셔서 엄히 배척 거절하시고 천하 만세에 성심(聖心)이 존재한다는 것을 알리소서. 그렇지 못하시면 신은 비록 만 번 주륙(誅戮)을 당하는 일이 있더라도 매국 역적과 함께한 조정에 설 수 없습니다. 폐하께서는 만약 신의 말이 잘못된 것이라 하신다면 모름지기 신을 참수(斬首)하시어 여러 역신(逆臣)에게 사례하옵시며, 신의 말이 옳다고 하신다면 여러 역신을 참하시어 국민에게 사례하십시오." (박은식, 〈한국통사〉(중))

이상설은 이 상소에서 "아! 장차 황실이 쇠해지고 종묘가 무너질 것이며, 조종이 남겨준 유민들은 남의 신하와 종이 될 것입니다"라고 제국의 운명을 정확히 예견했다. 김구는 〈백범일지〉에 당시 민영환(閔泳煥)의 순절 소식을 듣고 이상설이 자결 미수한 사건의 목격담을 싣기도 했다.

124 참찬(參贊) : 조선 의정부의 정2품 관직.

이후 이상설은 만주와 노령으로 망명하여 국권회복운동을 전개했다. 그는 1906년 중국 용정에 한국 최초의 신학문 민족 교육기관인 서전서숙(瑞甸書塾)[125]을 건립하였다. 1907년 3월경, 서전서숙을 떠나 고종황제의 특사로 이준, 이위종과 함께 밀서를 가지고 헤이그에서 개최된 제2회 만국평화회의 특사의 정사(正使)로 파견되어 을사조약의 부당함을 호소하며 한국독립을 호소하였으나 참석할 자격을 얻지 못하여 실패하고 말았다.

특사 임무를 수행한 뒤 일제에 의해 이미 사형선고가 내려진 조국에 돌아오지 못하고 해외에서 활동했다. 1910년 6월 러시아 연해주에서 '13도의군'(十三道義軍)[126]을 결성해 항일운동에 불을 지폈다. 도총재 유인석(柳麟錫)[127]과 외교통신원 책임자 이상설은 고종에게 지원을 호소하는 상소를 올렸다.

"13도의군의 편성은 국권 회복 계획에서 나왔습니다. 군비가 부족하므로 내탕금(內帑金, 왕실의 금고)에서 군자금을 보내주십시오."

이상설은 1914년엔 대한광복군정부를 세웠으며, 이듬해 상하이로 건너가서는 신한혁명당(新韓革命黨)[128]을 조직했다. 1910년 사형 집행

---

125 서전서숙(瑞甸書塾) : 1906년에 이상설, 이동녕(李東寧) 등이 교포의 자제를 교육하기 위하여 만주 북간도(北間島) 용정촌(龍井村)에 세운 학교. 역사, 지리, 수학, 정치학, 국제법 등의 신학문을 가르쳤으며 특히 항일 민족 교육에 초점을 두었다.

126 13도의군'(十三道義軍) : 1910년 러시아 블라디보스토크에서 조직되었던 항일의병부대. 유인석·이상설·이남기(李南基)·이범윤(李範允) 등이 주축이 되어 노령 안의 의병 세력을 하나로 통합, 결성하였다.

127 유인석(柳麟錫, 1842~1915) : 조선 말기의 의병장(자는 여성(汝聖). 호는 의암(毅菴). 강화도 조약이 체결되자 제자를 이끌고 상소하여 반대하였으며, 의병을 일으켜 부패한 관리를 죽였다. 그 후 만주로 가서 항일 투쟁을 계속하였다.

128 신한혁명당(新韓革命黨) : 1915년 독립 전쟁을 위해 이상설 등 해외 독립운동가들이 중국 베이징에서 조직한 단체. 중국·독일과 긴밀한 관계를 맺어 조선의 독립을 이루고자 했으나 실패하였다. 삼일 운동 이후 대한민국 임시 정부를 수립하는 데 중요한 역할을 했다.

을 앞둔 안중근 의사는 "선생(이상설)은 법률과 산술에 정통하고, 영어·프랑스어·일어에 능통하다. 세계정세에 밝고 애국심이 강하며 교육으로 국가백년대계를 세울 사람이다"라고 이상설을 평했다.

1917년 3월 2일. 이상설은 임종을 지킨 동지들에게 "동지들은 합세하여 조국광복을 기필코 이룩하라. 나는 조국광복을 이루지 못하고 이 세상을 떠나니 어찌 고혼(孤魂)인들 조국에 돌아갈 수 있으랴. 내 몸과 유품은 모두 불태우고 그 재도 바다에 날린 후 제사도 지내지 말라"는 유언을 남기고 러시아 니콜리스크에서 48세로 순국했다. 1962년 건국훈장 대통령장이 추서됐다.

역사 속에서 찾는 외교전략

1. 을지문덕의 ‘살수대첩(薩水大捷) 승전’ 원칙
2. 김춘추의 ‘나당연합(羅唐聯合)’ 결단
3. 왕건의 ‘부전이승(不戰而勝)’ 통합전략
4. 서희의 ‘담판(談判)’ 전략
5. 이제현의 ‘경제적 민심중시(民心重視)’ 전략
6. 세종대왕의 ‘사대교린(事大交隣)’ 전략
7. 신숙주의 ‘경제제일(經濟第一)’ 전략
8. 광해군의 ‘중립외교(中立外交)’ 전략
9. 이준의 ‘공고사(控告詞)’ 전략
10. 이승만의 ‘자주노선(自主路線)’ 전략
11. 박정희의 ‘국익우선(國益優先)’ 전략

IV

역사 속에서 찾는 외교전략

1 을지문덕의 '살수대첩(薩水大捷) 승전' 원칙

중국의 남북조와 돌궐, 그리고 고구려·백제·신라를 축으로 편성된 동아시아의 국제질서는 서기 589년(평원왕 31) 수나라의 남북조 통일에 따라 재편되었다. 이 과정에서 동아시아의 패권을 놓고 고구려와 수나라의 충돌은 필연적이었다.

우리 역사상 '3대 승전(三大勝戰)'으로 을지문덕(乙支文德, ?~?)이 수나라 100만 대군을 맞아 승리한 '살수대첩', 강감찬이 거란의 10만 대군을 물리친 '귀주대첩(龜州大捷, 1019)', 이순신이 학익진(鶴翼陣)으로 일본 수군을 격파한 '한산도대첩(閑山島大捷, 1592)'을 들 수 있다.

612년 1월, 수양제(隋煬帝)[1]는 113만 대군(병참 인원까지 513만, 수서·隋書에 기록)으로 고구려를 침략해 왔다. 그 행군의 길이가 960리나 되었고, 장안(長安)을 출발하는 데만 40일이 걸렸다고 한다. 살수대

1 수양제(隋煬帝, 재위 604~618) : 중국 수나라의 제2대 황제. 성은 양(楊). 이름은 광(廣). 대운하(大運河)를 비롯한 토목공사를 크게 일으켰고, 대군을 보내어 고구려를 침입하였다가 을지문덕에게 패배하였다.

첩은 현재의 압록강을 사이에 둔 전쟁이 아니라 요하(압록수)와 대양하(요하 동쪽에서 남쪽으로 흐르는 강)와 그 지류 초자하(哨子河, 살수, 요동반도와 단동 중간에 남북으로 흐르는 큰 강)를 사이에 둔 전쟁이었다. 수양제의 별동대 30만 명 중 요하를 건너 수군 후방지역(산해관 지역)에 살아 돌아간 자가 2,700명 정도라고 하는 것은 살수에서 궤멸당한 수군 병력이 30만 명이라는 말이다.

살수대첩의 승리 당시 고구려는 84만 ㎢의 국토, 인구 350만 명, 30만 명의 정예군으로 역사상 가장 강력한 국가였다. 살수대첩에서 고구려가 대승을 거둔 이유는 영양왕(嬰陽王, 재위 590~618)의 과감한 리더십과 을지문덕의 국제정세를 읽는 전략적 사고(살수경영)라 하겠다. 을지문덕의 '살수경영 원칙'은 다음과 같다.

첫째, 적의 강·약점을 알고 대비하는 '지피지기(知彼知己)' 전략이다. 을지문덕은 수나라 군이 수적으로는 우세하지만, 장거리 행군으로 사기가 저하된 상황을 파악하여 정규전보다 유격전으로 대결하는 전략과 적을 유인하는 전법을 창안하여 적기에 활용했다.

둘째, 죽음을 무릅쓰고 적의 실상을 살피는 '자기 버리기' '필사즉생(必死卽生)' 전략이다. 을지문덕은 스스로 적진에 들어가 거짓 항복 의사를 내비치면서 상대방을 안심시킨 뒤, 적정(敵情)을 살펴보고 돌아왔다. 수나라 사령관 우중문(于仲文)[2]은 을지문덕을 사로잡으려고 했지만 유사룡(劉士龍)[3]이 "사신으로 온 적장을 사로잡는 것은 예의에 어긋나

2 우중문(于仲文, ?~?) : 중국 수나라의 장수. 하남 지방의 반란을 진압하고, 수나라의 좌익위대장군(左翊衛大將軍)이 되었으며, 수양제의 두 번째 고구려 원정 때 우문술(宇文述)과 함께 살수에서 대패한 죄로 하옥되어 울분으로 죽었다.

3 유사룡(劉士龍, ?~612) : 수나라의 정치인이다. 홍농군 사람이다. 제2차 여수전쟁에 위무사

니 돌려보내야 한다"고 했을 만큼 을지문덕의 전략은 치밀했다.

셋째, 적의 기를 꺾고 화를 돋우는 '심리전(心理戰)' 전략이다. 을지문덕은 수나라 우중문 장군에게 '오언시(五言詩)'를 보내 적의 기를 꺾고 철군하라는 포고를 했다.

> '귀신같은 책략은 천문을 꿰뚫고, 기묘한 계산은 지리를 통달했도다.
> 싸워서 이긴 공이 이미 높았으니, 만족함을 알아서 그치기를 바라노라.'
> '신책구천문 묘산궁지리 전승공기고 지족원운지'
> (神策究天文 妙算窮地理 戰勝功旣高 知足願云止)

넷째, 군민(軍民)합작의 '청야작전(淸野作戰)' 전략이다. 을지문덕은 적의 군량미가 거의 바닥 난 것을 알고 보급로를 완전히 차단하고 수나라 군사들이 고구려 영토 안에서 단 한 톨의 식량도 얻지 못하도록 전쟁터 주변에 먹을 것을 전부 치워 버렸다.

다섯째, 지리적 이점을 최대한 살리는 '지형전(地形戰)' 전략이다. 을지문덕은 살수 지역에서 수많은 강줄기에 소가죽과 뗏목, 그리고 돌 등으로 임시 보를 만들어 물을 가두었다가 일시에 터뜨리는 지형지세의 이점을 십분 살린 전술을 구사했다.

신채호 선생으로부터 "우리나라 4000년 역사에 유일무이한 위인"이라는 칭송받은 을지문덕은 천시(天時)·지리(地利)·인화(人和) 이 세 가지를 잘 활용하여 국난을 극복한 명전략가였다. 수나라는 거듭된 고구려 원정의 실패로 618년(2대 37년)에 멸망했으며, 고구려는 30여 년 후(645년)에 쳐들어온 당태종의 군대도 안시성에서 물리쳤다. 1,400년 전 고구려는 만주에서 세계 전사(戰史)에 빛나는 대승을 거두

로 종군하였고, 패전 후 그 책임이 중하여 사형당했다.

었다. 이제 자유통일 과업을 위해 군사·외교 분야에 21세기의 을지문덕이 나와야 한다.

2
김춘추의 '나당연합(羅唐聯合)' 결단

고대국가의 성립이 가장 늦었던 신라는 강대국인 고구려와 백제를 제치고 민족사의 대업인 삼한일통(三韓一統)을 이룩했다. 신라는 가야를 복속한 후 고구려-백제-왜 등 세 나라의 포위 공격에서 살아남아 당을 끌어들여 삼한일통을 했고, 동북아 국제정세를 이용해 당을 한반도에서 몰아냈다. '나당(羅唐) 7년 전쟁'에서 세계 최강대국인 당나라를 꺾은 신라는 강소국(强小國)의 역사적 모델이며 대한민국이 본받아야 할 점을 많이 갖고 있다.

태종무열왕(太宗武烈王, 604~661, 재위 654~661)은 신라의 제29대 왕이다. 성은 김(金), 휘(諱)는 춘추(春秋)이다. 진지왕(眞智王)[4]의 손자이며, 진골의 첫째 임금이다. 진덕여왕(眞德女王)[5] 사후 신하들의 추대로 즉위하여 신라 '중대 왕실'을 열었다. 즉위 전부터 고구려, 당나라, 왜국 사이를 직접 오가며 탁월한 외교 역량을 보여주었고, 김유신(金庾

4 진지왕(眞智王, ?~579, 재위 576~579) : 신라 제25대 왕. 성은 김(金), 이름은 사륜(舍輪)·금륜(金輪). 내리서성(內利西城)을 쌓아 백제의 잦은 침공을 방비하였다. 중국의 진(陳)나라와 수교하여 화친을 도모하였다.

5 진덕여왕(眞德女王, ?~654, 재위 647~654) : 신라 제28대 왕. 성은 김(金). 이름은 승만(勝曼). 연호를 태화(太和)로 정하고, 648년 김춘추를 당나라에 보내 군사 원조를 받았으며 김유신을 기용하여 국력을 키워 삼국통일의 기초를 닦았다.

信)과 연합하여 신귀족 세력을 형성하여 보다 강화된 왕권 중심의 집권 체제를 확립했다. 율령(律令)을 정비하는 한편, 당나라와 연합하여 백제를 멸망시켰고, 삼국통일이라는 대업의 토대를 마련한 후 재위한 지 8년 만에 붕어(崩御)했다.

당시 삼국에서 가장 국력이 약한 신라가 삼한일통의 주역이 될 수 있었던 원동력은 무엇이었을까? 그것은 신라가 멸망할 수도 있다는 '위기의식'과 조국을 위한 충의의 자세로 결속한 국민의 '총화단결'이었다. 김춘추는 가야계인 김유신을 포용하고 당태종(唐太宗)과 일본과의 화친(和親) 외교를 통해 삼한일통의 기반을 구축했다. 그가 648년 당나라로 건너가 나당(羅唐) 군사동맹(軍事同盟)을 위해 당태종을 설득한 전략은 크게 세 가지로 정리할 수 있다.

첫째, 문화전(文化戰)이다. 70년대 초 미·중 수교 당시 핑퐁외교처럼 "공자를 배우고, 신라에 가르치고 싶다"는 '중화(中華)정책' 제안이다. 귀국한 김춘추는 관복을 당의 관제로 바꾸고, 당의 연호를 사용하였다. 기타 당의 선진 제도를 받아들여 유교에 기반을 둔 정치체제 운영의 발판을 마련하였다. 이러한 내정 개혁은 당의 신뢰를 얻는 데에도 이바지하였지만, 무엇보다 신라사회의 기존체제를 발전적으로 재편하는 데 유용하였다.

둘째, 심리전(心理戰)이다. "군량미 평양 이송을 신라가 보급하겠다"는 제안이다. 이는 안시성싸움(645)에서 고구려에 패한 당태종이 백제가 신라를 병합하는 것은 고구려 이상의 화근이 될 수 있으며, 한반도 동쪽 구석에 치우친 신라가 후환이 없다고 판단하도록 유도한 것이다. 당태종은 억강부약(抑强扶弱), 원교근공(遠交近攻)의 병법을 선택했다. 진덕여왕이 손수 비단에 당나라 황제를 찬양하는 〈태평송(太平頌)〉을 수놓아 바친 것도 심리전의 일환이었다.

셋째, 인질전(人質戰)이다. 김춘추의 제안에 대한 신뢰 구축을 위해 아들들이 당에 볼모로 남는 제안이다. 좌무위장군(左武衛將軍, 황제 측근의 경호 담당)에 제수된 문왕(文王)[6]은 당 조정의 고위 관리들과 관계를 강화하고 신라에 유리한 여론이 황제의 귀에 들어가게 했으며, 국학(國學)에 유학하러 온 신라 학생들의 교우관계를 이용해 당을 둘러싼 전 세계의 정보를 수집해서 신라에 보냈다. 651년 문왕이 귀국하고 형인 김인문(金仁問)[7]이 입당(入唐)해서 그 자리를 맡았다.

태종무열왕에 대해 "외세를 빌려 동족 국가를 망하게 함으로써 민족의 무대를 축소했다"는 역사학계 일부의 평가가 있다. 그러나 신라는 통일 이후 당과 결전을 벌여 웅진·계림도독부 등에 남아있던 당 세력을 한반도에서 몰아냈기 때문에 이러한 비판은 설득력이 없으며, 김춘추는 신라가 오늘날 한국 사회의 본류가 되도록 한 영걸이다.

북한은 자신들이 '고조선-고구려-발해'를 계승했다고 강변하며 민족주의 사관을 왜곡 악용하고 있다. 북의 '신라 삼국통일' 폄하는 '대한민국은 미국과 결탁한 반민족적 정권'으로 매도하기 위한 술책으로 이에 현혹되어서는 안 된다.

김춘추의 시호는 무열(武烈)이고, 묘호는 태종(太宗)이다. 이 묘호는 당의 태종과 같아 692년(신문왕 12) 당으로부터 개정 요구가 들어오는

6 김문왕(金文王, ?~665) : 김춘추의 3남. 648년에 김춘추를 따라서 당에 가서 좌무위장군이 되었다. 658년에 시중이 되었고, 661년에 백제부흥군과 사비성에서 싸웠으나 패하였다.

7 김인문(金仁問, 629~694) : 김춘추의 2남. 자는 인수(仁壽). 당나라에 파견되어 나당연합군을 조직하는 데 성공하여, 백제와 고구려를 멸망시키는 데 큰 공을 세웠다.

외교 문제의 원인이 되기도 하였는데, 신문왕(神文王)은 태종무열왕이 삼국을 통일한 공적이 있어 이런 묘호를 쓰게 되었다고 당에 설명한 바 있다.

3 왕건의 '부전이승(不戰而勝)' 통합전략

왕건(王建, 877~943, 재위 918~943)은 877년 예성강을 근거지로 삼은 신흥 호족인 왕륭(王隆)과 한(韓)씨 사이에 맏아들로 태어났다. 결혼한 지 얼마 되지 않은 왕륭에게 풍수지리 대가 도선(道詵)[8]이 찾아와 삼한(三韓)을 재통합할 영웅이 탄생할 집터를 가르쳐 주었다는 설화가 전해온다. 고려사 태조 조(條)에 왕건에 대해 다음과 같이 기록하고 있다.

"태조는 어려서부터 총명하여 지혜가 있고, 용의 얼굴에 이마의 뼈는 해와 같이 둥글며, 턱은 모나고 안면은 널찍하였으며, 기상이 탁월하고 음성이 웅장하여 세상을 건질 만한 도량이 있었다."

신라 말기에는 중앙 귀족들이 왕위 다툼과 '장군', '성주'라 칭하는 80여 명의 호족들의 등장, 각지의 농민 봉기 등으로 말미암아 왕권이 미치는 범위는 경주 일원에 불과했다, 삼한에 춘추전국시대가 펼쳐진

8 도선(道詵, 827~898) : 통일신라 말기의 승려. 풍수지리설의 대가. 속성은 김(金). 혜철 대사에게 무설설(無說說)·무법법(無法法)을 배워 크게 깨달았으며, 참선 삼매의 불도를 닦았다. 그의 음양지리설과 풍수상지법(風水相地法)은 고려와 조선시대에도 큰 영향을 주었다.

것이다. 왕건은 천재성에 있어서 궁예(弓裔)[9]에 미치지 못했고 야전 병법이나 외교술에서 견훤(甄萱)[10]에 비교할 바가 못 되었다. 그러나 왕건은 궁예와 견훤에게 부족한 덕이 있었던 덕장(德將)이었다. 우리 역사상 영웅호걸들 가운데 왕건만한 덕인(德人)은 찾기 어렵다. 왕건은 중국사에서 덕망 있는 창업군주로 손꼽는 한고조 유방(劉邦)이나 송태조 조광윤(趙匡胤)보다 월등한 인물이었다,

시중(侍中, 수상) 왕건이 시도하지도 않았던 모반의 죄목으로 목숨이 떨어질 번했다. 이런 상황에서 궁예 휘하의 구장(舊將)들인 홍유, 배현경, 신숭겸, 복지겸 등이 왕건을 찾아와 혁명을 일으키자고 했다. 왕건은 처음엔 망설였지만, 부인 류씨의 '인(仁)으로 불인(不仁)을 치는 것'이라는 권유에 설득되어 추대 속에서 임금의 자리에 올랐다. 왕건은 고구려를 계승한다는 의미로 나라 이름을 고려(高麗), 연호를 천수(天受)라고 정하였다(918).

왕건은 해양력을 토대로 통일과 외교에 성공했으며, 포용력과 시대상 파악 능력이 뛰어난 통일 군주다. 왕건은 신라가 나당전쟁에서 당나라를 물리치고 '삼국통일'을 이룩(676)한 지 260년 만에 민족을 재통일(936, 후백제 항복)했다. 왕건의 외교전략은 '부전이승(不戰而勝, 싸우지 않고 승리) 전략'과 신라의 골품제를 뛰어넘는 '개방 전략'이다.

첫째, '호족연합과 혼인동맹'이다. 왕건은 지방 호족들을 포섭하고

9 궁예(弓裔, ?~918, 재위 901~918) : 후고구려의 건국자. 송도에 도읍을 정하고, 901년에 스스로 왕이 되어 국호를 후고구려라고 하였다. 뒤에 왕건에게 폐위되었다.

10 견훤(甄萱, 867~936) : 후백제의 시조. 본성은 이(李). 효공왕 4년(900)에 완산에 도읍하고 후백제를 세웠다. 929년 고창(古昌)에서 왕건의 군사에게 크게 패한 뒤 차츰 형세가 기울자 935년에 고려에 항복하였다.

견제하는 '당근과 채찍' 전략을 병행했다. 호족과 '혼인동맹(후비 29명)'을 맺었으며, 호족을 견제하기 위해 '사심관제도(事審官制度)[11]'와 '기인제도(其人制度)[12]'를 활용하였다. 둘째, 군웅들을 안심시키는 '포용의 리더십'이다. 왕건은 하찮은 장군에게도 머리를 숙이고 비위를 건드리는 일이 없었다. 항복만 하면 땅도 빼앗지 않고 그들이 가지고 있던 지위와 이권(利權)을 그대로 보장해 줬다.

셋째, '2(고려+신라) 대 1(후백제) 전략'이다. 왕건은 후백제를 공격하는 한편, 신라와는 우호적인 정책을 폈다. 천하쟁패전에서 정통성 있는 신라를 포섭하는 것은 삼한의 민심을 잡는 데 매우 유리한 일이었다. 넷째, 책략과 외교만으로 상대방을 굴복시킨 '모공(謨攻)'이다. 왕건은 금산사에서 탈출한 견훤을 귀순하게 해서 상보(尙父)[13]로 모시고(935), 신라의 자존심을 살려주며 경순왕이 귀부(歸附)하게 했다(935). 다섯째, 선진문물을 받아들이기 위한 '송(宋)과의 교류'와 고구려 고토 회복을 위한 '북진정책'이다. 서경(평양)을 중시, 북진정책의 전진 기지로 삼았다. 발해를 멸망시킨 거란에 대해서는 선물로 보낸 낙타를 굶겨 죽일(만부교 사건) 정도로 단호하게 대했다.

왕건은 후삼국을 통합하는 과정에서 유혈을 최소화하면서 발해의 유민까지 포함한 실질적인 민족의 재통일을 이룩하였다. 〈삼국사기〉의 기록이 이를 웅변한다. "옛날 견훤이 왔을 때는 승냥이와 호랑이를 만난 것

11 사심관제도(事審官制度) : 고려가 지방 호족을 견제·통제하기 위해 중앙 관원을 출신지의 사심관으로 임명해 부호장 이하 향리를 감독한 제도.

12 기인제도(其人制度) : 고려·조선 시대에, 지방 호족 및 토호의 자제로서 중앙에 볼모로 와서 그 출신 지방의 행정에 고문(顧問) 구실을 하던 사람. 또는 그런 제도.

13 상보(尙父) : 아버지와 같이 존경하여 받들어 모시거나 그런 높임을 받는 사람.

같더니, 오늘 왕공(王公)이 오니 부모를 뵙는 것 같구나."

고려는 발해 유민, 여진계, 거란계, 한족계(漢族系) 등의 투화인(投化人, 귀화인) 수만 17만 명에 가까웠다. 고려는 내적(內的)으로 다원적이고 포용적인 사회였고, 외적(外的)으로 정교한 다원외교로 독자적 생존을 이루며 문화를 꽃피운 나라였다.

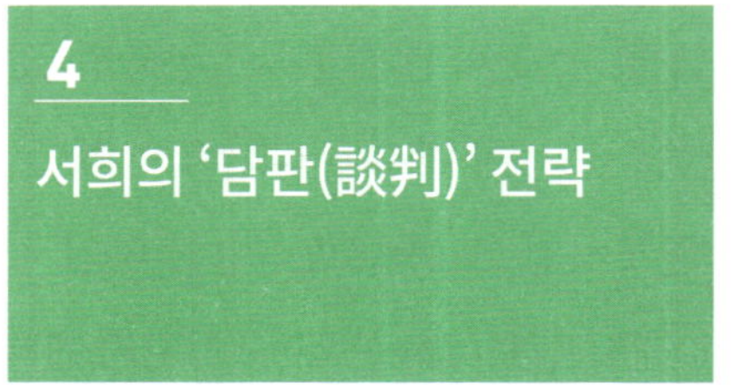

4 서희의 '담판(談判)' 전략

2009년 외교부가 선정한 '우리 외교를 빛낸 인물'의 첫 번째 자리를 차지한 인물인 고려시대의 서희(徐熙, 942~998)이다. 지금 우리는 120년 전 구한말과 같은 주변 4강 외교에 어려움을 겪고 있다. '1,000년 전 서희의 외교'에서 많은 것을 배워야 한다. 11~12세기 고려는 송·거란·금 사이에 세력균형을 정립, 평화 관계를 유지하며 실리를 추구하는 대외정책을 펼 수 있었다. 그 원동력은 고려인의 '총화단결', 유능한 외교관 서희의 탁월한 외교전략, 명장 강감찬으로 대표되는 강력한 군사력이 있었기 때문이었다.

고려 건국 75년 만인 993년(성종 12)에 거란은 송을 공략하기에 앞서 고려를 먼저 침입하였다. 봉산군을 함락시킨 거란 장수 소손녕(蕭遜寧)[14]은 "80만의 군사가 출병했다. 만약 항복하지 않으면 섬멸할 것이니, 국왕과 신하들은 빨리 우리 군영 앞에 와서 항복하라"고 고려를 위

14 소손녕(蕭遜寧, ?~?) : 거란의 장군. 고려 성종 12년(993)에 80만 대군을 이끌고 고려에 침입하였으나, 서희와의 담판에서 굴복하여 강동 육주를 고려에 넘겨주고 물러났다.

협했다.

그러나 성종(成宗, 재위 981~997)의 신뢰를 등에 업은 서희는 당당하게 맞서 담판으로 소손녕을 굴복시켰다. 서희는 이 외교담판을 통해 평안북도 강동 6주(280리)를 차지해 고려의 영토를 압록강 경계로 확대했다. 이에 사용된 '외교전략'은 크게 세 가지이다.

첫째, '지피지기 백전불태(知彼知己 百戰不殆)' 전략이다. '적을 알고 나를 알면 백 번을 싸워도 위태롭지 않다'는 손자병법의 가르침을 그대로 적용한 것이다. 서희는 송과 거란이 치열하게 대립하고 있는 동북아 국제정세를 정확하게 파악하고 있었다. 거란이 송을 제압해 동아시아의 패자가 되기 위해 배후 세력인 고려와 송의 관계 단절, 고려의 중립화, 고려의 북진정책 봉쇄가 침입목적이라는 사실을 간파하고 있었다.

둘째, '선항전 후협상(先抗戰 後協商)' 전략이다. 사직이 절체절명의 위기에 처한 상황에서 협상력을 강화하기 위해 고전적인 전략을 구사한 것이다. 당시 고려 조정에서는 '항복'과 '할지(割地, 서경 이북의 땅을 양도)'로 의견이 나뉘었고, 할지로 기운 상태였다.

그러나 서희는 고려군에 대한 신뢰와 안융진전투(安戎鎭戰鬪)[15] 이후 산악지대 전투에 자신감을 잃은 거란군의 상황을 파악, 지형지세를 이용한 항전으로 거란군에 타격을 줄 수 있다는 판단에서 '항전 이후에 협상해도 늦지 않다'는 대안을 제시했다.

15 안융진전투(安戎鎭戰鬪) : 여요전쟁 시기, 고려군과 거란군이 고려의 행정구역인 양계 중 서북면에 해당하는 북계(北界)에 설치한 안융진(鳳州, 현 평안남도 문덕군 신리)에서 벌어진 전투이다. 973년에 이곳에 성을 설치하기 시작해 974년에 완성했다. 발해가 멸망 후 고려로 망명한 발해인들이 많이 거주해 정착했었다.

셋째, '여명분 득실리(與名分 得實利)' 전략이다. '얻기 위해서는 먼저 주어라'는 관중(管仲, 춘추시대 제나라의 명재상)의 가르침에 따라 명분은 주고 실리를 얻는 것이다. 비록 거란의 요구대로 송과의 국교를 단절하고 거란과 군신관계를 맺어(명분) 일시적으로 사대의 예를 갖추었지만, 싸우지 않고 거란의 대군을 돌려보내고(부전이승·不戰而勝), 오히려 '옛 고구려 땅 강동 6주는 고구려를 계승한 고려가 차지(실리)해야 양국의 사대우호 관계가 지속될 수 있다'는 논리로 소손녕을 설득한 것이다.

서희는 해박한 역사 지식을 바탕으로 "고려의 국호가 고구려 계승의 명백한 증거이고, 오히려 거란 관할지역인 요동의 동경(東京)도 고려 영역"임을 내세워 소손녕을 압박했다. 그는 "강동6주를 고려에 주면 송과의 관계를 끊고 거란에 복속할 수 있다"는 협상안을 제시했다. '사대'와 '영토반환'의 교환이라는 실리외교의 전형이다.

서희는 이듬해부터 직접 군사를 이끌고 여진족을 몰아낸 뒤 강동6주에 성을 쌓아 이 지역을 고려의 영토에 편입시켰다. 이로써 고구려 멸망 이후 처음으로 국경이 압록강에 이르렀다. 그러나 그로부터 600년 후 조선은 선조의 우유부단과 당쟁으로 분열된 조정 때문에 임진왜란·정유재란이라는 미증유의 7년전쟁을 미리 예방하지 못했고 민생은 도탄에 빠지게 되었다.

적절한 실리외교가 전쟁을 막고 영토를 확장할 수도 있지만, 잘못된 외교전략은 국가에 치명적인 재앙을 초래할 수 있다는 점과 외교는 초당적이어야 국익을 지킬 수 있음은 동서고금의 진리이다. 외교안보는 생존의 문제다. 따라서 자주냐 사대냐의 관점에서가 아니라 명분이냐, 실리냐의 관점에서 봐야 한다. '협상의 시대'라고 할 만큼 국가 간 협상이 중요해진 요즘, 서희의 '협상 리더십'을 되새겨 본다. 서희 외교의 성공사례처럼 대한민국의 지정학적·전략적 가치를 당당하게 설파할 수 있는 '제2의 서희' 출현을 기대한다.

5 이제현의 '경제적 민심중시(民心重視)' 전략

한족(송)·거란(요)·여진(금)과 동아시아 국제정세의 균형을 이루며 강성했던 고려는 13세기 초 몽골의 침략으로 국운이 쇠약해졌다. 고려가 28년간의 대몽항쟁 끝에 강화를 성립시킨 1259년부터 반원운동에 성공한 1356년까지 97년 동안을 '원간섭기(元干涉期)'라 부른다. 이 시기 제25대 충렬왕부터 제31대 공민왕까지 7명의 고려왕은 공주 7명을 포함한 15명의 몽골 여인을 왕비로 맞아야 했다. 이른바 '원의 부마국' 시기에 고려는 정치·외교·사회·문화 전반에 걸쳐 큰 변화를 겪었다.

'입성책동(立省策動)'은 고려 후기 부원배(附元輩)들이 원나라가 고려에 행성(行省)을 세우도록 획책한 사건이다. 충선왕 때에 "고려가 원나라의 종속상태로 지낼 바에는 차라리 원나라의 성(省)이 되는 것이 낫다"는 매국적인 주장이 분출했다.

'제1차 입성책동(충선왕 복위 1년, 1309)'은 요양 지방에 세력 기반을 갖추고 있었던 부원배 홍복원(洪福源, 몽골 편에 선 고려 침략 앞잡이)의 손자인 요양행성우승(遼陽行省右丞) 홍중희(洪重喜)가 충선왕을 계속 모함하던 끝에 제기하였지만, 실각하는 것으로 끝났다. 그러나 '제2차 입성책동(충숙왕 10년, 1323년)'은 구한말 을사오적과 같은 유청신(柳淸臣)·오잠(吳潛) 등이 원 황제에게 상소를 올려 "고려를 삼한성(三韓省)으로 원나라 내지(內地, 본국)와 같이 만들어주소서" 했다. 이번에는 원나라에서 행성의 이름을 '삼한행성(三韓行省)'으로 정할 정도로 상당히 진전되었다.

익재(益齋) 이제현(李齊賢, 1287~1367)은 민족수난기에 일곱 왕 시대를 거치며 네 번이나 재상을 지낸 경륜의 정치인이요 외교가요 대학자이다. 고려의 명운이 풍전등화처럼 다급해지자, 당시 원나라 연경(燕京)에 머무르고 있던 이제현은 역적들의 망동에 분을 삭이지 못했다. 그는 고려 땅이 원나라에 넘어가면 다시는 한반도에 자주적인 정권이 들어서지 못할 것이라는 확신을 하고 팔을 걷어붙이고 나섰다.

이제현은 원나라 황제에게 상소문을 올리고 중서성(中書省)에도 부당함을 강력히 주장하면서 '세 가지 외교전략'을 구사했다. 첫째, '유교적 명분' 접근법이다. 이제현은 원 조정에 올린 상소에서 유교 경전의 가르침을 들어 "지금 고려를 기어이 병합하는 것은 대국의 풍도가 아니다"라고 지적했다. 또한 "원 세조 쿠빌라이[16]가 아리크부케[17]와 경쟁할 때 고려의 태자(후의 원종)가 찾아온 것을 기뻐하며 고려가 국체를 보전하고 고유의 풍속을 유지하기를 허용했던 일"을 상기시켰다. 원의 비위를 맞추면서도

16 쿠빌라이(1215~1294) : 몽골제국의 제5대 황제로 중국 원나라의 시조. 묘호(廟號)는 세조. 중국 이름은 홀필렬(忽必烈). 칭기즈칸의 손자로, 일본·중앙아시아·유럽에까지 원정하여 대제국을 건설하였다. 중앙집권체제를 확립하고 몽골인의 우월성을 강조하였다.

17 아리크부케 : 1259년 카라코룸에서 쿠릴타이를 열어 대칸에 추대되었으나, 1264년 쿠빌라이에게 항복해 내전이 종결되었다.

고려의 자주성을 지키려는 '심리계(心理計)'를 활용했다.

둘째, '경제적 민심중시' 접근법이다. 이제현은 "우리나라가 강산이 좁고 국토의 7할이 산림과 척박한 땅이라 세금을 매겨도 거둬들이는 데 돈이 더 들 것"이라 했다. 또한 "고려가 중국에서 먼 곳이고 백성은 고지식하며 언어도 달라 원나라의 행성이 되면 민심을 가라앉히기 어려울 것"이라 했다. 은근히 원나라 조정을 압박하는 협상전술을 썼다.

셋째, '인맥 활용' 접근법이다. 충선왕이 원나라에 머물며 만권당(萬卷堂)을 짓고 학문연구에 전념할 때, 이제현은 조맹부·염복·원명선 등 원나라의 명사들과 교류하며 원나라 조정에 영향력을 미칠 수 있는 역량을 키웠다. 이제현은 원나라의 승상 배주(拜住)·왕약(王約)·회회(回回) 등을 비롯한 유력자들에게 두루 부탁하여 이들이 고려를 도와 입성책동에 반대하도록 유도했다.

이 같은 이제현의 입성책동 저지에 대해 정구복 교수는 "이는 중국의 속국이 되어버렸을 가능성을 막아낸 대결단이었다"라고 칭송했다. 이순신이 칼로 조선을 지켰다면, 이제현은 붓으로 고려를 지킨 것이다. 그러나 우리 역사상 드문 '사대주의' 정상 외교도 있다. 문재인 전 대통령은 2017년 12월 베이징대학에서 중국은 '큰 산봉우리'로 우러르고, 대한민국은 '작은 나라'로 낮추는 연설을 하여 5,000만 국민들을 부끄럽게 만들었다. 한국 근현대사는 사대에서 자주로의 전환 과정이었다. 조선 말기의 사대주의는 국권 상실의 한 원인이 되었고, 이후 '자주'는 자유민주주의의 핵심 가치가 되었다. 따라서 문 전 대통령의 자주정신에 대한 퇴행적 발언은 비판받아 마땅하다.

통일을 준비하고 있는 우리는 아직도 14세기 초엽처럼 주변 4강의 이해관계에 얽매인 처지다. 국제정세에 혜안을 가졌던 이제현처럼 강대국들의 힘겨루기 속에서도 자주외교와 원칙을 지키면서 선진통일을 이룩할 수 있는 탁월한 외교가의 출현을 기대한다.

6
세종대왕의 '사대교린(事大交隣)' 전략

세종대왕(世宗大王, 1397~1450, 재위 1418~1450)이 즉위한 때는 태조 이성계가 역성혁명(易姓革命)으로 조선을 개국한 지 26년째 되는 해다. 당시의 국제정세는 북쪽으로는 세계 최대 강대국이었던 명(明)과 여진(女眞)이 있었고, 남쪽으로는 영토적 야심에 불타는 왜(倭)가 있었다. 조선 스스로 바로 서지 않으면 영구히 자주성을 상실할 수도 있는 위기상황에 처해 있었다.

15세기 조선은 '사대교린(事大交隣)'을 기본 방침으로 대외정책을 전개했다. 명에 대해서는 사대(事大) 정책을 펼치고, 여진·왜·유구(流求, 일본 오키나와 현에 있던 옛 왕국) 등과는 교린(交隣) 관계를 유지하였다.

세종대왕은 "조종(祖宗)의 옛 땅을 조금이라도 줄일 수 없다"는 대원칙을 세웠다. 그 아래 문무를 겸한 '실용정신'과 확고한 '주권의식', 그리고 튼튼한 '자주국방'의 국가경영 전략을 세웠다. 군사적 독립성과 역량만이 나라의 주체성을 지켜줄 수 있는 지표였다.

조선은 여진과 왜와의 관계에서 우위의 입장에 있었고, 경제 문화적으로도 그들보다 앞서 있는 상황이었다. 하지만 여진과 왜는 항상 조선의 국력이 약해지거나 국내 정치상황이 혼란해질 경우를 틈타 변방에서 노략질을 일삼았다.

이런 국제상황에서 세종대왕은 화약과 화포의 제작개발, 성진(城鎭, 성곽과 진지)의 수축, 봉수대 완비, 병선의 개발, 병서의 간행 등 국방정책에 힘을 기울였으며, 명·여진·왜와의 외교적 관계에 진력(盡力)했다.

첫째, 명나라와의 관계는 '조공 면제' 전략을 전개했다. 세종은 즉위 직후부터 여러 차례 명 황제에게 친서를 올려 처녀 진헌(進獻, 예물을 바침)과 금·은 공물로 인한 부담이 심한 것을 들어 명나라에 조공을 면제해 달라고 요청했다. 세종의 계속된 조공 면제 요청은 1430년(세종 12년)에 말(馬)과 명주, 인삼 등 다른 공물을 더 보내는 조건으로 받아들여졌다. 이로써 처녀 조공과 금·은 조공은 면제되었다.

둘째, 여진과의 관계는 무역소를 설치하는 회유책과 진·보를 설치하는 강경책을 쓰는 '화전(和戰) 양면책'을 써 여진의 힘이 강화되는 것을 막았다. 나아가 토착민을 '토관(土官)'으로 임명하여 여진족의 귀순을 장려, 우리 민족으로 동화시켰다. 두만강 유역은 김종서가 '동북6진'(1432)을, 압록강 유역은 최윤덕·이천이 '서북4군'(1433)을 설치하여 여진에 대비했다. 이로써 발해멸망 이후 축소되었던 영토가 다시 두만강과 압록강 유역으로 확대되었다. 이곳에 남쪽의 백성들을 북쪽으로 이주시키는 '사민정책(徙民政策, 1433)'을 실시하여 오늘의 국경선을 형성했다.

셋째, 왜와의 관계는 초기에는 삼포개항 등의 회유책을 썼으나, 이

종무(李從茂)[18]로 하여금 병선 227척과 군사 1만 7천여 명으로 왜구의 소굴인 대마도(對馬島)를 정벌(1419년)하게 했다. 이후 대마도 도주(島主)의 요청으로 '삼포(三浦, 동래의 부산포, 웅천의 제포, 울산의 염포)'를 개항(1426년)하였다. 이는 노략질을 근본적으로 방지하는 정책이었으며, 실제로 이 같은 정책으로 오랫동안 왜구의 침입을 방지할 수 있었다. 이후 대마도주가 수시로 토산품을 바치면서 왜구를 통제하겠다며 조선과의 무역을 요청해 오자, 세종 25년(1443) 계해약조(癸亥約條)를 맺고 제한된 조공 무역을 허락했다. 이에 따라 일본의 세견선이 왕래하면서 교역이 이루어졌다.

이렇듯 세종대왕은 상무정신을 바탕으로 여진과 왜라는 눈엣가시 같은 안보의 위협적인 존재들을 채찍과 당근을 적절히 사용하여 조선을 함부로 넘보지 못하게 만들었다. '창조의 바다'였던 세종대왕의 위대함은 군주 혼자 독주하지

않고 신하들과 함께 '동행'했다는 점이다. 공을 신하들에게 돌리는 도량을 발휘한 세종대왕의 32년 치세는 당대에 이미 '해동요순(海東堯舜)'이라 불렸다. 그는 임종할 때 국가 원훈들을 모아 놓고 "압록강·두만강은 나의 생명선이니 지켜 달라"며 승하했다. 마지막 순간까지 조선의 안위만을 걱정한 것이다.

일본의 도쿠가와 막부는 250년을, 명·청나라는 300년을 넘지 못했다. 세종의 애국·호국정신이 조선을 27대 519년까지 유지할 수 있게 한 정신적 원동력이 되지 않았을까. 외교로 먹고살아야 하는 대한민국

18 이종무(李從茂, 1360~1425) : 고려 말기·조선 초기의 무신. 1381년 강원도에 침입한 왜구를 격퇴하고, 1397년 옹진 만호(萬戶)로 있을 때 왜구의 침입을 물리쳤으며, 1419년 전함 227척을 거느리고 쓰시마섬(對馬島)을 정벌하였다.

의 외교가 실종상태다. 미·중 갈등은 외교·안보·통상 모든 측면에서 일촉즉발 상태이다. 동맹 전략보다 중국에 기울어진 친(親)중 사대 외교는 위험천만이다. 한국 외교는 강대국에는 정성(誠)으로 사대하고, 주변국에는 신뢰(信)로 교린하는 세종대왕의 '성신(誠信) 실용외교' 원칙을 계승해야 한다.

7 신숙주의 '경제제일(經濟第一)' 전략

신숙주(申叔舟, 1417~1475)는 조선 전기의 성리학자, 정치가, 외교관이다. 세종부터 성종까지 6명의 군주를 보좌했다. 본관은 고령, 자(字)는 범옹(泛翁), 호는 보한재(保閑齋)·희현당(希賢堂)이다. 한명회가 수양대군(후의 세조)을 왕으로 만들었다면 신숙주는 세조를 제왕다운 제왕으로 보좌한 명참모였다. 신숙주는 성삼문처럼 사육신이 되지 않아 '변절자'라는 비판을 받았지만, 외교와 국방 그리고 문화에 탁월한 업적을 남겼다.

1451년 명나라의 문장가로 소문난 예겸(倪謙)이 조선에 오자 신숙주는 성삼문과 함께 세종의 명으로 시 짓기에 나서 '동방거벽(東方巨擘, 동방에서 가장 학식이 뛰어난 사람)'이라는 찬사를 얻기도 했고, 예겸이 중국으로 돌아가면서 신숙주를 조선의 '굴원(屈原)'[19]이라고 높이

19 굴원(屈原, B.C.343?~B.C.277?) : 중국 전국시대 초나라의 정치가·시인. 이름은 평(平), 자는 원(原). 초사(楚辭)라고 하는 운문 형식을 처음으로 시작하였다. 모함을 입어 자신의 뜻을 펴지 못하다가 마침내 물에 빠져 죽었다. 작품은 모두 울분이 넘쳐 고대 문학에서는 드물게 서

평가했다. 서거정은 “예겸의 시에 화답한 신숙주의 글 내용이 초나라 애국시인 굴원을 연상시키며 오히려 예겸의 수준을 능가한다”고 극찬했다.

신숙주는 세종의 명으로 훈민정음 창제 작업에 참여하면서 명나라 한림학사 황찬(黃瓚)의 도움을 얻기 위해 13차례나 요동에 다녀오는 집념을 보였다. 또한 1443년에 서장관으로 일본을 다녀왔다. 이러한 경험은 그에게 동아시아 외교에 대한 눈을 뜨게 해주었다.

세조는 “당태종에게 위징(魏徵)이 있었다면 나에게는 신숙주가 있다.”며 신숙주에 대한 강력한 신뢰를 보여주었다. 세조는 1462년 46세의 신숙주를 영의정에 발탁할 정도로 통치의 최고 파트너로 삼았다. 이에 신숙주는 세조의 문화통치를 위해 왕들의 귀감이 될 〈국조보감(國朝寶鑑)〉을 편찬했고, 국가 질서의 기본을 적은 〈국조오례의(國朝五禮儀)〉를 간행했다.

15세기 조선은 명에 대한 사대(事大) 정책을 펼치고 여진, 왜, 유구 등과는 교린(交隣) 관계를 유지하였다. 외교정책에 관해서 신숙주는 세종대왕의 정책 기조를 유지했다. 신숙주는 중국, 왜, 몽골, 여진 등의 말에 능통했으며, 자신의 외교 노하우를 후대를 배려해 기록으로 남겼다. 1471년(성종 2), 일본에 대한 외교정책을 정립하기 위해 〈해동제국기(海東諸國記)〉를 집필했다. ‘해동제국’이란 일본과 일기(一岐), 구주(九州), 대마(對馬) 양도와 유구국(琉球國, 오키나와)의 총칭이다.

“우리 주상 전하께서 나에게 바다 동쪽의 여러 나라들과 사신이 오고 갈 때의 관례, 접대하는 절차 등에 대해 편찬해 올리도록 명하시었다. 나는 이

정성을 띠고 있다. 작품에 <이소(離騷)>, <천문(天問)>, <구장(九章)> 등이 있다.

를 받들어서 옛 서적을 찾고, 사신으로 보고 들은 것을 참작하며, 그 지형을 그림으로 그리고 왕실의 계보와 풍토, 그들이 숭상하는 것들을 대략 서술하고 응대하고 접대하는 세세한 조목에 이르기까지 편집하여 책으로 만들었다."(〈해동제국기〉 서문)

신숙주는 〈해동제국기〉를 집필하며 몇 가지 외교 원칙을 제시했다.

첫째, '경제 제일주의' 원칙이다. 조일(朝日) 무역의 중요성을 알리는 한편, 일본의 핵심 지도층이 권력 분산으로 나누어져 있으므로 누구를 어떻게 상대하고 파악하는 것이 중요하다는 것이다.

둘째, '얻기 위해서는 먼저 주어라'는 원칙이다. 일본이 조선에 오는 것은 무역상의 이익을 꾀하려는 것이므로 보내는 것을 후하게 하고 받는 것을 박하게 하면 회유할 수 있어 침입을 예방할 수 있다는 것이다.

셋째, '무력은 마지막 수단'이라는 원칙이다. 대외 정벌이나 무력을 쓰기에 앞서 나라 안의 정치를 충실히 할 것과 조정의 기강을 먼저 세우는 일이 중요하다는 것이다. 내치와 외교는 동전의 앞뒷면과 같다. 내치가 잘못되고도 외교가 잘된 나라가 없음을 깨우친 것이다.

〈해동제국기〉는 성종 때 처음 나온 이후로 조선 후기까지 일본으로 가는 사신들이 반드시 참고해야 하는 외교 지침서 역할을 했다. 신숙주는 1475년에 59세를 일기로 세상을 떠날 때도 성종에게 "일본에 대한 경계를 게을리하지 말 것'과 '일본과의 화평을 해치지 말 것"을 주청했다. 세조부터 성종까지, 왕들은 외교에 대한 신숙주의 충언을 받아들였으나, 차츰 일본에 대한 경계를 게을리함으로써 결국 임진왜란을 겪고, 경술국치를 당하고 말았으니 신숙주의 외교 철학을 후대의 군주들이 본받지 않은 탓이다.

일본에서 널리 읽힌 조선 책은 신숙주의 〈해동제국기〉와 류성룡의 〈징비록(懲毖錄)〉이다. 이 두 책이 중립성과 보편성이 있다는 얘기이다. 류성룡은 〈징비록〉에서 조선이 제일 잘못한 게 일본 정황을 잘 알지 못했다는 것임을 반성했다. 그래서 서문에 "신숙주의 유언을 받아들이지 않아서 100년간 일본이 변하는 걸 우리가 몰랐고, 그래서 화(禍)를 당했다."고 썼다.

8 광해군의 '중립외교(中立外交)' 전략

고교 역사 교사들을 대상으로 한 '가장 재평가가 필요한 역사 인물'을 꼽는 설문조사에서 광해군(光海君, 재위 1608~1623)이 1위를 차지한 흥미로운 결과가 있다. 광해군은 역사에서 파란만장한 평가를 받은 왕이다. 광해군 사후 400년이 지난 지금, 명·청이 패권을 다투기 시작하던 광해군 시절의 상황은 동북아에 긴장이 고조되고 있는 요즘과 흡사하다.

어떤 지도자도 공과(功過)가 있기 마련이다. 광해군은 유능한 왕자로서 왜란 때에는 항일의 공로도 매우 컸다. 그의 업적으로는 전쟁을 미리 방지한 중립외교, 대동법 시행, 〈동의보감〉 편찬 등을 꼽을 수 있고, 실정으로는 왕권 강화를 위한 인목대비 폐위와 영창대군 살해, 대규모 토목공사 등을 들 수 있다.

광해군이 명과 후금 사이에서 탁월한 실리외교를 펼쳐 미증유의 국난을 막는 업적을 남긴 전략은 크게 세 가지이다.

첫째, '외교내치(外交內治) 동일시' 전략이다. 광해군은 분조(分朝) 체험에서 우러난 외교 전문가의 자질을 발휘해서 외교는 곧 내치의 연장이라는 신념을 가지고 정사를 폈다. 취임 이듬해인 1609년에 기유약조(己酉約條)를 체결하여 임진왜란 이후 중단되었던 일본과 국교를 재개하고 포로로 끌려갔던 조선인을 쇄환(刷還, 외국에서 유랑하던 동포를 찾아 본국으로 데려오는 일)하였다. 아울러 자강책을 병행, 조총·화포 등 신무기 개발에 박차를 가했다. 또한 임진왜란으로 폐허가 된 한성부의 질서를 회복하기 위해 창덕궁을 중건, 경덕궁(경희궁)·인경궁을 준공하는 등 궁궐 조성에 힘썼다.

둘째, 명(明)·청(淸) 등거리 '양단외교(兩端外交)' 전략이다. 명은 임진왜란에 참전한 뒤로 국력이 급속히 약화되었고, 이 틈을 타 누르하치[20]가 여진족을 통합하여 1616년 후금(後金)을 세웠다. 1618년(광해군 10) 명은 후금을 치겠다고 조선에 군사를 요청했다. 임진왜란 때 파병하여 조선을 구해준 대가, 즉 '재조지은(再造之恩)'을 요구한 것이었다.

광해군은 처음에는 군사들의 훈련 부족과 명나라 파병 요청 문서의 명의가 황제가 아닌 점 등을 이유로 명의 파병 요청을 거절했다. 그러나 계속 명의 요구를 거절할 수가 없어서 강홍립(姜弘立) 도원수에게 "정세에 맞게 처신하라"고 밀지를 보냈다. 강홍립의 1만여 명의 파견 병사들은 명의 휘하에 있으면서 후금에게 조명(朝明) 연합군의 진로를 알려주며 소통했다. 이처럼 조선은 광해군의 실리외교 덕에 양국 전란에 휩싸

20 누르하치(奴兒合赤·노아합적, 1559-1626, 재위 1616~1626) : 후금(後金)의 초대 황제. 후에 청(淸)나라를 세움. 묘호(廟號)는 태조(太祖).

이지 않을 수 있었다.

셋째, 백성 편에 선 '세제개혁' 전략이다. 광해군은 전후(戰後) 복구 사업에 주력, 농지 개간을 장려하고 양안(量案)과 호적을 정리하여 국가 재정을 확충하였다. 여기에 특산물을 현물로 납부하던 걸 쌀 등으로 대신하게 한 대동법(大同法)을 시행하여 민생안정에 주력했으며, 그 결과 광해군은 애민군주, 개혁군주로 백성들에게 각인되었다. '대동(大同)'이란 용어는 신분적 차별이 없는 모두가 평등한 세상을 뜻하는 말이다.

영의정 이원익(李元翼)이 선혜청을 설치해 시행한 대동법은 호별이 아니라 토지 면적에 비례해 세금을 부과했기 때문에 농민 부담은 줄고 지주 부담은 늘었다. 지주들의 완강히 저항으로 대동법이 전국적으로 확대되는 데엔 100년이 걸렸다. 대동법은 기득권층의 반발에 막혀 실시하지 못했던 세제개편을 본격적으로 단행했다는 점에서 역사적 의미가 크다.

광해군의 급진적 개혁은 성리학의 명분론에 어긋나는 점이 많아 사림의 불만을 사게 되었다. 서인은 광해군의 중립외교, 폐모살제(廢母殺弟, 인목대비 폐위와 영창대군 살인, 계축옥사·癸丑獄死[21])를 명분으로 내세워 광해군을 축출하는 '인조반정(仁祖反正, 1623)'을 일으켰다. 광해군의 비극적인 일생에 대해 사학자 이덕일은 **"시대를 앞서 갔지만 신하를 설득하지 못한 군주의 비극"**이라고 탄식했다.

광해군의 중립외교에 대한 반작용은 너무 가혹했다. 인조와 서인은 친명배금(親明排金) 정책으로 돌아섰다. 후금은 정묘호란(丁卯胡亂)과

21 계축옥사(癸丑獄死) : 조선 광해군 5년(1613)에, 대북(大北)이 영창대군과 반대파 세력을 제거하기 위하여 일으킨 옥사. 대북의 정인홍(鄭仁弘), 이이첨(李爾瞻) 등이 선조의 적자인 영창대군을 왕으로 옹립하고 역모하였다는 구실로 소북(小北)을 축출하였다.

병자호란(丙子胡亂)을 일으켜 조선을 침범했고, 조선은 역사상 유례를 보기 드문 참혹한 재앙을 맞이하게 됐다.

동북아 패권을 둘러싸고 치열한 경쟁을 하는 미·중·일·러 가운데 한반도가 있다. 4강 사이에 낀 한국의 외교는 필연적으로 유연함을 요구한다. 외교의 실책은 내치의 실책과는 비교할 수 없을 정도로 치명적이라는 진리를 광해군의 중립외교를 통해 다시금 음미할 필요가 있다.

9 이준의 '공고사(控告詞)' 전략

이준(李儁, 1859~1907) 열사는 교육문화 운동의 선구자이며, 민권과 자유, 법치와 준법을 설파한 민주시민 운동가였다. 그는 '호법신(護法神)'으로 불렸을 정도로 국민의 신망이 높은 부패와 친일을 단죄한 검사의 사표였으며, 국제정세를 꿰뚫어 보는 혜안을 갖춘 외교 전문가였다.

1859년 함경남도 북청군에서 대학자인 이병관과 청주 이씨 사이에서 장남으로 태어난 이준은 1887년(고종 24) 북청에서 초시에 합격해 1894년 함흥의 순릉참봉(純陵參奉)이 되었다. 1895년 법관양성소를 졸업하고, 이듬해 한성재판소 검사보가 되었다. 같은 해 아관파천(俄館播遷)이 일어나자 사임하고, 일본으로 건너가 와세다대학 법과를 졸업하고 귀국했다.

1898년 '독립협회'에 가입해 활동하였으며, 1902년 이상재·민영환·이상설 등과 비밀결사인 '개혁당' 운동을 추진하였다. 1904년 제1차 한일의정서 강제 체결에 대한 반대 시위운동을 주도했으며, 같은 해 대한보안회-대한협동회를 중심으로 일본의 황무지개척권 요구를 저지하는 데 성공했다.

1905년 일제가 을사조약(乙巳條約)을 강제 체결하고 국권을 박탈하자, 전덕기·최재학·이동녕 등과 함께 을사늑약 폐기 상소 및 시위운동을 전개하였다. 1907년 대구에서 '국채보상운동'이 일어나자, 서울에 국채보상연합회의소를 설립하고 전국운동으로 확대, 모금운동을 벌였다. 같은 해 국권회복을 위한 비밀결사로 '신민회'가 창립되자, 이에 가입해 활동하였다.

1907년 헤이그에서 제2차 만국 평화회의가 열린다는 소식을 접한 이준은 고종을 만나 평화회의에 특사를 파견해, 일본의 강압으로 체결된 을사늑약이 무효라는 것을 세계만방에 선언하고, 한국독립에 관한 열국의 지원을 요청할 것을 제의해 고종의 동의를 받았다.

헤이그특사단의 정사(正使) 이상설, 부사(副使) 이준, 이위종은 무려 65일에 걸친 장정 끝에 마침내 6월 25일 헤이그에 도착했다. 만국 평화회의(참가국 46개국, 대표 247명)는 6월 15일부터 1개월간 개최되었다.

헤이그에 도착한 이준 일행은 만국 평화회의 의장에게 고종의 친서와 신임장을 전하고 한국 대표로서 공식적 활동을 전개했으나, '영일동맹'에 기반 한 일본의 조직적인 방해로 분루를 삼켜야만 했다. 하지만 그들은 절대 포기하지 않았다. 6월 28일 〈장서〉와 그 부속 문서인 〈일인불법행위(日人不法行爲)〉 책자를 40여 참가국 위원들에게 보냈으며,

〈평화회의보〉에 〈장서〉의 전문을 게재했다.

7월 9일에는 국제협회에서 이위종은 유창한 프랑스어로 '조선을 위해 호소한다'는 사자후를 토했다. 현지 언론은 이위종을 조선의 왕자로 소개했고, 조선 특사들을 예수 그리스도에 비유하는 만평까지 등장했다.

이에 세 특사는 일제의 한국침략을 폭로, 규탄하고 을사늑약이 무효임을 선언하는 '공고사(控告詞, 고하는 글)'를 의장과 각국 대표 위원에게 보냈다. 각국 기자들은 동정적이었으나, 열강의 대표들은 냉담한 반응을 보였다.

이준은 분격을 금하지 못하고 연일 애통해하다가 1907년 음력 7월 14일 한을 남긴 채 순국하였다. 이는 이준이 출국 전 전별(餞別) 석상에서 읊은 춘추전국시대 형가(荊軻)[22]의 '역수가(易水歌)' 속에 이미 죽음을 각오한 심경이 농축되어 있음을 엿볼 수 있다.

風蕭蕭兮 易水寒(풍소소혜 역수한)

바람은 쓸쓸하고, 역수 강물은 차갑도다.

壯士一去兮 不復還(장사일거혜 불부환)

장사가 한 번 떠남이여, 다시 돌아오지 못하리.

비록 세 특사의 외교활동이 열강들의 반대로 뜻을 이루지 못했지만, 이준의 구국운동가로서의 생사관은 자신이 한 말("제대로 죽으면 도리어 영생하느니")대로 민족의 사표(師表)로 우리 가슴 속에 숨 쉬고 있다. 이상설은 이준의 임종을 지켜보며 그의 유해를 헤이그의 공동묘지에

22 형가(荊軻, ?~B.C.227) : 중국 전국시대의 자객. 위나라 사람으로, 연나라 태자인 단(丹)의 부탁을 받고 진시황제를 암살하려 하였으나 실패하고 죽임을 당하였다.

묻고 당시의 슬픔을 이렇게 남겼다.

고고한 충골(忠骨)[23]은 하늘을 푸르게 갈아내는데 /
거연(居然)히 큰 화(禍)가 눈앞에 떨어져 /
나랏일은 아직 이루지 못하고 그대 먼저 죽으니 /
이 사람 혼자 남아 흐르는 눈물이 배 안을 가득 채우는구나!

10 이승만의 '자주노선(自主路線)' 전략

우남(雩南) 이승만(李承晩, 1875~1965)은 1875년 황해도 평산에서 가난한 선비인 이경선과 김해 김씨 사이에서 외아들로 태어났다. 한학을 배운 이후 1894년 배재학당에 입학, 이듬해 8월에 졸업하고 모교의 영어교사가 되었다. 1895년 명성황후 시해 보복 사건에 관련되어 지명수배당했으며, 독립협회 간부로 정부 전복 혐의를 받고 1898년 체포되어 사형선고를 받았으나, 1904년 민영환(閔泳煥)[24]의 감형 주선으로 7년 만에 석방되었다.

이승만이 약관 30살이던 1904년 한성감옥에서 발간한 〈독립정신〉 중 "통상은 나라를 부강하게 하는 근본이다. 신학문을 배워 경제적 이익을 외국인들에게 뺏기지 않도록 해야 한다. 국기를 존중하는 것을 배

23 충골(忠骨) : '충성스러운 뼈', 즉 충성을 다하다 죽은 사람의 유골.
24 민영환(閔泳煥, 1861~1905) : 조선 고종 때의 문신. 자는 문약(文若). 호는 계정(桂庭). 특명전권 공사로 러시아 황제의 대관식에 특파되었고, 을사늑약이 체결되자 조약의 폐기를 상소하였으나 뜻을 이루지 못하자 국민과 각국 공사에게 고하는 유서를 남기고 자결하였다.

워야 한다. 공적인 의무를 소중히 여겨야 한다. 자유를 자기 목숨처럼 여기며 남에게 의지하지 말아야 한다"라는 데서 우리는 청년 구국운동가의 국가관의 일면을 엿볼 수 있다.

나당연합으로 삼국통일의 기반을 닦은 김춘추처럼 한미동맹으로 자유통일의 기반을 만든 이승만은 5,000년 우리 역사상 가장 뛰어난 외교관이었다. 건국의 아버지 이승만을 빼고는 대한민국을 논할 수 없다. 주한 미 대사를 역임한 무초는 "이승만은 아주 고차원의 시각에서 복잡한 세계정세를 정확하게 이해했다."며 이승만을 극찬했고, 공노명 전 외교부 장관은 "이승만은 가장 외교적인 감각이 뛰어났던 대통령이었다."라고 술회했다.

무엇보다도 이승만의 업적은 '외교 분야'에서 그 빛을 발한다. 이승만은 1941년 6월 〈일본 내막기(Japan Inside Out)〉라는 책을 출간, "머잖아 일본이 미국을 공격할 것"이라고 예측하였다. 그 몇 달 뒤 12월 7일 일본은 하와이 해군기지(진주만)를 기습 공격하였고, 이승만은 더욱 유명해졌다.

대한민국 임시정부는 태평양전쟁이 발발한 직후 국제사회로부터 승인받으려는 운동을 전개하였는데, 그 주역은 이승만이었다. 이승만은 UN과 미국의 협조를 받아 1948년 5월10일 선거할 수 있는 지역에 대하여 먼저 총선거를 시행하여 8월15일 대한민국을 건국하였다. 해방 직후 국민은 자유민주주의를 압도적으로 선택했다. 조선공산당과 남로당에 의해 촉발된 대구 10·1 폭동, 제주 4·3 사태, 여·순 군대반란 등 참혹한 대가를 치르면서도 지켜냈다.

이승만 대통령의 집권 기간은 대부분 워싱턴과의 갈등으로 점철됐다. 특히 한국전쟁 후반부엔 이승만의 '휴전 반대 북진통일' 주창에 대해 미국에서 이승만 제거계획인 '플랜 에버레디(Plan Everready)'[25]를 검토할 정도로 악화 일로를 걸었다. 미국이 휴전회담에 박차를 가하자 이 대통령은 1953년 정전협정 직전, 미국의 반대를 무릅쓰고 '벼랑 끝 외교 전술'로 반공포로 2만 7,000명을 전격 석방했다. 워싱턴은 격분했지만, 이승만은 "휴전 조약이 체결되기 전에 한미상호방위조약을 먼저 체결해 달라"는 요구를 했고, 마침내 '한미동맹'을 성공시켰다.

공노명 전 외교부장관은 "아이젠하워가 53년 휴전협상을 이승만에게 편지로 설득하자 이승만은 '휴전을 찬성하지는 않으나 묵인하겠다'며 세 가지 조건(한미상호방위조약 체결, 한국군의 현대화, 미 해·공군의 한국 잔류)을 내걸어 관철했다. 한미상호방위조약은 거저 얻은 게 아니다."라고 증언했다.

이승만은 대한민국 정부수립 후 유엔과 미국 등 30여 개 국가로부터 승인을 받아냈다. 그는 냉전 초기에 한반도의 생존과 독립을 위해 '자강(自强)'과 '주체적 선택'을 외교의 핵심 원칙으로 삼았다.

이 대통령은 "우리가 공산주의와 싸우는 이유는 자유를 지키기 위해서지, 미국의 승인 때문이 아니다."라고 했다. 약소국 지도자가 초강대국을 상대로 외교전술을 구사한 드문 사례였다. 그가 정전협정에 단독으로 서명하지 않은 이유도, 휴전 뒤 북한이 다시 남침할 가능성을 차단하기 위한 장기전략이었다. 그는 미국을 필요로 했지만, 동시에 미국이 한국을 필요로 하게 만들었다. '의존 속의 자주', 그것이 이승만식 외교의 핵

25 에버레디 플랜(Plan Everready) : 한국전쟁 당시 미국과 유엔군사령부가 대한민국의 이승만 대통령을 축출하고자 구상했던 비밀군사작전계획이다. 유엔 명의로 계엄령을 선포하고 이승만을 감금시킨 뒤 군정 실시.

심이었다.

이처럼 이승만은 국제정치적 인식이 깊었으며, 애국·애족심을 바탕으로 '자주적인 노선'을 강조했다. 그는 자주독립 국가로서의 외교 주체성을 지키려 했다. 그러나 현실적으로 미국의 군사·경제적 지원 없이는 독자 생존이 어려웠으므로, "동맹을 통한 자주"를 지향했다. 핵심 구상은 "미국과 협력하되, 한국의 생존과 통일 문제는 한국 스스로 결정해야 한다."였다.

11
박정희의 '국익우선(國益優先)' 전략

박정희 대통령의 외교는 냉전기의 단순한 진영 외교를 넘어선 '국익우선(國益優先)' 전략 외교였다. 그는 이념보다 현실적인 국가이익을 우선했다. 그의 사전엔 민족중흥을 위한 '경제발전'과 '부국강병'만 있었다. 한·미동맹을 기둥으로 삼되, '자강불식(自强不息)'[26]이 원칙이었다.

1960~70년대는 세계 질서가 요동치던 시기였다. 미·소 냉전이 절정에 달하고, 베트남전과 아시아 각국이 스스로 안보를 책임져야 한다는 '닉슨 독트린'[27]이 아시아 질서를 흔들었다. 이 격변의 한가운데서 박정희는 미국에 일방적으로 의존하지 않으면서도, 미국을 전략적으로

26 자강불식(自强不息) : 스스로 강해지기를 쉬지 않는다.

27 닉슨 독트린 : 1969년 7월 25일 닉슨이 괌에서 발표한 외교정책으로, 아시아 동맹국의 자주국방과 미국의 직접적 군사개입 축소를 핵심으로 한다.

활용하는 '용미(用美) 외교'를 폈다. 박정희의 '국익우선' 외교전략은 몇 가지 특징이 있다.

첫째, 자주와 동맹의 '균형 외교'였다. 박정희는 자주를 내세우면서도 동맹을 흔들지 않았고, 동맹을 강화하면서도 굴종하지 않았다. 미국의 원조가 줄어드는 상황에서 그는 '경제개발5개년계획'을 통해 '원조에서 자립으로'의 국가체제 전환을 이뤘다. 일본과의 국교 정상화는 '굴욕 외교'라는 비난 속에서도 냉정한 국익 판단에 따라 추진했다. 그 결과, 일본의 자본과 기술이 들어오면서 경제도약의 토대가 마련됐다.

둘째, 국방력 강화와 병행된 '실리 외교'였다. 1965년 5월. 한미 정상회담에서 박정희는 미국의 경제 및 군사 원조가 감소할 가능성과 대한 방위공약 약화와 주한미군의 철수 가능성에 대해 우려했다. 회담 결과 존슨 대통령은 한국군 전투부대 월남 파병을 공식으로 요청했고, 박정희는 다급해하는 존슨으로부터 파병에 따르는 한국경제개발을 위한 1억 5천만 달러의 장기 개발차관 공여, 주한미군지위협정(SOFA)의 조기 체결 등 실리를 챙기는 데 성공했다.

1960년대 후반 '자주국방'을 천명하고 국방과학연구소(ADD)를 설립했으며, 미군 철수 가능성에 대비해 1974년 말 "핵무기를 1977년까지 제조하는 기술을 개발하라"는 비밀계획 수립을 지시했으며, 한국형 무기개발에 나섰다. 그는 외교와 안보, 경제를 한 몸처럼 움직인 통합적 '국가전략'의 달인이었다.

셋째, 대담한 '선제 외교'였다. 1969년 닉슨 독트린과 미·중, 중·일 접촉 등으로 동북아 국제정세가 급변하자 박정희는 대담하게 1972년 7·4 남북공동성명에 합의했다. 남북은 동상이몽이었다. 북측은 대화가 진행되면 닉슨 독트린에 따라 한반도에서 미군이 철수할 것으로 판단했다. 미군 철수만 이뤄지면 통일전선전술로 남한을 적화통일시킬 수 있다고 판단했다. 남측은 대화를 통해 한반도의 긴장을 완화하고 '대화 있는 대결'로 무게 중심을 옮겼다. 북한을 효과적으로 관리하면서 경제개발에 주력하여 종합국력을 향상시켰다.

넷째, 전략적으로 '유연한 외교'였다. 그는 미·중 대립 구도 속에서도 1970년대 초부터 이미 중국의 변화를 예견했다. 닉슨의 방중 이전부터 한반도 정세의 변화를 주시하며, '반공의 원칙 안에서 실리외교'를 구사했다. 외교는 감정이 아니라 생존의 문제라는 점을 그는 누구보다 잘 이해하고 있었다. 덩샤오핑의 개혁·개방정책은 박정희 모델을 배운 것이다.

마지막으로, 미국에 당당한 '벼랑 끝 외교'였다. 박정희는 1975년 뉴스위크와의 인터뷰에서 "미군, 나갈 테면 나가야지, 우리가 어찌할 수 없지 않겠느냐"고 발언했다. 이는 지정학적 역학관계를 지렛대로 한 버티기 외교전략이었다.

1979년 6월 30일. 박 대통령은 카터 대통령과 청와대에서 정상회담을 한 자리에서 주한미군 철수 문제와 한국의 인권상황을 놓고 격한 설전을 주고받았다. 카터는 회고록에서 "이 회담은 그동안 내가 우리 동맹국 지도자들과 가진 토론 가운데 아마도 가장 불쾌한 토론이었을 것이다. (.....) 당시 퍼스트레이디 역할을 맡고 있던 박근혜 덕에 분위기가 어느 정도 누그러지긴 했다."고 밝힌 바 있다. 박 대통령은 도덕주의자 카터와 맞붙어 그의 '주한미군 전면 철군 정책'을 무산시켜 미군의 지속적 한국 주둔을 유지하는 데 성공했다.

2000년대 이후 한국 정부는 실사구시와 화전(和戰) 병행 전략을 포기하고 '대결 없는 대화'에만 주력함으로써 남북은 '갑을 관계'로 전락했다. 결국 현금 4억 5,000만 달러의 대가성 정상회담이 성사되었다. '대결 있는 대화'에서 '비용 지급 대화'로 바뀌었고, 그 결과 북핵 개발을 방조했다.

오늘의 외교는 박정희 정신을 잃었다. 세계가 냉혹한 힘의 논리로 돌아가고 있는데, 우리는 아직 '이념의 잣대'로 외교를 재단하고 있다. 박정희의 외교 전략은 오직 '국익우선' 추구였다. 미·중 패권 경쟁, 북핵 위기, 글로벌 공급망 재편의 소용돌이 속에서 박정희의 "명분보다 국익"이라는 원칙은 '21세기형 외교전략'의 교훈으로 살아 있다.

V. 역사에서 배우는 포용의 리더십

1. 농사꾼 출신 을파소의 '홍익(弘益) 리더십'
2. 백제의 황혼을 장식한 성충의 '의리(義理) 리더십'
3. 한민족을 만든 김유신의 '통일(統一) 리더십'
4. 언변이 뛰어난 배현경의 '명철보신(明哲保身) 리더십'
5. 유학으로 국가 기틀을 세운 최승로의 '문치(文治) 리더십'
6. 인재 양성에 바친 최충의 '교육(教育) 리더십'
7. 홀로 지킨 이제현의 '자주외교(自主外交) 리더십'
8. 운명을 읽는 하륜은 '미래예비(未來豫備) 리더십'
9. 불편부당한 황희의 '관용(寬容) 리더십'
10. 국난을 극복한 류성룡의 '구국(救國) 리더십'
11. 정적들도 안은 이원익의 '포용(包容) 리더십'
12. 대동법을 만든 김육의 '애민(愛民) 리더십'
13. 민생을 위한 채제공의 '실용경제(實用經濟) 리더십'

역사에서 배우는 포용의 리더십

1 농사꾼 출신 을파소의 '홍익(弘益) 리더십'

을파소(乙巴素, ?~203)는 5,000년 우리 역사에 한 획을 그은 명재상들의 태두(泰斗)이자 단군 이래 최고의 국상(國相)으로 추앙받는 인물이다. 을파소는 서압록곡(西鴨綠谷)[1] 좌물촌(左勿村)[2] 출신이다. 할아버지는 유리왕 때의 대신 을소(乙素)이다. 아버지는 외척들의 미움을 사 파면당한 서하(西河, 섬서성 북부) 태수 을어(乙魚)이다.

아버지의 강직한 성품을 물려받은 을파소도 외척들을 멀리하여 좌물촌으로 내려와 농사를 지으며 태공망(太公望)[3]처럼 나이 50이 넘도록 때를 기다리고 있었다. 을파소는 학문과 병법에 일가를 이루어 세상 사

1 서압록곡(西鴨綠谷) : 2세기 말 압록강 유역에 있던 고구려의 지명이다.

2 좌물촌(左勿村) : 고구려 초기의 서압록곡(西鴨淥谷)에 있던 지명이다. 고국천왕 13년(191) 왕이 외척인 연나부(椽那部)의 모반을 진압하고 새로운 인재 등용을 추진할 때 이 지역 출신인 을파소(乙巴素)를 국상(國相)에 임명하였다. 나부(那部)에 속하였던 지역과 다른 계통의 지명으로 '곡(谷)-촌(村)' 지방 행정구역의 시원적 모습을 잘 보여준다.

3 태공망(太公望, ?~?) : 중국 주나라 초기의 정치가. 성은 강(姜). 이름은 상(尙). 속칭은 강태공(姜太公). 무왕을 도와 은나라를 멸하고 천하를 평정하였다. 저서에 <육도(六韜)>가 있다.

람들이 "명재상 이윤(伊尹)[4]이나 여상(呂尙, 태공망) 같은 인물이 시골에서 썩고 있다."고 아쉬워하였다.

미천한 가운데서 발탁한 훌륭한 인재를 뜻하는 말이 '이려(伊呂)'다. 은(殷)나라 탕왕(湯王) 때의 재상인 이윤(伊尹)과 주(周)나라 문왕(文王)·무왕(武王) 때의 재상인 여상(呂尙)을 합쳐 부르는 말이다.

한국의 재상 태두인 을파소는 중국의 재상을 대표하는 태공망과 닮은 점이 많다. 낚시꾼의 대명사인 '강태공'으로 불리는 태공망은 80세에 주나라 문왕을 만나 무왕을 도와 주나라 천하를 만드는 데 큰 공을 세웠다. 을파소는 50세가 넘어 고국천왕을 만나 중앙집권적인 지배체제를 강화하여 고구려가 강성대국 이 되는 기틀을 만들었다.

이 두 사람은 인생 후반에 뜻을 이룬 '인생 이모작'에 성공한 사람이다. 태공망은 〈육도(六韜)〉[5]라는 경세제민과 부국강병을 위한 병법서를 남겼으며, 을파소도 참다운 삶의 도리를 통한 국가경영 철학서인 〈참전계경(參佺戒經)〉을 남겼다. 또한 태공망은 주나라 문왕과 무왕을 대를 이어 보좌했으며, 을파소도 고국천왕과 산상왕을 대를 이어 섬겼다.

고구려 제9대 고국천왕(故國川王, 재위 179-197)은 고구려뿐만 아니라 삼국을 통틀어 영명한 왕으로 평가된다. 그는 부족적 전통의 5부를 방위로 표시하는 행정적 성격의 5부로 바꾸었다. 또한 왕위계승 방식을 형제상속에서 부자상속으로 바꾸었다. 이러한 왕권 강화를 바탕으로 중앙집권화를 더욱 진전시켜 고구려를 고대 동북아 으뜸 국가로

---

4 이윤(伊尹) : 중국 은나라의 전설상의 인물. 이름난 재상으로 탕왕을 도와 하나라의 걸왕을 멸망시키고 선정을 베풀었다.

5 <육도(六韜)> : 중국 주나라 태공망이 지은 병법서. 무경칠서의 하나로 문도(文韜), 무도(武韜), 용도(龍韜), 호도(虎韜), 견도(犬韜), 표도(豹韜)의 6장으로 되어 있다. 6권 60편.

만드는 초석을 쌓았다.

서기 191년(고국천왕 13) 4월. 고국천왕은 각 부(部)로 하여금 유능한 인사를 천거케 하는 명령을 내렸다. 5부의 사람들은 동부 출신의 안유(晏留)를 추천했다. 왕이 그를 불러 국정(國政)을 위임하려고 하였는데, 안류가 왕에게 말하기를, "저는 남보다 못나고 어리석으니, 진실로 나라의 정사(政事)에 참여하기에 부족합니다. 서압록곡(西鴨淥谷) 좌물촌(左勿村)의 을파소는 유리왕(琉璃王) 때의 대신(大臣) 을소(乙素)의 후손으로 성격이 강직하고 지혜와 생각이 깊습니다. 하지만 세상에 등용되지 못하고, 힘써 농사를 지으며 살고 있습니다. 대왕께서 만약 나라를 다스리고자 하신다면, 이 사람이 아니고서는 어렵습니다."라고 하였다. 고국천왕은 안유의 말에 따라 예를 갖추어 을파소를 모셔 오라고 명했다.

고국천왕은 을파소에게 우태(于台)라는 작위를 수여하고, 중외대부(中畏大夫, 장관급)로 임명하였다. 고국천왕은 벼슬 경험이 없는 을파소를 먼저 써보고 때를 보아 국상으로 임명할 생각이었다. 을파소는 고국천왕의 의도를 꿰뚫고 있었다. 중외대부 벼슬로는 외척과 기득권 세력의 반발을 누르고 정치개혁을 성공시킬 수 없다는 것을 알았다.

을파소는 고국천왕에게 다시 아뢰었다. "어리석은 신으로서는 감히 대왕의 엄한 명령을 감당하기 어려우니, 바라건대 현명한 사람을 뽑아서 그에게 높은 관직을 주어 큰일을 이루게 하십시오."

그 신하의 그 왕이었다. 명석한 고국천왕은 을파소의 기백과 포부를 높이 평가하여 마침내 농사꾼 출신을 '일인지하 만인지상(一人之下 萬人之上)'의 국상(國相)에 임명했다. 손자병법의 핵심 교훈은 '대여대취(大予大取)'라 할 수 있다. 즉 '크게 주고 크게 얻으라'는 것이다. 뛰어난 인재를 얻고자 하면 큰 '미끼(높은 관작)'를 써야 한다. 고국천왕은 이를 알았다. 이는 은(殷)나라 탕왕이 삼고지례(三顧之禮)로 이윤을 맞이한 것과, 유비가 제갈량을 얻기 위해 삼고초려(三顧草廬)한 것과 같은 것이었다.

을파소는 개혁의 전권을 쥐게 되자 '칠정(七政)'을 내세워 나라의 전반을 개혁했다. '칠정'이란 천체 운행의 원리를 정치에 비교하여 치도(治道)로 삼은 것이다. 그 내용은 다음과 같다.

첫째 존군(尊君), 군주를 존중하고, 둘째 정민(正民), 백성을 바로잡고, 셋째 용현(用賢), 현명한 자를 기용하고, 넷째 훈육(訓育), 가르쳐 길러내고, 다섯째 양재(養才), 인재를 양성하고, 여섯째 농렵(農獵), 농사와 사냥을 권장하고, 일곱째 변새(邊塞), 국경을 튼튼히 하는 것이었다.

을파소는 우선 귀족들의 권력 독점과 관직을 사고파는 행위를 근절시켰으며, 194년 빈민들에게 봄에 곡식을 빌려주고 가을 추수기에 갚는, 빈민구제정책의 효시가 된 '진대법(賑貸法)'을 실시했다. 진대법은 봄에 국가가 관리하는 곡식을 백성들에게 가족의 수와 나이, 필요한 식량의 정도에 따라 차등을 두어 빌려주고, 가을에 빌려준 곡식을 되돌려 받는 제도다.

진대법은 '춘대추납제(春貸秋納制)'의 기원으로 빈민구제 목적도 있었지만, 춘궁기 농민들이 식량부족으로 고리대를 이용하고 갚지 못해 귀족의 노비로 전락하는 것을 막기 위한 민생 개혁정책으로, 우리나라에서 최초로 실시된 사회보장제도이다. 이처럼 진대법은 안유의 양보, 을파소의 배포, 고국천왕의 결단 3박자가 어우러져 탄생하게 됐다.

최근 '승핍(承乏, 쓸 만한 인재가 없어서 재능이 없는 사람이 벼슬을 함)'으로 몸살을 앓고 있는 대한민국이다. 명재상 관중(管仲)은 "천하에 신하가 없음을 걱정하지 말고, 신하를 적절히 쓰는 군주가 없는 것을 걱정하라."고 했다.

육당(六堂) 최남선(崔南善)은 우리나라 역사 속의 위인들로 정부를 꾸며봤다. 이 대단한 위인들을 이끄는 국무총리가 고구려의 국상 을파소다. 대통령비서실장 이제현, 외무부 장관 서희, 국방부 장관 을지문덕, 교육부 장관 설총, 해군참모총장 이순신, 전권대사 정몽주, 서울대 총장 이황, 국회의장 이이, 감사원장 조광조를 꼽았다.

이렇게 역대 최강의 화려한 드림팀 진용을 구축한다면, 다른 나라가 감히 우리나라를 가볍게 넘볼 수 없을 것이다. 아울러 국민통합을 바탕으로 선진·통일로 나가는 국가목표 달성이 한층 수월해질 것이다.

2
백제의 황혼을 장식한 성충의 '의리(義理) 리더십'

성충(成忠, ? ~656)은 백제 말기의 충신으로 일명 '정충(淨忠)'이라고도 하며, 일본의 〈등씨가전(藤氏家傳)〉에서는 선중(善仲)으로도 기록되어 있다. 흥수(興首), 계백(階伯)과 함께 '백제의 3충신'으로 불린다. 부여 부소산성 남문터 밑에 있는 '삼충사(三忠祠)'는 이들 3충신을 모신 사당이다. 사당 좌측으로부터 성충-흥수-계백의 순서대로 모셔져 있다. 성충과 흥수는 백제 최고 관직인 좌평(佐平, 1품)을 지냈으며, 계백장군은 2등 관직인 달솔(達率)에 이르렀다.

성충은 의자왕(義慈王, 재위 641년~660)과 같은 부여(扶餘)씨로 백제 왕족 출신이다. 논리가 명확하며 언변이 뛰어나고 병법에 밝아 가히 하늘이 낳은 재사라 할만했다. 동생 윤충(允忠)은 '대야성전투'에서 전공(戰功)을 세운 백제의 대표적인 무장이다.

백제의 제31대 국왕이며 마지막 왕인 의자왕(義慈王)은 즉위 이후 유교 정치 이념을 신봉하였고, 왕태자 시절부터 부모에 대한 효심이 지극하고 형제간에 우애가 남달라 '해동증자(海東曾子, 중국의 증자처럼 학문과 도덕이 뛰어나다고 붙인 이름)'라고 칭송받았다.

김유신과 의자왕이 쟁패를 겨루던 당시의 삼국 정세는 신라가 최약세였다. 642년 8월의 '대야성(大耶城, 합천) 전투'는 삼국통일전쟁의 시발점으로 볼 수 있다. 이 싸움에서 김춘추의 딸 고타소와 성주인 사위 품석(品釋, 진흥왕의 손자)이 피살됐고, 옛 가야 땅 40여 성이 백제에 귀속했다.

성충은 김춘추가 대야성 전투에서 죽은 딸과 사위의 원수를 갚고자 절치부심하고 연개소문을 찾아가 동맹을 요청할 때, 연개소문에게 편지를 보내어 당나라와 전쟁을 앞둔 고구려가 신라와 동맹 맺는 것이 부당함을 설명하고, 고구려와 백제의 동맹을 이끌어냈다.

신라를 압도하게 된 백제의 의자왕은 3충신인 '성충-흥수-계백'을 얻고도 스스로 자만에 빠졌다. 위기에 몰린 신라는 자구책으로 648년 당나라와의 군사동맹을 맺게 되었다.

656년(의자왕 16) 성충은 좌평(佐平)으로 있을 때 자만과 주색(酒色)에 빠진 의자왕에 극간(極諫)하다가 투옥되었다. 그가 투옥되자 조정에서 의자왕에게 충언하는 자가 사라졌다.

성충은 “살아서 내 두 눈으로 백제가 망하는 것을 보고 싶지 않다.”며 단식하다가 백제가 멸망하기 4년 전인 656년 3월에 옥중(獄中)에서 비장한 상서(上書)를 올린 후 스스로 목숨을 끊었다.

“충신은 죽어서도 임금을 잊지 않는다고 하였습니다. 신이 감히 한 말씀 올리고 죽겠습니다. 신이 일찍이 형세의 변화를 살펴보았는데, 반드시 병란이 있을 것입니다. 무릇 군사를 쓸 때는 반드시 지세(地勢)를 잘 살펴야 할 것이니, 상류(上流)에 있으며 적을 맞은 연후에야 나라를 보전할 수 있을 것입니다. 적병이 만약 오거든 육로(陸路)로는 탄현(炭峴, 옥천)을 통과하지 못하게 하고, 수로(水路)로는 기벌포(伎伐浦, 백강, 금강하구)에 들어오지 못하게 해야 하며, 그 험준하고 좁은 곳에 의지하여 방어하여야만 이길 수 있을 것입니다.” (《삼국사기》 28, 의자왕 16년 3월)

드디어 소정방(蘇定方)[6]이 이끄는 13만 당나라군이 기벌포를 지나 사비성으로 쳐들어오고, 김유신이 이끄는 5만 신라군에게 계백 장군의 5천 결사대가 황산벌에서 패전했다(7월 9일). 이 비보(悲報)를 보고받은 의자왕은 “후회로다. 내가 성충의 충성된 말을 듣지 않다가 이 지경에 이르렀구나.”라고 탄식하였다. ‘믿지 못하면 맡기지 않고, 일단 맡겼으면 끝까지는 믿는다’는 ‘의인불용 용인물의(擬人不用 用人勿擬)’의 고전적인 인재 운용 원칙을 무시한 예고된 결과였다.

의자왕은 660년 7월 18일 항복을 했다. 그리고 8월 2일 사비성에서 패전의 책임을 지고 당나라군과 신라군에게 사죄하며 술을 따라 올리는 ‘행주(行酒)의 예’를 행했다. 백제 멸망 직전까지 내정은 상당히 안정

6 소정방(蘇定方, 592~667) : 중국 당나라의 장군. 이름은 열(烈). 정방은 자(字). 현경(顯慶) 5년(660)에 나당(羅唐)연합군의 대총관으로서 13만의 당군을 거느리고 백제의 사비성을 함락하고, 의자왕과 태자 융(隆)을 사로잡았다. 661년에는 평양성을 포위하였으나 실패하였다.

적이었던 것으로 추정된다. 즉위 초 해동증자라는 칭송까지 들었던 의자왕이기 때문이다. 〈삼국사기〉 〈구당서〉 〈자치통감〉에는 멸망 당시 백제 호구 수가 76만 호에 이르렀다고 기록하고 있고, 〈대당평백제국비명〉에는 백제 인구가 620만 명에 이르렀다고 썼다.

그러나 왕성을 지키는 계백 장군의 결사대가 겨우 5,000명이었다는 사실은 의자왕 체제가 나당연합군의 본격적 공격 이전에 이미 내부에서부터 붕괴하였음을 뜻한다. 이처럼 백제의 멸망은 의자왕 20년 재위 기간 중 15년째부터 나타난 난정(亂政)으로 인해 왕권 강화에 대한 귀족 집단의 반발이라는 '내부 분열'로 촉진된 권력체제의 붕괴가 직접적인 원인이라 하겠다.

여기서 "시작이 없는 예는 없지만, 끝까지 마무리 짓는 경우는 드물다(靡不有初 鮮克有終·미불유초 선극유종)"는 〈시경(詩經)〉의 가르침을 음미해 보자. '초심'을 지키고 '유종의 미'를 거두는 것은 쉽지 않은 일이라는 현인들의 가르침이다. 조선의 성종은 침실 벽에 '미불유초(靡不有初) 선극유종(鮮克有終)'이라는 경구를 써놓고 마음속으로 항상 새겼다고 한다. 초심을 유지하면 절대 일을 망치지 않는다(初心不亡·초심불망). 그러나 부귀한 자가 되어 교만하면 자신에게 스스로 재앙을 불러들이게 된다(富貴而驕·부귀이교 自遺其咎·자유기구).

의자왕은 한 때의 성공에 안주해 자만에 빠졌다. 위기를 부정하고 미래에 대한 준비를 소홀히 했다. 고구려의 힘을 과대평가하고 당과의 외교관계를 소홀히 한 근시안적인 리더십과 편향된 국제 감각을 유지했다. 성충과 흥수로 대표되는 충신들의 '당나라 침공설'과 '전쟁 대비'의 주장을 궁지에 몰린 귀족들이 자신들을 지키기 위한 술수로 판단했다.

당시 일본의 역사서 〈등씨가전(藤氏家傳)〉에 등장한 평가를 보면 "신라에는 김유신, 백제에는 성충, 고구려에는 연개소문, 당나라에는 위징이 당대의 준걸로서 이름을 만리에 진동시켰다."라는 언급이 있다. 이에 비춰볼 때 백제의 성충은 고구려의 연개소문, 신라의 김유신과 함께 삼국시대 후기를 대표하는 세 영걸(英傑) 중 한 명이다.

〈대학(大學)〉[7]에 '일언분사 일인정국(一言僨事 一人定國)'이라는 말이 나온다. '지도자의 한마디 말이 정국을 뒤엎을 수 있고, 지도자 한 사람이 나라를 안정시킬 수도 있다'는 말이다. 그러나 "인간은 자신이 믿고 싶은 것을 믿는다"는 말처럼 선입견과 자기 목표에 대한 집착이 의자왕에게 정보분석의 오류를 범하게 한 것이다. 그 결과 의자왕 자신은 망국(亡國)의 군주로 전락하고 700년 왕업을 목적(牧笛, 목동이 부는 피리)에 부쳤으니, 참으로 애석한 일이라 하겠다. '의자왕의 실패'에서 지도자의 리더십이 갖는 중요성이 얼마나 큰지를 알 수 있다.

3

한민족을 만든 김유신의 '통일(統一) 리더십'

김유신(金庾信, 595~673)은 가장 약한 나라 신라를 가장 강한 나라로 이끌어 삼국통일의 위업을 달성한 영걸이다. 가야국의 시조 김수로왕(金首露王, 42?~ 199)의 12대손이다. 김유신은 사후 흥무대왕(興武大王)으로 추존(追尊)되었다. 왕보다 높은 대우를 받게 됨과 동시에 후손들은 왕족으로 대우받았다. 왕위에 오르지 않고도 대왕 칭호를 받은 사람은 김유신이 유일하다.

김유신은 595년(진평왕 17)에 가야계 출신의 아버지 김서현(金舒玄)[8]과 어머니 만명부인(萬明夫人)[9] 사이에서 만노군(萬弩郡, 충북 진천)에서 태어났다. 김서현이 만노군 태수로 나가 있을 때였다. 김유신은 15세에 화랑이 되었다. 그 낭도들을 '용화향도(龍華香徒)'라고 하였다.

김대문(金大問)[10]은 〈화랑세기〉에서 "어진 재상과 충성스러운 신하가 화랑도에서 나왔고, 훌륭한 장수와 용감한 병사가 또한 이에서 생겼다"고 했다. 김대문이 〈화랑세기〉에서 거론한 풍월주는 총 32명이다. 김춘추의 아버지 김용춘(金龍春)이 제13대, 김유신이 제15대, 김춘추(金春秋)가 제18대 풍월주(風月主)[11]였다.

풍월주 김유신은 화랑도들에게 항상 말하길 "고구려와 백제를 평정하게 되면 나라에 외우(外憂, 외국의 침입)가 없어질 것이니, 가히 부귀를 누릴 수 있다. 이것을 잊으면 안 된다"고 하였다고 한다. 또한 김유신은 자신의 부제(풍월주의 자리를 계승할 화랑)가 된 김춘추에게 "바야흐로 지금은 비록 왕자라 하더라도 낭도가 없으면 위엄을 세울 수가 없다"고 했다.

611년 김유신은 17세에 고구려·백제·말갈이 신라의 강토를 침범하여 노략질하는 것을 보고 비분강개하였다. 이에 외적을 평정할 뜻을 품

8 김서현(金舒玄, ?~?) : 신라 때의 장군(). 김유신의 아버지로 양주 총관(良州摠管)이 되어 백제와의 싸움에서 여러 차례 공을 세웠다. 고구려의 낭비성을 함락시켰다.

9 만명부인(萬明夫人, ?~?) : 신라 중고기의 왕족. 가야 왕족 김서현의 부인으로 할아버지는 갈문왕 입종(立宗), 아버지는 진흥왕의 아우 숙흘종(肅訖宗)이다.

10 김대문(金大問, ?~?) : 통일신라 초기의 귀족·학자. 당대 으뜸가는 문장가이며, <계림잡전>, <고승전>, <화랑세기> 등 수많은 저서는 후일 김부식이 <삼국사기>를 편찬하는 데 귀중한 사료(史料)가 되었으나, 모두 전하지 않는다.

11 풍월주(風月主) : '화랑'을 달리 이르는 말. 각 곳을 다니며 수련하므로 바람과 달의 주인이라는 뜻에서 이렇게 불렀다.

고 홀로 중악(中嶽, 경주 서쪽 단석산)의 석굴로 들어가 수련했다.

〈삼국사기〉에는 "김유신이 중악에서 수련할 때 난승(難勝)이라는 도사에게서 삼국을 병합할 비법을 배웠다"는 이야기와 아래와 같이 '김유신이 난승에게 한 말'이 수록되어 있다.

"적국이 무도하여 이리와 범이 되어 우리나라를 침요(侵擾, 침노하여 소요를 일으킴)하니 편안할 날이 없습니다. 저는 신라 사람입니다. 나라의 원수를 보면 마음과 머리가 아픕니다(痛心疾首·통심질수). 어른께서는 저의 정성을 민망히 여기시어 방술을 가르쳐 주십시오."

훗날 진덕여왕(眞德女王)이 죽고 진골 출신 중에서 왕을 선택해야 했을 때 군사권을 쥐고 있던 김유신이 김춘추를 적극적으로 지원하여 김춘추가 진골 출신 최초의 왕이 될 수 있었다. 선덕여왕과 진덕여왕이 가야계 김유신을 중용한 것은 인재등용에 출신성분을 따지지 않는 '포용의 인사'로 중요한 교훈을 주는 사례라 하겠다.

〈삼국사기〉에 따르면 김유신은 평생 단 한 번의 패배도 기록하지 않은 백전백승 불패의 명장이요, 탁월한 전략가였다. 김인문은 〈화랑세기〉에서 이렇게 평했다. "김유신은 가야지종(加耶之宗, 가야의 우두머리)이고 신국지웅(神國之雄, 신라의 영웅)이다. 삼한을 통합해 우리 동방을 바로 잡고 혁혁한 공을 세워 이름을 남기니 해와 달과 더불어 견준다."

경주시 충효동에 소재한 흥무공원에 흥무대왕의 다음과 같은 어록비가 있다.

'지성공지불이 염수성지역난(知成功之不易 念守成之亦難).' '성공하는 것도 쉽지 않은 일이지만, 성공을 지키는 것 또한 어려운 일임을 염두에 두라'는 김유신의 가르침이다.

김유신은 동북아 국제정세를 꿰뚫어 보는 혜안이 있었다. 당의 설인귀(薛仁貴)[12]가 670년 동돌궐 기병 11만 대군을 이끌고 티베트고원 대비천(大非川)에서 토번(吐蕃)[13]과 맞붙어 전멸당한 사실에 주목했다. 당은 실크로드 교역의 이권을 차지하기 위해 당 주력군의 축을 안동도호부가 있는 요동에서 서역으로 이동했다. 이것이 당과의 전쟁을 자신 있게 감행할 수 있었던 이유였다.

670년 3월. 고구려 유민군 1만 명과 신라군 1만 명이 압록강을 건너 당군을 선제공격함으로써 7년간에 걸친 '나당전쟁(羅唐戰爭)'이 시작되었다. 676년 신라는 나당전쟁의 승리로 삼국통일을 완수하는 동시에 자주권을 회복하였다.

신라의 삼국통일은 대동강과 원산만 이남에 한정된 불완전한 것이었지만, 우리 역사상 커다란 의미를 지닌다. 지금까지 혈통·언어·문화를 같이하면서도 각각 다른 국가를 이루어 살던 우리 민족은 신라의 삼국통일로 하나의 국가 안에 통합됨으로써 단일 민족국가 형성의 기반을 마련하였다.

삼국 통일기에 신라가 당의 복속국이 되지 않은 것은 김유신의 자주국방 의지 덕분이었다. 신라가 당의 침략을 격퇴하여 한반도의 지배권을 쟁취한 것은 한국사의 자주적 발전에 원동력이 되었다.

김유신과 김춘추(태종무열왕), 문무대왕(김법민)은 신라 국민의 열망을 하나로 결집해 삼한일통의 위업을 달성하여 오늘날 한국사회의

12 설인귀(薛仁貴, 614~683) : 중국 당나라의 장군. 고구려가 망한 뒤 당나라가 평양에 설치한 안동도호부의 도호로 부임하였으나, 신라군의 반격으로 세력이 위축되자 신라 문무왕 17년(677)에 도호부를 신성으로 옮겼다.

13 토번(吐蕃) : 중국 당송(唐宋) 시대에 티베트족을 일컫던 이름.

본류가 되도록 한 영걸이다. 세 사람의 국가경영 리더십은 적국에 포위된 신라의 존립을 위해 '원교근공(遠交近攻)'의 외교정책과 '이공위수(以攻爲守, 공격함으로써 수비하는 정책)'의 국방정책을 병행한 것이었다. 그 결과 당을 끌어들여 백제를 멸망시켰고(660년), 고구려의 내분을 틈타 고구려마저 정복했으며(668년), 마침내 당나라와 건곤일척(乾坤一擲)의 승부에서 승리할 수 있었다.

신라는 기원전 57년(혁거세거서간 1)부터 935년(경순왕 9)까지 56대 992년간 존속했던 고대 왕조이다. 1058년간 존속한 동로마제국(395~1453) 다음으로 세계에서 두 번째로 오랜 역사를 가진 국가다. 〈삼국유사〉는 "신라의 전성기에 수도에 17만 8936호가 있었다."고 기록하고 있다. 1호를 5인으로 잡으면 90만 정도의 인구가 된다. 8세기 세계 4대 도시는 콘스탄티노플(터키), 장안(중국), 바그다드(이라크), 서라벌(신라)이었다.

7세기 신라의 삼국통일은 세 번째 완전한 한반도 통일인 '21세기 남북통일'과 한·중 관계의 길을 비춰주는 척도이다. 중국은 7세기에 이어 16세기(임진왜란)-17세기(병자호란)-19세기(청일전쟁)-20세기(6·25전쟁) 한반도 운명의 순간에 무력 개입했다.

우리는 한반도에 영토적 야심을 가지고 지배하려 한 당나라에 담대히 맞서 '유연한 외교'와 '결연한 전쟁' 투 트랙으로 한국사를 창조한 신라의 국가경영 리더십에서 '통일대업(統一大業)의 길'을 배울 수 있다.

4
언변이 뛰어난 배현경의 '명철보신(明哲保身) 리더십'

배현경(裵玄慶, ?~936)은 고려 개국공신 네 사람 중 한 명이다. 왕건(王建)을 추대하여 궁예(弓裔)를 몰아내고 고려를 세우게 하였다. 후삼국을 통일하는 데 공을 많이 세워 1등 공신으로 녹훈(錄勳, 훈공을 문서에 기록함)되었다. 초명은 백옥삼(白玉衫, 白玉三)이며, 경주에서 태어났다. 고려 개국 원년에 태조로부터 배씨 성을 사성(賜姓) 받았으며, 현경이라는 이름을 사명(賜名) 받았다. 경주 배씨의 시조이다.

배현경은 담력이 남달리 뛰어나고 무예가 출중하여 전장(戰場)에서 많은 공을 세운 덕분에 궁예의 휘하에 있을 때 일개 병졸에서 마군장군(馬軍將軍, 기병대장)까지 오른 입지전적인 인물이다. 독단과 전횡을 일삼는 궁예의 공포정치가 지속되자 민심이 흉흉해졌다. 급기야 곳곳에서 반란의 기운이 감돌기 시작됐다. 이에 배현경은 홍유(洪儒)·신숭겸(申崇謙)·복지겸(卜智謙) 등과 함께 왕건에게 다음과 같이 거사를 권하여 궁예를 축출하고 고려를 세우게 하였다.

"삼한이 분열된 이후 도적의 무리가 다투어 봉기하자, 지금의 왕(궁예)이 용맹을 떨쳐 크게 호령하여 마침내 초적(草寇, 산적, 비적)을 평정하고 세 지역으로 나누어진 나라 땅 가운데 절반 이상을 차지하였습니다. 나라를 세우고 도읍을 정한지도 스물네 해 남짓 지났으나, 지금 주상이 형벌을 남용하여 처자를 죽이고 신료(臣僚, 많은 신하)를 죽여 씨를 말리고 있습니다. 백성은 도탄에 빠져 그를 원수같이 미워하니, 하나라의 걸왕(桀王)과 은나라의 주왕(紂王)의 악정(惡政)도 이보다 더하지 않았습니다. 예로부터 암주(暗主)를 폐하고 명왕(明王)을 세우는 것은 천하의 대의입니다. 청컨대 시중(왕건)께서는 은나라 탕왕(湯王)과 주나라 무왕(武王)의 옛일을 실행하소서."

고려 조정은 궁예(泰封·태봉의 임금)를 몰아내고 왕건을 임금으로 추대한 사람들을 셋으로 나누어 포상하였는데, 그들을 고려의 '개국공신'이라고 하였다. 일등 공신에는 홍유·배현경·신숭겸·복지겸 등 4인이, 이등 공신에는 견권(堅權)·능식(能埴)·권신(權愼)·염상(廉湘)·김낙(金樂)·연주(連珠)·마난(麻煖) 등 7인이, 삼등 공신에는 2천여 명이 책봉되었다.

고려 개국 일등 공신들은 정변을 주도한 세력으로 모두 마군 출신들이었다. 출신지역을 보면 배현경은 경주, 홍유는 의성, 신숭겸은 곡성, 복지겸은 면천(당진) 출신이다. 의성과 경주는 신라 지역이며, 곡성과 면천은 후백제 지역에 속한다. 곧 이들의 출신지는 '비(非) 후고구려 지역'이었음을 알 수 있다.

고려 건국 후 배현경은 태조 왕건에게 천도(遷都)를 건의했다.

"철원은 궁예의 터전입니다. 철원 도성 백성들의 주상에 대한 반감은 왕권을 위협할 수 있습니다. 왕권 안정과 민심 수습을 위해 천도가 필요합니다."

왕건은 배현경의 건의를 받아들였다. 배현경을 새 도읍을 건설하는 총책임자인 개주도찰사에 임명했고, 이듬해 919년(태조 2) 1월에 도읍지를 철원에서 송악으로 옮겼다. 이후 배현경은 궁예의 잔당을 소탕하는 데 공을 세워 대상행이조상서[14]겸(大相行吏曹尙書兼) 순군부령도총

14 대광(大匡) : 고려 전기의 종1품 관직. '태광(太匡)'으로 표기되기도 한다. 태조가 고려를 세운 직후 태봉의 관계를 이어받아 919년(태조 2)부터 사용하기 시작하였으며, 문관·무관에게 수여된 관계 중 실질적으로 최고위에 해당되었다.

병마대장(徇軍部令都統兵馬大將)에 이르렀다. 이후에 승진하여 최고의 등위인 정1품 '대광(大匡)'에 이르렀다.

왕건은 진압정책과 회유정책을 병행했다. 호족들의 군사적 반발에는 진압정책을, 나머지 경우에는 회유정책을 택했다. 이런 회유정책의 하나가 각지의 호족들에게 후한 폐백을 주며 자신을 낮추는 '중폐비사(重幣卑辭)' 정책이었다.

즉위년(918) 8월 왕건은 "짐은 각처의 도적들이 짐이 처음 즉위했다는 소식을 듣고 혹 변방에서 변란을 일으킬 것이 염려된다."면서 "각지에 단사(單使)[15]를 파견해 후한 폐백을 주며 말을 낮추어서 혜화(惠和)의 뜻을 보이도록 하라.(《고려사》 태조 원년 8월)"고 말했다.

배현경은 강직하고 치밀한 성격의 소유자였다. 고려 개국 이후 통일작업이 지속되면서 그는 때론 장수로서, 때로는 중앙의 감찰 관리로서 활동하다가 홍유와 마찬가지로 고려가 통일을 이루던 그해(936년) 세상을 뜨고 말았다. 994년(성종 13) 태사(太師)[16]에 추증되어 태조 묘에 배향되었다. 그 뒤 마전 숭의전, 평산 태사사, 나주 초동사 등에 배향되었다. 시호는 무열(武烈)이다.

태조 19년(936)에 배현경이 병이 깊어 위독하자, 태조가 그의 집으로 가서 손을 잡고, "아아! 천명이로구나! 그대의 자손이 있으니 내가 감히 잊을 수 있겠는가?"라고 하였다. 태조가 문을 나서자 곧 배현경이 운명하였다. 그래서 태조는 어가(御駕)를 멈추고 관비(官費)로 장사를 치를

---

15 단사(單使) : 큰일이 아닐 경우 상사(上使), 부사(副使), 서장관(書狀官)의 3사(使)가 아닌 한 사람만 사신으로 가는 일.

16 태사(太師) : 임금의 고문을 맡은 정1품 명예직으로, 태부·태보와 함께 삼사라 불렸고, 가장 높은 벼슬.

것을 명한 후에 환궁하였다.

훗날 최승로는 성종에 올린 '5대 왕에 대한 평가조'에서 태조의 치적으로 "거란과의 관계에서 보여준 심계원려(深計遠慮), 발해의 멸망 때 지배계층을 받아들인 포섭력, 사람을 등용하고 잘 부리는 역량, 신라의 군신이 항복을 청하였을 때 예로써 사양하여 지방세력가 중 내복자(來服者)를 많게 한 예양심(禮讓心), 후백제의 평정 과정에서 보여준 도량" 등을 들었다. 최승로의 태조 평가에서 볼 수 있듯이 태조와 배현경의 관계는 수어지교(水魚之交)의 관계처럼 떼려야 뗄 수 없는 혈맹 관계였다.

'명철보신(明哲保身)'의 사전적인 의미는 '총명하고 사리에 밝아서 일을 잘 처리하여 일신을 잘 보전함'을 말한다. 이 말은 '자신의 안전만을 도모하는 행위' 또는 '권력의 눈치를 보며 자기 몸을 지킨다'는 뜻으로 변질하여 부정적인 의미로 해석되었다. 이러한 세태를 개탄한 다산(茶山) 정약용(丁若鏞)은 명철보신의 처세 철학을 다음과 같이 해석했다.

"대신(大臣)은 '명철보신'해야 한다고 했으니, 이는 임금을 보필하는 고관대작은 사람을 천거하여 임금을 섬기게 해야 하므로 선악(善惡)을 밝게 구별하여 어진 선비들이 출사(出仕)할 수 있게 해주고, 시비(是非)를 밝게 분별하여 뛰어난 사람을 발탁하게 해야 한다."

다산(茶山)의 이 말은 고위 공직에 있는 사람들이 국가(임금)가 잘 보존되도록 하는 것이 '명철보신'의 참다운 의미라는 것이다. 자신의 지위 유지를 위하여 선악도 시비도 가리지 않고, 불리할 때는 침묵해버리는 보신주의적인 처세는 고관대작의 일이 아니라는 뜻이다.

노자(老子)의 〈도덕경(道德經)〉에는 "공을 이루고도 이에 머무르지 않는다. 대저 머무르지 않기에, 이로써 공도 떠나지 않는다(功成而弗居, 夫唯弗居, 是以不去·공성이비거 부유비거 시이불거)."라는 가르침이 있다.

고려의 개국일등 공신들은 모두가 노자의 '공수신퇴 천지도야(功遂身退 天地道也)', '공을 세웠더라도 물러날 때를 아는 것이 하늘의 도다'라는 명철보신의 철학으로 일관했다. 그들은 끝없는 권력을 추구하기보다는 '지족안분(知足安分)'하는 공직자의 삶을 영위해서 후세의 우러름을 받는 것이다.

5
유학으로 국가 기틀을 세운 최승로의 '문치(文治) 리더십'

최승로(崔承老, 927~989)는 고려의 서른네 명의 왕 가운데 가장 뛰어난 성군인 성종(成宗)을 도와 고려의 유교적 통치 이념에 따른 제도정비에 이바지한 유학자요, 명재상이다. 조선왕조의 바탕을 설계한 이가 정도전이라면, 고려왕조는 최승로라 할 수 있다. 후백제의 견훤이 신라를 침범하여 경애왕(景哀王)을 죽였던 해(927년)에 경주최씨의 시조인 최치원의 손자 최은함(崔殷含, 신라 6두품)의 아들로 경주에서 태어났다. 최승로는 불교도인 아버지의 영향으로 어릴 적부터 불교의 영향을 많이 받았다. 그의 출생과 관련한 〈삼국유사〉의 기록이다.

신라 말기 천성(天成)[17] 연간에 정보(正甫)[18] 최은함은 오래도록 후사

17 천성(天成) : 후당(後唐) 명종(明宗)의 연호로 천성 연간은 926년~929년이다.
18 정보(正甫) : 고려 태조 19년(936)에 정리된 16등급의 고려 위계 중 9등급인 5품의 관계(官

를 이을 아들이 없어 이 절의 관음보살 앞에서 기도하였더니 태기가 있어 아들을 낳았다. 태어난 지 석 달이 안 되어 백제의 견훤(甄萱)이 서울을 습격하니 성안이 크게 어지러웠다. 은함은 아이를 안고 (이 절에) 와서 고하기를, "이웃 나라 군사가 갑자기 쳐들어와서 사세가 급박한지라 어린 자식이 누가 되어 둘이 다 죽음을 면할 수 없사오니 진실로 대성(大聖)이 보내신 것이라면 큰 자비의 힘으로 보호하고 길러주시어 우리 부자에게 다시 만나보게 해주소서."라고 하고 눈물을 흘려 슬프게 울면서 세 번 고하고 (아이를) 강보에 싸서 관음보살의 사자좌(猊座·예좌)[19] 아래에 감추어 두고 뒤돌아보며 돌아갔다.

반달이 지나 적병이 물러간 후 와서 아이를 찾아보니 살결은 새로 목욕한 것과 같고 모습도 어여쁘고 젖냄새가 아직도 입에 남아있었다. (아이를) 안고 (집에) 돌아와 길렀더니 총명하고 은혜로움이 남보다 뛰어났다. 이 사람이 곧 승로(丞魯, 承老를 가르킴)이니 벼슬이 정광(正匡)에 이르렀다. 승로는 낭중(郎中) 최숙(崔肅)을 낳고 숙은 낭중 제안(齊顔)을 낳았으니 이로부터 후손이 계승되어 끊이지 않았다. 은함은 경순왕(敬順王)을 따라 본조(本朝, 고려)에 들어와 대성(大姓)[20]이 되었다.(일연, 〈삼국유사〉 권3 〈탑상〉)

최승로는 우리 역사상 최초의 유학자 출신의 재상이다. 그의 삶은 긴 기다림과 짧은 활동기로 요약된다. 그의 기다림은 성종 때 〈시무28조〉

階)이다.

19 사자좌(猊座·예좌) : 부처가 앉는 자리. 부처는 인간 세계에서 존귀한 자리에 있으므로 모든 짐승의 왕인 사자에 비유하였다.

20 대성(大姓) : 경원 이씨, 파평 윤씨 등과 같은 고려시대의 문벌 귀족을 말한다. 대성이라고 표현한 것으로 보아 최승로의 집안도 이에 비견될 만한 지위와 세력을 가졌음을 짐작할 수 있다.

로 꽃피웠고, 5년 동안 열매를 맺으니, 비로소 고려왕조 500년의 기틀이 잡혔다. 고려왕조는 숭불정책을 썼지만, 국가경영의 기조는 초기부터 유교 이념이었다. 우리 역사상 유교 사상에 근거해 정치개혁을 모색한 일은 최치원의 활동으로 거슬러 올라간다. 그러나 최치원의 개혁 시도는 신라의 골품제라는 낡은 틀에 얽매여 빛을 보지 못했는데, 마침내 자기 증손(曾孫) 최승로를 통해 고려 건국의 이론적 기반을 제공한 것으로 그 열매를 맺게 된다.

최승로의 일생은 거란 왕족의 후손으로 태어나 원수의 나라인 금(金)나라에서 벼슬을 하고, 다시 몽골제국의 재상을 역임한 중국 역사상 가장 기구한 운명의 소유자인 야율초재(耶律楚材)[21]와 비슷하다. 또한 그의 업적은 이성계를 도와 조선을 건국하고 국가의 기틀을 마련한 정도전(鄭道傳)에게 비견된다.

고려가 중앙집권적인 정치체제를 마련하고 국가 기반이 확립된 것은 제6대 왕 성종(成宗) 때였다. 성종은 즉위 직후 충과 효로써 나라를 다스리겠다며 유교적 통치를 선언하였다. 성종의 치세(治世) 동안 고려는 지방제도 및 중앙관제를 정비하였으며, 정치·사회·문화 전반에 걸친 개혁을 통해 중앙집권적 국가체제의 기틀을 마련하였다.

성종이 고려 종묘와 사직의 완성, 인재의 양성과 발탁, 민생의 교화와 안정을 이룩했다는 점에서 현군(賢君)으로 평가할 수 있다. 그에게 붙여진 묘호(廟號, 국왕 제사 때 호칭)인 '성종(成宗)'은 한 왕조의 기틀

---

21 야율초재(耶律楚材, 1190~1244) : 몽골제국의 공신. 자는 진경(晋卿). 요나라 왕족의 자손으로 칭기즈칸에게 중용되어 서역(西域) 원정에 종군하였으며, 태종 때 중서령(中書令)이 되어 제국 재정의 기반을 튼튼히 하였다. 저서에 <담연거사집(湛然居士集)> <서유록(西遊錄)>이 있다.

이 되는 이른바 '법과 제도'를 완성한 군주에게 붙여지는 호칭이다. 조선의 법과 제도를 담은 〈경국대전(經國大典)〉(1485년)을 완성한 국왕을 성종(成宗)이라 했듯이, 고려의 성종 역시 그런 호칭에 걸맞은 군주였다.

통일신라 때부터 신라 6두품을 비롯한 지식인들 사이에선 최치원, 최승우처럼 도당(渡唐) 유학을 가는 것이 유행이었다. 그러나 최승로는 유학 한 번 안 간 순수한 국내파로 학문적으로 높은 경지에 도달하였다. 최승로가 〈시무28조〉를 통해 훈신 숙청에 대하여 혹독한 비판을 가하고 중국풍을 좋아한 광종(光宗)을 비판할 수 있었던 것도 학문적 자존심에서 우러난 것이었다. 그는 중국에 대해 모화적인 것을 경계하고 독자성을 강조하였다.

최승로는 통일된 국가, 분열이 없는 국가, 통치권이 바로 선 국가, 즉 중앙집권적 유교 국가체제 건설을 꿈꾸었다. 그리하여 〈고려사〉「최승로 열전」에서 '고려를 다스리는 근본'을 불교가 아닌 유교에서 찾아야 한다는 점을 분명하게 밝혔다. 불교를 수신(修身)의 근본으로, 유교를 치국(治國)의 근본으로 삼아야 한다는 주장이었다.

"(....) 불교를 숭상하는 사람은 다만 내생(來生)의 인과(因果)를 심는 것이므로 현재 이익이 되는 것은 적습니다. 이에 살펴보건대 나라를 다스리는 요결(要訣)은 그곳에 없는 듯합니다. 또한 3교(三敎, 유교·불교·도교)는 각각 다른 목적을 가지고 행하므로, 이것을 혼합하여 하나로 하는 것은 불가능합니다. 부처의 가르침을 행하는 사람은 자신을 다스리는 것을 근본으로 하고, 유학의 가르침을 행하는 사람은 나라를 다스리는 것을 근원으로 하고 있습니다. 자신을 다스리는 것은 내생의 구원을 찾는 것이고, 나라를 다스리는 것은 현재의 임무입니다. 현재는 가까운 것이지만 내생은 먼 것입니다. 가까운 것을 버리고 먼 것을 구하는 것은 또한 잘못이 아니겠습니까?"

또한 최승로는 성종 이전 5대왕(태조·혜종·정종·광종·경종)에 대한 평가와 함께 28조에 달하는 시무책을 성종에게 올렸다. 특히 태조에 대해서 실로 결함이 없는 군주로 꼽고 있다. 태조는 후삼국을 통일한 뒤에도 안일함이 없고 신하를 공경으로 대하며, 절검(節儉)을 숭상한 것, 그리고 현자(賢者)를 등용한 점을 들었다. 장차 남북이 통일되었을 때 본보기로 삼을 만한 점이다.

〈시무28조〉 개혁안은 정치·경제·국방·문화·사회·행정 전 분야를 망라하고 있으며, 국왕의 권한을 제한하는 각종 제도와 장치를 도입하자는 부분이 핵심이었다. 그러나 이 파격적인 개혁안을 성종은 그대로 수용했다. 성종 이후 고려는 법과 제도에 따라 국사가 처리되었고, 최승로의 등장 이후 고려는 본격적인 문치(文治) 사회로 접어들었다.

988년(성종7)에 최승로는 종1품 문하수시중에 올랐다. 이때 최승로는 이미 환갑을 넘긴 나이였다. 이듬해(989, 성종 8) 최승로는 63세를 일기로 생을 마감하였다. 최승로의 부음이 전해지자 성종은 그의 죽음을 애도하여 공훈과 덕행을 표창하고 태사(太師) 벼슬을 추증했다. 최승로가 꿈꿨던 고려도 공자가 "예의를 벼리로 삼아서(禮義以爲紀·예의이위기), 군신 사이가 바르게 되고, 부자(父子)가 돈독하게 되고, 형제가 화목하고 부부가 조화를 이룬다"고 설명한 '소강사회(小康社會)'를 지향했다.

6

인재양성에 바친 최충의 '교육(教育) 리더십'

최충(崔沖, 984~1068)은 문종대 고려 유학을 꽃피운 학교교육의 아버지요, 명재상이다. '해동공자(海東孔子)'로 칭송되었던 그가 세운 9재학당(九齋學堂)은 사학교육의 원조였고, 고려시대 문신 배출의 산실이었다. 본관은 해주, 호는 성재(惺齋), 자는 호연(浩然), 시호는 '문헌(文憲)'이다. 최충은 984년 황해도 대령군(大寧郡, 해주)에서 향리(호장)였던 최온(崔溫)의 아들로 태어났다. 부친 최온은 해주최씨의 시조로 해주 목민관으로 선정을 베풀어 이름을 떨쳤다. 문장으로도 명성이 높았고, 뒤에 판사부사를 지냈다. 조선 세종 때 최만리(崔萬理)는 최충의 12대손이다.

최충은 좌습유를 시작으로 한림학사·간의대부 등을 역임했으며 동지중추원사 등을 거쳐 62세에 문하시중이 되었다. 최충은 관료 생활하는 동안 목종·현종·덕종·정종(靖宗)·문종에 이르는 다섯 명의 왕을 섬겼다. 최충은 현종 4년(1013)에 거란의 침입으로 소실된 역대 문적을 재편수하는 국사수찬관이 되어 감수국사 최항(崔沆)[22]을 도와 〈칠대실록(七代實錄)〉[23]을 편찬했다.

최승로가 교육개혁을 통해 유교적 정치개혁에 공헌한 인물이라면,

22 최항(崔沆)(?~1024) : 고려 전기의 문신. 여러 차례 지공거를 역임하는 등 학문적으로도 뛰어났고, 김치양(金致陽)의 난을 막고 현종(顯宗)을 왕으로 옹립하는 데 공을 세웠다. 현종 묘정에 배향되었다.

23 <칠대실록(七代實錄)> : 고려 태조 때로부터 목종에 이르기까지 7대에 걸친 사적을 모아 엮은 책. 현종 4년(1013)에 최항 등이 사료를 모으기 시작하여, 덕종 3년(1034)에 황주량 등이 완성하였으나, 오늘날 전하지 않는다. 36권.

60년 후 태어난 최충은 유교적 소양을 갖춘 인물을 배출하는 데 이바지한 인물이라 할 수 있다. 성종의 과감한 개혁정책은 '시무 28조'를 건의한 최승로가 없었다면 불가능했을 것이다. 마찬가지로 고려 최고의 황금기를 이끈 11대 왕 문종(文宗, 재위 1046~1083)의 업적은 최충이 없었다면 힘들었을 것이다. 따라서 문종 대는 최충의 시대이기도 했다.

1053년(문종 7) 최충은 나이가 일흔이 되자 재상으로서 자기 소임을 다했다고 느끼고 벼슬에서 물러나기를 요청하자, 문종은 다음과 같은 조서를 내렸다.

"시중(侍中) 최충은 여러 대에 걸쳐 가장 뛰어난 유학의 종장(宗匠, 경학에 밝고 글을 잘 짓는 사람)이었으며, 삼한의 덕을 이룬 사람이다. 지금 비록 늙어서 물러나기를 청하지만 차마 이를 허락할 수 없다. 해당 관청에서는 옛 법도를 살펴 그에게 안석(安席, 방석)과 궤장(几杖, 지팡이)을 내려주고 일을 보게 하라."

문종의 만류를 뿌리치고 은퇴를 결심한 최충은 문종 9년(1055) 7월에야 비로서 사직할 수 있었는데, 이때 그의 나이 일흔두 살이었다. 이때 문종은 다시금 조서를 내려 다음과 같이 말하고 있다.

"어진 신하를 얻는 것은 성스러운 일이다. 그러므로 요(堯)임금은 여덟 명의 인재를 중용했고, 선비를 얻는 나라는 융성했다. 또한 그 때문에 주나라 왕실에서는 네 명의 현인을 맞아들이지 않았던가. 그들에게 재상 자리를 주고 그들의 충직한 계책을 채납(採納, 의견을 받아들임)하여 왕정을 빛나게 하였으며 그들로부터 현명한 보좌를 받아 임금의 지모를 발전시켰다. 그리하여 백성들을 바로 다스리고 평화롭게 만들었으며 영원무궁한 국운을 유지할 수 있었다. 우리나라에 이런 현철한 옛사람에 견줄 자가 있느냐고 묻는다면 짐은 그런 사람을 얻었다고 대답할 것이다."

이렇듯 최충을 존경한 문종은 최충이 퇴직한 후에도 국가에 대사가 있으면 자문했다. 최충은 50년에 걸친 벼슬생활의 경험을 바탕으로 다시 후진양성이라는 새로운 길을 개척했다. 〈고려사〉 「열전」에 "동방학교의 일어남이 최충에서 비롯하여 그를 해동공자(海東孔子)라고 일컬었다" 라고 기록되어 있을 만큼 최충은 교육에 쏟은 공이 컸다. 최충이 '해동공자'라는 칭호를 듣게 된 이유는 9재(九齋)에서 공자처럼 많은 인재를 양성했기 때문이다.

우리나라 최초의 사립대학이라 할 수 있는 사학은 최충이 후진양성을 위해 세운 '9재학당'에서 시작되었다. '9재학당'에서는 국자감과 비슷한 수준의 교육을 시행했다. 여러 번 지공거(知貢擧, 과거시험관)를 역임한 최충의 명성을 듣고 학생들이 문전성시를 이루었으며, 특히 과거 지망생들이 많이 모여들어 과거 응시를 위한 예비학교적 성격을 띠게 되었다.

9재학당이 성황을 이루자 지공거를 지낸 유학자들이 각기 이와 유사한 11개의 사학을 개경에 개설, 9재를 포함하여 12도(十二徒)라 했는데, 이에 따라 관학은 더욱 위축되고 사학이 교육의 중심 역할을 담당하게 되었다. 12공도는 설립자의 시호나 벼슬을 따 이름을 지었는데, 그 가운데 최충의 '문헌공도'가 단연 으뜸이었고 가장 성했다.

최충의 문장은 아래의 시(絶句·절구)를 포함, 시구 몇 절과 약간의 금석문자가 전해질 뿐이다. 이유는 '무신의 난'으로 문신이 살해되고, 그들의 문집도 불태워질 때 함께 없어진 탓이라 한다.

滿庭月色無烟燭(만정월색무연촉)

뜰에 가득 찬 달빛은 연기 없는 촛불이요

入座山光不速賓(입좌산광불속빈)

자리에 드는 산빛은 청하지 않은 손님인데

更有松絃彈譜外(갱유송현탄보외)

소나무 현이 악보 밖의 곡을 타고 있나니

只堪珍重未傳人(지감진중미전인)

다만 보배로 여길 뿐 남에게 전할 수 없네

은퇴 후 10여 년 동안은 후진양성과 사학 발전에 매진한 최충은 1068년(문종 22) 9월 15일에 개경에서 85세를 일기로 타계하였다. 훗날 최충은 '문헌'이라는 시호와 함께 정종의 묘정에 배향되었다. 고려의 이제현(李齊賢)과 조선의 서거정(徐居正)은 최충을 이렇게 극찬했다.

"우리나라의 문물이 더욱 성하고 이로부터 뛰어난 문사가 많이 나와 중국에서조차 '시서(詩書)의 나라'로 일컬어져 지금에 이른 것은 오로지 최충의 덕택이다."

최충은 평소 두 아들 최유선(崔惟善)[24]과 최유길(崔惟吉)[25]에게 유훈(遺訓)을 내렸다. '계이자시(戒二子詩)'는 두 아들에게 남긴 유교적 가훈(家訓) 시로, 청렴·검소함과 문장, 덕행의 가치를 강조한 고려시대 대표적 가훈 시이다. 이는 해주최씨의 정신적 규범이 되고 있다.

"선비가 세력에 빌붙어 벼슬을 하면 끝을 잘 맺기 어렵지만, 글로써 출세하면 반드시 경사가 있게 된다. 나는 다행히 글로써 현달하였거니와 깨끗한

24 최유선(崔惟善, ?~1075) : 고려시대의 문신. 형부상서(刑部尙書)를 거쳐 문하시중을 지냈다. 사찰의 건립이나 절에 대한 공양 따위로 나라의 재정을 축내는 것에 반대하는 상소를 올렸다. <동문선>에 시문(詩文) 몇 편이 전한다.

25 최유길(崔惟吉, ?~?) : 고려 전기에, 수사공 판삼사사, 수사공 섭상서령 등을 역임한 문신.

지조로써 세상을 끝마치려 한다. (중략) 청렴하고 검소함을 몸에 새기고 문장으로 한 몸을 수놓아라. (중략) 문장은 비단이요 덕행은 구슬이라. 오늘 이르는 말을 뒷날 잊지 않으면, 나라의 기둥이 되어 길이 흥창하리라."

최충의 교육 리더십은 '인재가 나라의 근본'이라는 확신에서 비롯되었다. 그의 사상은 도덕과 학문의 조화, 교육의 자주성, 인재 양성의 사회적 책임을 실천한 대표적 사례로 평가된다. 그가 남긴 정신은 오늘날에도 교육 지도자의 본보기로서 큰 의미를 가진다.

7
홀로 지킨 이제현의 '자주외교(自主外交) 리더십'

'원간섭기(元干涉期)'에 고려는 왕위 계승조차 원의 승인을 받아야 했으며, 내정 간섭이 일상화된 시기였다. 이제현(李齊賢, 1287~1367)은 '자주성을 잃은 고려'라는 미증유의 민족수난기에 일곱 왕(충렬·충선·충숙·충혜·충목·충정·공민왕) 시대를 거치며 네 번이나 시중을 지낸 경륜의 정치인이요, 대학자요, 시인이요, 역사가이다. 본관은 경주, 초명은 지공(之公), 자는 중사(仲思), 호는 익재(益齋)·역옹(櫟翁), 시호는 문충(文忠)이다.

이제현은 1287년 이진(李瑱)의 셋째 아들로 태어났다. 고려 건국 초의 삼한공신 이금서(李金書)의 후예인 이진은 신흥관료로 크게 출세하여 재상급인 검교시중(檢校侍中)을 역임하여 관료사회에서 신망이 두터웠고, 백가에 박통하고 시에 능했다. 이진은 형님과 동생이 불행히 일찍 죽자 조카들을 잘 가르쳐서 대대로 가업(家業)을 떨어뜨리지 않았다. 형님의 두 아들과 동생의 아들, 그리고 자신의 장남 이관과 삼남 이제현 등 5명이 성균시에 장원으로 급제하였다.

이제현은 1301년(충렬왕 27)에 15세의 어린 나이로 성균시(成均試, 진사를 뽑던 시험)에 1등으로 합격하고, 곧 과거에 급제하였다. 1303년 권무봉선고판관 벼슬에 올라 관직생활을 시작했다. 그 후 1308년에는 예문춘추관에 선발되고, 다음 해에 사헌규정·전교시승·삼사판관·서해도안렴사 등을 역임하게 되었다.

이 당시 벌써 이제현은 "학문과 문장이 나라 안에서 으뜸"이라는 말을 들을 정도로 유명했다. 조선의 명재상 류성룡도 "이제현은 덕(德)·공(功)·언(言) 3가지 장점을 고루 갖춘 고려 5백 년 동안의 유일한 유가적(儒家的) 인물이며, 고려 5백 년을 통틀어 이제현만한 인물이 없다"고 평하였다.

쿠빌라이 칸의 외손자로서 몽골 정치에도 참여한 제26대 충선왕(忠宣王)은 고려 왕위에 복위했지만, 곧 아들(충숙왕)에게 물려주고 자신은 상왕으로 원나라 수도 연경(燕京, 북경)에 머물렀다. 그곳에 만권당(萬卷堂)이라는 서재를 짓고 중국의 유명한 성리학자들을 초빙하여 서사(書史)를 즐겼다. 충선왕은 이때 원나라를 대표하는 조맹부(趙孟頫)·요수(姚燧)·염복(閻復)·원명선(元明善) 등 학자·문인들과 상대할 고려 측의 인물로서 약관 28세의 이제현을 지명했다.

이후 충선왕이 세력을 잃고 유배되자, 유청신(柳淸臣)·오잠(吳潛)은 "고려가 원나라의 종속상태로 지낼 바에는 차라리 원나라의 내지(內地)와 같은 행성(行省)이 되는 것이 낫다."는 매국적인 '입성책동(立省策動)'을 제기했다. 많은 신하가 현실에 순응하거나 원의 비위를 맞추는데 급급했지만, 이제현은 달랐다. 그는 "나라의 자존을 잃으면 존재의 의미도 없다."는 신념 아래 자주외교의 원칙을 굳게 지켰다.

이에 이제현은 1323년 원에 들어가 중서성(中書省)에 입성책동 반대 상소를 올렸다. 원나라 조정은 이제현의 당당하고 힘찬 문장의 빼어남에 놀라고, 역사적인 증거와 이치에 맞는 내용에 감탄했다. 결국 입성책동은 원나라 승상 배주(拜住)·왕약(王約)·회회(回回) 등의 협조로 없던 일이 됐다. 이제현의 입성책동 저지는 고려가 중국의 속국이 되는 것을 막아낸 민족사의 대결단이었다.

또한 1323년(충숙왕 10)에 이제현은 충선왕의 방환(放還)을 위해 뛰어난 문장력과 외교 능력을 발휘하여 토번(吐蕃)에 유배된 충선왕이 연경에서 조금 가까운 타사마(朶思麻)로 옮겨오는 데에 크게 이바지했다. 1351년 공민왕(恭愍王)이 즉위하자, 이제현은 65세에 정승에 임명되어 국정을 총괄하였다. 공민왕의 정치가 충목왕(忠穆王) 대 개혁의 연장이 되었다. 이때부터 네 번에 걸쳐 수상이 되는 진기록을 세웠다.

이제현은 1357년(공민왕 6) 71세로 치사(致仕, 은퇴)한 후, 1367년(공민왕 16) 81세를 일기로 '고종명(考終命)'했다. 고려의 대표 문인 이색(李穡)은 해동(海東)의 석학이었고 대정치가였던 이제현의 묘지명에 "도덕의 으뜸이요, 문학의 최고봉이다."라고 새겼다. 조선말 학자 김택영(金澤榮)은 이제현을 "3천 년래 우리 시문학의 제일인자"라 했다.

이처럼 이제현은 '조선 3천 년의 대가(大家)'라는 호칭이 무색하지 않을 만큼 역대의 수많은 시화집에 거론되었다. 〈동문선〉에 최다수의 작품이 실린 것만으로도 그가 얼마나 뛰어난 시인으로 평가받았는지를 가히 짐작할 수 있다.

이제현이 쓴 책들 중에 현존하는 것으로는 〈익재난고(益齋亂藁)〉 10권과 〈역옹패설(櫟翁稗說)〉 4권, 습유(拾遺, 빠진 글을 보충한 것) 1권이 있으며, 이것을 합쳐서 흔히 〈익재집(益齋集)〉이라고 한다.

이제현은 젊어서는 개혁군주 충선왕과 정치적 운명을 같이 했다. 장년에는 어린 충목왕에게 개혁방향을 제시했다. 노년에는 공민왕의 초기 개혁을 진두지휘해서 성과를 거두었다. 이제현은 충선왕-충숙왕-충혜왕-충목왕-충정왕-공민왕까지 6대를 내리 섬기며 각 왕이 원나라 내부의 간신배에 의해 위기에 처했을 때는 몸을 던져 보호했다. 이제현이 원나라 연경에서 충선왕을 보좌하고 있을 때 지은 시 '여산삼소(廬山三笑, 여산에서 세 현인이 웃다)'[26]에는 유(儒)·불(佛)·도(道)가 종교적 차이를 넘어 교류하는 모습을 보여주고 있다. 그 근본 원리는 인간의 탐구란 점에서 일치된다는 의미다.

釋道[27]於儒理本齊(석도어유이본제)

불교와 도교도 유교와 이치가 본디 같은데

强將分別自相迷[28](강장분별자상미)

억지로 분별하여 스스로 미혹하네.

三賢用意無人識(삼현용의무인식)

26 여산(廬山) : 중국 강서성(江西省)에 있는 명산.
여산삼소(廬山三笑) : 혜원법사(慧遠法師)가 여산의 동림사(東林寺)에 있었는데, 도연명(陶淵明)과 육수정(陸修靜)이 찾아왔다가 돌아갈 때 도(道)를 설명하는 동안 혜원이 평소의 전송에 넘지 않던 호계(虎溪)를 지나왔으므로, 세 사람이 모두 웃은 일. 혜원은 평소 호계 밖으로는 나가지 않겠다는 안거금족(安居禁足)을 맹세했는데, 이날은 도의 설명에 열중하여 모르는 사이에 호계를 넘어 범이 우는 소리를 듣고는 맹세를 깨뜨렸음을 알았다는 것. 이들이 크게 웃는 모습을 그린 그림을 여산삼소도(廬山三笑圖), 호계삼소도(虎溪三笑圖) 또는 삼소도(三笑圖)라 한다.

27 석도(釋道) : 불교와 도교.

28 상미(相迷) : 서로 미혹(迷惑)함. 정신이 헷갈려 갈팡질팡 헤맴.

세 현인의 어진 뜻을 아는 사람이 없으니

一笑非關過虎溪(일소비관과호계)

한바탕 웃으며 호계를 지나온 것이 무슨 상관이 있겠는가.

고려를 홀로 지켜낸 이제현의 사상은 제자 이색(李穡)에 고스란히 전수되어 조선의 국가 이념이 되는 성리학 토대를 마련하게 된다. 그 후 이색의 문인인 정몽주(鄭夢周)·정도전(鄭道傳)·권근(權近)과 그들의 학문을 이은 김종직(金宗直)·변계량(卞季良) 등을 배출하여 조선 성리학의 주류를 이루게 하였다.

이제현은 빼어난 유학 지식과 문학적 소양을 바탕으로 사학(史學)에도 많은 업적을 남겼다. 그의 사학 사상은 최승로·최충·김부식의 사학 사상을 계승·발전시킨 것이다. 〈고려사(高麗史)〉에는 그의 〈국사(國史)〉에 실린 사론(史論)이 종종 인용되고 있다. 이 글들은 당대사의 기술과 왕조사를 정리하는 데 주력하였으며, 철저하게 객관적이면서 대의명분과 자주성을 잃지 않는 냉철한 필치를 유지하고 있다.

이제현의 리더십은 '외세의 압박 아래서도, 정신만은 절대로 굴복하지 않는다.'라는 한마디로 요약할 수 있다. 그는 지성(知性)과 품격(品格)으로 고려의 정체성을 지켜냈고, 붓 한 자루로 고려를 지켰다. 이제현의 외교는 시대의 한계를 넘은 '정신적 자주(自主)'의 실천이었다. 그의 자주외교의 리더십은 오늘날 국가 자존을 세우는 외교의 길을 제시하고 있다.

8

운명을 읽는 하륜의 '미래예비(未來豫備) 리더십'

하륜(河崙, 1347~1416)은 성리학적 이상을 실현하고자 했던 유학자였다. 또한 피를 부르며 군주의 자리에 오른 태종(太宗, 재위 1400~1418)이 조선왕조의 기틀을 세운 실질적인 창업군주가 될 수 있도록 보좌한 책사요, 명재상이다. 본관은 진주, 자는 대림(大臨), 호는 호정(浩亭), 시호는 문충(文忠)이다.

하륜은 순흥부사 하윤린(河允麟)과 증찬성사 강승유(姜承裕)의 딸 강씨 부인 사이에서 고려 충목왕 3년(1347)에 진주에서 태어났다. 경전류에 해당하는 경부(經部), 역사서를 묶은 사부(史部), 학자들의 사상을 담은 자부(子部), 문학작품을 엮어놓은 집부(集部) 등 '경사자집(經史子集)'을 통달하지 않은 것이 없었고, 음양·의약·지리 등에서도 모두 극히 정밀하였다.

1365년(공민왕 14) 하륜은 19세의 나이로 과거시험 문과에 급제했다. 이때의 시험관이 거유(巨儒) 이색(李穡)과 이인복(李仁復)이었다는 점은 하륜에게는 큰 행운이었다. 고려 공민왕 때 보수파에 맞서 떠오른 개혁파 사대부 그룹이 신진사대부이다. 이 중에서 정도전으로 대표되는 '급진파'는 조선왕조 창업을 주도했고, 정몽주로 대표되는 '온건파'는 고려왕조 간판을 유지하고자 했다.

양쪽의 운명은 1392년 조선 건국과 함께 엇갈린다. 건국 이후 6년간은 급진파가 권력을 잡았지만, 제1차 왕자의 난을 계기로 온건파가 되살아났다. 온건파는 태종 이방원(李芳遠) 정권의 핵심 세력으로 급부상했다. 바로 이 온건파 신진사대부의 일원으로서 이방원의 책사가 된 인물이 하륜이다.

〈태종실록〉의 「서언」에 다음과 같은 기록이 나온다. "제(하륜)가 관상을 많이 봤지만, 공(민제)[29]의 둘째 사위 분과 같은 사람은 없었소. 제가 뵙고자 하니 공이 그 뜻을 전해 주십시오." 이렇게 해서 36세 하륜과 16세 이방원의 만남이 성사됐다. 스무 살 차이의 두 사람은 이 운명적인 만남을 통해 서로 자신의 평생동지가 될 인물임을 알아보았다. 하륜은 이방원에게서 조선의 기틀을 세울 왕재(王才)를 봤다.

하륜은 강직하고 우직한 뚝심이 있었다. 간언(諫言)을 해야 할 때는 곧잘 간언하는 선비였다. 그 결과 하륜은 고려 조정에서 세 번이나 쫓겨났다. 첫 번째는 감찰규정(監察糾正) 때 당대의 집권자 신돈(辛旽)의 문객 양전부사(量田副使)의 비행을 탄핵하다 신돈에게 미움을 받아서 하루아침에 파직되었다. 두 번째는 첨서밀직사사(簽書密直司事) 시절 최영(崔瑩)의 요동정벌을 반대하다 양주로 귀양 갔다. 세 번째는 이성계의 위화도 회군 직후에 이색 계열로 몰려 유배당하게 되었다.

하륜은 우왕(禑王)과 창왕(昌王), 공양왕(恭讓王)의 폐립에 간여하지 않았다. 하륜이 반대한 신돈·최영·이성계는 하나같이 신하로서 왕권을 넘어선 자들이었다. 하륜은 온건 개혁노선을 견지했으며, 급진적인 개혁이나 정책에 대해서는 어김없이 반기를 들었고 그 시련을 묵묵히 감수했다.

조선의 3대 왕 태종(太宗)은 아버지 이성계를 보필해 조선왕조 개창에 공헌하였다. 개국 초에는 한때 불우하기도 했지만, 하륜의 전략인 안

29 민제(閔霽, 1339~1408) : 고려 말 조선 초의 문신·외척. 태종의 비 원경왕후의 아버지이다. 고려 공민왕 때 문과에 급제하였고, 조선 개국 후 좌정승을 역임하였다. 사위인 태종이 즉위하자 부원군에 봉해졌으며, 아들들의 연이은 탄핵과 유배로 병이 나서 사망하였다.

산군수 이숙번(李叔蕃)의 거사로 정도전 일파를 제거(제1차 왕자의 난, 1398년)하고 국권을 장악하였다.

1400년 11월. 정도전을 제거한 2년 후, 하륜은 정종(定宗)의 양위를 이끌어내 이방원을 조선 3대 국왕 태종으로 등극시켰다. 이때 하륜의 나이 55세였다. 정종 때는 정사공신(定社功臣)에 올랐고, 태종 때는 좌명공신(佐命功臣) 1등에 올랐다. 정사공신은 '제1차 왕자의 난' 때의 공으로, 좌명공신은 '방간(芳幹)의 난'을 평정한 공으로 책봉된 것이다.

하륜은 신문고 설치와 저화(楮貨, 지폐) 유통과 같은 주요 정책 결정에도 관여했으며, 〈태조실록〉을 편찬하였고, 권근과 함께 역사서 〈동국사략(東國史略)〉[30]을 집필했다. 그는 여말선초에 유행한 도참사상(圖讖思想)의 '3대 대가(권중화·무학대사·하륜)'로 거명될 정도로 천문지리와 음양오행의 이론에 밝았다.

태조 이성계는 계룡산으로 천도를 결심했다. 그러나 경기 좌·우도 도관찰사(京畿左右道都觀察使) 하륜은 계룡산의 형세를 비운이 닥쳐올 흉한 땅이라고 주장하여 천도계획을 중지시켰다. 속설에 따르면 하륜은 두 번이나 태종의 목숨을 빼앗으려는 태조의 살수(殺手)를 막아냈다고 한다. 하륜의 예지력이 그만큼 뛰어났다는 증거이다. 하륜은 안산을 주산으로 해 무악(毋岳, 신촌 일대)을 새 도읍지로 정해야 한다고 주장했으나, 태조는 정도전과 무학대사 등의 의견을 수용해 1394년 10월 북악(北岳)을 주산으로 새 도읍지를 정했다.

하륜은 탁월한 외교관이기도 했다. 명나라가 조선이 올린 표문(表文)

30 <동국사략(東國史略)> : 조선 태종의 명에 따라 권근, 이첨, 하륜 등이 지은 역사책. 단군 때부터 고려 말기까지의 사실을 편년체로 기록하였다. 6권 2책의 활자본.

에 무례한 내용이 있다면서 그 책임자로 정도전을 지목해 소환을 요구했다. 이에 한성부윤 하륜은 계품사(計稟使)[31]가 되어 정도전을 대신해 사신으로 가서 명나라의 오해를 푼 외교력을 발휘하였다.

1416년(태종 16) 11월 6일. 하륜은 함경남도 정평(定平) 땅에서 노구를 이끌고 제왕들의 능침을 돌아보다가 향연 70세로 순직했다.

"진산부원군(晉山府院君) 하륜이 정평에서 졸하였다. 부음이 이르니, 왕이 심히 슬퍼해 눈물을 흘리고 3일 동안 철조(撤朝)[32]하고 7일 동안 소선(素膳, 육류를 금함)했다. 쌀·콩 각각 50석과 종이 200권을 치부(致賻)[33]하고 예조좌랑 정인지를 보내어 사제(賜祭)[34]하게 했다."

하륜이 사망했을 때의 기록이다. 하륜에 대한 태종의 신임을 엿볼 수 있는 대목이다. 태종은 하륜을 자신의 '장자방(張子房)'이라 했으며, 후대에 하륜은 한의 장량(張良)[35], 송의 한기(韓琦)[36], 당의 분양(汾陽, 곽자의)[37]에 흔히 비유되었다.

하륜은 학문이나 정치력 등 모든 면에서 정도전과 대비되는 인물이다. 정도전이 조선왕조 창업의 밑그림을 그렸다면, 하륜은 왕권 강화의 초석을 닦은 인물이다. 정도전은 신권(재상) 중심의 통치를 이상으로

31 계품사(計稟使) : 고려말 조선 초에 긴급한 안건을 처리하기 위해 명나라에 파견한 특사.
32 철조(撤朝) : 나라에 변고가 생기거나 국상(國喪)을 당했을 때 조회를 멈추던 일.
33 치부(致賻) : 임금이 특명으로 신하에게 부의를 내려주던 일.
34 사제(賜祭) ; 임금이 죽은 신하에게 제사 지내는 일.
35 장량(張良, ?~B.C.186) : 중국 한나라의 건국 공신. 자는 자방(子房). 한나라 고조를 도와 천하를 통일하여, 소하·한신과 함께 한나라 창업의 '삼걸(三傑)'로 일컬어진다.
36 한기(韓琦, 1008~1075) : 중국 북송의 정치가. 자는 치규(稚圭). 범중엄과 함께 서하(西夏)의 침략을 방어하는 데 공을 세워, 그와 더불어 '한범(韓范)'이라 불리었다.
37 분양(汾陽, 곽자의·郭子儀, 697~781) : 변방 민족으로부터 당나라를 지킨 최고 명장. 당나라 왕조를 다시 일으킨 최고의 공신. 역대 중국의 과거시험에서 유일하게 무과 장원 출신으로 재상에까지 오른 자였고, 4대에 걸쳐 조정을 섬기며 두 번 재상으로 발탁되었다.

여겼지만, 하륜은 왕권 강화에 힘써 태종의 개혁정치에 앞장섰다. 하륜이 행정가적 학자라면 정도전은 혁명가적 학자였으며, 각각 이방원과 이성계의 '킹메이커'였다.

조선의 근간이 된 통치체제·신분제도·인재선발제도·사회운영제도 등은 모두 하륜의 손을 거쳤다. 조선은 왕권과 신권이 서로 견제하며 균형을 이루는 나라로 발전했다. 정도전이 설계한 '신권 중심'의 질서와 하륜이 추구한 '왕권 우위'의 질서가 절묘하게 어우러져 27대 518년간 이어진 것이다.

9 불편부당한 황희의 '관용(寬容) 리더십'

황희(黃喜, 1363~1452)는 조선왕조를 대표하는 최장수 재상이자 청백리의 전형이다. 원칙과 소신을 견지하면서 관용의 리더십을 발휘해 조선의 번영에 크게 이바지했다. 본관은 장수(長水), 자는 구부(懼夫), 호는 방촌(厖村), 시호는 익성(翼成)이다. 황희는 1363년에 판강릉대도호부사(判江陵大都護府使) 황군서(黃君瑞)와 호군(護軍) 김우(金祐)의 딸을 부모로 개성에서 태어났다. 1376년(우왕 2) 불과 14살 때 음보(蔭補, 조상의 덕으로 벼슬을 얻게 됨)로 복안궁녹사가 되었다. 21세에 사마시에, 23세에 진사시에, 4년 뒤인 1389년(창왕 1) 27세에 문과에 급제하였다. 이듬해 성균관 학관(學官)[38]이 되었다.

38 학관(學官) : 삼국시대 이래 조선시대에 이르기까지 각급 교육기관에서 학생들을 대상으로 학업을 가르치는 일을 담당하던 관원.

관운에 있어서는 우리 역사에 황희 정승을 능가할 인물이 없다. 90세를 살며 59년의 관직 생활 중 '일인지하 만인지상(一人之下萬人之上)'이라는 영의정 18년, 좌의정 5년, 우의정 1년을 합쳐 24년간 정승을 지냈다. 직함이 정승인 이런 사례는 세계 역사에서도 드문 일이다.

황희는 서른 살이 되는 1392년 고려가 패망하자 72명의 유신(儒臣)들과 함께 두문동(杜門洞)에 은거했다. 이후 조정의 요청과 "왕조의 변화와 상관없는 만백성을 위해 나가서 정사(政事)를 잘하는 것도 의로운 일이다"라는 원로 유신(儒臣)들의 천거로 두문동을 떠나 조선조의 신하가 됐다.

하지만 소신과 원칙을 지키는 강직한 선비 황희에게도 위기가 찾아온다. 바로 세자 책봉에 관한 문제였다. 1418년(세종 즉위년)에 태종은 11세에 세자로 책봉된 양녕대군을 14년 만에 폐위하고 3남 충녕대군을 세자로 책봉하려고 결심을 굳혔다. 당시 이조판서였던 황희는 '폐장입유(廢長立幼)[39]'를 반대하는 직언을 했다. 장자 승계의 원칙과 양녕의 교화가 가능하다는 두 가지 이유가 황희의 명분이었다.

결국 황희는 양녕대군의 폐위를 반대하다가 태종의 진노를 사서 서인(庶人)으로 교하(交河)에 유배되었고, 곧 남원으로 이배(移配)되었다. 태종이 상왕으로 물러날 때까지 등용되지 못하다가 세종(世宗) 4년(1422)에야 유배가 풀려 관직에 되돌아올 수 있었다. 이때 황희는 이미 예순 살이었다.

이처럼 황희는 자신이 애당초 거부했던 대상인 조선과 세종으로부터 크게 쓰임을 받는 행운을 누렸다. 황희는 가문·학연·지연보다는 실

39 폐장입유(廢長立幼) : 장자를 폐하고 아랫사람을 세움.

력을 우선시하는 인사정책을 폈다. 세계 최초의 기상관측장비인 측우기를 발명한 부산 동래현 관노(官奴) 출신인 장영실(蔣英實)을 종삼품 대호군(大護軍)이란 높은 벼슬에 오르게 한 것은, 세종과 황희만이 할 수 있는 혁신적 인사였다.

황희는 집현전 출신으로 엘리트 의식이 강한 최항·신숙주·성삼문·박팽년 등 신진관료들을 기존 원로대신과 잘 융합시켜, 훈민정음 창제와 같은 세종의 창조경영이 빛나게 했다. 그밖에 4군6진의 개척, 문물제도의 정비 등을 지휘·감독하여 국력을 신장시켰다. 황희는 노비의 아이가 수염을 잡아당겨도 마음 좋게 웃어 '허허 정승'이라는 별명을 얻었지만, 유독 자기 뒤를 이을 재목으로 점찍은 김종서에게만 일부러 엄하게 대했다.

황희의 리더십은 균형과 조정, 상생과 배려, 소통과 포용의 리더십으로 요약된다. 그는 "공평무사하고 어느 한쪽에도 치우치지 않는다"는 불편부당(不偏不黨)의 원칙으로 국사를 처리했다. 그는 틀에 얽매이지 않은 유연성과 균형감을 갖고 있었다. 〈세종실록〉에는 세종이 회의 중 가장 많이 했던 말 중 하나로 '황희의 뜻대로 하라'는 표현이었다고 전해진다. 황희는 위로는 군주로부터 아래로는 백성들에까지 지위고하를 막론하고 누구와도 소통이 가능한 재상이었다. 세종은 황희에게 "묘당에 의심나는 일이 있을 때면 경은 곧 '시귀(蓍龜, 귀신같이 앞을 내다보는 이)'였고, 정사와 형벌을 논할 때면 '권형(權衡, 저울대 같은 사람)'이었다."고 말했다.

황희는 조선왕조 최장수 영의정으로서 정치·경제·국방·외교·법률·종교·예술 등 모든 분야에서 전 방위로 활약하며 태종과 세종을 보좌하여 조선왕조의 반석을 다졌다. 황희 리더십의 기본은 '지족안분(知足安

分)'이다. 자신의 분수를 알고 만족감을 느끼는 삶, 명예와 권력과 부의 '3위 일체'를 스스로 거부하는 삶을 영위한 것이다.

〈문종실록〉은 황희의 졸기(卒記)에서 "조정과 민간이 놀라서 탄식하여 서로 조문하지 않는 이가 없었다. 이서(吏胥, 아전)와 여러 관사(官司)의 복례(僕隷, 노비)들도 모두 전(奠)을 베풀어 제사를 지냈으니, 전고(前古)에 없던 일이었다."라고 기록하고 있다. 아전과 노비들까지 영의정의 죽음에 스스로 제사를 지낼 만큼 황희의 인품에 감복하고 그의 관대한 성품을 숭상한 백성들이 많았다는 뜻이다.

조선시대 '청백리 18인' 중 으뜸 재상으로 황희 정승을 꼽는다. 황희는 '청백리'와 '청렴'의 표상으로 여겨지지만 여러 가지 불미스러운 일에 연루됐던 인물이기도 하다. 만약 황희가 오늘날 대한민국의 국무총리로 내정되었다면, 그 역시도 시시콜콜한 것까지 신상이 털리면서 국회 인사청문회를 통과하지 못하고 낙마했을 가능성이 컸을 것이다.

국회 인사청문회는 통과 자체가 목적이 되어서는 안 되며, 통과 후 국리민복을 위해 무엇을 잘할 수 있는가를 따져야 한다. 국회 인사청문회제도가 개혁되어야 하는 이유이다. 세종도 "인재가 길에 버려져 있는 것은 나라 다스리는 사람의 수치다"라고 하지 않았는가.

조선 세종 땐 인재가 넘쳤다. 명재상 황희와 맹사성, 천재 과학자 장영실, 악성(樂聖) 박연, 한글을 만든 성삼문과 신숙주, 명장 김종서와 최윤덕 등. 조선왕조 500년 동안 유독 이 시기만 인재가 많았던 건 아니다. 출신·단점·과거를 불문하고 천하에서 인재를 구한 세종의 '인재경영' 결과이다.

세종이 "진실로 국가의 주춧돌이며, 자신의 고굉(股肱, 다리와 팔, 온몸)

이다"라고 칭송한 황희 정승은 86세에 관직에서 물러난 뒤 파주 임진강 변 반구정(伴鷗亭)[40]에서 갈매기를 벗삼아 여생을 보냈다. 온 나라 사람들은 황희를 '현재상(賢宰相)·진재상(眞宰相)·청백재상(淸白宰相)'이라 불렀고, 오늘날까지 그를 칭송하고 있다.

황희의 리더십은 국정을 안정시키고 백성을 편안하게 한 실천적 지혜였다. 그의 불편부당한 관용은 오늘날에도 공정사회와 신뢰 리더십의 본보기로서 깊은 울림을 준다. "관이유제(寬而有制, 너그럽되 원칙이 있다)." 황희의 리더십을 가장 잘 설명하는 한마디이다. 그의 90 평생 위국헌신(爲國獻身)한 역동적인 일생을 살펴보며 이 시대의 바람직한 인재상을 다시 한번 생각한다.

10
국난을 극복한 류성룡의 '구국(救國) 리더십'

류성룡(柳成龍, 1542~1607)은 시대를 내다보는 인재등용과 구국의 리더십을 발휘하여 임진왜란이라는 국난을 슬기롭게 헤쳐나간 경세가요, 명재상이다. 본관은 풍산(豊山), 자는 이현(而見), 호

40 반구정(伴鷗亭) : 방촌 황희 정승이 1449년(세종 31) 87세의 나이로 18년간 재임하던 영의정을 사임하고 관직에서 물러나 갈매기를 벗 삼아 여생을 보내던 곳이다. 임진강 기슭에 세워진 정자로 낙하진에 인접해 있어 원래는 낙하정(洛河亭)이라하였다. 이곳은 임진강이 내려다보이는 강안 기암절벽 위에 있는데 앞에는 널찍한 모래톱이 있다. 맑은 날 정자에 오르면 멀리 개성의 송악산을 볼 수 있다. 미수 허목(許穆) 선생이 지은 <반구정기(伴鷗亭記)>를 보면 "정자는 파주 서쪽 15리 임진강 아래에 있고 조수 때마다 백구가 강 위로 모여들어 들판 모래사장에 가득하다. 9월이면 갈매기가 손으로 온다. 서쪽으로 바다는 30리다."라고 아름다운 풍광을 묘사해 놓았다.

는 서애(西厓)다. 류성룡은 1542년(중종 37)에 경북 의성군 외가에서 황해도 관찰사 류중영(柳仲郢)과 안동김씨 사이에서 둘째 아들로 태어났다. 류성룡은 16세 때 향시에 급제한 후 1562년 가을, 21세 때 퇴계(退溪) 이황(李滉)의 문하에 들어가 학업에 매진했다.

류성룡은 25세 되던 1566년에 문과에 급제하여 승문원 권지부정자로 관직에 발을 들어놓았다. 이후 28세에는 공조좌랑에, 30세에는 병조좌랑에, 35세에 사간원헌납에, 38세에 부제학에, 49세에 우의정에, 이듬해 좌의정·이조판서를 겸하다가, 1593년 52세에 영의정에 오르는 등 내외의 요직을 두루 거쳤다.

류성룡의 진가를 제대로 알아본 사람은 호학 군주 정조(正祖)였다. 그는 〈홍재전서(弘齋全書)〉「일득록(日得錄)」'인물' 조에서 류성룡을 상찬했다.

"저 헐뜯는 사람들을 고(故) 상신(相臣, 류성룡)이 처한 시대에 처하게 하고 서애(西厓)가 맡았던 일을 행하게 한다면, 그런 무리 백 명이 있어도 어찌 감히 서애가 했던 일의 만분의 일이라도 감당했겠는가. 옛날 당태종이 이필(李泌)에 대해서, '이 사람의 정신은 몸보다 크다'고 말했는데 나도 서애에 대해서 또한 그렇게 말한다. 대개 그는 젊었을 때부터 이미 우뚝 거인의 뜻이 있었다."

1592년 6월 11일. 선조는 평양에서 탈출해 영변으로 피했다가, 6월 22일 의주에 당도했다. 급기야 승지 이항복(李恒福)에게 "명나라에 내부(來附, 자기 나라를 다른 나라에 들어 바치는 것)하여 몸을 보전하겠다."고 한 것이다.

이에 류성룡은 선조의 면전에서 "임금께서 우리 땅에서 한 발자국이라도 떠나신다면, 그때부터 조선은 우리 소유가 아닙니다(大駕離東土一步 卽朝鮮非我有也·대가이동토일보 즉조선비아유야)."라며 서릿발같이 임금의 행차를 막아섰다. 그는 선조와 조정의 여론을 '망명에서 항쟁으로' 돌려놓는 전기를 마련한 것이다.

전란 극복을 위한 류성룡의 미래지향적 리더십은 많은 울림으로 다가온다.

첫째, 날카로운 '인재등용'의 리더십이다. 왜군의 동태를 수상히 여긴 그는 정읍 현감으로 있던 이순신(李舜臣)을 전라좌수사에 천거했고, 형조정랑으로 일하던 권율(權慄)을 의주목사로 천거했다.

둘째, 민생을 위한 '애민정신'의 리더십이다. 대부호와 전호(佃戶, 소작인)에게 똑같은 세금을 부과하던 공납(貢納)의 폐단을 개혁했다. 임란 와중에 그는 최초로 뒷날 대동법이라고 불린 '작미법(作米法)'을 실시했다.

셋째, 능수능란한 '실리외교'의 리더십이다. 임진왜란이 발생하자 류성룡은 명나라에 원군을 요청하고, 일본의 전략과 계략을 한눈에 파악한 뒤 이를 역이용해 일본군을 물리치는 등 뛰어난 외교전략을 펼쳤다.

넷째, 탁월한 '제도혁신'의 리더십이다. 류성룡은 양반 사대부의 기득권을 타파하는 혁명적 개혁이 아니면 망한 나라를 살릴 수 없다고 판단했다. 그리하여 중강개시·면천법·고공책·공명첩·호포법·속오군제도 등을 실시했다.

왜군의 수급을 베어오는 천민들에게 양인 신분을 주는 면천법(免賤法)으로 백성들의 호응을 얻었으며, 전쟁에 참여한 사람들을 공책에 기록해 상을 준다는 고공책(考功冊)으로 도망갔던 백성들을 불러 모았으며, 곡식을 자발적으로 내는 사람에게 종이 벼슬을 주는 공명첩(空名帖)으로 군량미를 확보했다.

전란이 끝나갈 무렵인 1598년 명의 경략(經略) 정응태(丁應泰)[41]가 "조선과 일본이 합세해서 명나라를 치려한다."라고 본국에 류성룡을 무고한 사건이 있었다. 북인이 이 일을 빌미 삼아 류성룡을 탄핵하였고, 결국 삭탈관직 되었다. 57세의 류성룡은 고향인 하회(河回)마을로 낙향하여 집필활동에 몰두해 마침내 1604년 63세가 되는 해에 국보 제132호 〈징비록(懲毖錄)〉을 완성했다.

〈징비록〉은 임진왜란의 원인·경과·결과를 피와 땀과 눈물로 쓴 '임진왜란의 종군기록'이다. 백성과 사직을 제대로 지켜내지 못한 것을 부끄러워한 반성의 기록문이다. 여기서 류성룡은 "장군이 있을 때, 왜군은 한산진을 감히 범할 생각조차 못 했다. 장수와 병사들은 그를 군신(軍神)으로 받들고 단합했다."라며 이순신을 추모했다.

징비(懲毖)는 '미리 징계하여 후환을 경계하다'는 뜻이다. 〈시경(詩經)〉의 송(頌)편에 '소비(小毖)'라는 제목의 시가 있는데, 첫 구절에 '내가 지금 깨우치고 경계하는 건 후환에 대비하기 위함이라네(予其懲, 而毖後患·여기징 이비후환)'라는 말이 나온다. 여기에서 징(懲), 비(毖) 두 글자를 따온 것이다.

---

41 정응태(丁應泰) : 명나라 사람. 선조 31년(1598)에 조선이 왜병을 끌어들여 명나라를 침범하려 한다고 명나라 신종(神宗)에게 무고(誣告)했음. 이때 이항복(李恒福)이 진주사(陳奏使)가 되어 명나라에 건너가 무마했는데, 변무문(辨誣文)은 부사(副使)로 갔던 이정구(李廷龜)가 지었음.

1607년 5월 13일. 서애의 부음이 전해지자 한양의 백성들이 시전의 문을 닫아걸었다. 목멱산 기슭에 폐허가 된 집터에 가난한 백성들과 각 관청의 늙은 아전과 서리 등이 곡식과 베를 내어 빈소를 마련했다. 〈선조실록〉은 이를 조선조 최초의 자발적인 '백성장(百姓葬)'으로 기록했다. 징비록에 담긴 서애의 정신과 자기 삶이 명실상부(名實相符)했다는 것을 실록이 증명한 것이다.

류성룡이 피눈물로 그려낸 '징비록 교훈'을 조선의 왕들과 위정자들은 금세 잊어버렸다. 조선의 계속된 비극은 속오군이나 작미법과 같은 류성룡의 개혁입법이 임란 후 모두 폐기되어 생명력을 잃은 데서 찾을 수 있다. 역사의 교훈을 망각하면 반드시 가혹한 재앙이 따르는 법이다. 임진왜란이 끝나고 30년 후에 일어난 정묘호란과 병자호란으로 조선은 다시 전화(戰火)에 휩싸였다. 이후 정치인은 실정을 거듭하고 강한 군대를 갖지 못했다. 결국 일본에 나라를 잃는 국치(國恥)의 비극을 겪게 되었다.

국가위기상황 극복을 위한 항구적인 유비무환(有備無患)의 준비태세가 필요하다. 〈징비록〉의 교훈은 단 하나다. 더 이상 제2, 제3의 〈징비록〉 같은 책을 쓰는 일이 없도록 해야 한다. 류성룡이 백성과 사직을 제대로 지켜내지 못한 것을 부끄러워한 또 다른 반성문인 '감사(感事, 감회에 젖은 일)'라는 시 중에는 이런 구절이 있다.

"千兵非所急(천병비소급) 많은 병사가 급한 것이 아니라
一將眞難得(일장진난득) 장수 하나 얻기가 참으로 어려웠다."

〈징비록〉에는 류성룡의 '이기는 전략'이 다음과 같이 기록돼 있다. "천 마디 말이나 만 가지 계략이 다 필요 없고 오직 뛰어난 장수 한 사람

이 중요하다. 거기에 조조(曹操)의 3가지 요소(지형 이용, 군사 기강, 우수한 병기)가 누락되지 않고 더해진다면 다른 어떤 것도 필요 없다." 류성룡은 인재 무시와 군사방략이 미비한 전략은 무의미함을 강조하였다. 그런데 우리 지도층은 과연 지금 '징비(懲毖)'하고 있는가?

11
정적들도 안은 이원익의 '포용(包容) 리더십'

이원익(李元翼, 1547~1634)은 조선왕조 중기인 선조-광해군-인조 3대에 걸쳐 한 정권에 두 번씩 여섯 번이나 영의정을 역임한 명재상이다. 본관은 전주(全州), 자는 공려(公勵), 호는 오리(梧里), 시호는 문충(文忠)이다. 그는 88세로 장수한 까닭에 임진왜란(45세, 이조판서)-인조반정(76세, 영의정)-정묘호란(80세, 영중추부사) 같은 역사의 소용돌이 중심에 있었다.

이원익은 태종의 열두 번째 아들인 익녕군(益寧君) 이치(李袳)의 4대손이다. 아버지 함천군 이억재(李億載)는 부인 단양 우씨(禹氏)와 혼인하였으나 자식이 없었고, 뒤에 사헌부 감찰 정치(鄭錙)의 딸인 동래 정씨와 혼인하였다. 이원익은 1547년(명종 2) 한양의 유동(楡洞) 천달방(泉達坊, 지금의 동숭동)에서 4남 3녀 중 둘째 아들로 태어났다.

이원익은 열세 살 때인 1559년(명종 14)에 동학(東學, 4학 중의 하나)에 입학해 공부했다. 4년 만인 1563년(명종 18)에 사마시에 합격했지만, 당시 윤원형 일파의 전횡에 따른 시험부정 사건으로 그 시험이 통짜로 무효 처리되고 말았다. 18세가 되는 이듬해(1564년)에 비로서 사마시에 합격하여 생원이 되었다. 이 시험은 율곡 이이가 주관한 시험이었다.

생원 이원익은 성균관에 입학해 기숙사 생활을 하면서 동고(東皐) 이준경(李浚慶)[42]과 사제의 인연을 맺었다. 이원익은 사마시에 합격한 5년 뒤 23세 때 별시 문과에 병과로 급제(1569년, 선조 2)했다. 이듬해 승문원권지부정자(종9품)로 관직생활을 시작하여 이후 35세(1582년)까지 호조·예조·형조좌랑, 사간원 정언(이상 정6품), 예조정랑, 홍문관 응교(이상 정5품) 같은 다양한 당하관직(堂下官職)을 거쳤다.

이원익이 우리 역사상 전무후무한 3대에 걸쳐 여섯 차례나 영의정을 지낼 수 있었던 비결은 무엇일까? 그것은 그를 둘러싼 주변인들의 아낌없는 사랑을 받았기 때문이다. 첫째, "이원익은 속일 수는 있으나, 차마 속이지 못하겠고"라는 말에서 알 수 있듯이 동료 관료들의 사랑을 한 몸에 받았다. 둘째, 청백리로 임금으로부터 집을 하사받을 정도로 군주의 신뢰와 존경을 받았다. 셋째, '우리 대감'으로 불릴 정도로 백성들의 절대적인 지지를 받았다.

이원익은 관직생활 64년 중 40년을 재상으로 봉직한 '직업이 재상'인 인물이다. 또한 세 명의 임금을 모시는 동안 영의정만 6번씩이나 지내면서도 비바람조차 제대로 막지 못하는 두 칸 초가집에 산 '초가집 정

42 이준경(李浚慶, 1499~1572) : 조선 명종의 고명대신, 선조를 보위에 올렸다. 자는 원길(原吉). 호는 동고(東皐)·남당(南堂)·홍련거사(紅蓮居士)·연방노인(蓮坊老人). 벼슬은 영의정 및 영중추부사에 이르렀다. 1555년 도순찰사로 호남 지방에 침입한 왜구를 물리쳤으며, 신진 사류와 기성 사림 간의 알력을 조정하기에 힘썼다. 죽을 때 붕당이 있을 것을 예언하였다. 저서에 <동고유고>, <조선풍속> 등이 있다.

승'이자 청백리였다. 그리하여 세종 때 황희(黃喜), 숙종 때 허목(許穆)[43]과 더불어 임금으로부터 집을 하사받은 3인 중 한 명이 되었다.

이원익은 남인이라는 소수 정파에 속해 있었음에도 경기 대동법을 강력히 추진했고, 붕당의 폐단 극복과 능력 위주의 인사정책 등 국정 전반에 걸친 과감한 개혁을 주장했다. 이원익은 '안민제일(安民第一)'과 '안민국승(民安國勝)'의 신념을 일관되게 지켰다. 또한 화합·설득·포용의 리더십으로 국태민안(國泰民安)에 진력함으로써 반대 당파 인사들조차 감히 그를 공격할 엄두를 내지 못하고 오히려 존경했다.

이런 이유로 조선 역사상 뛰어난 인재가 넘쳤다는 선조(宣祖) 시대에 선조는 "우리나라에는 오직 이원익이 있을 뿐이다."라는 말을 했을 정도다. 1608년 광해군(光海君)이 즉위하자, 그는 부왕의 뜻에 따라 전대(前代)의 영의정인 이원익을 자신의 첫 수상에 그대로 임명했다. 광해군의 내치(內治)는 그다지 순조롭지 못했다. 광해군이 난폭해지자, 이원익은 신변의 위험을 무릅쓰고 대비(大妃)에 대한 효도, 형제간의 우애, 여색에 대한 근신, 국가 재정의 절감 등을 간쟁했다.

광해군의 급진적 개혁은 성리학의 명분론에 어긋나는 점이 많아 사림의 불만을 사게 되었다. 서인은 광해군의 중립외교, '폐모살제(廢母殺弟, 인목대비 폐위와 영창대군 살인, 계축옥사·癸丑獄死)'를 명분으로 내세워 광해군을 축출하는 '인조반정(仁祖反正, 1623)'을 일으켰다.

인조(仁祖)가 왕위에 오르자 77세의 노대신 이원익은 다시 한번 영의정으로 부름을 받았다. 이원익의 삶에서 가장 주목되는 점은 항상 목

43 허목(許穆, 1595~1682) : 조선 숙종 때의 문신·학자. 자는 문보(文甫)·화보(和甫). 호는 미수(眉叟). 제자백가와 경서 연구에 전념하였으며 특히 예학(禮學)에 밝았다. 저서에 <경설(經說)>, <동사(東事)> 등이 있다.

숨을 걸고 누군가를 변호하는 '신념과 의리'를 지켰다는 점이다. 이원익은 임진왜란 동안 이순신을 변함없이 옹호한 정승이었다. 영의정 겸 도체찰사인 이원익은 거듭되는 선조의 '이순신 형 집행(역적 죄명)' 재촉에 대해 그 유명한 명언을 남겼다.

"전하께서 전시 중에 신(臣)을 폐하지 못하시는 것처럼, 신(臣) 또한 전쟁 중에 '삼도수군통제사'인 이순신을 해임할 수 없습니다."

또한 이원익은 류성룡이 '왜와 밀약을 맺었다'라는 혐의로 죽을 위기에 처하자 자리를 걸고 그를 적극 변호하다가 결국 영의정 자리에서 물러났다. 이원익은 광해군 시절 임해군(臨海君)[44]의 처형을 반대하다가 뜻을 이루지 못하자 영의정 자리를 내려놓았다. 이후 '인목대비(仁穆大妃廢位)[45]' 문제가 불거지자 상소를 올려 반대하다가 파직되고 오랜 유배생활을 하게 되었다. 인조반정 뒤 광해군(光海君)을 사사(賜死)해야 한다는 주장이 일어났을 때도 이원익은 "광해군을 사사한다면 그 밑에서 영의정을 하였던 나도 벌해야 한다"라고 맞서 광해군의 목숨을 보호하기도 했다.

이원익의 저서로는 〈오리집〉〈속오리집〉〈오리일기〉 등이, 가사로는 <고공답주인가(雇工答主人歌)>[46]가 있다. 자신을 내세우거나 과시하지 않는 겸손하고 순박한 삶을 영위한 이원익. "안민(安民)이 첫째이고 나

---

44 임해군(臨海君, 1574~1609) : 선조의 맏아들. 이름은 진(珒). 초명은 진국(鎭國). 임진왜란 때 왜군의 포로가 되었다가 석방되었다. 광해군 즉위 후 유배되었다가 죽었다.

45 인목대비(仁穆大妃, 1584~1632) : 선조의 계비(繼妃). 성은 김(金). 선조 35년(1602) 왕비에 책봉되었으나 광해군이 즉위하자 대북(大北)의 모략으로 서궁(西宮)에 유폐되었다가 인조반정으로 풀려났다.

46 <고공답주인가(雇工答主人歌)> : 이원익이 지은 가사(歌辭). 허전(許坱)의 <고공가>에 화답하는 형식으로서, 작가가 영의정의 처지에서 당파 싸움을 일삼는 신하를 꾸짖고 임금에게 간(諫)하려는 목적으로 지었다.

머지는 군더더기일 뿐", "조선의 대표적 청백리", "초가집 명재상". 국노(國老)의 영예와 국난(國亂)의 고난이 교차한 88세의 긴 생애가 후세의 귀감이 된다.

먼 훗날 다산 정약용은 이 위대한 정치가 이원익을 크게 찬양했다(故領議政梧里李公畵像讚·고영의정오리이공화상찬)

社稷以公爲安危(사직이공위안위)
사직의 안위가 공에게 달려 있었고
生靈以公爲肥瘠(생령이공위비척)
백성들의 행불행도 공에게 달려 있었네.
寇賊以公爲進退(구적이공위진퇴)
왜구들의 진퇴도 공에게 달려 있었고
倫綱以公爲頹整(윤강이공위퇴정)
나라의 윤리 도덕도 공에게 의존했었네.

12
대동법을 만든 김육의 '애민(愛民) 리더십'

김육(金堉, 1580~1658)은 17세기 인조와 효종 대의 명신으로, 대동법과 화폐통용을 강력하게 밀어붙임으로써 조선 후기 조세, 화폐개혁을 이뤄낸 개혁가이며 실학자이다. 그는 조선 최고의 조세개혁인 '대동법(大同法)'에 자신의 모든 것을 바친 대동법의 '살아있는 화신'이었다. 본관은 청풍(淸風), 자는 백후(伯厚), 호는 잠곡(潛谷)이다.

임진왜란과 병자호란 양란을 거치며 인구는 격감했고 토지는 황폐해졌다. 김육은 이러한 시대적 난관을 뚫고 백성의 삶을 질적으로 향상시키는 데 가장 큰 공헌을 하였다. 그리하여 조선 최고의 개혁정치가라는 평가를 받기에 손색이 없는 인물이다. 그의 대동법에 대한 집념이 얼마나 대단했었는지는 대동법이 시행될 당시 "백성들은 밭에서 춤을 추고, 개들은 아전을 향해 짖지 않았다"라는 말이 떠돌 정도라는 데에서 유추할 수 있을 것이다.

김육은 기묘사화 때 절명시를 남기고 자결했던 '기묘팔현'의 한 사람인 청풍김씨의 중시조 김식(金湜)[47]의 고손자이며, 강릉참봉 김흥우(金興宇)의 아들이다. 모친인 한양 조씨는 조광조의 아우 조숭조의 손녀다. 김육은 이황의 제자였던 지산(芝山) 조호익(曺好益)에게 처음 가르침을 받다가 15세 때 해주에 가서 이이의 문인인 우계(牛溪) 성혼(成渾)[48]에게 학문을 배웠다.

김육은 12살 때 〈소학(小學)〉을 읽다가 **"처음 임명된 관료가 만물을 사랑하는 데에 마음을 두면, 반드시 인민을 구제할 것이다."**라는 송나라 정호(程顥)[49]의 글을 읽고 백성 구제의 큰 뜻을 품었다. 김육의 좌우명은 '만물을 사랑하여 사람들을 구제하라'는 뜻의 '애물제인(愛物濟人)'의 정

47 김식(金湜, 1482~1520) : 조선 전기의 성리학자. 자는 노천(老泉). 호는 정우당(淨友堂)·사서(沙西)·동천(東泉). 사림파의 대표적인 인물로 실력이 뛰어나 단기간에 부제학, 대사성에 올랐다. 남곤(南袞) 일파가 기묘사화를 일으키자 거창(居昌)에 도피하여 <군신천세의(君臣千歲義)>라는 시를 짓고 자결하였다. 기묘명현의 한 사람으로 불린다.

48 성혼(成渾, 1535~1598) : 선조 때의 유학자. 자는 호원(浩原). 호는 우계(牛溪)·묵암(默庵). 성리학의 대가로 기호학파의 이론적 근거를 닦았다. 저서에 <우계집> 등이 있다.

49 정호(程顥, 1032~1085) : 중국 북송의 유학자. 자는 백순(伯淳). 호는 명도(明道). 아우 이(☒)와 함께 이정자(二程子)로 불리며, 도덕설을 주장하여 우주의 본성과 사람의 성(性)이 본래 동일하다고 보았다. 저서에 <정성서(定性書)>, <식인편(識仁篇)> 등이 있다.

신이다. '애물제인'의 정신에 바탕한 김육의 정치경제 사상은 '이식위천'(以食爲天, 백성은 먹는 것을 하늘로 삼는다)과 '안민익국'(安民益國, 백성이 편안해야 나라에 이롭다)의 실사구시에 있었다.

김육은 26세 때인 1605년(선조 38)에 사마시에 합격하고 이후 성균관에 입학하였다. 탄탄대로를 걷던 김육은 1610년(광해군 2)에 태학생(太學生)의 신분으로 정여창·김굉필·조광조·이언적·이황 등 이른바 '오현(五賢)을 문묘에 종사해 달라'('청종사오현소·請從祀五賢疏)'는 상소문을 올렸다.

그런데 당시 집권당인 대북파의 영수 정인홍(鄭仁弘)[50]이 "이언적과 이황을 문묘에 종사하는 것은 온당치 않은 일"이라는 상소문을 올려 반대하고 나섰다. 이황과 더불어 영남 사림의 지도자 역할을 한 조식(曺植)의 제자였던 정인홍은 자신의 스승을 제외한 이황의 문묘 종사를 용납하기 어려웠을 것이다.

당시 김육은 재임(齋任, 성균관의 학생회장)이었는데, 이 소식을 듣고 성균관 유생들과 상의한 끝에 청금록(靑襟錄, 유학자의 명부)에서 정인홍의 이름을 삭제해 버렸다. 그러나 이 일로 말미암아 김육은 환로(宦路, 벼슬살이를 하는 길)가 막혀 버렸다. 대북파는 김육의 문과 응시 자격을 박탈했다. 김육은 1613년(광해군 5) 34세 때 하릴없이 성균관을 떠나 가평 잠곡(潛谷, 청평면) 청덕동(淸德洞)에 은거했다. 이때부터 스스로 호를 '잠곡'이라 하였다.

김육은 만약 백성과 관리와 임금(나라)의 이해관계가 달랐을 경우 먼

50 정인홍(鄭仁弘, 1535~1623) : 조선 중기의 문신·학자. 자는 덕원(德遠). 호는 내암(萊庵). 임진왜란 때에 합천에서 의병을 모아 활약하여 영남 의병장의 호를 받았다. 대북(大北)의 영수(領袖)로 광해군 즉위 후에 영의정에 올랐다. 저서에 문집 <내암집>이 있다.

저 '백성의 뜻'을 따라야 한다고 주장한다. 이는 '백성이 귀하고 사직이 다음이고 임금은 가볍다(민위귀 사직차지 군위경·民爲貴 社稷次之 君爲輕)'는 맹자의 '민귀군경(民貴君輕)' 가르침과 정확히 일치한다. 이 같은 김육의 '민본사상'과 '개혁사상'은 잠곡의 10년 농부의 삶을 통해 체득된 것이었다.

1623년(광해군 15) 인조반정으로 서인이 집권하자, 김육은 6품직의 의금부 도사에 임명되었다. 마흔넷의 나이에 처음 얻은 벼슬이었다. 이듬해 증광문과에 장원으로 급제하였다. 대동법은 효시인 율곡 이이로부터 류성룡-이원익-조익[51]-김육 등을 거쳐서 완성, 시행되었다. 김육은 1636년(인조 14)에 대동법을 확대 시행할 것을 건의하였으나, 인조 재위 기간에는 진전되지 않았다.

마침내 1649년에 효종(孝宗, 재위 1649~1659)이 즉위했다. 그해 5월 효종은 김육을 사헌부 대사헌에 특별히 발탁했으며, 동년 9월 특진시켜 우의정을 제수했다. 김육은 효종에게 충청도에 대동법을 시행할 것을 건의했고 대동법이야말로 곤궁에 빠진 백성을 구제할 구민책이라 주장했다. 결국 1651년(효종 2년) 충청도에 대동법이 시행됐다.

1654년 6월에 75세의 김육은 다시 영의정에 오르자 대동법의 시행을 확대하고자 〈호남대동사목(湖南大同事目)〉을 구상했다. 대동법은 백성의 삶을 안정시킨 조선 최고의 개혁정책으로 기존의 조세 수취 체제에서 두 가지를 근본적으로 바꾸어 놓았다.

첫째는, 토지 소유와 상관없이 가구 단위로 부과하던 공물을 토지 소

51 조익(趙翼, 1579~1655) : 조선 효종 때의 문신·학자. 자는 비경(飛卿). 호는 포저(浦渚)·존재(存齋). 예조판서, 좌의정을 지냈다. 예학(禮學)에 밝았으며, 대동법의 시행을 적극 주장하였다. 저서에 <포저집>, <서경천설(書經淺說)> 등이 있다.

유 면적을 기준으로 부과하도록 바꾼 것이다. 결과적으로 가난한 백성의 부담을 덜어주고 부자의 세금을 늘린, 요즘 식으로 말하면 '서민 감세' '부자 증세'라고 할 수 있을 것이다.

둘째는, 지방 토산물을 거두어들이는 조세 방식을 쌀로 통일해 납부하도록 바꾼 것이다. 이것은 현물의 납부에 따른 '방납(防納)의 폐단'을 근본적으로 차단해 백성들의 조세 부담을 획기적으로 덜어주었다.

김육의 집념으로 결국 숙종 34년(1708년) 대동법은 제주도·평안도·함경도를 제외한 전국에 시행되어 완성되었다. 대동법으로 조선 사회는 되살아났다. 그 결과 조선은 18세기 영·정조 시대의 경제부흥과 문화융성을 맞이할 수 있었다.

대동법은 단지 하나의 조세정책이 아니라, 현실의 구조적 모순을 해결해 민생을 증진하려 했던 '개혁담론'이었고 '시대정신'이었다. 대동법이 아니었다면 조선의 종말은 100년은 일찍 왔을 것이다.

김육은 "대신이 명예를 좋아하고 비방을 두려워하면서 아무 말도 하지 않은 채 혼자서만 착한 사람이 되려고 하면 안 된다"라고 말했다. 재상은 인기에 영합하지 않는 소명의식을 가져야 한다는 말이다. 이 같은 김육의 일생을 뒤돌아보면 '민생을 돌보는 개혁'이 얼마나 어려운지 알게 된다. 김육은 조선 최고의 경제개혁가요 당파에 얽매이지 않고 부국강병을 주장한 근세 실학자이다. 성장과 국가발전이 난관에 직면해 있는 대한민국의 난국(亂局)을 타개할 제도개혁을 강인하게 추구할 수 있는 김육 같은 정치가의 출현을 기대한다.

13
민생을 위한 채제공의 '실용경제(實用經濟) 리더십'

채제공(蔡濟恭, 1720~1799)은 18세기 조선을 대표하는 학자요, 명재상이다. 채제공은 세종의 치세를 이끈 황희 정승처럼 남인당을 결집하여 노론당의 독주를 견제하고, 정조(正祖) 개혁의 총사령탑 역할을 수행했다. 본관은 평강(平康), 자는 백규(伯規), 호는 번암(樊巖)이다. 채제공은 1720년(숙종 46) 지중추부사를 역임한 채응일(蔡膺一)과 연안 이씨 사이에서 충청도 홍주(홍성과 청양)에서 태어났다.

15세에 향시에 급제한 채제공은 24세(1743, 영조 19)에 과거에 합격해 국왕에 관련된 문서를 작성하는 승문원권지부정자(종9품)로 벼슬을 시작했다. 1753년(영조 29) 34세에 호서 암행어사로 임명되어 균역법의 시행을 조사하고 이의 폐단을 보고했다. 이후 사간원헌납·사헌부집의·이천부사 등을 거쳐 1758년(영조 34) 39세에 도승지(都承旨)에 임명되었다. 이 해에 사도세자(思悼世子) 폐위의 비망기(備忘記, 임금이 명령을 적어서 승지에게 전하던 문서)가 내려지자, 채제공은 죽음을 무릅쓰고 이를 철회시켰다. 이후 대사헌(大司憲) 등을 역임하고 1762년(영조 38) 모친상으로 관직에서 물러나 있었는데, 이 해 윤오월에 사도세자가 폐위되고 사사되었다.

이처럼 30대 후반부터 50대 중반까지 채제공은 조정의 요직을 두루 역임했다. 사관(史官)은 이 무렵 "다른 신하들은 윤허 받지 못한 일도 그가 나서면 허락받는 경우가 많았다."라고 평가했다. 영조는 정조에게 "참으로 채제공은 나의 사심 없는 신하이자 너의 충신이다."라고 말했다. 정조는 채제공에 대해 "영의정 채제공과 나는 공적으로는 비록 군신관계이나 사적으로는 부자관계와 같다."며 한없는 존경심을 표했다. 채제공이 정조 보다 33세 연상이니, 두 사람은 오륜(五倫)의 '군신유의(君臣有義)-부자유친(父子有親)'의 '의(義)와 친(親)'을 함께 느끼는 사이가 아니었을까.

이처럼 채제공은 79세로 모든 공직에서 물러날 때까지 55년의 긴 세월 동안 영조와 정조라는 두 걸출한 국왕을 보좌하여 개혁정책을 성공시켰고, 정조의 정치적 이상인 '탕평정치(蕩平政治)'를 도왔다. 그는 민생정치와 이용후생(利用厚生)에 기초하여 경제회생에 총력을 기울인 조선 최고의 경제정책가였다.

조선 제22대 왕 정조는 1776년 영조의 승하로 26세로 왕위에 올랐다. 정조는 아버지 사도세자가 당쟁으로 희생되었고 자신도 당쟁의 폐해를 절감했기 때문에 '탕평(蕩平) 인사'를 활용했다. 정조는 채제공·정약용·이가환·안정복 등 권력에서 배제된 소론과 남인계 인사들을 각별히 중용하였다. 또한 사도세자의 죽음과 연계된 노론 벽파의 당수인 김종수·심환지 등도 측근으로 두었다. 이처럼 정조는 과거에 집착하지 않은 미래지향적 정치를 펼친 '포용의 리더십'을 발휘하였다.

그러나 1780년(정조 4) 소론계 서명선(徐命善)[52]을 영의정으로 하는 정권이 들어서자, 채제공은 노론의 집중 공격을 받아 이후 8년간 서울 근교 명덕산(수락산)에서 은거생활을 하였다. 1788년(정조 12), 정조는 기득권 세력에 맞서 개혁정치를 펼치기 위해 69세의 채제공을 우의정에 제수했다. 남인 출신의 정승은 80여 년만이었다.

52 서명선(徐命善, 1728~1791) : 조선의 문신 겸 정치인. 시인이다. 본관은 대구이며 자(字)는 계중(繼仲)이고 아호(雅號)는 귀천(歸泉)·동원(桐源)이며 시호(諡號)는 충헌(忠憲)·충문(忠文)이다.

이때 채제공은 ▲황극(皇極, 편파가 없는 곧고 바른 치국의 도리)을 세울 것 ▲탐관오리를 징벌할 것 ▲당론을 없앨 것 ▲의리를 밝힐 것 ▲백성의 어려움을 돌볼 것 ▲권력 기강을 바로잡을 것 등 〈6조 진언〉을 상소했다.

1790년(정조 14), 71세의 채제공은 다시 좌의정이 되었다. 이때 영의정과 우의정이 공석인 독상(獨相)으로서 3년간 재직하며 개혁과제를 추진했다. 이것은 100년 동안 없던 일이었다. 채제공의 가장 큰 업적은 조선 최초의 시장자유화 조치인 '신해통공(辛亥通共)'이라 할 수 있다. 1791년(정조 15) 조선경제사에 한 획을 긋는 발표문의 내용은 이러했다.

"시전 상인들이 사상인(私商人)의 상업활동을 단속, 금지할 수 있도록 허용한 금난전권(禁亂廛權)에 대해 육의전을 제외하고 모두 혁파한다." 채제공은 육의전과 시전 상인이 상권을 독점하기 위해 조정과 결탁하여 난전(亂廛)을 금지할 수 있었던 '금난전권'은 잘못된 것이며, 조선의 백성들은 누구나 마음 놓고 장사를 할 수 있어야 한다고 생각했다.

'신해통공'은 소상인의 활동 자유를 늘리는 조치였다. 이 정책은 조선시대 최고의 경제개혁이었다. 이에 따라 자유로운 상업활동과 통상을 보장하여 조선 후기의 경제발전에 획기적인 전기가 마련됐다. 또한 신해통공은 조선 집권당파의 음성적 뇌물부패 고리를 원천적으로 차단하는 조치였다.

훗날 정약용은 채제공을 이렇게 평가했다.

"반대하고 불평했지만, 신해통공 조치 후 1년 만에 물화가 모여 일용품이 넉넉해졌다. 백성들은 크게 기뻐하고 원망하던 자들도 칭찬했다."

1793년(정조 17) 5월, 채제공은 74세 고령에 영의정에 제수되었다. 숙종 이후 남인이 공식적으로 영의정에 오른 첫 번째 사례였다. 정조는 이듬해 정월 채제공을 화성(華城) 책임자로 복직시켰다. 수원성은 우리나라 성곽 문화의 백미로 꼽힐 뿐만 아니라 세계 최초의 계획된 신도시라는 점이 자랑이다. 수원성은 채제공이 성역의 총지휘를 맡고, 정약용이 축성의 모든 과정을 계획·감독했다. 정조-채제공-정약용이 '드림팀'이 되어 화성 축조를 성공시킨 것이다.

15세기 세종의 르네상스 핵심이 한글 창제와 과학 혁명이었다면, 18세기 정조의 르네상스는 선진문물의 도입과 문화영역의 저변확대로 요약된다. 18세기 조선 르네상스를 이끈 삼두마차는 정조와 채제공, 정약용이다. 문예부흥은 정조가 기획하고 채제공이 총괄하고 정약용이 실행했다. 정조의 뜻밖의 단명, 천주교 요소, 정조가 사전에 남인의 공고한 세력을 구축하지 못한 점 등으로 말미암아 조선의 '제2 르네상스'는 정조의 사망과 함께 퇴색해 버렸다.

1799년(정조 23) 1월 18일. 채제공은 향년 80세를 일기로 세상을 떠났다. 채제공과 정조 사후 조선 땅에는 불행하게도 현명한 왕과 어진 재상이 출현하지 않았다. 이후 조선은 삼정(三政)의 문란[53], 세도정치(勢道政治)[54] 등 국가행정과 공공성이 붕괴하면서 국제적인 흐름을 타지 못하고 결국 망국의 길을 걷게 된다.

53 삼정(三政)의 문란 : 조선 후기 전정(田政)·군정(軍政)·환곡(還穀) 등 국가 재정과 관련된 3대 행정이 부패와 착취로 문란해진 현상

54 세도정치(勢道政治) : 정조 초 홍국영이 정사를 독단하며 '세도정치'가 권세정치로 변질하였고, 순조 즉위 후 김조순을 비롯한 안동김씨가 권력을 집중했다. 이후 풍양조씨·반남박씨 등 외척 가문이 번갈아 정국을 주도하며 3대 60여 년간 왕의 외가와 처가 일족에 의해 정치가 좌우되었다.

마치 아테네 민주정치의 전성기를 가져온 그리스 대정치가 페리클레스가 전염병(역병)으로 사망한 뒤 그를 필적할 만한 지도자가 나타나지 않았고, 결국 아테네는 쇠락의 길로 접어들고 만 것처럼 말이다.

역사에 가정은 무의미하지만, 만약 정조가 더 오래 살았거나, 아니면 자신의 단명(短命)을 예감하여 남인 세력을 키워 자신의 사후에도 세력을 유지하도록 했더라면 조선의 역사는 달라져 있었을지도 모른다.

박정희정신 계승繼承과 대한민국의 미래

1. 박정희정신의 뿌리인 '경북정신'
2. 한국인만 모르는 '다른 대한민국'
3. 김일성의 남침이 만든 '반공국시(反共國是)'
4. 차별화 지원의 '신상필벌(信賞必罰)'
5. 해외로 수출된 실사구시(實事求是)
6. 정신적 부국(富國)을 지향한 '문화예술 융성'
7. 소작농 금지 명시로 '경제적 불평등 해소'
8. 진정한 혁명인 '사농공상(士農工商) 타파'
9. 한강의 기적을 이룬 '과학기술 진흥'
10. 극일(克日)의 역사를 기록한 '한일국교정상화'
11. 냉전의 틈바구니에서 연 '통일 및 자주국방'
12. 후진국 경제개발론에 없었던 '수출지향 공업화 전략'
13. 세계적인 성공작 '산림녹화'
14. 보릿고개를 넘긴 시대정신 '새마을운동'
15. 산업전사 육성과 '광범위한 중산층 형성'
16. 근대화의 성지(聖地) '구미공단'
17. 정치가 경제를 위해 존재하는 '정경협력'
18. 선진국 기초를 다진 '중화학공업화'
19. 세계 최빈국에서 이룩한 '경제대국'
20. 조국 근대화의 꿈이 담겨 있는 '나의 조국'

박정희정신 계승[繼承]과 대한민국의 미래

1 박정희 정신의 뿌리인 '경북정신'

김일성 주체사상을 신봉한 북한은 세계 최빈국의 세습 독재국가가 되었지만, '박정희정신'을 실천한 대한민국은 풍요와 자유가 넘치는 '선진국'이 되었다. 한국이 이룬 '한강의 기적'을 말하면 진부한 이야기라고 치부하는 부류가 있다. 하지만 그것은 놀랍게도 한국인에게만 그렇다. 개발도상에 있는 인류에게 한국은 여전히 경이로운 대상이며, 가 보고 싶고 배우고 싶은 희망의 나라다.

대한민국 산업화의 신화는 '박정희 정신'에서 비롯되었다. 그러나 그 정신의 뿌리를 더 깊이 들여다보면, 그것은 곧 '경북정신'과 실천윤리에 닿아 있다. '위기의 대한민국'을 재건하기 위해서는 무너진 국가정체성을 회복해야 하는데, 필자는 그것을 '경북4대정신'에서 찾고 싶다. 경북4대정신은 '화랑정신-선비정신-호국정신-새마을정신'으로, 오늘의 대한민국을 있게르기까지 대한민국을 이끈 자랑스러운 경북정신으로 이어오고 있다."고 '경북정신'을 정의한 바 있다.

고대의 '화랑정신'은 한반도 최초의 통일국가 건설의 초석이 되었으며, 포용과 개방성으로 '한민족'의 원형을 만든 바탕이 되었다. 여기에는 김유신, 태종무열왕, 문무대왕 '3두 마차'의 역할이 지대했다. 중세의 '선비정신'은 고려·조선의 올곧은 현실참여를 이끌었다. 선비의 기개와 절의는 호국정신의 바탕이 되었다. 문묘에 배향된 '동국 18현(東國十八賢)'[1] 중 7인(설총·최치원·안향·정몽주·김굉필·이언적·이황)은 경북이 배출한 인물이다.

근대의 '호국정신'은 국난극복과 애국애족의 바탕이 되었다. 구한말 최초의 항일의병 운동은 석주(石洲) 이상룡(李相龍)[2] 선생을 필두로 경북 안동에서 일어났으며, 한국전쟁 당시 학도병들은 낙동강전투에서 전세를 역전시키고 나라를 지켜낼 수 있었던 원동력이 되었다. 경북은 전국에서 가장 많은 독립유공자(15.5%)와 순국자(19%)를 낳았다.

현대의 '새마을정신'은 대한민국 근대화의 초석이 되었다. 근면·자조·협동의 박정희 정신은 세계정신으로 승화되었다. 지금은 아프리카·동남아시아 등 전 세계 102개 개발도상국에서 새마을운동을 배우겠다며 경북을 찾고 있다. 이처럼 경북4대정신은 대한민국 국가정체성의 원형으로 '박정희정신'의 뿌리이다. 박정희정신은 대한민국을 세계 10

1 동국 18현(東國十八賢) : 문묘에 배향하는 한국의 유학자들을 말한다. 동방 18현(東方十八賢)이라고도 한다.

2 이상룡(李相龍, 1858~1932) : 본관은 고성(固城). 초명은 이상희(李象羲). 자는 만초(萬初), 호는 석주(石洲). 경상북도 안동 출신. 일제강점기 때, 서로군정서 독판, 임시정부 국무령 등을 역임한 독립운동가.

대 경제대국에 오르게 한 '박정희 시대의 가치관과 철학'이다. 한마디로 표현하면 '하면 된다(We can do)'이다. 박정희 정신은 '자기책임정신, 자립·자조정신, 실용주의정신, 부국강병정신'의 복합체다.

좌승희 박정희대통령기념재단 이사장은 "박정희는 행동경제학의 원리인 인센티브 제도를 적극 활용해 먼저 사람들의 행동이 바뀌도록 유도했고, 행동이 습관이 돼 생각까지 바뀌도록 했습니다. '하면 된다'는 생각을 마음에 심어주는 데 성공한 것입니다."라고 박정희정신을 함축했다.

박정희는 한일국교 정상화를 추진한다고 하여 야당으로부터 '매국노'라는 욕을 들었으며, 월남에 국군을 파병한다고 하여 '젊은이의 피를 판다'는 악담을 들었으며, 서독의 돈을 빌려서 경제건설을 앞당기겠다고 하여 '차관 망국'이라는 비난에 시달렸다. 그뿐만 아니라 경부고속도로 건설, 포항제철 건립 등을 수많은 반대 여론을 뛰어넘어 성공시켰으며, 5천 년 보릿고개를 넘겨 산업화·민주화·선진화의 바탕을 이루었다.

박정희는 "내가 잘했는지, 못했는지는 역사가 증명할 것이다." 라며 자신 있게 "내 무덤에 침을 뱉어라."라고 말했다. 이것이 진정한 박정희정신이다. 박정희 사후 획일화된 평등주의가 판을 치고 있다. 국가지도자는 국민을 자립과 자조 방향으로 끌고 나가야 한다. 박정희는 '우리 모두 잘살아 보자!'고 피와 땀과 눈물을 호소했지만, 현 좌파 정부는 퍼주기 포퓰리즘으로 '자조 의지'를 실종시키고, '국민의 삶을 책임져 준다!'는 선동으로 국민을 속이고 있다. 이것은 허구다.

한국은 2018년 1인당 GDP 3만 달러를 처음 돌파했지만, 지금 저성장의 늪에 빠져 허우적거리고 있다. '저성장 터널'에 갇혀 있는 한국이 '선진 강국'으로 재도약하기 위해서는 '하면 된다' '할 수 있다'는 도전정신으로 재무장해야 한다. 한국이 성장하지 못하면 다시 중국의 변방 국가로 전락하게 된다. '제2의 한강의 기적'을 이루기 위해서는 박정희 정신을 '창조적으로' 계승하여야 한다.

2

한국인만 모르는 '다른 대한민국'

중국 역사상 명군(名君)으로 추앙받고 있는 당태종은 위징(魏徵)[3]이 죽자 그의 죽음을 애통해하며 '거울론'을 이야기했다. "청동을 거울로 삼으면 의관을 바르게 할 수 있고, 역사를 거울로 삼으면 국가의 흥망성쇠를 알 수 있으며, 사람을 거울로 삼으면 내 행위의 옳고 그름을 알 수 있다. 과인은 항상 세 개의 거울로 스스로 허물을 범하는 것을 방지하였다. 이제 위징이 죽고 없으니 과인은 하나의 거울을 잃었다."

당태종은 세 개의 거울 가운데 사람을 가장 중시했고, 위징을 자신을 비추는 '거울'에 비유했다. 이처럼 사람은 거울을 통해 자기 모습을 볼 수 있지만, 때로는 다른 사람의 시선이 더 정확할 때가 있다. 가까이서 보는 것보다 멀리서 관조할 때 더 잘 보일 수 있듯이, 외국의 시선이 한국의 좌표를 더 정확하게 평가할 수 있다.

'박정희정신'도 마찬가지다. 박정희 대통령에 대한 평가를 살펴보자.

"박정희가 없었다면 오늘의 한국은 없다. 그는 헌신적이었고, 개인적으로

3 위징(魏徵, 580~643) : 당나라 초기의 공신. 자는 현성(玄成). 현무문의 변(變) 이후, 태종을 모시고 간의대부가 되었다. <진서>, <북제서> <수서> 등의 편찬에 관여하였다.

착복하지 않았으며 열심히 일했다. 국가에 일신을 바친 리더였다." "역사적으로 한국은 강대국의 각축장이었고, 실제로 피해자였다. 하지만 박정희는 이런 피해의식을 '하면 된다'는 정신으로 역사의 줄기를 바꾸는 일을 해냈다. 지난 수십 년만 놓고 보면 한국이 일본을 이겼고, 그 바탕에는 박정희의 강력한 정치 리더십이 있었다."(에즈라 보겔 하버드대 교수)

"2차 대전 후 인류가 이룩한 성과 중 가장 놀라운 기적은 박정희의 경제발전이다."(미래학자 피터 드러커)

"박정희는 민주화운동을 억압했으나 역설적으로 민주주의에 필수적인 중산층을 대거 양산, 민주주의 발전에 크게 기여했다."(오버 홀트 전 카터 미국 대통령 수석보좌관)

객관적인 시각으로 한국 사회에 파장을 던진 책이 있다. 이만열(임마누엘 페스트라이쉬)[4]교수는 〈한국인만 모르는 다른 대한민국〉에서 이렇게 주장한다. "한국은 훌륭한 문화유산을 가진 나라로 사랑방 문화는 개인주의에 찌든 서구 사회에 대안이 될 만하고, 선비문화는 국제사회에서도 통할만한 콘텐츠다."

한국인의 눈에는 낡아 보이는 것을 이 교수가 들춰낸 이유는 한국인들이 '시대착오적 약소국 콤플렉스'에 여전히 갇혀 있기 때문이다. 한국인만의 것으로 세계를 두드리라는 그의 지적은 자신의 저서 〈한국인만 몰랐던 더 큰 대한민국〉으로 이어진다.

그는 한국사회의 가장 큰 문제점으로 '공동체의식의 부재'를 꼽았으며, 한국 전통문화의 쇠퇴를 아쉬워하며, 우리 스스로 법고창신(法古創

4 임마누엘 페스트라이쉬(Emanuel Pastreich, 1964~) : 아시아인스티튜트 이사장. 미 하버드대학교 대학원 동아시아언어문화학 박사.

新)의 지혜로 미래를 열어갈 것을 권고한다. "오늘날 한국을 위협하는 가장 큰 요소는 문화적 데카당스(decadence)의 확산이다. 이처럼 퇴락하는 문화 속에서 개개인은 공동체의 미래에 관심을 두지 않는다. 생각 없이 음식, 술, 성적 쾌락, 휴가와 스포츠에 탐닉한다. 단기적인 만족을 인생 목표로 삼으며 희생의 가치는 평가 절하한다. 이런 게 전형적인 퇴락이다."

박정희정신으로 무장한 대한민국은 20년 만에 완전히 다른 나라가 되었다. 국제사회가 대한민국 여권 소지자를 최고급으로 대우하고, 항공을 통한 이동이 지구상 가장 많은 나라가 한국이다. 전 세계인에게 삼성의 스마트폰을 소유하는 것이 선망이며, 한국의 텔레비전을 설치해야 고급 호텔로 평가받는다. 인구 당 해외유학생 비율이 가장 높은 나라가 대한민국이다.

6·25전쟁 당시 유엔군 사령관이던 맥아더 장군은 "한국이 전쟁에서 회복되려면 최소 100년이 걸릴 것"이라고 전망했다. 그러나 박정희는 산업혁명을 역사상 최단기간에 성공적으로 이뤄냈다. 이를 통해 가난의 굴레인 '보릿고개'를 극복하고 "우리도 할 수 있다."는 대한민국의 새로운 정신을 창조해 냈다. 이것이 바로 '박정희정신'이다.

조선에는 청빈을 존중하는 선비문화가 있었지만, '박정희정신'으로 대변되는 리더십이 없었기 때문에 일제에 강점당하는 비운을 맞았다. 박정희는 〈국가와 혁명과 나(1963)〉에서 5·16 이후 당시 우리나라의 실상을 두고 "마치 도둑맞은 폐가를 인수한 것 같았다."라고 실토했다. 박정희가 대통령이 된 후 30%가 넘는 실업률을 극복하고 1963년부터 1978년까지 한국경제는 연평균 9.7%의 기록적 성장을 보였고, 수출은 연평균 30% 이상의 신장률을 보였다.

지금 대한민국에는 도전과 모험으로 상징되는 '박정희정신'은 퇴조하고 있으며, 함께 나눠 먹자는 포퓰리즘 정책이 횡횡하고 있다. OECD 36개국 중 한국은 경제적으로 가장 큰 위기에 서 있다. 다시 새로운 박정희가 나와야 대한민국이 산다.

3
김일성의 남침이 만든 '반공국시(反共國是)'

'평화를 원하거든 전쟁을 준비하라.'는 말이 있다. 상무(尙武)정신이 희미해져 가는 나라들의 운명은 역사 속에 패자들로 기록됐다. 6.25 남침이 발발하자 이승만 대통령은 도쿄의 맥아더 장군에게 "미국이 내 말을 안 들어서 전쟁이 났다. 당장 달려와 이 나라를 구하라!"라고 호통쳤다. 이승만은 건국과 동시에 "한미방위조약을 맺어 미군을 주둔시키고 한국군을 무장시켜 달라."고 수없이 요청했다. 그러나 미국 트루먼 대통령은 "무기 타령 그만하고 경제 걱정이나 해라."면서 6.25 발발 전에 주한미군을 몽땅 철수해버렸다. 이에 스탈린의 사주를 받은 김일성은 즉각 전면 남침을 감행하였다.

대한민국이 반공을 국시(國是)로 삼을 수밖에 없었던 이유는 김일성의 남침 때문이다. 소련 괴뢰정권의 수괴인 김일성이 원인 제공을 한 셈이다. 이승만과 박정희는 공산세력으로부터 자유 대한민국 체제를 수호하기 위해 반공교육을 강화할 수밖에 없었다.

이승만 정부는 1955년에 '반공방일(反共防日, 공산주의와 일본을 배격함)'을 내세운 1차 교육과정(55~63년)을 통해서 국민학교에서 연간 35시간 반공·도의 교육을 하게 했다. 뒤이어 박정희 정부에서는 반공교육이 한층 강화되어 반공은 승공(勝共)·멸공(滅共)으로 바뀌었다. 포스터 그리기·글짓기·표어 짓기·웅변대회가 수시로 벌어졌다. 반공의 핵심은 국리민복(國利民福)과 '국태민안(國泰民安)'의 두 가지 축이다.

대한민국 격랑의 현대사를 논할 때 5·16혁명 공약을 빠뜨릴 수 없다. 6개 항의 '혁명공약' 가운데 첫 번째가 "반공을 국시(國是)의 제1로 삼고, 지금까지 형식적인 구호에만 그친 반공태세를 재정비 강화한다."는 것이었다.

5·16의 반공 공약은 거사의 가장 중요한 명분이었다. 당시 4·19혁명으로 들어선 민주당 정권 시기에 좌익세력이 모두 들고일어나 '민족자주통일중앙협의회(민자통)'을 비롯한 각종 좌익단체를 결성하고, 좌익 학생들은 '가자, 북으로! 오라, 남으로!'라는 기치를 내걸고 휴전선에서 남북학생회담을 하겠다고 나서는 판이었다.

이러한 용공적 사상 혼란을 일소하고 경제개발을 강력하게 추진하여 기아선상에 놓인 민생고를 해결하고 조국의 근대화를 이룩하겠다는 절박한 심정이 군사혁명의 동인(動因)이었다. 그리하여 혁명공약의 제2항은 미국과 유대 강화, 3항은 부패 일소, 4항은 민생고 해결, 5항은 국력 배양, 6항은 과업 성취 후 군 복귀를 규정하고 있다.

그러나 1987년 '6.29 민주화'를 거치며 '반공 국시'에 큰 변화가 생겼다. 이후 반공교육은 '통일교육'으로 바뀌었다. 이명박·박근혜 정부 때는 반공교육은 없었고, 북한과의 문화 차이나 통일 후의 모습 등을 교육했다.

6·25 이후 3,000번의 북한 도발이 있었다. 박정희 대통령 시해 침투(김신조), 육영수 여사 암살, 아웅산 테러, 제1·2연평해전, 천안함 폭침, 강화도 포격도발, 공무원 피살 등 끊이질 않았다. 김정은의 '핵개발-평화협정' 전략의 목표는 주한미군 철수와 한미동맹 파기, 대한민국 흡수통일이다. 과거 좌파 정권의 '퍼주기'에 힘입어 핵개발에 성공한 김씨 왕조의 핵 협박은 '선(先) 평화협정 후(後) 미군철수'이다.

대한민국의 가장 큰 적(敵)은 북한도 중국도 아닌 우리 내부의 적이다. 대한민국의 영구적 분단을 바라는 국민은 단 한 명도 없다. 헌법 제4조에 "대한민국은 통일을 지향하며, 자유민주적 기본질서에 입각한 평화적 통일정책을 수립하고 이를 추진한다."고 명시한 대로 자유민주주의로 통일해야 한다.

한국의 좌파 세력들은 반공을 비롯하여 한·일국교정상화, 베트남 파병, 고속도로 건설, 석유화학공업 건설, 포항제철 건설, 중화학공업화 등 '박정희정신'이 발현되는 고비마다 관련 정책에 반대했다. 반공은 대한민국 건국과 수호의 대전략이었다. 박정희는 "빈곤 탈출 없이는 반공이 성공할 수 없다."며 반공 대전략의 내용을 경제개발로 채웠고, 그것은 마침내 성공했다.

베트남 파병 문제에서 우리는 박정희 대통령의 자주국방에 대한 확고한 신념을 볼 수 있다. 1965년 상반기. 육군 맹호사단을 베트남에 파병하는 문제를 둘러싸고 야당은 물론 여당 내에서도 반대가 심했다. 그해 6월9일. 파병 여부를 결정하는 최종 당정연석회의에서 박 대통령은 아래와 같은 발언으로 국제사회에 신의를 지켰다.

"6·25 때 우리 대한민국이 누란(累卵)의 위기에 처했을 때 미국을 위시한

16개 우방이 '자유의 십자군'으로 즉각 참전해 주었다. 이 신세를 갚기 위해서라도 희생을 각오하고 베트남에 출병해야 한다. 우리는 남의 은혜에 감사하고 또 남에게 신세를 갚을 줄도 아는 신의와 책임을 가진 민족이다."

4 차별화 지원의 '신상필벌(信賞必罰)'

신상필벌(信賞必罰)은 공로 있는 사람에게 상을 주고 잘못한 사람에게 벌을 주자는 원칙이다. 중국의 상앙(商鞅)[5]과 한비자(韓非子)[6]가 대표하는 법가(法家)는 강력한 국가는 군주의 덕치(德治)에 의해 형성되는 것이 아니라 신상필벌의 제도와 법의 엄격한 시행으로 만들어진다고 역설했다. 중국 진(秦)나라는 신상필벌과 법치행정을 시행해 변방 국가에서 강대국이 되고, 500년 넘게 지속돼 왔던 춘추전국시대를 마감하고 마침내 천하통일을 이루어 냈다.

불행히도 우리에게는 신상필벌을 경시하는 오랜 역사가 있다. 성리학을 교조적으로 신봉한 조선 사대부들의 법치 인식은 편협했다. 조선왕조실록에는 '부국강병'은 왕도정치의 이념과는 맞지 않는다는 내용으로 기술되어 있으며, 사림파 개혁론자인 조광조는 부국강병을 '인의(仁義)에서 벗어난 패술(霸術)'이라고 매도했다. 박광준 일본붓교대학

5 상앙(商鞅, B.C.390?~B.C.338) : 전국시대 진(秦)나라의 정치가. 효공(孝公) 밑에서 법제, 전제(田制), 세제 등을 크게 개혁하여 진 제국 성립의 기틀을 마련하였다.

6 한비자(韓非子, B.C. 280?~B.C.233) : 전국시대 말의 대사상가이자 철학자로 대유(大儒)인 순자(荀子) 문하에서 수학했고 법가 사상의 큰 체계를 세웠다.

교수의 저서 〈조선왕조의 빈곤정책〉을 보면 조선왕조가 가난한 나라가 되고 만 이유를 "교조적 성리학 사상의 존재와 개인의 빈곤 책임을 인정하는 법가사상(法家思想)의 부재, 농민들에게 종자를 빌려주고 추수 후에 상환받는 환곡제도와 창 제도의 실패 등"에서 찾았다.

조선의 정책기조는 '무본억말(務本抑末, 본업인 농업에 힘쓰고 말업인 상업을 억제함)'이었다. 상업은 '갓난아이가 우물에 들어가려는(赤子入井·적자입정)' 위험한 행위로 간주하여 억제했다. 실학자 홍대용(洪大容)[7]은 조선의 문제는 주자학을 받아들였다는 것에 있는 것이 아니라 '주자학만을 받아들인 것'이라고 했다. 인센티브를 인정하면 사회가 위태로워진다는 생각이 조선 주자학의 기본입장이었다. 실학자 박제가(朴齊家)는 조선이 백 년 이상 전쟁이 없었고, 백성들이 사치하지 않음에도 불구하고 경제가 쇠퇴한 원인을 '무역이 멈춘 것'에서 찾았다.

박정희 대통령은 조선 주자학의 '균(均, 평등)' 사상에서 비롯된 가난을 탈피하기 위해 새마을정책의 성과에 따른 '인센티브 차별화정책'을 폈다. 그는 1972년 2월 7일 지방 초도순시 후 경북도청에서 이렇게 유시(諭示)했다.

"(전략) 농어촌을 일률적으로 지원해 본 결과 기대한 만큼 성적을 거두지 못한 것이 사실입니다. 부지런하고 잘하는 부락은 우선적으로 도와주자, (중략) 일은 하지 않고 노름이나 하고 술이나 마시고 게으른 그러한 퇴폐적(頹廢的)인 농어촌을, 부지런히 일해서 잘살아 보겠다고 발버둥을 치는 그런 농어

7 홍대용(洪大容, 1731~1783) : 조선 영조 때의 실학자. 자는 덕보(德保). 호는 담헌(湛軒). 북학파의 대표적 인물로, 천문과 율력에 뛰어나 혼천의를 만들고 지구의 자전설을 제창하였다. 저서에 <담헌집>, <주해수용(籌解需用)> 등이 있다.

촌과 꼭 같이 지원해 준다는 것은 오히려 공평한 처사라 할 수 없습니다. (하략) '하늘은 스스로 돕는 자를 돕는다'라고 하였습니다."

박정희의 '차별적 지원'은 법가사상의 신상필벌(信賞必罰)과 일맥상통한다. 이런 정책의 결과 1977년에는 고학년 '자조·자립마을'은 100%에 이르고, 저학년 '기초마을'은 사라졌다. 좌승희 박정희대통령기념재단이사장은 새마을운동은 성과에 따라 인센티브를 차별화한 '통제된 경제발전실험'이라 정의한다.

"새마을운동을 통해 10년도 안 돼서 3천만의 대한민국 국민의 빈곤문제를 해결했으니 인류역사에 지울 수 없는 경제적 금자탑을 세운 셈이다. 더욱 놀라운 사실은 이런 인센티브 차별화 정책마인드가 수출기업지원정책, 중소기업지원정책, 중화학기업 육성정책에도 고스란히 드러나고 있다는 사실이다."

밀턴 프리드먼(Milton Friedman)[8]은 노벨경제학상 수상자로 자유시장경제의 상징적 인물이다. 그는 자신의 저서 〈'선택할 자유(Free to Choose)〉에서 정부가 시장에 어떤 명분으로든 개입하는 것을 반대하며, '불완전한 시장이 불완전한 정부보다 낫다.'는 기본 철학을 설파하고 있다. 문재인 정부는 '소득주도성장'이라는 이념을 도입해 최저임금을 급격하게 인상했는데, 이는 한국의 자영업자 비율이 압도적으로 높은 현실을 깊이 고려하지 않은 실패한 정책이다.

불행하게도 지금 대한민국은 새마을운동의 인센티브 차별화정책을 버리고, 인센티브를 역 차별하는 '평등주의 정책실험'에 내몰려 끝없이

8 밀턴 프리드먼(Milton Friedman, 1912~2006) : 미국의 경제학자. 자유주의 시장경제 옹호자. 1976년에 소비분석, 통화의 이론과 역사 그리고 안정화 정책의 복잡성에 관한 논증 등의 업적으로 노벨경제학상을 수상하였다.

추락하고 있다. 스스로 돕는 '자조·자립정신'의 자리를 국가에 의존하는 '분배·공유 정신'이 대체하고 있다. 이래서는 안 된다. 우리가 국운이 쇠퇴하는 것을 두 눈을 뜨고 방치한다면 아무도 우리를 구해주지 않는다. 박정희 대통령도 "하늘은 스스로 돕는 자를 돕는다."고 하지 않았던가.

5
해외로 수출된 '실사구시(實事求是)'

'실사구시(實事求是)는 사실에 토대를 두어 진리를 탐구하는 태도다. 경세제민(經世濟民)은 '세상을 다스려 백성을 고난에서 구제함'이다. 이 말을 줄여서 경제(經濟)라는 말이 나왔다. 이 경제도 실사구시 정신을 그 바탕으로 한다. 실사구시의 과학적 학문 태도는 실학(實學)이라는 학파를 낳게 하였다. 조선 후기의 실학파(實學派)들은 당시 지배계급의 형이상학적인 공리공론(空理空論)을 배격하고 이 땅에 실학 문화를 꽃피우게 하였다.

박정희 대통령이 임기 초반 3년 새 경제사령탑인 경제기획원 장관을 7명이나 바꾼 사연을 아는 사람은 많지 않을 것이다. 박정희는 1961년 5·16혁명 공약 제4조에서 '민생고 해결'과 '자주경제 재건'을 내걸었다. 그러나 '폐쇄적 민족경제'라는 초기 정책 방향이 잘못되었기 때문에 경제기획원 장관을 아무리 바꿔도 해결이 안 된 것이다. 1962년 장롱 속 자금을 끌어내 개발 자금으로 쓰기 위해 화폐개혁을 단행했지만 실패했다.

결국 박정희는 1964년 '민족경제론'을 버리고 '수출 주도형 공업화 정책'으로 경제 노선을 바꾸었다. 시행착오를 겪은 뒤 과감하게 궤도를 수정하고, 시장 자유화를 끈질기게 밀어붙여 '한강의 기적'을 이룩한 것이다. 이러한 박정희의 결단과 추진력은 유연한 사고와 정책전환 조언을 수용하는 통치철학에서 나온 것이다. 그 바탕이 바로 실사구시 정신이다. 그는 사대주의, 위선적 명분론, 당파성과 같은 봉건적 잔재를 실사구시 정신으로 일소(一掃)하려고 혼신의 힘을 다하였다.

혼군(昏君)이 나타나면 현인(賢人)들이 다 숨어버리지만, 명군(名君)이 나타나면 천하의 인재가 우후죽순처럼 출현하는 법이다. 박정희 시대에 이병철·정주영·김우중 같은 불세출의 기업인들이 그러한 예다. 박정희는 기존의 정책이나 자기 생각에 교조적으로 얽매지 않았다. 그는 주식회사 대한민국의 대표이사로 기업인들의 의견을 경청했고, 실질을 숭상하고, 현장의 목소리를 중시했다.

이런 실사구시의 박정희정신은 해외로 수출됐고, 세계의 각국 지도자들도 받아들였다. 중국의 덩샤오핑은 1978년 개혁개방을 시행하면서 '실사구시'를 정책이념으로 제시했다. 그는 박정희의 '기업주도성장' 정책을 배워 '선부론(先富論, 부를 쌓는 자를 우대)'이라는 반(反) 사농공상의 이념을 앞세우고, 국영기업에 신속하게 자본주의적 경영을 도입하여 기업주도 산업혁명을 이뤄냈다.

역대 자유우파 대통령들은 말할 것 없고, 김대중·노무현 두 전 대통령도 결정적 순간에 '실사구시'를 판단 기준으로 삼았다. 김대중은 실사구시로 일본 문제를 풀고 '동맹 지렛대'로 한·미 관계를 다졌다. 노무현도 측근과 지지자들이 돌아서고 침 뱉어도 실사구시로 한·미 FTA를 결단했다.

김종필 전 총리는 박정희의 '국가발전 전략'과 실사구시 리더십'에 대해서 이렇게 설명했다. "민주주의와 자유도 그것을 지탱할 수 있는 경제력이 없으면 있을 수 없다. 박 대통령은 부존자원이 하나도 없는 가난한 나라가 살아가는 방법은 좋은 제품을 만들어 해외에 파는 것으로 생각했다. 배고픈데 무슨 민주주의가 있고 자유가 있느냐." "박 대통령은 사농공상 서열의 폐습을 깨는 것을 혁신의 동력으로 확신했다. 그것으로 우리 국민 속에 잠재된 실용과 근면, 창조와 자립정신을 일깨웠다. 실사구시로 과학기술자를 우대하고, 기업인들이 마음껏 수출전선에서 뛰도록 독려했다. 그런 것들이 모여 경제발전의 기적을 이뤄냈다."

박 대통령의 전속 이발사가 1991년 중앙일보에 증언한 사실도 실사구시와 근면절약의 좋은 사례라고 할 수 있겠다. "박 대통령 그 양반만 생각하면 참 가슴이 아픕니다. 러닝셔츠를 입었는데 낡아 목 부분이 해져있고 좀이 슨 것처럼 군데군데 작은 구멍이 있었어요. 허리띠는 또 몇십 년을 매었던지 두 겹 가죽이 떨어져 따로 놀고 있고 구멍은 늘어나 연필자루가 드나들 정도였다니까요. 자기 욕심은 그렇게 없던 양반이…."

한국경제의 저성장과 분배악화 현상은 바로 성과를 중시하는 박정희식 '정치의 경제화' 전략을 청산하고, 지난 30여 년간 경제민주화라는 이름으로 경제를 정치화하여 성과와 수월성(秀越性)을 무시하는 '경제평등주의 정책'을 채택한 결과라 할 수 있다. 번영의 역사를 버린 국민은 다시 번영할 수 없다. 대한민국의 번영을 위해 사농공상의 국정 기조를 바꿔야 한다. 박정희의 '실사구시 리더십'(박정희정신)을 복원해야 한다. 그것이 위기의 대한민국이 다시 일어설 수 있는 출발점이다.

지금 대한민국에 필요한 국가경영 리더십은 레토릭(rhetoric)으로 대중을 열광시키거나, 대중을 선동해 편을 갈라서 싸우는 이념적 리더십이 아니다. 국가백년대계를 위한 '유비무환(有備無患)의 리더십', 원칙에 충실한 '솔선수범(率先垂範)의 리더십', 미래지향적인 통찰력으로 현장에서 답을 찾는 '실사구시(實事求是)의 리더십'이 필요하다. 이것이 바로 '박정희정신'이다.

6
정신적 부국(富國)을 지향한 '문화예술 융성'

박정희 시대를 단순히 산업화와 경제성장의 시대로만 규정하는 것은 반쪽짜리 역사 인식이다. 눈부신 경제발전의 이면에는 '정신적 부국(富國)'을 지향한 문화예술 진흥정책이 있었다. 그 결과 1960~70년대 한국 사회에는 전통문화의 계승과 현대예술의 발전이 동시에 진행되는 독특한 '문예 르네상스'가 펼쳐졌다. 국립극장, 국립무용단, 국립국악원 등 문화예술 기관이 체계적으로 정비되고, 국악·서예·전통공예의 복원사업이 추진되었다. 동시에 문학, 영화, 음악, 미술 등 현대 예술 분야에서도 새로운 창작열이 분출했다. 박 대통령은 이를 단순한 예술의 문제가 아니라 국가정체성과 민족정신의 확립이라는 차원에서 바라보았다.

대한민국 문화의 뿌리는 반세기를 거슬러 올라간다. 대한민국의 문화지도는 1960~70년대에 이미 완성되었다. 박정희는 대한민국 문화정책의 백년대계 기초를 세운 지도자이다. 그는 "경제는 피와 살이요, 문화는 혼(魂)"이라 강조하며, 국민정신의 재건 없이는 국가의 근대화가 불가능하다고 보았다. 박정희의 문화예술 지원정책은 2010년대에 들어와 한류 등 문화강국의 한 축으로 자리 잡은 원동력이 되었다.

박정희는 일제강점기를 온몸으로 겪으며 우리 민족의 사대주의적 병폐, 자주정신과 명예심의 결여, 게으른 생활습관 등이 우리 민족 스스로를 식민지 국민으로 전락시키고 고난과 가난에 몰아넣었다며 분노했다. 그래서 그는 자랑스러운 역사와 전통을 지닌 우리 민족이 5천 년 동안의 가난과 질곡에서 벗어나 민족의 저력을 발휘하여 민족중흥을 이룰 수 있도록 정신개혁에 나섰다.

박정희는 자신의 저서 〈우리 민족의 나아갈 길(1962)〉에서 "지난날 우리 민족사상의 악유산(惡遺産)을 반성하고 조선 당쟁사, 일제 식민지 노예근성을 깨끗이 청산하여 건전한 국민도(國民道)를 확립해야 한다."라고 주장했다.

중국 시안시의 대명궁(大明宮) 국가유적공원, 일본 나라시의 평성궁(平城宮), 로마와 아테네의 도시유적 복원 등 세계 주요 역사 도시에서 고대 유적 복원을 국가사업으로 추진하고 있다. 이를 통해 자국의 문화적 위상을 높이고 관광 자원화해 국가경쟁력을 높이고 있다. 이들 국가보다 앞서 박정희는 미래지향적 통찰력으로 문화예술 진흥에 진력했다. 그는 전통문화의 계승과 발전을 위해 문화재정비사업에 박차를 가했다. 그는 "문화재의 우수성은 국력과 정비례한다." "문화재를 보호하는 것은 정신문화와 국민정신을 계발하는 데 효과적이다."라는 신념을 가지고 있었다. 그것이 박정희정신이다.

박정희는 1962년 한국관광공사의 전신인 국제관광공사를 설립하면서 "우리의 찬란한 전통문화를 세계에 널리 선양하면서 풍부한 관광자원을 적극 개발하라."고 지시했다. 신라의 천년고도 경주는 1970년대 초 정부 차원에서 추진했던 '경주관광종합개발계획'이 박정희 대통령 서거로 중단되었다. 이후 30여 년 동안 신라 천년왕도 유적 정비가 큰 진전을 이루지 못했다. 그러다 2012년 18대 대통령 지역공약사업인 '경주역사·문화 창조도시 조성 사업'을 발표하면서 신라왕경 사업을 본격적으로 추진하게 되어 그나마 다행이다.

종북 좌익세력은 지난 1970년대부터 "문화를 점령하라!"는 김일성의 비밀 교시에 따라 대한민국 체제전복에 돌입했다. 자주·평화·민주·민족 같은 진보용어 선점과 이념전쟁을 통해 386세대들의 의식을 잠식했다. 그 결과 대한민국의 국가정체성과 이념이 무너지기 시작했다. 지난 30년 동안 대한민국의 문화권력은 좌파가 지배했다. 정치에서 우파와 좌파의 비율이 50 대 50이라면, 문화에서 우파와 좌파의 비율은 10 대 90 정도로 기울어진 운동장이 되어버렸다.

좌파 문화권력의 목표는 바로 대한민국의 좌경화이며, 지금도 진행 중이다. 대통령 탄핵은 좌파 문화권력이 만든 사회분열이 정치권과 법조계의 지각변동을 일으킨 사례다. 김대중 정부에서 좌파가 주류 제도권으로 부상했으며, 전교조와 민노총이 합법화되었다. 전교조가 좌 편향 역사교육을 통해 대한민국의 건국 부정, 이승만·박정희 대통령 폄훼, 국군 부정, 6·25 전쟁 남침 삭제, 북한체제 옹호, 반미·반일 정서를 주입했다. 민노총은 이러한 교육을 받은 세대들을 현혹하여 촛불 시위를 주도했다.

좌파들이 주도하는 '문화전쟁'은 대한민국을 좌경화로 물들였다. 남남갈등은 남북분단 고착보다 더 위험하고, 내부의 적이 외적(外賊)보다 더 위험하다. 이제 좌파들의 좌경화 선동에 대응할 깨어 있는 시대정신이 필요하다. 그것은 바로 박정희정신에 기초한 '문화안보'다. 문화안보는 대한민국의 정체성과 이념을 수호하는 것이며, 건국정신을 지키는 것이며, 선진통일을 준비하는 것이다. 자유민주주의와 시장경제의 기본질서를 전복하려는 좌파 세력에 맞서 체제를 수호하기 위해서는 대한민국의 심폐소생술인 문화안보를 강화해야 한다.

7
소작농 금지 명시로 '경제적 불평등 해소'

조선은 순전한 자급적 농업사회였으며, 노비가 전체 인구의 30~40%를 차지한 일종의 노예제사회였다. 조선의 노비는 생사여탈이 주인에게 잡힌 재물로서의 노예였다. 노비는 주인의 소작농으로 토지를 경작하고 지대를 바쳤다. 노예적 생산양식이 지배적인 비중을 차지하는 체제는 '지배와 보호' 원리가 작동하지 않는다. 그러한 국가체제는 외부의 충격에 무척 취약하다. 1592년 임진왜란이 발발하여 왜군의 한양 도성 침입이 임박하자 선조는 의주로 몽진(蒙塵)[9]을 떠났다. 그러자 왕실을 호위하는 금위군(禁衛軍)이 가장 먼저 흩어졌으

9　몽진(蒙塵) : 먼지를 뒤집어쓴다는 뜻으로, 임금이 난리를 피하여 안전한 곳으로 떠남.

며, 한양 도성의 노비들은 임금이 떠난 궁궐을 불태웠다.

이 같은 소작의 역사는 삼국시대부터 시작된 것으로 추정되며, 일제강점기를 거쳐 해방 후 농지개혁 때까지 이어졌다. 선산군 구미면 상모동은 수원 백씨들이 대대로 살아온 마을이었다. 박정희의 아버지 박성빈은 수원 백씨 문중으로 장가들어 부인 처가 위토(位土)[10] 약 1,600평 정도를 소작하는 가난한 농부였다. 박정희는 성장하면서 소작농의 비애를 경험했으며, 소작농에 대한 착취가 극에 달했던 일제강점기를 온몸으로 겪었다. 그래서 어린 시절부터 소득불평등을 해소해야 하겠다는 신념이 싹텄을 것이다. 그는 집권 후 농지개혁 후에도 여전히 봉건적인 소작제의 폐해에 대해 우려했다. 이러한 생각이 제3공화국 헌법에 '소작농 금지'를 명시하는 '박정희 정신'으로 발현된 것이다.

우리 역사의 기나긴 착취와 피착취의 흔적이 바로 '경자유전(耕者有田)의 원칙'과 '소작제도 금지'다. 이 조항의 연원을 찾아보자. 이승만은 제헌헌법에서 "농지는 농민만이 소유할 수 있고, 농지 소유는 최대 3정보(약 9천 평)를 초과할 수 없다."고 한 '농지개혁'을 명시했다.

박정희는 제3공화국 헌법 제113조에 "농지의 소작제도는 법률이 정하는 바에 의하여 금지된다."라고 '소작농 금지'를 명시했다. 현행 헌법 121조 1항에는 "국가는 농지에 관해 '경자유전의 원칙'이 달성될 수 있도록 노력해야 하며, 농지의 소작제도는 금지된다."고 명시하고 있다.

좌파들은 대한민국은 소득불평등과 양극화가 극심한 나라로 '헬 코리아'라고 매도하고 있으나 실상은 그렇지 않다. 대한민국은 소득불평등과 양극화가 독일·스위스·일본·프랑스 수준으로 국제적으로도 비교

10 위토(位土) : 문중 제사 비용을 충당하기 위하여 마련된 토지.

적 '좋은 나라'로 평가된다.

이것은 『UN 인간개발보고서』(2018년) 자료로 입증할 수 있다. 소득불평등은 지니계수(크기가 작을수록 소득불평등이 심하지 않음)로 나타내는데, 한국은 소득불평등이 심하지 않기로 154개국 가운데 28위다.

소득양극화는 팔마비율(소득 하위 40%에 대한 상위 10%의 점유율)로 나타내는데, 한국은 소득양극화가 심하지 않기로 154개국 가운데 28위다. 박정희의 '소작농 금지'가 소득불평등과 소득양극화의 악화를 막는 데 크게 일조했다 할 수 있다.

또한 좌파들은 박정희가 노동자들을 착취했다고 호도하고 있는데 실상은 그렇지 않다. 당시 박정희 정부는 노동자들을 착취하기는커녕 그들을 국가발전의 핵심 역량으로 키워 냈다. 특히 1970년대 중하층 출신의 젊은이들이 숙련을 가질 수 있도록 기술·기능교육을 제공하고 일자리를 만들어 그들이 중산층으로 편입하는 발판을 마련했고, 중화학공업 육성으로 이를 뒷받침했다.

그런데 문재인 대통령은 2019년 1월 10일 신년 기자회견에서 "우리가 경제적 불평등이 세계에서 가장 극심한 나라가 되었다."고 말했다. 경제적 불평등을 과거 정권 탓으로 돌리고, 자신이 '노동을 중시하는 분배론자'라는 것을 강조했다. '남 탓 회고 정치'는 계층 간의 갈등을 고조시키며 국민통합을 해치는 '망국병'이다.

좌승희 박정희대통령기념재단 이사장은 "박정희 시대는 세계 최고의 동반성장을 경험했지만, 민주화 이후에는 성장과 분배가 악화되었다."고 주장한다. 그는 박정희의 '동반성장 메카니즘'을 다음과 같이 설명한다.

"중소기업을 수출기업으로 육성, 수출 지원·육성 → 수출 수익을 아무런 제약 없이 국내투자로 환원 → 내수(서민경제) 활성화 → 대기업과 중소기업, 제조업과 서비스업, 도시와 농촌의 포용적 동반성장 창출 → 성장과 분배를 동시에 개선."

2021년 초에 '카카오' 김범수 이사회 의장은 본인 재산의 절반인 5조 원을, '배달의 민족' 김봉진 회장은 5,000억 원 이상을 국가에 환원하기로 했다. 이는 코로나19로 기업 환경이 악화되고 있는 시점에서 기업이윤을 사회에 환원한 대규모 기부라는 점에서 그 의미가 크다. 이를 계기로 '기업의 사회적 책임과 윤리, 그리고 나눔의 경영 실천'이 활발해지길 기대한다.

8
진정한 혁명인 '사농공상(士農工商) 타파'

"각하, 수출 1억 불을 달성했습니다." – "정말이오? 1억 불, 1억 불을 달성했단 말이지…. 1억 불, 1억 불…. 정말 수고했소. 상공부 직원들에게 수고했다고 전해 주시오." 김정겸 당시 상공부 차관은 "박 대통령은 감격에 겨워 '1억 불, 1억 불'이라는 말을 몇 번이고 되풀이했다."라고 회고했다. 한국경제의 버팀목은 수출이며, 한국은 수출로 먹고사는 나라다. 수출 한국의 오늘이 있게 한 인물이 박정희 대통령이다.

1964년 11월 30일에 연간 수출액 1억 달러를 돌파했다. 이를 기념하여 정부는 이날을 '수출의 날'로 지정했고, 2012년부터는 무역 1조

달러 돌파 달성일인 12월 5일로 날짜를 변경해 '무역의 날' 행사를 치르고 있다.

2018년에는 2년 연속 무역 1조 달러 달성과 사상 최초 수출 6,000억 달러를 돌파했다. 이는 역대 미국, 독일, 중국, 네덜란드, 프랑스, 일본 다음으로 세계에서 7번째로 6,000억 달러를 달성한 것으로 우리 제품의 품질과 기업의 기술력과 경쟁력이 선진국 수준에 다가섰음을 의미한다. 대한민국 정부수립 6개월 전인 1948년 2월, 무역선 '앵도호'가 홍콩과 마카오에 건어물과 한천을 내다 판 이후 70년 만에 첫해에 1,900만 달러이던 수출액이 무려 3만 1,600배로 불어났으니 실로 격세지감이다.

조선시대부터 우리 사회의 뿌리 깊은 병폐 중 하나는 신분과 직업에 대한 서열의식, 즉 '사농공상(士農工商)'의 잔재였다. 유교 사회에서 백성을 네 계급(선비, 농민, 장인, 상인)으로 나눈 전통적 신분 구분은 조선 등 동아시아 유교 국가에서 오랜 기간 남아있었고, 근대 이후에도 쉽게 사라지지 않았다. 그러나 이 봉건적 사고를 근본에서 뒤흔든 인물이 바로 박정희 대통령이었다.

조선왕조의 사농공상(士農工商) 계급은 공업과 상업의 발전을 차단하였다. 박정희는 공무원 우위의 시대인 '사농공상'의 전통적 가치관을 '상공농사(商工農士)'로 바꾸었다. 그는 '수출 제일주의'를 내세워 "수출하는 게 곧 애국하는 것"이고, "수출만이 살길"이라는 무서운 집념을 보였다. 박정희의 '수출입국(輸出立國)' 기저에는 실학정신과 실용주의가 오롯이 깃들어 있다. 조선조 500년 동안 가장 천시 받았던 상(商)을 제일 앞에 이끌어낸 것은 농경사회에서 짓눌려있던 가치관의 재정립을 의미한다. 이것은 '진정한 혁명'이었다.

대한민국은 수출 1억 달러를 시작으로 1971년 10억 달러, 1977년 100억 달러, 1995년 1,000억 달러 고지를 차례로 넘었다. 10억 달러 달성에는 한 해 1억 달러 이상 수출된 가발이 효자 노릇을 톡톡히 했다. 100억 달러 돌파에는 종합상사들이 중심에 섰다. 이어 수출 주 종목이 중화학 제품으로 바뀌면서 수출액은 해마다 목표 이상을 달성하게 되었다.

'하면 된다' '우리도 한번 잘살아 보자'는 박정희정신에 대한 국민의 호응은 대단했다. 농업용으로만 사용되던 국토가 산업사회에 맞게 전환되었다. 구로공단을 시발로 익산공단, 마산수출자유지역, 구미공단, 창원기계공단과 반월(안산)공단 등 전국이 공업단지로 변해 60~70년대 한국산업을 이끌었다. 근로자들은 수출의 첨병이 되었으며 박정희는 '수출총사령관'이었다.

이처럼 인구 27위, 국토면적 107위에 불과한 대한민국이 세계 6위의 수출 강국으로 우뚝 설 수 있는 근저에는 '박정희정신'이 있었기 때문이다. 박정희정신으로 무장한 국민들이 공장에서, 항만부두에서, 해외시장에서 밤낮없이 흘린 땀과 눈물이 오늘의 성취에 밑거름이 되었다.

1964년에 수출 1억 달러를 돌파한 나라는 한국과 과테말라 등 12개국이었다. 그런데 한국을 제외하고는 모두 중진국 진입에 실패했다. 이것은 국가지도자의 미래지향적인 리더십과 기업인들의 창의와 비전이 얼마나 중요한지를 새삼 일깨워 준다.

1975년 박정희 대통령은 익산에 보석가공단지를 만들게 하였다. 외국의 보석 원석(原石)을 수입하여 가공 후 수출하여 외화벌이하자는 것이 주목적이었다. 박 대통령은 벨기에의 작은 도시 앙베르(Anvers)는 작은 박스 하나에 다이아몬드를 넣어 1억 달러를 수출하고 있는 현실을 직시했기 때문이다. 그러나 박 대통령 서거 이후 익산의 보석가공단지는 흐지부지되어 지금까지 근근이 연명하고 있다. 이후 아시아에서는 태국이 보석의 집산과 유통의 메카가 되었다.

신라는 삼국 가운데 가장 화려한 황금문화를 꽃피웠다. 고대 일본인들이 신라를 가리켜 "눈부신 금은(金銀)의 나라"라고 칭송했다. 현재 우리나라 보석시장은 20조~40조 원으로 추정된다. 이를 양성화하면 국가 세수에 도움이 될 뿐만 아니라 전문직 일자리 창출의 요람이 될 수 있다. 한국인들의 보석 디자인 및 세공 솜씨는 세계적인데 이를 사장하고 있는 것은 안타깝다. 한류의 한 지류로 새로운 패션 창출의 하나로 보석가공 산업을 발전시키면 어떨까.

9 한강의 기적을 이룬 '과학기술 진흥'

미국이 세계 유일의 패권국가가 된 이유로 혹자는 달러, 영어 그리고 세계 최강의 군사력을 든다. 그러나 필자가 꼽는 가장 큰 이유는 과학기술이다. 해가 지지 않는 대영제국이 그랬고, 한때 미국의 간담을 서늘하게 했던 독일과 일본이 그랬다. 따지고 보면 대한민국이 '한강의 기적'을 이룬 것도 과학기술의 힘이었다. 이는 우리 역사 5천 년 만에 과학기술이 처음으로 주인공으로 등장하게 되었기 때문에 가능했다. "과학기술이 없이는 조국근대화도 없다."는 것이 박정희 대통령의 확고한 신념이었고, 그것이 '과학 한국'을 만든 시발점이었다.

조선왕조는 양반과 천민이라는 반인륜적 계급제도 외에도, '사농공상'(士農工商)'이라는 꼬리표를 붙여 직업을 차별했다. 세종대왕이 노비 출신을 종3품 벼슬을 줘 발탁한 조선 최고의 과학자 장영실(蔣英實)의 연구가 제대로 남아있질 않고, 실학자 정약용(丁若鏞)의 과학연구도 주류로 인정하지 않았던 것이 '조선의 과학'이었다.

1948년 건국 이후 12년이 흐른 60년대 초 여전히 대한민국은 주자학(朱子學)적 도덕관과 문치주의의 관습에서 벗어나지 못하고 있었다. 천대받던 과학을 국가육성사업으로 높이고 정부가 집중적으로 육성하기 시작한 것은 박정희가 역사의 전면에 나서고 나서였다.

과학기술은 국가지도자의 관심을 먹고 자라는 나무와 같다. 박정희는 자신의 저서 〈우리 민족이 나아 길(1962)〉에서 "누가 빨리 과학기술의 발전과 기술 인력의 확충에 나서느냐에 따라 민족 간 우열이 판가름 난다."고 갈파했다.

그는 1966년 과학입국 기술 자립을 위해 '과학기술의 집현전(集賢殿)'이라 할 수 있는 한국과학기술연구원(KIST)을 설립해 연구개발(R&D)체제를 정비했으며, 1967년 과학기술 전담 기관인 '과학기술처'를 설립했다. 2차 세계대전 후 독립한 140여 개 국가 중에서 '과학기술진흥 5개년 계획'을 4차까지 시행한 나라는 대한민국이 최초였다.

이후 과학기술처를 중심으로 '한국과학원법', '기술개발촉진법', '한국과학재단법' 등이 제정됐다. 과학기술 인력양성을 위해 1971년 한국과학기술원(KAIST)의 모체인 '한국과학원'을 세웠다. 1974년에는 국가 R&D 역량을 모으고자 "과학기술이 없으면 산업발전은 없다."며 대덕연구개발특구를 만들었다. 1973~77년 사이 신설된 정부출연연구기관만 해도 한국전자통신연구소, 한국원자력연구소, 한국표준연구소, 한국화학연구소 등 13개에 달한다.

원자력은 한국의 100년을 책임질 산업으로 꼽혀왔고, 원자력연구원은 한국을 원전 강국으로 만드는 데 결정적 역할을 했다. 60년간 우리나라 원자력 기술 자립의 신화를 써왔고 세계 원자력 기술을 선도하고 있다. 박정희 정부에서 국내 첫 상용 원전인 '고리 1호기' 개발을 주도했고, 김영삼 정부 때엔 연구용 원자로 '하나로'를 제작했다. 아랍에미리트(UAE) 원전 수출도 원자력연구원이 이룬 쾌거였다. 그동안 원자력연구원이 창출한 사회·경제적 부가가치가 164조 1천억 원으로 추정될 정도로 원자력은 국가발전에 크게 이바지했다.

하지만 문재인 정부가 '탈원전' 정책을 결정하면서 원자력연구원은 애물단지로 전락했고, 원자력이 적폐 취급을 받고 있다. 이런 분위기 탓에 4년 전 서울대 원자핵공학과에 입학한 학생 32명 중 6명이 자퇴했다. 형설지공(螢雪之功)으로 쌓아 올린 원전 강국의 금자탑을 붕괴시키면서 문 정부는 오불관언(吾不關焉) 탈원전을 고집하고 있다. 번듯한 먹거리를 스스로 팽개치는 나라에 밝은 미래가 있을 수 없다.

세계 최고 권위의 학술지 '사이언스'도 2019년 초 '원자력에너지에 대한 새로운 시각'이라는 사설에서 "신재생에너지는 발전량이 들쑥날쑥하기 때문에 안정적이고 탄소배출이 적은 발전원과 함께 사용해야 한다."며 "한국, 스위스처럼 탈원전을 추진하는 나라들도 원전을 활용하는 강력한 조치가 필요하다."고 권고한 바 있다.

월성 1호기는 2018년 조기 폐쇄 결정으로 가동 정지됐지만 감사원 감사 결과 경제성 과소 평가 조작 혐의가 드러났고, 조기 폐쇄 결정 과정에 대한 재판이 진행 중이다. 월성 1호기 조기 폐쇄가 유죄로 판명날 경우 문재인 정권의 탈원전은 가시적인 성과 없이 국론만 분열시킨 '에너지 반란'으로 끝날 것이다.

역대 대통령은 모두 과학에 이념이나 진영논리를 앞세우지 않았다. 그런데 현 좌파 정부는 그 반대로 가고 있다. 과학정책은 정권교체와 관계없이 국가백년대계를 위해 중장기 목표 아래 흔들림 없이 추진되어야 한다. 차기 정부는 '과학기술의 틀'을 새롭게 짜야 한다. 과학기술에 대한 철학을 명확히 하고, 이를 국정의 중심에 반영해야 한다.

10 극일(克日)의 역사를 기록한 '한일국교정상화'

박정희 대통령의 외교전략은 실학사상에 기반을 둔 '실리외교'로 귀결된다. 박 대통령은 집권 후 미국, 일본과의 긴밀한 협조체제를 구축하는 데 심혈을 기울였다. 그 일환으로 1964년 초 한일국교정상화의 조기 타결을 추진했다. 긴축정책 및 외환부족으로 심한 어려움을 겪을 때였다. 미국도 강력히 한일수교를 지원했다. 하지만 야당과 대학생 발(發)의 강력한 역풍(3·24 데모, 6·3사태) 때문에 국교정상화는 1년 넘게 지연되고 있었다.

65년 5월18일. 미국을 방문한 박 대통령은 기자클럽에서 한·일국교정상화에 대해 이렇게 연설했다. "이 긴박한 국제사회의 경쟁 속에서 우리는 지난날의 감정에만 집착해 있을 수는 없다. 아무리 어제의 원수라 하더라도 오늘과 내일을 위해 필요하다면 손을 잡는 것이 현명한 대처가 아니겠는가."

한·일 국교 정상화를 논의한 청와대 관계기관 대책회의에서 박 대통령은 비장한 말을 했다. "오늘 우리 결정에 대한 판단은 후세에 맡기자. 하지만 이 일은 지금 우리가 하지 않으면 안 된다."

우여곡절 끝에 한국은 일본 식민지배로부터 해방된 지 20년 만인 65년 12월 일본과 국교를 정상화했다. 그때 당시 야당은 '일본이 무서워서 교류할 수 없다.', '일본과 교류하면 잡아먹힌다.'는 논리로 한일협정을 반대했다. 박 대통령은 "그처럼 자신이 없고 피해의식과 열등감에 사로잡힌 비굴한 생각이야말로 굴욕적인 자세"라며 반대자들을 설득했다.

우리 정부는 한일협정으로 무상 3억 달러, 일본 정부 차관 2억 달러, 민간 상업차관 1억 달러(후에 3억 달러로 늘어남)를 제공받게 됐다. 금액보다도 물자와 인력의 교류 통로가 열렸다는 게 중요했다. 단기적으로는 일본산 자본재와 부품을 들여와 한국에서 조립해서 미국에 수출하는 '3각 무역체제'가 성립했다. '조립가공형' 무역과 산업의 탄생이 가능하게 된 것이다. 마침내 한국기업은 산업발전사(史)에 '극일(克日)의 역사'를 시작할 수 있게 된 것이다.

연산 60만t 규모의 종합제철소를 짓기 위해 한국은 67년 3월 대한(對韓) 국제차관단을 결성했으나, 세계은행과 미국수출입은행은 "경제성이 없다"는 이유로 포항제철 건설을 위한 차관 제공을 거부했다. 바로 그때 구세주 역할을 한 것이 대일청구권 자금이다. 포철에 들어가야 할 외화는 1억6천8백여만 달러였는데, 박 대통령은 이를 모두 일본으로부터 받아낸 청구권자금으로 충당했다.

이처럼 대일 청구권자금으로 경부고속도로·포항제철 등을 건설하며 경제발전의 토대가 마련됐다. 박 대통령의 '한일협정 체결'은 한국 외교사를 통틀어 이승만의 '한미동맹 체결'과 함께 가장 잘한 일로 평가할 수 있다. 박정희 대통령이 경부고속도로 및 포항제철 건설, 한일협정 체결 때에 야당의 반대에도 불구하고 추진할 수 있었던 것도 당대(當代)의 인기보다는 후세의 포폄(褒貶)을 두려워하는 시대적인 소명의식이 있었기 때문이었다.

한일관계는 1965년 국교정상화 이후 많은 갈등 속에서도 늘 미래지향적으로 발전해왔고, 한일관계가 좋았을 때 우리 경제도 좋았다. 해공(海公) 신익희(申翼熙)[11] 선생은 독립운동과 임시정부 활동, 건국 등의 과정에 모두 참여한 민주당의 시조(始祖) 격이다. 초대 국회에서 민주당의 시초인 대한국민당(민주국민당, 민주당으로 개명)을 창당한 '진보의 아버지'다.

아이러니하게도 누구보다 독립에 헌신했던 해공은 한 때 '친일분자'로 매도당했다. 1956년 대선을 앞둔 시점에 당시 민주당의 대선 후보 해공은 한 강연회에서 "만약 내가 대통령에 당선된다면 일본 지도자들과 회담할 용의가 있다." "한·일 양국 정부는 무엇보다 먼저 부당한 감정을 청산해야 한다."고 했다. 이 발언이 친일분자로 공격받는 빌미가 된 것이다.

11 신익희(申翼熙, 1894~1956) : 독립운동가·정치가. 호는 해공(海公). 임시정부의 외무부장, 내무부장을 지냈고, 8·15 광복 후에는 제헌 국회의장, 제2대 국회의장에 당선되었다. 민주당 대통령 후보로 선거 유세 중 병사하였다.

또한 장면 총리는 '한국의 경제개혁 비망록'을 작성해 미국 국무부에 전달했다. '경제개발 5개년계획' 구상을 밝힌 이 문서에는 물자 부족 문제해결을 위해 대일무역 확대를 추진한다는 내용이 들어 있었다. 일본과 국교 정상화를 시도할 테니 미국이 도와달라는 메시지였다. 이 계획서는 박정희의 핵심 경제정책인 '경제개발 5개년계획' 수립의 방향등이 되었으며, 1965년 한·일 협정의 마중물이 되기도 했다.

이처럼 우리나라 진보의 설계자인 해공과 장면은 일본에 대해 실용주의에 근거해서 극일(克日)·용인(用日)하려 했다. 그런데, 그들의 진보 적통을 이어받았다고 자부하고 있는 더불어민주당 정권의 '친일잔재 청산' 강조는 '당제(黨制) 민족주의'다. 한·일 갈등을 국내정치에 이용하는 것은 역사에 죄를 짓는 일이다. 반일 감정을 버리고 국익에 맞게 한·일 관계를 복원해야 한다.

11
냉전의 틈바구니에서 연 '통일 및 자주국방'

1960년대 초, 폐허 위에 선 대한민국은 정치적으로 혼란했고 경제적으로 빈곤했다. 그러나 박정희 대통령은 먼저 '국가의 자주적 기반'을 세워야 통일도, 평화도 가능하다고 보았다. 그가 제시한 근대화의 방향은 바로 '경제 자립→ 국방 자립→통일 자립'의 3단계 전략이었다. 이 순서야말로 '박정희정신'의 실천적 구조였다. 박 대통령은 냉전의 틈바구니에서도 '자주국방'의 길을 열었다. 한국형 무기

개발, 병역제도 정비, 국방과학연구소 창설 등은 오늘날 대한민국이 세계 6위의 방산 수출국으로 우뚝 선 기반이 되었다.

박 대통령은 '평화적 통일'을 말했지만, 그 평화는 힘의 균형 위에서만 성립한다고 보았다. 그래서 그는 "강한 국력만이 통일의 주도권을 확보한다"라고 강조했다. 경제력과 군사력의 동시 강화는 '통일의 주도권'을 쥐기 위한 전략적 선택이었다. 지금 대한민국은 안보 불확실성과 국제질서의 격변 속에 서 있다. 한반도를 둘러싼 강대국의 이해가 복잡하게 얽히고, 내부적으로는 이념의 분열이 극심하다. 이런 때일수록 '박정희정신'의 핵심을 되살려야 한다.

박 대통령은 "내일의 역사는 오늘 준비하는 자의 것"이라고 했다. 통일은 선언이 아니라 준비의 결과다. 자주국방은 의지의 산물이다. 지금 우리에게 필요한 것은 박정희의 그 냉철한 현실감각과 불굴의 국가 의지다. 대한민국이 다시금 세계의 격랑 속에서 흔들리지 않으려면, 박정희의 결기를 되살려야 한다. 통일도, 안보도, 번영도 결국 '우리 손으로' 이뤄야 한다는 박정희정신의 교훈이야말로, 21세기 한반도 생존전략의 출발점이다.

1966년 12월17일. 박 대통령은 기자회견에서 '자주국방'과 '자립경제'의 과제를 국민에게 제시하였다. "두 개의 한국이라는 것은 어떤 상황에서도 인정할 수 없고 받아들일 수 없는 것이며, 또 아무리 통일이 된다고 하더라도 공산주의식 통일은 절대로 받아들일 수 없다." 박 대통령은 북한 공산당은 우리의 긴 역사와 문화, 전통을 부정하는 집단이고, 우리 대한민국만이 민족사의 역사적 정통성을 계승하여 지켜가는 국가라는 신념을 가지고 있었다.

통일을 이루기 위해서는 자주국방이 전제되어야 한다. 자주국방은 선택의 문제가 아니라 국가 주권과 생존의 과제이다. 임전무퇴의 화랑정신으로 삼한(三韓)을 일통(一統)한 신라가 망한 이후 문존무비(文尊武卑)의 통치방식을 택한 고려나 이소사대(以小事大) 정신에 충실했던 조선에 진정한 의미의 '자주국방'은 존재하지 않았다. 고려는 몽골군의 말발굽 아래 유린당했고, 조선은 종주국 명(明)과의 의리를 지키다가 청(淸)에 치욕적인 항복을 해야 했다.

1948년 8월15일. 건국과 동시에 대한민국 국군이 창설되었으나, 육·해·공군 3군 체제가 완전히 갖춰진 것은 1970년이다. 1978년 7월. 한미연합사령부가 창설되면서 유엔군사령부에 속했던 한국군에 대한 작전지휘권이 한미연합사로 이양되었고, 1994년 평시 작전지휘권만이 한국군에 환수되어 현재에 이르고 있다.

1969년 닉슨 독트린의 발표에 따른 주한미군 철수와 북한의 각종 도발 및 위협에 맞서 박 대통령은 '자주국방'을 천명했다. 이어 '국가동원체제(향토예비군 ·민방위대·학도호국단 창설)'를 구축하고, '방위산업'을 추진하고, 한국형 전쟁대비계획(태극72계획)을 수립하고, 국군의 전력증강사업계획인 '율곡계획'을 추진했다.

1970년 8월 6일. 박정희는 방위산업 육성을 위해 무기개발을 위한 국방과학연구소(ADD)[12]를 설립했다. 또 율곡계획은 '10만 양병론'을 주장했던 율곡(栗谷) 의 유비무환(有備無患) 정신을 본받자는 의미가 담겨있다. 마침내 1970년대 중반 무렵 국방비 전액을 우리 스스로 부담

12 국방과학연구소(ADD) : 국방과학연구소법에 의하여 설립된 대한민국 국방부 산하의 기타 공공기관. 화력·기동·전차·화생 분야의 연구개발 수행 및 지상 무기체계 개발 등을 담당.

할 수 있게 됨으로써 자주국방 태세를 갖추게 되었다.

자주국방은 한미동맹의 큰 틀을 유지하되, 미국 의존에서 벗어나 자주적인 군사력을 건설하겠다는 개념이다. 군사력은 물질적 요소와 정신적 요소가 유기적으로 작용할 때 완벽한 태세를 갖출 수 있게 된다.

국방과학연구소는 반세기의 짧은 역사에도 국군이 사용하는 무기와 장비를 국산화하고, 사거리 200㎞에 달하는 지대지미사일까지 개발했다. 그 결과 우리나라 방위산업을 선진국 대열에 올려놓았다. 이것은 박정희의 집념과 리더십, 그리고 국방과학연구소의 '무에서 유를 창조'하는 창의적인 연구 덕분이었다.

박 대통령이 이룩한 자주국방의 횃불이 꺼져가고 있어 우리 안보가 심히 위태롭다. 북·중·러의 삼각동맹에 대비하여 하루빨리 한·미·일 종합 대응력(핵포함)을 높여야 한다.

12 후진국 경제개발론에 없었던 '수출지향 공업화 전략'

미국은 대한민국에게 1950년대에 넉넉한 원조를 제공하다가 1960년대 전반에 원조를 줄였다. 이것은 결과적으로 박정희 정부가 자립적인 새 외화 수입원을 절박하게 찾도록 내몰았다. 궁즉통(窮則通), 그렇게 해서 찾은 것이 '수출'이었다. 박정희 정부의 경제개발이 본궤도에 오른 것은 제1차 5개년계획(1962~1966)이 반환점을 넘은 1965년경이다. 그해에 박정희는 '증산(增産), 수출, 건설'을 3대국정목표로 제시하여 '수출입국(立國)' '수출 제일주의'를 분명히 했고, 제조업은 20% 전후의 고도성장을 시작했다.

박 대통령은 2차 세계대전이 끝난 후 영국의 처칠(Churchil)[13] 총리가 국민에게 호소한"수출이냐 죽음이냐. 우리 영국 국민이 앞으로 살아 나갈 수 있는 길은 오로지 수출증대 길밖에 없다. 수출을 못 하면 영국은 망한다."라는 말을 즐겨 썼다. 이처럼 박 대통령은 나라의 운명을 '수출입국' '수출보국'에 걸었다. 그래서 수출진흥확대회의는 사실상 국가의 생존 대책 회의였다. 박 대통령은 79년 서거 전까지 수출진흥확대회의를 매달 주재하면서 수출을 독려했다.

우리나라는 건국 이래 1960년대 초반까지 통제경제 정책을 썼다. 그러나 박정희 대통령은 집권 초기 시행착오로부터 얻은 교훈과 일본의 경제발전 과정에서 영감을 얻어 수출지향 공업화 전략으로 전환할 수 있었다. 물론 박 대통령 시절의 경제정책은 자유경제도 통제경제도 아닌, '박정희식 정부 주도 경제'였다. IMF나 IBRD에서 요구하는 자유주의 경제모델로는 후진국 경제가 '이륙(Take-off)'할 수 없었기 때문이다.

주익종 대한민국역사박물관 학예연구실장은 이렇게 주장한다. "이 수출지향 공업화 전략은 당시 후진국 경제개발론에 없었습니다. (중략) 미국은 투자능력도 없는 한국의 무모한 투자계획을 비판했지만, 공산품의 수출에 주력하라고 권고한 바는 없었어요. 필사적으로 경제개발 돌파구를 찾으려는 박정희 정부가 발견한 후진국 경제개발의 새 길이었습니다."

13 처칠(Churchill, Winston Leonard Spencer, 1874~1965) : 영국의 정치가. 제2차 세계대전 중에 연립 내각의 수상이 되어 전쟁을 승리로 이끌었다. 그림과 문필에도 뛰어나 <이 차 세계대전 회고록>으로 1953년 노벨 문학상을 받았다.

박정희의 수출지향 공업화 전략의 결과 한국의 GDP 대비 수출 의존도는 2018년 기준 37.8%다. 중개무역국인 네덜란드(63.9%), 독일(39.4%)에 이어 세 번째로 높다. 64년 12월 1일. 박충훈 상공부 장관(훗날 대통령권한대행)이 박 대통령에게 **"어제 날짜로 수출액이 1억 달러를 돌파했습니다."**라고 보고했다. 그 소식에 박 대통령은 눈물을 글썽이며 "봐라, 하면 되지 않느냐. 이제 시작이다."라고 감격스러워했다. 미래지향적인 통찰력을 가진 지도자가 앞장서서 이끌어나간 결과였다. 수출 1억 달러를 기록한 11월 30일은 '무역의 날'로 제정됐다.

박정희는 1973년 6월 중화학공업 육성 계획을 발표했다. 철강·비철금속·기계·조선·전자·화학 공업이 6대 전략업종이었다. 차후 8년간 총 88억 달러의 자금을 투자해 1981년까지 전체 공업에서 중화학공업 비중을 51%로 늘려 1인당 국민소득 1,000달러와 수출 100억 달러를 달성한다는 청사진을 제시했다. 이 계획은 국제통화기금(IMF)과 세계은행은 물론 경제기획원도 부정적이었지만 박정희는 집념을 갖고 밀어붙였다.

박정희는 당대의 사고(思考)를 뛰어넘는 '그랜드 디자인'에 능했다. 국도(國道) 포장도 안 되었던 시절에 고속도로를 생각했고, 경공업이 걸음마를 시작할 때 중화학공업을 생각했다. 무자본·무경험·무기술 상태에서 민족의 목숨값인 대일청구권 자금으로 허허벌판을 포항제철로 탈바꿈시킨 '영일만 신화'를 창조했다. 1980년 전체 제조업에서 중화학공업의 비중은 54%가 되었으며, 그해 공산품 수출에서 중화학 제품의 비중은 88%에 달했다.

야당은 '수출주도형' 박정희 모델이 한국경제를 미국과 일본에 종속시킬 것이라고 발목을 잡았다. 대신 농업과 중소기업의 발전을 우선으로 추진하는 '내부지향적' 개발정책을 제시했다. 박정희는 만난을 무릅쓰고 조립가공형 산업을 일으키고 중화학공업화를 시작하여 자신에게 부여된 역사적 소명을 다했다.

오늘날 대한민국은 1970년대에 박 대통령이 건설했던 중화학공업에 의존해 먹고 살고 있다. 올해로 5·16혁명 60주년을 맞이했다. 우리 사회의 근대화를 가로막는 낡은 의식구조를 뒤집자는 것이 바로 5·16혁명 정신이었다. 그러나 잠재성장률 급락에 따른 경제 침체와 안보 불안은 대한민국을 뿌리째 흔들고 있다. 우리는 이 총체적 국가위기를 어떻게 극복해야 할 것인가? 수출입국과 중화학공업화 정책으로 한강의 기적을 창조한 '박정희정신'을 창조적으로 계승해야 한다. "아, 불가능하다고 체념하고 있었는데 체념을 왜 해. 못하는 게 아니라 안 했던 것뿐이야."라는 박정희 대통령의 음성이 다시 들리는 듯하다.

13 세계적인 성공작 '산림녹화'

중국 춘추시대 명재상인 제나라 관중(管仲)[14]은 부국강병책의 일환으로 이렇게 말했다. "일 년 계획에는 곡식을 심는 것만 한 것이 없고(一年之計 莫如樹穀·일년지계 막여수곡), 10년 계획에는 나무를

14 관중(管仲, ?~B.C.645) : 중국 춘추시대 제나라의 재상. 이름은 이오(夷吾). 환공(桓公)을 도와 군사력의 강화, 상공업의 육성을 통하여 부국강병을 꾀하였으며, 환공을 중원(中原)의 패자(霸者)로 만들었다. 포숙아와의 우정으로 유명하며, 이들의 우정을 '관포지교(管鮑之交)'라고 부른다.

심는 것만 한 것이 없으며(十年之計 莫如樹木·십년지계 막여수목), 평생 계획에는 사람을 키우는 것만 한 것이 없다(終身之計 莫如樹人·종신지계 막여수인)." 한 국가의 백년대계를 보려면 그 나라 어린이의 눈동자와 산을 보라고 했다. 전자는 그 나라 교육을 보라는 것이고, 후자는 그 나라 국민의 미래에 대한 투자를 보라는 의미일 것이다.

박정희 대통령은 전국에 밤나무 같은 유실수를 심도록 독려했다. 그는 밤나무에 대해 이런 사무치는 얘기를 한 적이 있다. "국민학생 때 수업을 마치고 20리길을 걸어 집에 오면 배가 무척 고팠어요. 어린 마음에 먹을 것을 찾아 부엌에 가서 솥뚜껑을 여는데 아무 것도 없는 거예요. 하다못해 무말랭이나 장아찌 같은 것도 없고…. 할 수 없이 간장을 손가락에 찍어 먹곤 했지요. 그때 뒷산에 밤나무라도 있었으면 밤을 쪄서 먹을 수 있었을 텐데…. 내가 왜 체구가 작은 줄 알아요. 어렸을 때 잘 못 먹어서 그래요."

산림녹화에 대한 박 대통령의 의지는 1964년 12월 서독 방문을 마치고 산림 관계자들에게 한 "산이 푸르게 변할 때까지 구라파(유럽)에 안 간다."는 말속에 잘 배어있다. 각종 임산물 가공 및 고용, 숲이 주는 환경정화 작용, 토사의 유출 및 물 정화 등 현재 우리나라 숲이 주는 경제적 가치는 연간 100조 원에 이른다. 1950년대 초반 한국의 산림은 북한의 민둥산을 떠올릴 정도로 최악이었다. 일제의 산림수탈과 광복 이후 6·25전쟁 등 혼란기를 틈타 도·남벌이 횡행하면서 우리 산림은 극도로 황폐해졌다. 그러나 일제가 1907년부터 50차례나 시도했다가 실패한 산림녹화를 박정희는 불굴의 초인적 의지로 성공시켰다.

박 대통령은 산림법을 제정하고 산림청을 발족시키는 등 산림녹화 기반을 다졌다. 그는 62년 제1차 경제개발계획을 세우며 민수용 석탄 공급계획을 포함했으며, 64년에는 35개 도시에 민수용 석탄을 공급하면서 땔감으로 산림자원 사용을 금지했다. 박 대통령은 산림녹화에 관해서는 당대의 최고 전문가였다. 임도(林道)를 횡으로 내도록 한 이른바 '추풍령식 조림'은 큰비가 올 때 토사가 한꺼번에 흘러내리지 않는 이점이 있는데, 이는 박정희의 아이디어였다. '화전(火田)정리사업'도 산림녹화에 한몫했다. 74년부터 78년까지 5개년계획으로 펼쳐진 이 사업은 공비 소탕 작전하듯 군용헬기까지 동원, 깊은 산간지방에 흩어져 있던 30여만 가구를 정리했다. 또한 소에게 끓인 여물을 먹이느라 땔감이 많이 들어가자 생풀을 먹이는 방안이 끓여주는 것보다 영양가가 높게 나와 '소에게 생풀 먹이기 운동'을 벌였으며, 73년부터 벌어진 '농가 아궁이 개량사업', 75년부터 나무와 수자원 보호를 위해 취해진 '낙엽채취 금지령'도 박정희의 아이디어였다.

우리나라는 세계적인 조림 성공 국가로 인정받고 있다. 세계식량기구(FAO)는 독일, 영국, 뉴질랜드 그리고 한국을 세계 4대 조림 성공 국가로 발표했다. 황장엽 선생은 "남한에 와서 가장 인상 깊은 것은 산림녹화가 잘 되어 있는 것"이라고 했다. 또한 세계적 환경 권위자인 미국의 레스터 브라운은 이렇게 평가했다. "한국의 산림녹화는 세계적인 성공작이며 한국이 성공한 것처럼 우리도 지구를 다시 푸르게 만들 수 있다. 박정희의 결단이 큰 역할을 했다."

박 대통령은 국가백년대계를 위해 국민에게 이렇게 호소했다. "우리가 오늘 한 그루의 나무를 땀 흘려 심는다는 것은 바로 우리의 희망을 심는 것이요, 우리 후손에게 '발전과 번영'의 우람한 거목을 영원토록 물려주는 것입니다."

전기요금 인상, 온실가스 감축 목표 달성의 어려움 때문에 탈원전을 내세운 모든 국가가 정책을 철회하고 있다. 그런데 대한민국만 반대로 가고 있다. 원전을 무력화시킨 것은 국익 자해행위이다. 지금 전국의 산림이 태양광 발전 공사로 크게 훼손되고 있다. 지하에 계신 박정희 대통령이 통곡할 일이다.

중국은 박정희의 고도성장정책과 새마을운동을 도입하여 G2가 되었다. 그러나 중국이 박정희 모델 중 배워가지 못한 것이 바로 산림녹화이다. 산림녹화가 안 된 상태에서의 산업화는 곧 재앙이 되어 중국 천지를 사막화시키고 있다. 등소평이 결코 박정희와 비교될 수 없는 것이 바로 이 점이다.

북한의 산림 황폐화 정도는 나이지리아, 인도네시아에 이어 전 세계에서 3번째로 심각하다. 2018년 통일부는 북한의 총 산림 면적은 32%가 황폐화되었다고 발표했다. 김정은은 '박정희의 길'을 걸어야 한다.

14
보릿고개를 넘긴 시대정신 '새마을운동'

나라가 어려울 때일수록 국민정신의 중심을 찾는 일이 중요하다. 5천 년 역사상 보릿고개를 넘긴 '시대정신'이 된 새마을정신은 '박정희정신의 골수(骨髓)'이다. 근면·자조·협동을 기본정신으로 한 새마을운동은 국내에서뿐만 아니라 국외에서도 대표적인 '한류정책' 상품으로 집중적인 조명을 받고 있으며, 전 세계적으로 모범사례가 되었다.

'새마을운동의 촉발 계기는 바로 '자율성의 신장'이었다. '나의 문제는 내가 스스로 해결하겠다'는 의지가 새마을운동의 정신적 기초다. 박정희 대통령은 그 요구에 부응하지 못하면 정부로서 아무것도 해줄 수 없다고 천명했다.

초기 새마을운동 사업은 1970년 10월부터 1971년 3월까지의 전국 3만 3,267개 마을에 시멘트 336포대씩 무상으로 지급해 마을 단위의 환경개선사업이 주민 협동으로 추진됐다. 나눠준 시멘트의 가격이 41억 원이었던 것에 비해 그 성과는 122억 원에 달했다. 그 이후 지붕개량, 담장 바로잡기, 마을안길 정비사업은 물론 의식개혁을 포함하는 종합적인 새마을운동으로 전개됐다. 이런 초기 새마을운동은 '농촌의 사회적 혁명'이었다.

새마을지도자는 남녀노소 주민들이 투표로 선출하고 운영방식은 자치제로 여성과 청년층의 역할을 극대화했다. 이 결과 1976년 말 남녀 새마을지도자가 13만 명에 이르고 3만 4,000개 마을에 새마을 회관이 세워졌으며, 자체 기금을 조성하여 한국사회 발전의 시너지 원동력이 됐다.

새마을운동이 성공한 가장 중요한 이유는 '차등 및 선별적 지원'의 원칙 적용이다. 철저하게 '인센티브 시스템'에 입각해 잘하는 마을을 더 지원해 주고, 목표를 달성하지 못한 마을을 배제하는 방식으로 사업이 추진됐다. 즉 '신상필벌(信賞必罰)의 원리'를 통해 건전한 '협업·협동전략'으로 경제발전을 이룰 수 있었다. 이것이 '박정희정신'의 요체이다.

국외에서도 새마을운동은 2016년 11월 현재 전 세계 99개국의 7,400여 명이 한국에서 새마을운동 관련 초청교육을 받았고, 26개국

396곳의 마을에 새마을운동 시범마을이 조성됐다.

손학규 전 경기도지사는 "북한은 도로도 내주고, 주택도 건설해주고, 학교도 만들어달라는 것이다. 그러면서 하는 얘기가 남한의 새마을운동을 여기에도 지원해달라는 얘기였다."라고 말한 적이 있다. 몇 년 전 영남대학교가 실시한 여론조사에서 '광복 후 국가발전에 영향을 미친 정책이 무엇이냐?'라는 물음에 52.3%가 '새마을운동'이라고 대답했고, 72.9%가 '새마을운동을 공유할 국제기구 설립이 필요'한 것으로 응답했다.

이처럼 박정희는 우리 국민에게 물질적, 정신적인 두 가지 유산을 남겨줬다. 전자는 한국이 경제대국이 되는 밑그림을 그린 것이고, 후자는 '하면 된다' '할 수 있다'는 박정희정신을 남겼다. 그중에서도 새마을운동은 한국인의 '엽전(葉錢)의식'을 '근면·자조·협동'의 진취적인 기상으로 변모시켰다.

1973년 11월22일. 박 대통령은 새마을운동을 '잘살기 운동'이라고 정의했다.

"나 혼자 잘 먹고 잘 입고 고대광실 좋은 집에서 사는 것만이 잘 사는 것이 아니라, 나도 잘 살고, 우리 이웃도 잘 살고, 우리 고장도 잘 살고, 우리나라도 잘 사는 것이다. 우리 세대뿐만 아니라 후손들에게 자랑스러운 유산을 물려줄 수 있는 부강한 나라를 만드는 것, 이것이 새마을운동의 궁극적인 목표입니다. 앞으로는 어디에 나가서 『당신 어느 나라 사람이요』 『나는 대한민국 사람이요』하고 떳떳하게 가슴을 펴고 자랑스럽게 이야기할 수 있는 그런 나라를 만들자, 이것이 새마을운동의 궁극적인 목적입니다."

좌승희 박정희대통령기념재단이사장은 자신의 저서 〈새마을운동 왜 노벨상감인가〉에서 이렇게 밝혔다. "세계의 후진국들이 새마을운동

및 한강의 기적의 모델을 이해해 빈곤을 퇴치하는 것은 물론이고, 장기 저성장과 분배악화에 직면한 선진국들과 오늘날 저성장과 분배악화에 빠진 한국 경제의 활력 회복과 나아가 북한 경제의 재건에도 길잡이가 될 수 있기를 기대한다."

김정렴 전 청와대비서실장의 회고다. 공화당 사무총장이 새마을지도자에게 당원 가입을 권유하는 안(案)을 보고할 때 박 대통령은 일찍이 없었던 불쾌한 표정을 지으며 말했다. "누구를 막론하고 새마을운동을 정치적으로 이용해서는 안 된다. 새마을운동이야말로 농민과 마을을 잘살게 하며 나라가 잘되게 하는 순수한 국민운동으로 승화시켜야 한다. 한 사람이라도 새로운 당원으로 가입시켜서는 안 된다."

새마을정신은 리더십과 팔로워십(followership)의 완벽한 조화로 우리 사회를 다시 하나로 묶을 수 있는 공동체 정신이다. 새마을운동도 시대 흐름에 맞춰 혁신해야지만, 한강의 기적을 이룬 '근면·자조·협동'의 3대 정신만큼은 정권이 몇백 번 바뀌어도 변함없이 유지되어야 한다.

15 산업전사 육성과 '광범위한 중산층 형성'

류석춘 교수가 몇 년 전 대학생을 대상으로 설문조사를 한 적이 있다. 청년들이 박정희 대통령에 대해 어떤 인식을 하고 있는가를 확인하는 작업이었다. 청년들 사이에는 박정희에 대한 긍정적 인식이 없지 않아 "경제발전을 통해 중산층을 만든 부국 대통령", "새마을운동 성공" 등에 두루 동의했다. 그러나 부정적 인식이 더 많았다. 그들은 "박정희는 장기 집권을 한 독재자"란 생각을 여전히 품고 있고, "친일파", "정경유착으로 재벌을 살찌우고 노동자를 착취했다"는 것 등을 과오로 꼽았다.

이처럼 '박정희 지우기'의 핵심 키워드의 하나인 '노동 착취론'의 논리는 이렇다. "박정희가 이룩한 '한강의 기적'은 노동자를 착취하고 재벌을 살찌운 것이다." 청년들에게 잘못된 생각을 심어준 원인은 전교조 등으로 대표되는 좌파의 왜곡된 현대사 교육 탓이다. 과연 '한강의 기적'은 노동자의 일방적인 희생 위에 이뤄졌는가? 이는 당시의 시대상황에서 볼 때, "완전한 자유가 우선이냐? 배고픔을 해결하는 게 우선이냐?"의 문제이기도 하다.

류석춘 교수는 〈박정희는 노동자를 착취했는가?〉(2018, 기파랑)에서 이렇게 답한다. **"박정희 시대의 노동자들이 정말 '착취'를 당했다면, 그들은 시간이 지날수록 더 가난해졌어야 했을 것 아닙니까? 그렇다면 지금 우리가 보고 있는 이 광범위한 중산층은 대체 어디에서 온 것일까요?"**

1970년대 박정희 정부는 중화학공업 발전을 위해 '산업 전사'인 기능공을 대량 육성했다. 1972년부터 1981년까지 배출된 기능공 숫자는 200만 명에 이른다. 이들이 그 이후 어떻게 됐는지 파악하기 위해 류 교수는 실증 작업을 거쳤다. 1970년대 기능공으로 현대중공업에 입사해 2015년 재직 중인 노동자들의 급여 자료를 입수해 40여 년간의 임금 추이를 일일이 확인하고, 이들과 기아기공·대우중공업 출신 노동자 39명을 심층 면접했다.

이들 기능공의 임금은 1980년대 초·중반 정체기를 겪었으나 1980년대 후반 노조 설립, 1990년대 중반 노사 협조기로 들어서며 폭발적 상승세를 탔다. 2015년 현재 임금은 연 1억 원 수준으로 도시근로자 가구소득의 최상위에 속한다. 박정희는 '경제와 안보'라는 두 마리 토끼를 잡기 위해 중화학공업을 일으켰고, 이를 위해 대규모의 기능공 집단을 양성했다. 이들이 1970년대 경제성장의 주역이 됨과 동시에 '숙련노동자 중산층'으로 성장하는 계층의 수직 상승을 이룬 것이다.

그러나 중산층에 진입한 이들이 박정희 사후 1980년대 '민주화투쟁'을 지지했고, 그 일부가 노동조합을 등에 업은 '노동귀족'으로 변질해 자기 파괴적 파업과 기득권에 안주하는 아이러니한 현상을 만들었다. 고로 "박정희가 노동자를 착취했다."는 주장은 지금의 장년 세대를 욕보이는 일이 될 것이다.

노동운동의 정치화는 대한민국의 정체성을 흔들고 있다. 80년대 NL, PD계열 운동권의 각 공장 침투로 인해 한국의 노동운동은 북한을 '노동자의 세상'으로 여기는 잘못된 이념 지향성을 갖게 되었다. 민주노총과 한국노총의 집회에서 전체주의 국가 북한과의 연계를 주장하는 각종 구호가 이를 입증하고 있다.

박정희 18년은 공산주의 100년을 압도하고도 남음이 있다. 박정희가 장기 집권을 하려면 김일성-김정일-김정은 3대 세습 독재정권처럼 국민을 가난하고 무식하게 만드는 '빈민정책'을 썼어야 했다. 그러나 박정희는 고도 경제성장을 이뤄 탄탄한 중산층이 형성됐다. 민주주의는 중산층에 의해 이뤄진다. 그 중산층이 민주주의의 주체가 되면 박정희는 재평가될 것이다.

삼성그룹 창업자인 이병철(李秉喆) 회장은 "기업은 망하면 다시 만들면 되지만, 나라가 없으면 기업이 없다."며 "국가가 살아야 기업도 산다."는 '사업보국(事業報國)'을 경영이념으로 삼았다. 2021년 2월 전경련 회장에 선임된 허창수 GS그룹 명예회장은 취임사에서 이렇게 밝혔다. "잠재성장률이 낮아지고 저출산·고령화가 심화해 이 땅에 도전과 희망에 관한 이야기는 사라져만 간다. 기업들이 더 많은 일자리와 투자로 사업보국을 실천할 수 있도록 든든한 동반자가 되겠다."

박근혜 전 대통령은 "노동개혁은 일자리"라며 임금 피크제 같은 노동개혁을 촉구했지만, 문재인 정권 출범 후 비정규직의 정규직화 등 노동시장은 세계와 반대로 가고 있다. 그 결과 고용률은 크게 줄었고, 청년 일자리는 대란(大亂)으로 번지고 있다. 만시지탄의 감이 있지만 독일 노동개혁을 사민당 정부가 해냈던 것처럼, 차기 정부부터라도 국가가 필요로 하는 노동개혁에 앞장서야 한다. 또한 대기업 노동 중산층은 노동개혁에 동의해 '노동보국(勞動報國)'에 나서야 한다. 그것이 날개가 없이 추락하고 있는 한국경제를 살리는 길이다.

16
근대화의 성지(聖地) '구미공단'

1969년, 산업화의 불모지였던 낙동강변에 구미공단이 세워졌다. 박정희 대통령의 결단으로 탄생한 이 공단은 '가난을 벗고 자립하자'는 국가 근대화의 상징적 현장이었다. 전기·전자·섬유 등 당시로서는 첨단산업을 유치하며, '서울-구미-부산'을 잇는 산업벨트의 중핵으로 성장했다. 일자리를 찾아 사람들이 몰려들어 경북 인재의 저수지인 '또 다른 대구', '박정희식 근대화'의 기적을 실현한 '근대화의 성지(聖地)'가 되었다.

1970~80년대에는 금성사(현 LG전자), 삼성전자, 코오롱, 대한전선 등 굴지의 기업들이 입주해 '전자산업의 메카'로 부상했다. 특히 VTR, 반도체, 휴대전화, 디지털 TV 등 한국 첨단산업의 초석이 구미에서 다져졌다. 이는 단순한 지방공단의 성공이 아니라 대한민국 산업화·수출입국의 상징이었다. 중국의 덩샤오핑이 경제발전 모델로 삼은 박정희의 대표적 성공사례가 구미공단이었다.

박정희는 60년대 일본에서 전자산업이 경제성장을 이끈 것에 착안했다. 그리하여 당시 수출을 주도한 섬유산업과 미래 전략산업인 전자산업을 함께 육성하겠다는 '투 트랙' 산업 전략을 입안했다. 두 조건의 입지를 충족시킬 수 있는 지역을 선정해야 했는데, 섬유 도시 대구에 인접하고 낙동강의 공업용수가 풍부한 구미가 선정됐다.

박정희는 공교롭게도 자신이 태어난 고향에 산업단지가 들어서는 것을 겸연쩍어했다. 70년대 중반 금성사(현 LG전자)가 들어오고, 1988년 삼성전자가 이곳에서 국내 최초의 휴대전화 SH-100을 개발하고 '애니콜 신화'가 시작되면서 구미는 한국의 실리콘밸리가 됐다.

2004년 구미의 수출액은 274억 달러로 전국 수출액의 10.8%나 되었다. 하지만 이후 구미경제는 급격한 내리막길을 걸었다. 2024년 구미의 수출액은 209억 8천만 달러로 전국 수출액(6,838억 달러)의 3%에 그쳤다.

대기업 공장의 수도권 및 해외 이전과 협력업체들의 동반 이전 및 휴·폐업 등으로 구미산단에서 일하는 노동자 숫자(2024년 기준)도 약 83,657명으로 10만 명 선이 무너졌고, 구미산단 평균 가동률(2024년 기준)도 67.9%에 머물고 있다. 이에 따라 근로자들의 소비에 의존하던 자영업자들의 한숨과 탄식도 날로 깊어져 가고 있다.

구미는 2010년 전까지만 하더라도 울산과 맞먹을 정도로 '부자 도시'였다. 그러나 오늘의 구미는 산업 생태계 붕괴, 기업 이탈, 지역 인구 급감이라는 '3중 위기'에 직면해 있다. 서서히 침몰하는 배와 같은 최악의 상황을 맞고 있는 것이다. 구미는 외지 출신 인구 비율이 83%에 달하고, 평균 나이도 37.7세로 경북에서 가장 젊은 역동적인 도시이다. 이제 구미는 과거의 영광을 기념하는 '산업 유산'이 아니라, 국가 제조업 체질을 되살리는 '전략 거점'으로 다시 세워져야 한다.

2018년 6·13 지방선거에서 정치를 바꾸지 않으면 침몰하는 구미경제를 살릴 수 없다는 유권자들의 절박함이 발동되어 여당(더불어서 민주당) 시장이 당선됐다. 구미 시민들은 구미시장에게 빈사 상태에 빠진 구미경제를 회생시키라는 준엄한 명령을 내린 것이다.

그러나 장세용 구미시장은 취임 이후 시청 조직 내 '새마을과' 명칭 변경 등 '박정희 대통령 지우기'에 나서 논란이 됐다. 이어 장 시장은 박 대통령 추모제와 탄신제에 참석하지 않아 구미 시민들의 반발을 샀다. 그는 불참 이유로 '정체성'을 들었다. 그는 "제가 이 지역에서 민주화운동을 했고 민주화운동기념사업회 이사장도 오랫동안 했다."라며 "저의 정체성과 이 지역에서 많이 고생해온 분들을 실망시키지 않는 쪽으로 하겠다."고 설명한 바 있다. 국가 인물 추모와 개인의 정치적 이념이 무슨 연관이 있다는 말인가?

또한 지난 2019년 구미산단 50주년 기념식장에서 상영된 홍보영상이 말썽이 됐다. 박정희 대통령의 기록이 빠진 것이다. 이는 대한민국 임시정부 100년에 임정 초대 대통령 이승만을 뺀 것과 같은 웃지 못할 희극이다. 구미시는 김대중, 노무현, 문재인 전·현직 대통령을 홍보영상물에 등장시키면서 '구미공단의 아버지'로 추앙받고 있는 박정희 대통령을 배제한 것에 대해 '제작진의 실수'라고 얼버무렸지만 이를 곧이곧대로 받아들일 사람은 없다. 문재인 좌파 정권의 집요한 '박정희 흔적 지우기'의 연장선상에서 권력이 작용한 의심이 든다.

과거 정권의 업적을 폄훼하고 역사를 왜곡하는 좌파 세력들의 '박정희 흔적 지우기'는 결코 성공할 수 없다. 정권이든 지방정부든 이념의 노예가 되면 그 정권과 지방정부는 반드시 실패하고 국민이 불행해진다. 구미공단의 반세기 역사는 단지 산업단지의 연대기가 아니다. 그것은 대한민국이 가난을 극복하고 세계 10위권 경제대국으로 우뚝 선 '국가흥성'의 역사이다. 박정희정신이 다시 살아날 때, 구미의 불빛은 또 한 번 대한민국의 미래를 밝힐 것이다.

17
정치가 경제를 위해 존재하는 '정경협력'

2017년 5월 10일. 문재인 대통령은 취임사에서 "재벌 개혁에도 앞장서 '정경유착'이라는 단어가 완전히 사라질 것"이라고 공언했다. 좌파 정권은 '한 번도 경험하지 못한 나라'라는 말을 전가(傳家)의 보도(寶刀)처럼 쓰고 있고, 우리 국민은 그런 사건들을 일상적으로 경험하고 있다. 소득주도 경제 파괴-고용 대란의 경제 비상사태-포퓰리즘 국가주도 경제-연금사회주의 시도-5·18에 대한 비방금지법 등 '한 번도 경험하지 못한' 미증유의 사건들이 대한민국의 국운(國運)을 시험하고 있다.

정치는 국민의 눈물 닦아주는 것이다. 박정희는 국민을 위해 미래 만들었지만, 그 미래를 혼자 만들지 않았다. 경제계와 함께 손잡고 만든 것이다. 모든 가난한 나라는 공통 요소를 가지고 있다. 바로 고위층의 부패다. 박정희의 사전에는 '부패'가 없었다. 이것이 '위로부터의 혁명'이 가능했던 원동력이었다.

1967년 7월 1일. 박정희는 제6대 대통령 취임사에서 '빈곤과 부정부패와 공산주의'를 우리의 '3대 공적'으로 규정했다. 그는 개인적으로 청렴했기 때문에 필연적으로 정경유착은 있을 수 없었다.

'대기업 특혜와 정경유착'은 좌파들이 박정희 대통령의 산업화 업적을 폄훼하기 위하여 사용한 네거티브 프레이밍(negative framing)이다. 2016년 '최순실 게이트'로 재점화되었다. 현진권 자유경제원장은 "'정경유착'이란 비판 때문에 정치와 경제는 분리돼선 안 되고, 가장 이상적인 관계는 정치가 경제를 위해 존재하는 것."이라고 주장한다.

김인영 한림대 교수는 "박정희 대통령은 민간기업의 경영에 부당하게 간섭하기보다는 경제성장의 목표를 설정해 국민과 기업이 '할 수 있다'는 정신을 기르도록 만들었다. 정부는 기업이 필요로 하는 고급 인력양성을 위해 공고와 공대를 만들어 기업을 '후방 지원'한 것이 박정희 정경협력의 성공 요인이자 특징이었다."라고 강조했다.

'대기업 특혜'는 틀린 개념이다. 박정희 집권 당시 한국경제는 국제적 기준으로 본다면 대기업이라고 지칭할 만한 기업조차 없었다. 당시의 중견기업이 각고의 노력으로 대기업으로 성공한 스토리를 정경유착 특혜 때문이라고 단죄하는 것은 박정희 산업화의 본질을 왜곡하는 것이다.

신생국의 경우 대부분의 국가에서는 국영기업이 주도적인 역할을 하며 경제성장을 추진하였지만, 박정희는 민간기업이 경제성장의 주체가 되도록 하였다. 좌승희 박정희대통령기념재단 이사장은 "기업을 앞세운 '정경협력'에 의한 부국(富國)전략이 박정희 산업화 전략의 성공을 가져왔다."고 주장한다.

경제학자 앨리스 앰스덴은 박정희의 성공전략을 '경쟁과 지원, 벌칙에 의한 기율(紀律) 적용'이라는 세 단어로 정리하고 있다. 박정희 정부는 독자적으로 해외자본을 조달할 능력이 없는 기업을 위해 민간기업의 해외 차관에 대해 지불보증을 해줌으로써 자신의 역할을 다했다. 이는 분명 '정경협력' 관계였지 정경유착을 통한 부정의 관계가 아님은 명백하다. 계속 망하는 데에 특혜를 주고 뇌물을 받는 것이 정경유착이다. 박정희는 못 하는 기업에게 상을 준 사례가 없다.

김정렴 전 청와대 비서실장은 유신 이후 정치자금의 조달과정을 이렇게 회고하고 있다. "나는 '정치자금을 담당하라'는 박 대통령의 지시가 있은 다음 날 다음과 같이 보고하였다. 첫째, 반대급부가 있는 정경유착 식으로 자금을 마련하지 않는다. 둘째, 각 기업이 세법상 합법적으로 쓰고 있는 판공비와 기밀비의 일부를 1년에 두 번 지원받는다. 셋째, 금액은 한 번에 최고 1억 원 최하 1천만 원 범위에서 기업의 형편에 따라 지원받는다. (중략) 박 대통령은 내가 비서실장으로 있던 9년 3개월 동안 업자를 만나 직접 정치자금을 받은 일은 한 번도 없었다."

박정희는 기업으로부터 받은 정치자금을 개인적으로 착복한 적이 없었다. 그의 딸인 박근혜 전 대통령도 마찬가지였다. '정경협력'은 박정희 경제성장의 모델이다. 박정희 덕분으로 한국기업은 체력이 좋아졌고 글로벌 기업으로 성장했다. 이제 문재인식 국가주도 경제로는 희망이 없다. 좌파의 '정경분리'는 순진한 생각이다. '안보 미국, 경제 중국(安美經中, 안미경중)'은 미·중이 충돌하는 국제질서 속에서 더 이상 안 통한다. 정부가 기업을 도와 국가경쟁력을 높이고, 기업투자를 촉진하는 방식의 정경협력이 저성장 늪에 빠져 있는 한국경제의 해법이 될 것이다.

좌승희 이사장은 문재인 정부 경제위기의 실상에 대해 "인위적으로 결과와 기회의 평등을 추구함으로써 '악화의 양화 구축'을 가속화했다."며 성장하는 기업을 우대하는 "제2의 기업부국혁명이 필요하다."고 역설하고 있다. 이는 '박정희 경제모델'에 기초한 주장으로 주목할 필요가 있다고 하겠다.

18 선진국 기초를 다진 '중화학공업화'

우리 현대사(現代史)에서 부당하게 왜곡 당하고 폄훼당하는 시대가 '한강의 기적'을 일군

1960년대와 1970년대이다. 좌파들은 박정희 대통령이 일군 성공의 역사를 수출 일변도의 경제개발, 정경유착 시대로 깎아내린다. 이승만 정부가 국가의 독립과 국격(國格)의 고수를 위한 '정치 제일주의'에 충실했다면, 박정희 정부는 빈곤퇴치와 경제 자립을 위한 '경제 제일주의'에 매진했다.

행인지 불행인지 한국의 산업구조는 아직도 1960~70년대 '박정희 모델'에 근간을 두고 있다. 그중 박정희 대통령이 1973년 발표한 '중화학공업화 선언'은 대한민국의 선진국 기초를 다진 역사적 쾌거였다. 이것이 오늘의 한국산업 성장구조와 기본 틀을 마련했으며, 새로운 경제발전 이론의 기초가 되었다.

박정희는 철강, 비철금속, 조선, 기계(자동차 포함), 전자, 석유화학이라는 6개 업종의 산업을 일으켰다. 나아가 그는 이 새로운 중화학공업에 종사할 노동자들을 '산업전사'라 부르며 적극적으로 육성했다. 이들은 나중에 거의 중산층으로 성장했다. 중화학공업화 추진 효과는 선진 공업국가로의 도약, 1980년대 경제위상 조기 달성, 선진국 공업형태로의 전환 등으로 설명할 수 있다.

박정희는 중화학공업화 선언을 통해 1980년 수출 100억 달러, 국민 1인당 GNP 1,000달러를 목표했지만, 이를 3년이나 앞당겨 달성했다. 결국 박정희의

수출 제1주의와 중화학공업화를 강력 비판해온 학계와 야당 반대론자들도 이에 대해 어떤 반박도 할 수 없게 되었다.

박정희는 중화학공업화와 같은 비전 제시와 정책추진 의지가 아니고서는 대한민국의 운명을 바로잡을 수 없다고 생각했다. 중화학공업

화 정책은 민관이 합심하여 성공해 냈으며, '중화학공업에 박정희의 혼이 살아 있다.'는 것을 입증한 것이다. 그 결과 한국 경제를 1960년대 '차관경제시대'로부터 1980년대 후반에 '원조공여시대'로 탈바꿈시켰다.

특히 조갑제 선생은 "1972년 박정희 대통령이 남북회담을 준비하는 동시에 100억 달러 수출 계획, 중화학공업 건설 계획을 준비했다."며 "이런 일련의 사건들은 박 대통령이 그해 10월 17일 유신 조치를 통해 헌법기능을 정지시키고 국회를 해산한 뒤 유신체제를 발족시킨 배경을 이해하는 단서가 된다."고 말했다. 그는 "권력의 집중은 수단이고, (유신체제의) 목표는 중화학공업 건설이었다."라고 주장했다.

또 좌승희 박정희대통령기념재단 이사장도 "창원의 중화학공업 육성과 유신은 떼려야 뗄 수 없는 관계"라며 "박정희 대통령 없이 중화학공업 육성은 없었고, 유신체제가 없었다면 성공한 기업과 성공한 근로자는 없었을 것이다."라고 주장했다.

1978년 말 청와대에서 오찬 기자간담회가 열렸다. 모 일간지 기자가 박 대통령에게 예정에 없던 질문을 불쑥 던졌다. 석유 한 방울 안 나는 나라에서 중화학공업화 정책을 무리하게 추진하는 이유를 물었다. 잠시 침묵을 깨고 박 대통령이 입을 열었다.

"지금 북경과 상해간 도로는 한 시간에 자동차가 한 대쯤 지나갈 정도로 한산하다. 하지만 이런 상황은 오래가지 않을 것이다. 중국이 11차 삼중전회(三中全会)에서 개혁개방 정책을 표방했다. 앞으로 중국이 국제시장에 뛰어들게 되면 한국의 설 땅이 없어진다. 산업구조를 지금보다 최소 20년은 앞으로 가져가야 우리 국민이 30년 정도 중국보다 잘 살 수 있다."

박정희 모델의 기본요소인 '미래지향적 통찰력과 선견지명'이 돋보이는 장면이다. 박정희의 예언은 그대로 적중했다. 중화학공업화 정책을 성공적으로 추진한 결과 우리는 중국보다 30년 정도 앞서갈 수 있었다. 그러나 중국은 매섭게 우리를 추격해 산업경쟁력 면에서 한국을 바짝 따라붙었으며, 일부 부문에서는 추월했다. 어찌 됐든 시대를 앞지른 산업구조 덕분에 대한민국은 세계 10위권 경제 반열에 오를 수 있었으며, 지난 2018년에는 선진국 문턱으로 불리는 1인당 국민소득 3만 달러도 세계 7번째로 돌파했다.

박정희 모델에 따르면 우리나라는 10년 전쯤 구조개혁에 나섰어야 했는데 시기를 놓친 셈이다. 만시지탄(晩時之歎)의 감은 있지만 이제라도 낡은 경제 틀을 헐고 새 틀을 짜야 한다. 지난날 박정희 정부가 무에서 유를 창조했던 '유신(維新, 낡은 제도를 고쳐 새롭게 함)'의 결단을 다시 꺼내 들어야 한다.

산업구조 재편과 새판 짜기는 단임제 정부에겐 마뜩잖은 사안이다. 세월부대인(歲月不待人, 세월은 사람을 기다리지 않는다). 집권 5년은 시위를 떠난 화살처럼 금방 지나간다. 차기 정부는 실기하지 말고 인수위 시절부터 준비해서 국가 백년대계를 다시 설계해야 한다.

19 세계 최빈국에서 이룩한 '경제대국'

오늘의 대한민국은 세계 10위권 경제대국으로 우뚝 섰다. 그러나 이 눈부신 성취의 뿌리를 기억하는 국민은 많지 않다. 그 출발점에는 '박정희정신'이 있었다. 절망과 가난의 시절, 박정희 대통령은 "우리의 손으로 잘사는 나라를 만들자!" 고 외쳤다. 이는 단순한 정치구호가 아니라, 조국근대화의 실천 철학이었다.

대한민국은 1961년 1인당 국민소득이 89달러로 당시 125개국 중 101위, 북한은 320달러로 50위였다. 한국의 재정자립도는 39.2%, 국방비는 겨우 4.9%에 불과했다. 나머지는 미국의 원조에 의존했다. 한국이 재정·국방비 측면에서 비로소 독립국가의 면모를 확보한 것은 제2차 경제개발5개년계획(1967년~1971년)을 조기 초과 달성한 70년도 예산부터였다. 박정희 대통령이 5·16혁명으로 정권을 잡은 후 10년 만에, 재정자립도 94.5%, 국방비 자립도 83.9%는 기적에 도달할 수 있었다.

1960년대 초에 후진국들은 '수입대체산업 육성'을 위해 국가가 대외무역을 철저하게 통제했다. 그러나 박 대통령은 헌법을 개정하여 제116조에 "국가는 대외무역을 육성하며 이를 규제·조정할 수 있다"라고 명시했다. 대외무역 정책을 '수입대체'에서 '개방'으로 과감하게 전환했다. 당시 개발도상국 가운데 대외무역을 개방한 나라는 홍콩·싱가포르·타이완, 그리고 한국 정도였다. 이들 네 나라는 대외무역 개방을 통해 고도성장을 이룩한 결과 1970~80년대에 '아시아의 4용(龍)'으로 불렸다.

춘궁기에 '보릿고개'를 넘지 못하고 굶어 죽는 사람이 적지 않았다. 박 대통령은 집권 18년 5개월 동안 수출주도와 중화학공업육성, 외자도입 전략으로 세계인이 부러워하는 '한강의 기적'을 이뤄냈다. 1962

년에서 1979년까지 4차례의 경제개발5개년계획을 추진하여 고도성장을 이룩하고 세계 최빈국을 경제대국으로 이끌었다.

새마을운동을 통해 농촌의 자조정신을 일으켰고, 수출제일주의로 산업화를 밀어붙였다. 포항제철, 경부고속도로, 구미공단, 중화학공업 등은 그의 '하면 된다' 정신이 낳은 결정체였다.

그 결과, 대한민국은 단 20년 만에 산업기반을 갖춘 공업국으로 변모했다. 세계는 이 기적을 '한강의 기적'이라 불렀고, 그 중심에는 박정희식 실사구시(實事求是)의 리더십이 있었다. 그는 현실을 직시하고, 이상을 현실로 만드는 지도자였다.

2018년 기준 대한민국은 경제규모 11위, 무역규모 7위의 나라로 발전했다. 특히 대한민국은 인구 5천만 명 이상의 나라가 수출 5천억 달러 이상을 달성한 소위 '5천-5천 클럽'에 세계 역사상 여섯 번째로 가입한 나라이다.

1964년 12월. 박 대통령은 한국 간호사들과 광부들을 위문하고 차관을 얻기 위해 서독을 방문했다. 그 후 1977년까지 독일로 간 광부가 7,932명, 간호사가 1만 226명이었다. 이들은 기본 생활비를 제외한 월급의 70~90%를 한국의 가족에게 송금했다. 그 돈은 연간 약 5,000만 달러로, 한국 국민총생산의 2% 정도나 되었다.

박 대통령은 1965년 6월 22일에 한·일 간 기본조약을 체결하고, 이승만, 장면 정부가 구상만 하고 15년 동안 난항을 계속하던 '한일국교정상화'를 마무리 지었다. 일본으로부터 무상공여 3억 달러, 10년에 걸쳐 균등 분할되는 유상 재정 차관 2억 달러, 양해 사항으로 민간 차관 3억 달러가 제공되었다. 이 결과 1966년에 12.2%에 이르는 경제성장을 달성했다.

또한 박 대통령은 1965년 베트남 파병을 결정했다. 베트남전 참전으로 한국이 얻게 된 경제적 이익은 미국의 군사 원조 증가분 10억 달러, 미국의 한국군 파월 경비 10억 달러, 베트남 특수 10억 달러, 기술 이전 및 수출 진흥 지원 20억 달러 등 모두 50억 달러였다. 1973년은 '1차 오일쇼크'로 미국·일본·유럽을 비롯하여 전 세계의 경제성장이 멈췄던 해이다. 그러나 대한민국은 1973년을 기점으로 대기업의 계열사가 늘어나기 시작했는데, 그 이유는 1972년 8월 3일 박정희 대통령이 발표한 '사채동결조치' 때문이었다. 그 결과, 지하에서 움직이던 돈은 은행으로 들어갔고, 기업들의 자본시장을 통한 자금조달은 1971년 39억 원에서 1973년 545억 원으로 급증했으며, 한때 7.8%까지 떨어졌던 경제성장률은 8.3조치를 계기로 73년 다시 14.1%로 뛰어올랐다.

박정희는 우리 역사상 가장 성공한 '경제대통령'이 됐다. 박정희가 이룩한 한강의 기적은 바로 '상공농사(商工農士)'의 혁신적 계층이념을 창출하여 농경사회에서 고도 산업사회로의 동반성장을 실현했다. 반면, 박정희 이후의 한국경제는 기업인과 과학·기술자를 홀대함으로써 저성장과 분배악화의 길로 가고 있다. 안타까운 현실이다.

20
조국 근대화의 꿈이 담겨 있는 '나의 조국'

문경의 진산(鎭山) 주흘산 아래 문경초등학교가 있는데, 박정희 대통령은 대구사범학교를 졸업하고 1937년에 21세의 나이로 문경서부심상소학교(현 문경초등학교) 교사로 부임했다. 전교생 수는 3백 20여 명, 교직원은 교장을 포함하여 12명, 그중 일본인 남교사는 5명, 여교사는 1명이었고 조선인 남교사는 4명, 여교사는 1명이었다.

박정희 교사는 1937년 3월부터 1940년 4월까지 3년간 하숙을 하였는데, 당시 하숙집이었던 초가집은 박 교사가 제자들과 함께 청운의 꿈을 펼치던 집이라 하여 '청운각(靑雲閣)'이라 불렀다. 박 교사는 제자들에게 민족혼을 일깨워 주기 위해 밤에 하숙집으로 불러 학교에서 가르치지 못하는 우리말과 역사를 몰래 가르쳤다고 한다.

당시 문경 사람들에게 '박 선생' 하면 새벽 나팔소리를 연상한다고 했다. 매일 새벽 잣밭산에서 들려오는 박 선생의 기상나팔 소리에 잠이 깨고는 했다고 한다. 박 선생은 "마을 청년들을 모아 악단을 만들어 출장 공연도 했다."고 할 정도로 음악에 남다른 조예가 있었다.

이후 대통령이 된 박정희는 "문경새재의 자연을 훼손하지 말고 비포장 도로를 후손에게 물려주라."고 당부했고, 그 바람에 지금 문경새재 드라마 세트장 등이 잘 보존되어 년 600만 명 이상 관광객이 몰려오고 있다.

"백두산의 푸른 정기 이 땅을 수호하고/한라산의 높은 기상 이 겨레 지켜왔네 무궁화꽃 피고 져도 유구한 우리 역사/굳세게도 살아왔네 슬기로운 우리 겨레 (중략) 삼국통일 이룩한 화랑의 옛 정신을/오늘에 이어받아 새마을 정신으로 영광된 새 조국에 새 역사 창조하여/영원토록 후손에게 유산으로 물려주세"

36년간 망국의 백성으로 살아본 경험이 있는 우리 국민은 이름만 들어도 왠지 모르게 가슴이 설레는 단어가 '조국(祖國)'이다. 그런 조국을 노래 속에서 애국심의 발현으로 승화시킨 분이 바로 박정희 대통령이다.

박 대통령은 그림도 그리고 시도 쓰고 서예에도 일가견이 있었던 다방면에 재능이 풍부한 분이었다. 그중에서도 특히 '새마을 노래'처럼 박 대통령이 직접 작사 작곡한 '나의 조국'은 문경초등학교 교사 시절의 음악적 영감에서 발현됐다고 본다. '나의 조국'은 조국 근대화를 이루고자 했던 박 대통령의 원대한 꿈과 비전이 절절히 배어있는 노래이다.

'정기', '기상'은 민족의 정체성을 표현하고 있고, '영롱', '새역사', '창조'는 국가의 희망을 노래하고 있다. 이 노래는 은연중에 '하면 된다'와 '우리도 할 수 있다'는 자신감을 국민에게 심어주고 있다.

'나의 조국' 가사 중에 3절에 나오는 **"삼국통일 이룩한 화랑의 옛 정신을 오늘에 이어받아 새마을정신으로"** 대목은 이 노래의 결정판이라 하겠다. 고대국가인 고구려, 백제, 신라는 삼한일통을 향해 필사즉생(必死卽生)의 각축전을 벌였다. 삼국 중 가장 국력이 약했던 신라가 최후의 승자가 되었고, 한반도에 영토적 야욕을 가진 당시 세계 최강대국 당나라를 '나당7년전쟁'을 통해 몰아냈으며, 동로마제국 다음으로 세계에서 두 번째로 긴 천년제국을 영위했다.

화랑정신은 삼국통일과 나당전쟁 승리의 바탕이 되었고, 선비정신·호국정신으로 이어져 마침내 새마을정신으로 수렴되었다. 이것이 바로 '경북4대정신'이며 오늘의 대한민국을 있게 한 한민족의 기본정신이요 기백이라 하겠다.

박정희는 가난과 질곡, 패배주의와 사대주의에 젖어 있던 국민에게 '할 수 있다'는 영감을 준 지도자였고, 미래 비전과 통찰력을 몸으로 실천한 겨레의 큰 공복(公僕)이었다. 애국(愛國)과 애족(愛族)은 박정희의 혈맥을 타고 흐르는 신앙이었다. 그 혈맥으로 박정희는 오천 년의 가난을 추방했고, 마침내 '한강의 기적'을 이루었다. 민족개조와 인간 정신 혁명, 그것이 바로 '박정희정신'이다.

박정희가 이룩한 우리 민족의 재생(再生)의 길인 '한강의 기적'이 오늘날 어쩌다 '한강의 눈물'로 무너지고 있다. 기적을 이룬 나라가 '기적을 잊은 나라'로 뒷걸음치고 있다. 지금 대한민국은 코로나대란·실업대란·민심대란 등 '대란(大亂)'으로 치닫고 있다. 한국은 '정치적 나침반'을 잃어버린 사회로 '가라앉는 배'에서 싸우는 격이다. 방향을 잃고 정처 없이 표류하고 있는 대한민국호(號)에는 새로운 지표가 필요하다. 그것은 바로 '박정희정신'이다.

'나의 조국'은 여전히 가능성의 나라다. 천연자원은 없지만 인재가 있고, 좁은 국토이지만 무한한 창의력이 있다. 박정희정신은 우리에게 그 가능성을 믿게 했고, 행동으로 옮기게 했다. 우리가 다시 그 정신을 되살린다면, 대한민국은 또 한 번 세계를 놀라게 할 '태평양의 기적'을 만들 것이다.

이 나라의 번영을 위한
우국憂國 단상斷想

1. 국격을 높이는 선비정신
2. ‘인구수축 사회의 소멸하는 지방과 대학을 어찌할 건가?
3. 고용 대참사와 청년실업 대책 이대로는 안 된다
4. 비정상적인 수도권 팽창 막아야 한다
5. ‘전관예우’ 근절 위해 최고위 판검사의 변호사 개업 막아야
6. 한국판 ‘가정맹어호(苛政猛於虎)’
7. 중국의 ‘역사왜곡’ 이대로 둘 것인가?
8. 안보위기와 류성룡의 임진왜란 대응전략
9. 월남-아프간 패망(敗亡)의 역사에서 배워야 한다
10. 네팔사태와 ‘아시아의 봄’, 대변혁은 진행되는가?
11. 통일한국 이후 만주회복과 한몽골연합의 ‘뉴칭기즈칸’ 전략
12. 한국형 ‘핵추진 잠수함’ 건조, 농축·재처리로 완결 지어야
13. 우크라이나 전후(戰後) 재건, 한국이 먼저 나서야
14. 신북방외교 전개와 ‘북방협력위원회(가칭)’의 설립
15. 일·중 격랑 속 대한민국이 가야할 길

이 나라의 번영을 위한 우국憂國 단상斷想

1 국격(國格)을 높이는 선비정신

영국 하면 신사의 나라, 일본 하면 사무라이(무사)의 나라를 연상하게 되는 것처럼 한국 하면 떠오르는 국가 정체성이 있어야 한다. 다행히도 우리나라는 효 사상, 널리 인간을 이롭게 하는 홍익인간 정신, 인본주의 전통, 개방성 등 '코리안 드림'을 만들 수 있는 빛나는 문화유산과 세계에 자랑할 만한 한류 자산을 많이 갖고 있다.

우리나라는 고도 경제성장과 민주화 달성이라는 '두 번의 기적'으로 선진국 반열에 올랐다고 볼 수 있지만, 문화적으로는 서구 선진국을 따라잡았다고 말할 수 없다. 선진국 수준의 국가에는 그 나라 고유의 역사와 문화가 최고의 상품이 되어 국가경쟁력의 또 다른 한 축으로 작용하고 있다. 세계인들에게 한국이 어떤 나라로 인식되는 것이 바람직할까. 한국인의 정체성을 무엇으로 정의하면 좋을까.

미국 하버드대의 고(故) 라이샤워[1] 교수는 "한국은 생명력은 넘쳐흐르

1 에드윈 올드파더 라이샤워(Edwin Oldfather Reischauer, 1910~1990) : 미국의 역사학자이

지만 거칠다."고 평가했으며 "한국적 야성(野性)을 이상적으로 승화하는 데 가장 필요한 것은 조선시대의 선비정신이다."라고 말한 바 있다. 일본은 명치유신 이후 주류세력이 '무사도'를 일본의 가치관으로 승계한 데 비해, 우리는 광복 후 서구사상의 무분별한 수용으로 선비정신이 국민의 가치관으로 자리 잡지 못했다. 선비정신은 일제에 의해 분열적 논쟁으로 폄하되고, 이후 낡은 것이라고 천대받아 팽개쳐 버려진 상태다. 이제는 대한민국의 국격(國格)을 높이고 한류를 확산시키기 위해 선비정신과 같은 '정신재무장운동'이 필요하다.

선비라는 말의 어원에 대해 신채호 선생은 선의 무리 즉 '선배(仙輩)'라고 했고, 김동욱 선생은 선배(先輩)와 같은 개념으로 신라의 화랑에서 유래한 말이라고 주장했다. '선비 논 데서 용 난다'는 속담에서 볼 수 있듯이 선비는 학식과 예절로 명분과 의리를 지키고 지행합일(知行合一)을 추구하였으며, 목에 칼이 들어와도 두려워하지 않는 기개와 불요불굴(不撓不屈)의 정신력을 소유했다. 선비정신의 대표적 덕목으로는 사보다 공을 앞세우는 '선공후사(先公後私)', 청빈과 검약을 생활철학으로 삼는 '청빈검약(淸貧儉約)', 자신에게는 엄격하되 남에게는 후하게 대하는 '박기후인(薄己厚人)', 근심할 일은 남보다 먼저 근심하고 즐길 일은 남보다 나중에 즐기는 '선우후락(先憂後樂)', 강한 자를 누르고 약한 자를 도와주는 '억강부약(抑强扶弱)' 등을 들 수 있다.

영국이 지난 300년 동안 전쟁에서 한 번도 패하지 않은 것은 상류 지도층이 먼저 전쟁에 나가서 전사하고 희생한 노블레스 오블리주가 있었기 때문이다. 장구한 500여 년 동안 조선을 지탱해온 정신은 선비정

자, 외교관. 주로 일본과 한국의 역사를 연구한 학자로 유명하다.

신이었고, 그것은 바로 노블레스 오블리주였다. 단재 신채호 선생은 "조선이 조선되게 하여온 자가 화랑이며, 그러므로 화랑의 역사를 모르고 한국의 역사를 말하려는 것은 골을 빼고 그 사람의 정신을 찾음과 한가지인 우책(愚策)이다."라고 갈파한 바 있다.

화랑정신, 선비정신, 호국정신, 새마을정신을 '경북4대정신'이라 부른다. 이런 문화자산은 한국과 세계의 미래를 건강하게 열어나갈 열쇠가 될 수 있다. 경북을 본거지로 하는 선비정신은 반드시 되살려야 할 문화자산이며, 우리 국민 전체 삶의 좌표로 삼을 만한 가치이며, 세계에 자랑할 만한 한류상품이라고 할 수 있다. 우리의 선비정신은 공동체의 발전을 위해 필요한 덕목으로 미국의 청교도정신, 영국의 기사도, 일본의 무사도에 비견할 수 있다. 한국을 대표하는 브랜드로 선비정신을 내세우면 어떨까. 조선이 일본은 물론 사회주의로 변한 중국보다도 성리학을 잘 계승했기 때문이다.

이제 지도층부터 한국인의 인의예지(仁義禮智) 윤리와 홍익정신의 핵심인 선비정신을 해외에 소개하고 한국을 홍보하자. 국내에는 '선비정신' 붐이 새로운 시민의식으로 자리잡을 수 있도록 힘을 모으자. 그러면 우리의 국격도 저절로 상승하고 '관광 코리아'도 활성화될 것이다. K팝을 위시한 한류가 국가 브랜드를 높이고 있지만 이를 실효적으로 뒷받침할 수 있는 역사·문화의 이미지 고급화가 함께해야 한다. 이것이 버려진 선비정신의 복원이 시급한 이유이다.

임마누엘 페스트라이쉬 교수가 〈한국인만 모르는 다른 대한민국〉이라는 책에서 "1960년대 이후 한국이 이룩한 기적적인 성장의 경우, 그 배후에는 수천 년 지속해온 지적 전통이 있다.... 한국인은 한국의 과거를 소개하지 않고는 국제 사회에 한국의 정체성을 설명할 수 없다. 한국의 정체성이 명확하게 그려지지 않는 한 국제사회에서 한국의 존재감은 모호할 수밖에 없다."고 주장한 참뜻을 음미해 보자.

2

'인구수축 사회의 소멸하는 지방과 대학을 어찌할 건가?

전쟁의 참혹함은 중국의 오랜 전통 문단(文壇)의 주제였다. 시성(詩聖)으로 불리는 당나라의 두보(杜甫)[2]는 다음의 시에서처럼 전쟁의 상흔(傷痕)과 그늘을 제대로 헤집은 시인이라는 평가를 받는다.

"····주문주육취(朱門酒肉臭), 노유동사골(路有凍死骨), 영고지척이(榮枯咫尺異), 추창난재술(惆悵難再述)····" "붉은 문(부자집 대문) 안에서는 술과 고기 냄새요, 길가에는 얼어 죽은 사람의 해골이 구른다. 영화와 시듬이 지척으로 판이하니, 마음이 슬퍼져서 더 적어갈 수가 없구나."

인구 감소는 전쟁보다 더 무섭다. 지금 한국 사회는 조용히, 그러나 깊이 늙어가고 있다. 아이의 울음소리가 사라지고, 초등학교 운동장은 텅 비어간다. 지방의 마을에는 굴뚝 연기보다 '빈집'이 더 많다. 이 모든 현상이 뜻하는 바는 단 하나다. '인구 수축사회'의 습격이 시작되었다는 것이다.

2 두보(杜甫, 712~770) : 당나라 때의 시인이다. 자는 자미(子美) 호는 소릉야로(少陵野老). 중국 고대 시에 지대한 영향을 미쳐 시성(詩聖)이라 부르며, 그의 작품은 두시(杜詩) 또는 시사(詩史)라 부른다. 이백과 함께 '이두(李杜)'라고도 일컬어진다.

2019년 한국고용정보원이 발표한 '지방소멸위험지수'를 보면 전국 228개 자치단체 가운데 42.5%에 달하는 97개 시·군이 소멸 위험 지역으로 분류됐다. 2025년에 대한민국은 '초고령사회(超高齡社會, Super-aged Society)[3]'에 진입했다.

이 거대한 흐름은 단순히 인구 문제를 넘어 국가의 존망(存亡)을 흔드는 '문명적 위기'다. 산업, 군사, 복지, 교육, 지방소멸 모두가 이 인구 구조의 함정 속에 들어 있다. 문제는 정부나 정치권이 여전히 이 위기를 "출산 장려금 몇 푼으로 해결될 행정 사안" 정도로 다루고 있다는 점이다. 20년 넘게 수십조 원을 쏟아부었지만, 합계출산율은 0.75명 수준(2024년 기준)에서 벗어나지 못한다. '돈으로 생명을 사려 한' 발상 자체가 잘못이었다.

'인구수축 사회'까지 골든 타임이 얼마 남지 않았다. 2020년 말 우리나라 주민등록인구는 사상 처음으로 감소했다. 전쟁 없는 평화 시기에 인구의 자연 감소가 일어난 최초의 국가가 일본이었는데 한국이 그 뒤를 잇고 있어 씁쓸하다. 국내 총인구(내국인+외국인)는 2028년 5,194만 명으로 정점을 찍고 감소할 것으로 추산된다. 80년 후(2100년경) 우리나라의 총인구는 1,650만 명대로 쪼그라들고, 280년 후(2300년경)면 100만 명도 안 돼 사실상 대한민국은 소멸한다.

이제는 발상의 대전환이 필요하다. 첫째, '아이 낳을 수 있는 사회'가 아니라 '아이를 낳고 싶어지는 문화'를 만들어야 한다. 주거, 일자리, 교육, 가족문화까지 전방위적 구조개혁이 동반되어야 한다. 둘째, '노인 세대의 재사회화'가 중요하다. 70세도 일할 수 있는 사회, 노년의 경험

3 초고령사회 : 국가 또는 지역의 65세 이상 인구 비율이 전체 인구의 20%를 넘는 상태.

이 자산이 되는 시스템을 구축해야 한다. 셋째, '이민 전략의 국가화'다. 일본처럼 '선별적 고급 이민'을 제도화하고, 한국어·문화 교육을 국가가 체계적으로 담당해야 한다. 넷째, '지방소멸 대응 전략'은 단순한 예산 투입이 아니라 '생활권 단위의 생존모델'을 만들어야 한다. '나라 안의 작은 나라들'을 키워 내야 한다.

미국의 미래학자 T. 프레이(T. Frey)는 향후 10년이 '인류의 삶을 바꿀 신기술의 혁명기'라고 규정했다. 그는 에듀테크(edutech : education(교육) +

technology(기술))가 더 확대될 앞으로의 10년을 이렇게 예언했다.

"△ 현재 대학의 절반이 없어질 것이다. △ 오늘 태어난 아기는 평생 8~10개의 직업을 갖게 될 것이다. △ 연구직과 교수직은 사라지고, 현대의 거대한 대학은 소규모 대학(micro college)으로 대체될 것이다. △ 수업은 인간 교수와 AI 교수의 협력으로 하게 될 것이다. △ 수업으로 얻은 지식의 양은 현재의 10배를 넘을 것이다."

지방대학이 이제는 '소멸' 단계에 이르렀다. 2025년 신입생 정원 미달 대학이 160곳을 넘고, 강원·전북·경북의 일부 지역은 입학생이 절반도 채우지 못하는 실정이다. 대학의 교정이 텅 비는 순간, 그 지역 상권·주거·의료·문화도 함께 꺼진다. 취업 할당제 등 지역 인재 채용 우대 정책의 대폭적인 강화, 지방대학을 평생교육기관으로 전환하는 방안, 적은 수의 학생으로 특화된 분야의 경쟁력을 지닌 '강소대학'으로 변신, 부실 대학의 통폐합 등 특단의 대책을 실행해야 한다. 아울러 지방대학이 산업 클러스터의 중심으로 자리 잡게 하고, 기업이 지방에 연구소를 세우면 세제혜택과 규제완화를 동시에 제공해야 한다.

정부는 지역 소멸과 대학 소멸에 대한 근본적인 방안을 제시해야 한다. 인구 문제는 '국가의 생명력', 곧 한 나라의 역사적 지속 가능성에 관한 문제다. 정부는 아이를 낳는 일이 개인의 희생이 아니라 공동체의 축복이 되는 사회, 청년이 미래의 꿈을 설계할 수 있는 사회, 그런 문화를 만들 책무가 있다.

3
'고용 대참사'와 청년실업 대책 이대로는 안 된다

'고용 대참사'가 어제오늘의 일이 아니다. 이미 예견된 일이었다. 문재인 정부의 소득주도 성장정책, 급격한 최저임금 인상, 주 52시간 근무 강행 등 예고된 '정책 실패'의 결과다. 이러한 제도로 인해 기업의 부담은 커졌고, 특히 중소기업은 청년고용을 꺼린다. 결과적으로 정부의 '보호 정책'이 청년의 일자리를 더 줄인 셈이다.

그뿐만 아니다. 문 정부는 온갖 규제와 반(反)기업 정책으로 기업들에 족쇄를 채웠다. 민주당은 경제계가 한사코 반대했던 '기업규제3법'과 '중대재해처벌법' 등을 밀어붙여 기업들을 절망케 했다. 노동규제 외에도 지배구조, 공정거래, 산업재해 등 규제가 심해지고 있다. 무엇보다 시급한 수단은 규제혁파다. 대기업은 말할 것도 없고 중소·중견기업의 40%가 고용을 축소하려 하고 20%가 공장의 해외 이전을 검토하고, 스타트업·벤처기업들까지 해외투자를 고려하고 있는 현실을 직시해야 한다.

청년실업 문제의 근본 원인은 명확하다. 노동시장의 경직성과 정부의 과잉 규제, 그리고 단기 처방식 일자리 정책이 청년고용을 막고 있다. 정부는 매년 '청년 일자리 대책'을 내놓지만, 내용은 크게 다르지 않다. 공공기관 인턴 확대, 시간제 단기 일자리, 각종 보조금 지원 등 임시방편이 대부분이다. 통계용 일자리의 숫자는 늘렸지만, 일자리의 질은 악화되고 지속성은 사라졌다.

기 취업자들만 더 유리하게 하는 정책들을 거두어들여야 한다. 강성 정규직 노조의 연공제 등 기득권을 깨는 노동개혁이 시급하다. 전체 근로자의 12%에 불과한 귀족화된 노조원보다 나머지 대다수 근로자와 미취업자들을 위한 대책 마련이 중요하다. 이철승 서강대 교수는 "노동시장 구조가 '신분계급화'의 초입에 진입했다"라면서 연공제를 직무급 또는 연봉제로 바꿀 것을 제안한다. 기업은 연공제 때문에 해고가 쉬운 비정규직을 늘리거나 신규 채용을 줄이는 방식으로 대응한다. 둘 다 가장 큰 피해자는 청년층이다.

2025년 7월 기준, '쉬었음' 20대 청년 인구가 42만 1,000명으로 집계됐다. 2003년 관련 통계가 시작된 이래 7월 기준 역대 최대치다. 청년고용률 45.8%로 전년 대비 0.7%p 하락했고, 15개월 연속 내림세다. 청년층 취업자는 13만 5,000명 줄어드는 극심한 세대 간 고용 괴리가 드러났다. 제조업·건설업의 장기 침체도 청년고용 악화의 원인이다. 청년 일자리의 버팀목이 되는 산업 전반이 활력을 잃은 것이다.

청년 구직난은 구조적 문제와 맞물려 있다. 경기 불황의 첫 희생양은 청년이다. 기업들은 필요할 때마다 소규모로 채용하는 '수시 채용'을 확대하고 당장 활용할 수 있는 '경력직 채용'을 강화하는 추세다. 대한상공회의소에 따르면 2025년 상반기 채용공고 중 신입만 뽑는 공고는 2.6%에 불과했다. 대기업조차 20대 직원 비중이 2년 새 3.8%p 줄었다. 공채가 축소되고 인턴사원제도 등이 수시 채용과 경력직 채용의 징검다리 역할을 하게 되면 부모와 친지들의 도움을 받을 수 없는 '흙수저' 출신들은 취업에 더 어려움이 가중된다.

이처럼 한국의 청년들은 '상실의 시대'를 살고 있다. 대졸 후 몇 년째 '이력서 돌리기 인생'을 이어가는 청년, 계약직으로 버티다 30대가 되어도 정규직 문턱을 넘지 못하는 청년이 늘고 있다. 청년들의 분노를 해소해 주지 못하는 사회에 미래는 없다. 정부는 모든 정책의 최우선 순위를 청년 일자리에 둬야 하며, 기업도 수시 채용에서 정시 채용으로 전환해 청년실업 해소에 앞장서야 한다.

문제는 장기간 구직을 포기한 '쉬었음' 청년 인구가 늘수록 노동시장 이탈은 심화되고, 국가경쟁력에도 타격을 준다. 아르바이트나 비정규직으로 경력을 이어가도 정규직 전환 가능성이 작고, 불완전 고용 상태에서 청년들은 더 쉽게 사회에서 도태되는 것이 현실이다. 이는 개인 차원의 좌절을 넘어 사회 전체의 비용 증가로 이어진다. 청년들이 제때 노동시장에 진입하지 못하면 결혼과 출산에도 악영향을 미치게 된다. 미래 경제 활동과 사회의 지속 가능성까지 흔드는 국가적 위기다.

우선 건설업·제조업 등 전통산업의 침체에 대응해 청년 친화적 일자리 창출 전략을 세워야 한다. 신산업·디지털 전환 분야에서 청년이 주도적으로 참여할 수 있는 채용 확대와 지원책을 마련해야 한다. 단기 알바 위주의 '세금 투입형 일자리'는 통계 분식이지 진정한 일자리가 될 수 없다. 기업 활성화라는 근본적 처방 대신 세금 퍼붓는 땜질 대책으로는 청년실업 문제를 해결할 수 없다. '양질의 일자리가 최상의 복지'다. 기업하기 좋은 환경을 만들어야 투자와 고용의 선순환을 이룰 수 있다. 정부와 정치권, 기업 모두가 고용 창출을 위해 백방(百方)의 해법을 강구해야 한다.

4
비정상적인 수도권 팽창 막아야 한다.

대한민국은 수도권 공화국이다. 인구의 과반수가 국토 면적의 12퍼센트밖에 안 되는 수도권에 집중되어 있다. 이는 동서고금을 통틀어 전례가 없는 사례다. 의료기관의 51퍼센트가 수도권에 있으며, 전국 20대 대학의 80퍼센트도 수도권에 몰려 있다. 설상가상(雪上加霜)인 것은 100대 기업 중 80개 이상이 수도권에 본사를 두고 있다. 또한 청년들이 주로 종사하는 스타트업도 90퍼센트 이상이 수도권에 집중되어 있다.

이같이 국가의 인구·산업·자본·교육·의료가 한 점(點)에 극단적으로 몰린 초집중 구조, 이른바 '수도권 블랙홀 현상'은 분명히 국가 정책의 실패가 누적되어 만들어낸 비정상적 팽창이며, 이제는 더 늦기 전에 방향을 되돌려야 한다.

인구의 수도권 쏠림 현상은 지방뿐 아니라 수도권에도 치명적인 악영향을 미친다. 작금에 벌어지고 있는 수도권 집값 폭등 현상 하나만으로도 이를 설명할 수 있다. 인구가 적은 지역일수록 주민 1인당 투입예산은 늘어난다. 2027년 주민 1인당 투입예산은 대도시 270만 원, 군지역 1,170만 원으로 다섯 배가량 차이가 날 것으로 예상된다. 30퍼센트의 지자체가 파산 위기에 직면할 2040년에는 예산의 액수가 훨씬 커질 것이다.

헌법재판소는 지난 2014년 10월 30일 국회의원 선거구별 최대-최소 인구 편차가 3 대 1로 짜여져 있는 공직선거법 제25조 2항에 대해 헌법불합치 선고를 내려 선거구 인구편차를 "2대1을 넘어서지 않는 것으로 변경하는 것이 타당하다"는 선고를 한 바 있다. 그러나 이 같은 헌재의 판결은 국가백년대계를 생각하지 못했으며, 나무만 보고 숲을 보지 못했다. 헌재는 인구 편차의 허용기준을 엄격하게 하는 것이 외국의 판례와 입법추세라는 논거를 제시하고 '투표 가치의 불평등'을 '국회의원의 지역 대표성'보다 우위에 두는 우(愚)를 범했다. 그러나 급속하게 비수도권이 공동화되고 수도권이 팽창하는 한국이 처한 특수한 현실을 반영하지 못한 오판(誤判)이었다.

그 결과 수도권 도시를 대표하는 의원 수만 증가하고 지역 대표성이 절실히 요구되는 농어촌 의원 수는 감소하게 되었다. 결국 국회에서 수도권의 목소리는 더 커지고, 비수도권의 목소리는 더 줄어들 수밖에 없어 지방분권이나 지역균형개발은 공염불이 되고 말았다. 실제로 지방분권 관련 법률 중 상당수가 국회의 반대로 번번이 무산된 것이 이를 입증한다.

노무현 정부 출범 이후 수도권 팽창을 개선하기 위해 국가균형발전을 국정 지표로 삼아 행정수도와 공공기관 지방 이전, 그리고 혁신도시 조성 등 지역 균형발전 정책을 편 결과, 지난 2011년 수도권 인구 8

만 명이 비수도권 지역으로 빠져나가 처음으로 수도권 인구가 줄어들었다. 하지만 공공기관 지방 이전 효과가 소멸하면서 지난 2017년부터 다시 수도권으로 인구가 몰려들고 있다.

수도권과 비수도권의 격차를 줄이고 상생발전을 위한 대책을 더 이상 미룰 수 없다. 여기에는 발상의 대전환이 필요하다. 우선 수도권 주민들부터 수도권 집중 억제가 삶의 질을 높이고, 비수도권의 발전이 곧 수도권의 발전이 된다는 점을 인식해야 한다.

우리나라는 행정수도가 지방으로 이전했지만, 권력의 요체인 대통령실과 국회가 수도권에 있다. 이제 수도권 인구가 50%를 넘어서서 수도권의 구심력이 갈수록 드세질 수밖에 없는 구조다. 그래서인지 정부는 수도권 집중 대책만 내놓고 있다. 수도권 주거난 해소를 명목으로 신도시건설을 추진하고 있지만 이는 오히려 수도권 쏠림현상과 인구 과밀화만 부추길 뿐이다. 게다가 국내로 돌아오는 기업에 수도권 부지를 우선 배정해주는 정부의 '리쇼어링 대책'은 비수도권을 고사시키는 '자해(自害) 정책'이다.

국토연구원은 미래예측 보고서에서 "수도권은 2050년 국내 총인구 중 60%가 집중될 것"으로 전망했다. 우리나라는 2030년을 기준으로 인구감소가 시작된다. 수도권 팽창은 '붕괴'의 전조다. 지방이 사라지면 국가가 무너진다. 국토 균형 없이 국력 융성은 불가능하다. 수도권의 팽창을 막기 위한 특단의 대책이 강구돼야 한다. 첫째, 중앙정부의 권한과 재정의 과감한 지방 이양이 요구된다. 국가 핵심 인프라와 신산업의 지방 분산을 강력히 추진해야 한다. 단순한 공공기관 이전이 아닌, 산업 생태계와 연구·인재 시스템까지 함께 내려가야 한다. 둘째, 지방 청년이 돌아갈 수 있는 고급 일자리를 만들어야 한다. 제조업 고도화, 첨단 부품·소재 산업, 국방·에너지 산업의 지역 거점화가 필요하다. 셋째, 정치적 유불리를 따지는 지역개발이 아니라 국가전략에 기초한 장기 국토 재설계가 필요하다. 대한민국의 지속 가능성을 위해 '지방 중심 성장'으로 패러다임을 바꿔야 한다. 이제 시간이 많지 않다.

5 '전관예우' 근절 위해 최고위 판검사의 변호사 개업 막아야

'전관예우'는 대한민국 사법 불신의 근본 뿌리다. 고질적인 '재판거래'로 국민의 사법 불신을 초래하는 가장 큰 원인이다. 퇴직한 최고위 판검사가 변호사로 개업해 자신이 몸담았던 법원이나 검찰 조직과의 인맥을 이용해 판결을 유리하게 이끈다는 의혹은 오래된 병폐다. 국민은 '법은 권력자에게 관대하고, 서민에게만 엄격하다' '유전무죄 무전유죄(有錢無罪 無錢有罪)'라고 느낀다. 이런 인식이 지속된다면 법치의 근간은 흔들릴 수밖에 없다. 최근에도 고위 법조인 출신 변호사들이 수십억 원의 수임료를 챙겼다는 보도가 이어진다. 공직에 있을 때의 '권위'가 사적 이익으로 전환되는 순간, 정의는 무너진다.

문제의 핵심은 '전관예우'가 단순한 도덕 문제를 넘어 제도적 허점을 악용하고 있다는 데 있다. 현행 변호사법은 퇴직한 판검사가 일정 기간 자신이 근무했던 기관의 사건을 맡지 못하도록 규정하지만, 실효성이 거의 없다. 친분이 있는 후배가 수사나 재판을 맡으면, 전화 한 통으로

'보이지 않는 영향력'이 작동하는 것이다.

이제는 미봉책이 아니라 근본 대책이 필요하다. 첫째, 대법관·헌법재판관·검찰총장·고등법원장 등 최고위 법조인 출신의 변호사 개업을 원천적으로 금지해야 한다. 이들은 이미 충분한 연금과 명예를 갖고 있다. 그 명예를 지키며 공직의 마지막을 깨끗이 마무리하는 것이 진정한 '법조인의 품격'이다. 둘째, 공직 퇴임자에 대한 사후 관리 제도를 강화하여 퇴임 법조인의 공익활동 의무화 제도를 도입해야 한다. 일정 기간 공익법무, 법률구조, 법률교육 등 공공 분야에서 봉사하도록 하는 것이다. 국민 세금으로 양성된 법조인이라면, 그 전문성을 사회에 환원하는 것이 정의다.

사법 정의는 '공정성' 위에 세워진다. 법이 권력의 도구가 되고, 법조계가 '폐쇄적 카르텔'로 굳어지면 국민은 법을 믿지 않는다. '전관예우'를 근절하지 못한다면 대한민국은 결코 선진 법치국가로 나아갈 수 없다. 최고위 판검사들의 변호사 개업 금지는 사법개혁의 시작이자, 정의 회복의 첫걸음이다.

2017년 3월 10일 박근혜 전 대통령의 탄핵 심판 당시 헌법재판소장 권한대행으로 "박근혜를 탄핵한다"는 인용 결정을 내린 이정미 전 헌법재판관은 후보자 시절인 지난 2011년 3월 3일 국회 인사청문회에서 "헌법재판관에 임명될 경우, 변호사 개업을 안 할 수도 있다"고 밝힌 바 있다. 그런 이정미 전 헌법재판관은 명예보다는 돈을 선택했다. "변호사를 하지 않겠다"는 자신의 약속을 헌신짝처럼 저버리고 2020년 6월 변호사(법무법인 로고스 상임고문)로 변신했다.

2017년 대법원 상고심 사건 중 대법관 출신의 전관 변호사들이 사건을 수임한 건수는 440건으로 2016년도 263건보다 177건 늘어났다. 67%가 증가한 것이다. 또한 '2018년 법조브로커 실태조사'를 보면 형사소송에서 판검사 출신 변호사를 선임했다는 사람의 응답률은 62%로 나타났다.

우리와 사법체계가 비슷한 일본은 '전관예우'가 없다. 영국은 일단 판사로 임용될 때 판사직은 평생이니까 퇴직 후에 변호사를 할 수 없다는 걸 임용조건으로 내세운다. 아일랜드는 퇴직 전 근무했던 법원 등에 대한 소송대리를 영구 제한한다. 홍콩도 상고심 법관의 퇴직 후 변호사 개업이 영구 금지된다. 싱가포르도 상급법원 판사는 3년 이상 근무 후 퇴직하면 모든 법원에서 소송대리가 영구 제한된다.

우리나라의 전관예우 규제는 세계 최저 수준이다. 대법원 사법발전위원회가 2018년에 발표한 설문조사 결과에서 일반 국민의 67%, 법조직역 종사자의 77%가 전관예우금지법에 대해서 '규제가 미약하거나 효과가 작다.'고 생각한 것으로 조사됐다. 전관예우는 단순한 관행이 아니라, 국민이 더 이상 용납하지 않는 시대착오적 특권이다. 이제 법조계 스스로 이 구태를 걷어내지 못한다면, 강력한 입법적 개입을 피하기 어려울 것이다.

전관예우를 근절하기 위해 '변호사 개업 금지방안'으로 고위 판검사의 로펌 취업 제한 기준을 강화해야 한다. 또한 전관들의 수임 제한 기간을 대폭 늘리고 최종근무지가 아니라 퇴직 5년 이내 근무했던 모든 법원·검찰청을 기준으로 수임을 금지해야 한다. 여기에는 처우개선 대책과 규제 대책의 균형 잡힌 실행이 필요하다.

전관예우는 공정한 재판을 위협하고, 국민 신뢰를 침식시키는 사법 불신의 주된 원인으로 남아 있다. 국회는 재판 독립성과 공정성에 대한 불신이 커지는 것을 막고 '전관예우 근절'을 위한 입법을 서둘러 사법 신뢰 회복에 앞장서 주길 바란다. 법원이 공정성을 잃으면 정의수호의 최후 보루가 무너지게 되기 때문이다.

6
한국판 가정맹어호(苛政猛於虎)

〈예기(禮記)〉의 「단궁하편(檀弓下篇)」에 나오는 일화다. 어느 날 공자(孔子)가 노나라의 혼란 상태에 환멸을 느끼고 제나라로 가던 중 태산(泰山) 인근 허술한 세 개의 무덤 앞에서 슬피 우는 여인을 만났다. 제자 자로(子路)가 사연을 물은 즉 "시아버지, 남편, 아들을 모두 호랑이가 잡아먹었다."는 것이었다.

이에 공자가 세 번이나 호환(虎患)을 당하고도 왜 이곳을 떠나지 않느냐고 묻자 여인은 "이곳에는 가렴주구(苛斂誅求)가 없기 때문입니다. 다른 곳으로 가면 무거운 세금 때문에 그나마도 살 수가 없습니다."라고 대답하였다. 이에 공자가 "가혹한 정치는 호랑이보다도 더 무섭다(苛政猛於虎·가정맹어호)는 것을 알려주는 말이로다" 하였다.

이 고사는 2천 년이 넘도록 권력자에게 던지는 경고로 남아있다. 그러나 오늘의 대한민국은 이 경고를 새기지 못한 듯하다. 가정(苛政)이란 혹독한 정치를 말하고, 이에 따라 백성들에게 미치는 해는 무서운 범의 해(害)보다 더 크다는 것이다. 국제통화기금(IMF)은 2025년 세계 경제성장률을 3.2%로 전망하면서도 한국경제는 0.9%에 그칠 것으로 내다봤다. 한국경제와 정치가 갈 길은 멀고 날은 저무는 '일모도원(日暮途遠)'의 형국에 빠져 있는데, 정치권의 무능(無能)이 '북핵'보다도 무서운 현실이다.

기업들은 미·중 통상 전쟁의 거친 파고를 헤쳐나가기도 버거운데 집권 민주당은 노란봉투법과 상법개정안을 강행 처리했다. 주 4.5일제와 정년 연장까지 곧 도입할 태세다. 국민이 호랑이를 두려워하기보다 세금을, 규제를, 그리고 불공정한 행정을 두려워하는 사회가 되었다. 청년 고용절벽·저출산·고령화·가계부채·집값폭등·노동개혁 등의 해결은 정치의 몫인데, 정치권에는 희망이 보이지 않는다. 소수 의견을 무시한 다수의 횡포와 독재가 횡행하는 지금의 국회 행태는 기어이 초가삼간마저 태울 기세다.

조선 후기의 실학자 혜강(惠岡) 최한기(崔漢綺)[4] 선생은 저서 〈인정(人政)〉에서 말하기를 "소인을 내쫒으면 백성이 기뻐하고, 군자를 물러나게 하면 백성이 걱정한다."라고 말했다. 그러나 현 좌파 정권은 혜강 선생의 선견(先見)과 정반대의 길을 가고 있어 안타깝다. 조선 후기의 '삼정(三政, 전정·군정·환곡)의 문란'이 농민을 민란(홍경래의 난)으로 내몰았다. 일제강점기의 토지조사사업(1910~18)이나 산미증식계획(1920년대) 같은 수탈 정책은 농민의 40% 이상을 소작농으로 전락시켰다.

오늘의 행정도 그때보다 나을 것이 없다. 정부의 10·15 부동산 대책

4 최한기(崔漢綺, 1803~1877) : 조선 후기의 학자. 자는 운로(芸老). 호는 혜강(惠岡)·패동(浿東)·명남루(明南樓)·기화당(氣和堂). 실학사상의 기반을 확립하였으며 개화 철학의 선구자이다. 주요 저서에 <농정회요(農政會要)>, <신기통(神氣通)>, <습산진벌(習算津筏)> 등이 있으며 이를 한데 엮은 <명남루전서>가 전한다.

을 둘러싼 민심이 흉흉하다. 한국갤럽 여론조사에서 44%가 '부적절하다'라고 답했다. 공급이 빠진 규제 일변도 대책에 가장 큰 원인이 있겠지만, △정책 당국자 실언 △대책 오류·번복 △후속 대책 혼선 등이 불신을 키운 측면 또한 상당할 것이다. 정부 여당이 중심을 잡지 못하면 집값 폭등이 정권의 발목을 잡는 '문재인 정권 시즌2'가 될 수 있다.

이상경 전 국토교통부 1차관은 "돈 모아 집값 안정되면 그때 사라"고 하더니 정작 본인은 갭투자로 수억 원 이익을 본 사실이 드러나 무주택자들에 분노감을 안겼다. 설상가상, 국토교통위 민주당 간사인 복기왕 의원은 "15억 원 정도면 서민들이 사는 아파트"라고 말했다가 고개를 숙여야 했다.

이것이야말로 현대판 '가정맹어호'다. 호랑이는 한 사람만 해치지만, 정책 실패는 온 국민의 삶을 파괴한다. 정치는 본래 '다스림(治)'이 아니라 '살림(生)'이어야 한다. 법과 제도는 국민을 단속하기 위한 그물이 아니라, 삶을 지탱하는 울타리여야 한다. 그러나 지금의 정책 현장은 '국민을 분노하게 하는 행정'으로 뒤집혀 있다.

정덕구 니어재단 이사장은 10월 27일 서울경제신문과의 인터뷰에서 "우리 경제는 '잃어버린 20년'을 지나고 있다"며 "단기 성장에 취해 개혁 작업을 미룬 것이 잃어버린 20년의 원인이자 본질"이라고 밝혔다. 그러면서 "강성 지지 세력에 아부하는 '정치 과잉' 시대를 끝내고 국가 미래를 설계하는 '전략과 정책' 시대로 조속히 전환해야 한다"고 주장했다. 또한 그는 "지난 20년에 걸쳐 대통령 집권 5년마다 경제성장률이 1%포인트씩 떨어진 것은 결코 우연이 아니다. 단기 성장에 취해 개혁 작업을 미룬 것이 잃어버린 20년의 원인이자 본질이다."라고 한국경제를 진단했다. 고금의 역사에서 모든 왕조의 몰락은 외적보다 내정의 부패에서 시작됐다. 지금이야말로 우리 사회가 다시 새겨야 할 문구가 있다. '가정맹어호(苛政猛於虎)', '가혹한 정치는 호랑이보다 무섭다.'

7
중국의 '역사왜곡' 이대로 둘 것인가?

6.25 전쟁이 북한의 남침으로 발발했다는 건 이미 국제적으로 공인된 움직일 수 없는 사실이다. 그런데 시진핑 중국 국가주석이 2020년 10월 23일 항미원조(抗美援朝) 70주년 연설에서 6·25전쟁을 '미국 제국주의 침략 확장을 억제한 전쟁'이라고 규정하자, 8천만 명 넘게 소속된 중국공산당 청년조직까지 북한의 '남침'을 부인하고 북한과 한국이 서로 한반도 주권을 주장하다가 벌인 '내전'이라고 주장했다.

이런 중국의 역사왜곡에 발맞추어 북한 선전매체도 6.25를 남침이 아니라 한·미에 의한 '북침' 전쟁이라고 주장했다. 북한 대외선전매체 '우리민족끼리'는 2020년 10월 30일 "조선전쟁(6·25 전쟁)이 미제와 이승만 도배들이 도발한 침략 전쟁이라는 것은 그 무엇으로써도 부인할 수 없는 엄연한 역사의 진실"이라고 주장했다. 또한 전쟁이 '남침'으로 시작됐다는 사실이 명시된 유엔 안전보장이사회 결의에 대해서는 "애초에 미국의 거수기로 전락해 공정성과 정의를 줴버린(내팽개친) 유엔 안전보장이사회가 북침을 '남침'으로 오도하여 채택한 부당한 결의"라고 왜곡했다.

중국의 학자들도 6.25를 '항미원조전쟁(抗美援朝戰爭)'이라 부른다. 미국에 대항해서 조선(북한)을 지원했다는 뜻이다. 2013년 중국 국책 연구기관도 "소련의 지지와 소련의 강요를 받은 중국의 묵인 아래 북한이 군사행동을 개시했다"는 보고서를 낸 적이 있다. 그런데도 중국 측이 왜 항미원조 띄우기에 나섰을까? 아마도 격화되는 미·중 갈등과 연관됐을 수 있다.

국제적으로 공인된 역사적 사실을 공공연히 부인하는 일은 한·중 간의 신뢰관계를 훼손할 뿐이다. 일본 극우세력의 역사왜곡에 줄곧 항의하고 경고해온 중국이 북한의 남침을 부인한다면 자가당착(自家撞着)이란 국제사회의 비판을 면하기 어려울 것이다.

중국은 2021년(공산당 창당 100주년)에 인민의 복지가 완성되는 '소강사회(小康社會)'를, 2049년(신중국 100주년)에 세계 초일류국가인 '대동사회(大同社會)'를 만들겠다는 계획을 세우고 있다. 이것이 시진핑이 대륙굴기를 통해 중국 중심의 패권체제를 만들겠다는 '중국몽(中國夢)'이다. 이를 위해서 중국은 전 세계 국가에 중화주의(中華主義)를 전파하고 있다. 그 실천적 방안들이 세계 각국에 만들어주는 '공자아카데미'와 중국의 뿌리를 기존 역사보다 더 오래된 전설시대로 확대하는 '중화문명탐원공정(中華文明探源工程, 이하 탐원공정)'이다.

역사공정은 한무제(漢武帝)[5] 때부터 영토확산 음모를 감춘 교묘한 소프트 파워전략이다. 한무제는 장건(張騫)[6]을 보내 서북의 실크로드를

5 한무제(漢武帝, B.C.156~B.C.87) : 중국 한나라 임금 유철(劉徹). 즉위 후 연호를 건원(建元)이라 정하고 백가를 축출하고 유가만을 숭상했으며 영토를 적극적으로 개척하여 태평성세를 이루었음.

6 장건(張騫, ?~B.C.114) : 중국 전한(前漢) 때의 외교가. 자는 자문(子文). 인도 통로를 개척하

개척했고, 서남으로는 티베트와 사천성, 운남성 일대를 정복했으며, 그 다음 동북으로는 흉노를 견제한다는 명목으로 고조선을 멸망시켰다. '동북공정(東北工程)'은 고조선·고구려·발해의 우리 역사를 중국 역사로 편입하겠다는 것이다.

북한의 남침과 중공군 참전으로 6·25전쟁은 14만 명의 국군 전사자와 22개국 4만 명의 유엔군 전사자를 냈다. 중국이 남침이 아니라고 역사왜곡을 일삼고 있는데도 침묵하는 건 굴종외교다.

싱하이밍(邢海明·형해명) 주한 중국 대사는 이번 논란에 대해 "시진핑 주석 연설을 '역사적 관점'에서 봐 달라"고 했다. 외교부는 더 이상 침묵하면 안 된다. 싱하이밍 대사를 초치하여 재발 방지 대책을 추궁해야 한다.

사기(史記) 연구의 대가인 김영수 교수는 "반세기 훨씬 이내에 중국이 대한민국의 생사여탈권을 쥐게 될 것"이라고 전망하며 이렇게 말한 적이 있다. "사마천(司馬遷) 당대에 한무제가 실시한 대외정책은 지금 중국의 '공정(工程)'과 똑같습니다. 한무제 시절 고조선을 비롯해 많은 주변국가가 멸망하거나 정복당했어요. 2100년이 지난 지금 온전한 독립국가로 남아있는 것은 고조선의 후예인 우리입니다. 그게 동북공정의 이유죠."

중국은 미국과 함께 세계 정치 경제 질서와 안보 등 주요 이슈를 이끌어 가는 G2 국가다. 김영수 교수는 중국의 이런 국제위상을 '소프트파워 전략'으로 정의하고 그 첫 표적이 대한민국임을 강조하고 있다. 여기서 우리는 대한민국의 존속과 번영을 위해 선택과목이 된 역사교육을 조속히 정상화하고, 동북공정 등 중국의 계속되는 역사왜곡에 당당

고, 서역 정보를 가져와 동서의 교통과 문화 교류의 길을 열었다.

히 맞서 싸워야 하는 이유를 찾을 수 있다.

8
안보위기와 류성룡의 임진왜란 대응전략

천하가 비록 아무리 편안할지라도, 전쟁을 잊어버린다면 반드시 위기가 찾아온다(天下雖安 忘戰必危·천하수안 망전필위). 조선은 전쟁을 잊었기 때문에 거의 망했다가 살아났다. 1543년 일본에 표착(漂着, 표류하다가 어떤 곳에 닿음)한 포르투갈인으로부터 조총을 입수한 일본인들이 국산화에 착수한 후, 1554년 일본인이 조총을 들고 조선으로 귀화했다. 이때 명종은 '조총 제작'을 금했다. 나아가 1589년 대마도주가 조선에 조총을 헌상했다. 이때도 선조는 '무기보관'을 명하여 쓸모없는 고철로 만들었다. 그 결과 1592년 임진왜란이 발발하자 조선군은 힘도 한 번 써보지 못하고 무너졌다. 유비무환(有備無患)을 하지 않은 업보였다.

서애(西厓) 류성룡(柳成龍)은 시대를 내다보는 통찰로 '구국의 리더십'을 발휘하여 임진왜란이라는 국난을 헤쳐 나간 명재상이다. 송복 선생은 〈위대한 만남〉에서 임란에서 조선을 구한 수훈갑으로 '서애 류성룡과 충무공 이순신'을 꼽고 있다. 백권호 영남대 명예교수는 임란에서 조선을 살린 3가지 요소를 '첫째, 류성룡의 리더십, 둘째, 이순신의 혁혁한 해전 전승, 셋째, 의병·승병을 포함한 국민의 살아있는 의식'을 들고 있다.

임진왜란 전야의 조선은 '군량, 병력, 무기, 국방체제' 등 전시자원 동원 역량이 전쟁을 수행할 수 없는 상황이었다. 첫째, 임란이 발발한 1592년 조선의 세입규모는 쌀을 기준으로 60만 석 정도로 추정된다. 이듬해 파병된 이여송의 4만 5천 명의 군량이 48만 6천 석에 이르기 때문에, 전쟁을 치르기에는 턱없이 부족한 재정규모였다. 둘째, 조선이 정규군으로 동원할 수 있는 병력은 최대 1만 2천 명에서 최소 8천 명에 불과해, 왜군 병력이 20만 명인 것을 고려하면 상대가 될 수 없는 병력 규모였다. 셋째, 왜군이 당시 최신식 개인화기인 조총으로 무장하고 있었지만, 조선은 개인 무기와 화력이 전혀 준비되지 않았다. 마지막으로, 조선은 명에 대한 사대외교로 자주국방 정책을 포기했기 때문에, 국방체제가 전국규모의 전쟁을 치를 수 있는 형태가 아니었다.

류성룡은 이처럼 전쟁수행 능력이 전무(全無)한 조선을 '적재적소'와 '신상필벌'의 인재등용과 위기관리·문제해결 능력을 발휘해 한반도가 일본 땅이 되는 것을 막았다. 그는 이순신을 정읍현감(종6품)에서 7등급 뛰어넘는 전라좌수사(정3품)로 천거하였으며, 권율도 형조정랑(정5품)에서 4단계 상승시켜 의주목사(정3품)로 추천하였다. 이는 육군·수군, 문신·무신을 초월한 기상천외한 파격적 실용 인사였다. 류성룡은 중앙정부에서 파견한 도원수가 이끄는 '제승방략체제'에서 양인개병(良人皆兵)이나 병농일치(兵農一致)를 기반으로 하는 '진관체제'로 전환했다. 또한 중앙군으로는 훈련도감, 지방군으로는 속오군을 설치하여 양병(養兵)의 문제를 해결했다.

대내적으로는 민생의 안정을 위해 상업을 장려했으며, 공납을 쌀로 통일하는 작미법(作米法)을 시행했다. 왜군의 수급을 베어오는 천민들에게 양인 신분을 주는 면천법(免賤法)과 전쟁에 참여한 사람들을 공책에 기록해 상을 주는 고공책(考功冊)을 실시했다. 군량미의 부족을 해결하기 위해 둔전(屯田)을 실시하고, 곡식을 자발적으로 내는 사람에게 종이 벼슬을 주는 공명첩(空名帖)을 발급했다.

대외적으로는 명나라의 원조를 직접적으로 이끌어냈으며, 명과 일본 사이에 비밀협정이 있다는 것을 간파한 후 이를 파기하고 조선이 주도권을 잡도록 노력하였다. 또한 파탄지경의 민생을 살리기 위해 중강(中江, 의주)에 국제무역시장을 열고(中江開市, 중강개시), 명의 곡물과 조선의 면포를 교역함으로써 양민들의 굶주림을 해결하였다.

송복 선생은 '서애는 통찰력의 특출한 소지자'라고 했다. "그것은 당시로서는 누구도 상상할 수 없는 한반도 지킴이의 통찰력이었고, 그 통찰력으로 한반도는 끝내 조선의 것으로 돌아왔다. 그 통찰력의 첫째는 육지 아닌 바다를 지키는 것이고, 둘째는 한양·수도권이 아닌 전라·호남권을 지키는 것이며, 그렇게 해서 셋째로 지구전(持久戰)으로 한반도 나라를 지키는 것이었다."

자유와 평화는 거저 주어지는 것이 아니다. "평화를 원하거든 전쟁에 대비하라"는 말이 있다. 미·중간의 패권 경쟁과 북핵 위협의 복합적 불확실성이 뒤덮고 있는 대한민국의 안보상황이 위태롭다. 북한 주민은 통일 후에 함께 살아야 할 대상이지만, 북한군과 정권은 우리의 '주적(主敵)'이다. 주적 개념을 삭제한〈국방백서〉를 고쳐야 한다.

이럴 때일수록 지도자들에게는 미래에 대한 예지(睿智)를 가진 '통찰(洞察)의 리더십'이 요구된다. '국난극복의 리더십'을 발휘해 조선을 구한 서애 류성룡 같은 '통합의 지도자' 출현을 기대한다.

9
월남-아프간 패망(敗亡)의 역사에서 배워야 한다

이도학 한국전통문화대 교수는 자신의 저서 〈삼국통일 어떻게 이루어졌나〉에서 "백제가 이미 망하고 고구려도 멸망하기 직전인 668년 6월에 신라의 김유신이 아우와 생질에게 한 말을 곱씹어 볼 필요가 있다."고 했다. "지금 신라는 충성과 믿음 때문에 생존했고, 백제는 오만 때문에 망했으며, 고구려는 교만 때문에 위태롭다." 이것은 멸망 당시 백제와 고구려가 군사력과 물질적 토대가 취약한 것은 아니었다는 사실을 암시한다. 또한 두 나라의 멸망 원인은 '정신력'에 있었고, '오만과 교만은 강자가 약자에게 먹히는 지름길'이라는 말이다.

송(宋)나라는 오늘 중국인이 누리는 문명의 토대를 만든 시대였다. 300여 년에 걸쳐 지속된 북송(北宋)-남송(南宋) 동안 중국 땅 최초로 인구가 1억을 넘어섰으며, 찬란한 물질문명과 예술·문화를 꽃피웠다. 과학기술 수준은 동시대의 유럽을 능가했고, 산업혁명 직전의 유럽 전체보다 많은 양의 철을 생산했다. 그러나 송나라는 이런 근대적 자유와 풍요를 지켜내지 못했다. 국방체계를 잘못 세우고 문신 우위의 체제를 고수하면서 안보가 무너졌기 때문이다. 송나라는 결국 북방의 기마민족들인 거란, 금, 몽골 등에 돈과 비단을 주며 평화를 구걸하다 결국 비참한 종말을 맞고 말았다. 지킬 힘과 자원이 있음에도 정신력이 부재하면 '야윈 늑대에 먹히는 살진 돼지' 신세가 됨을 보여준 것이다.

정순태 선생은 자신의 저서 〈송(宋)의 눈물(기마민족 국가에게 뜯어먹힌 경제문화대국)〉에서 이렇게 갈파했다. "대한민국은 멸망을 자초한 송나라를 비웃을 자격이 없다. 이런저런 명목으로 북한의 김정일에게 수십억 달러의 현금을 제공, 그것이 북핵이라는 부메랑으로 돌아온 사실은 송의 평화를 구걸한 '굴욕외교'와 크게 다르지 않다. 송의 망국사에서 뼈아픈 교훈을 얻지 못하면 대한민국은 위험하다."

지난 8월 15일. 아프가니스탄은 망했다. 아프간은 20년 만에 탈레반의 나라로 되돌아갔다. 미국은 아프간에 군사비 8,157억 달러를 포함해 총 2조 2,600억 달러의 천문학적인 자원을 쏟아부었다. 재건 사업에도 360억 달러를 썼다. 전쟁 기간 중 미군 2,442명이 숨지고, 2만 666명이 다쳤으며, 참전용사 의료비용도 2,960억 달러에 달했다.

세계 역사를 보면 평화협정은 모두 휴지 조각이 되고 전쟁으로 이어졌다. 월남과 월맹이 파리평화협정을 맺었지만, 1975년 미군이 철수한 후 사이공이 함락되어 월남이 패망했다. 아프가니스탄 패망도 도널드 트럼프 전 미국 대통령이 탈레반과 맺은 평화협정이 주원인이었다. 두 나라는 지도층의 무능과 부패, 군기 문란, 국민의 국가수호 의지 부족 등으로 망국의 길을 재촉했다.

월남-아프간 패망을 보며 대한민국을 생각한다. 국제정세는 자국의 이익과 관련하여 수시로 변한다. 영원한 우방도, 영원한 적도 없는 법이다. 중국은 미국의 아프간 철수를 미국 패권 쇠퇴의 한 사례로 조롱했다. 그러나 바이든 미 대통령은 아시아로의 중심축 이동과 세계 곳곳에서 동맹관계의 복원에 전략적 초점을 맞추고 있다. 한국은 이 두 핵심 목표의 교차점에 있지만, 안보는 스스로 지킬 힘과 의지가 있을 때만이 가능하다.

국가의 존재 목적은 생존(안보)과 번영(경제)에 있다. 경제는 먹고 사는 문제지만, 안보는 죽고 사는 문제다. 영국의 역사학자 아놀드 토인비는 '국가 패망의 원인'으로 '권력층이 독재할 경우, 국민 다수가 애국심이 없을 때, 사회가 분열되어 서로 다툴 때' 세 가지를 들고 있다. 역사를 잊고 사는 민족에게, 역사는 비극의 반복이라는 벌(罰)을 내린다. '스스로 지키고자 하지 않는 나라는 아무도 지켜주지 않는다.'는 역사의 교훈을 기억해야 한다. 월터 샤프 전 주한미군사령관은 "북한 특수부대 8만 명이 자살폭탄테러 훈련을 하고 있으니, 기습공격에 대비 외교적 군사적 대책 마련이 시급하다."며 "한국 사람들 정신 차려야 한다."고 충고한 바 있다.

우리는 '제2 베트남'이라는 오명을 자초한 아프간을 반면교사로 삼아야 한다. 과연 대한민국은 지금 정신전력이 북한보다 우위에 있는지, 오만하고 교만한 것은 아닌지 묻고 싶다. 또한 대한민국은 송나라와 닮은 점은 없는지 자문해야 한다. 물질적 풍요에 젖어 자주국방과 상무정신을 잃어간 점, 경제·문화·예술은 발달했으나 애국심과 지도층의 청렴성이 부족한 점, 문존무비(文尊武卑)의 폐단이 많은 점 등이 그것이다.

현재의 대한민국은 한민족 역사상 가장 풍요로운 나라다. 그러나 한국인들은 가난과의 싸움에서는 이겼지만, 풍요와의 정신적 싸움에서는 지고 있다. 안보문제에 관해서는 이념이나 정파를 초월해 굳건한 한미동맹에 국론통일이 되어야 한다. 전시작전권 환수-종전선언-평화협정-미군철수-낮은 단계의 연방제 통일은 절대 안 된다. 국가안보에서만큼은 '국론통일'의 정치를 펼쳐야 누구도 감히 넘볼 수 없는 나라를 만들 수 있다.

10
네팔 사태와 '아시아의 봄', 대변혁은 진행되는가?

히말라야 남쪽 기슭에 있는 네팔은 지정학적으로 인도와 중국 사이에 끼어 있는 전략 요충지이다. 우리나라 국민이 네팔에 대해 가진 인상은 '가난하지만, 행복한 나라'이다. 그러나 최근 성난 네팔 시위대는 대통령 관저, 총리실, 정부 청사 등 주요 시설을 방화하고 교도소를 급습해 수감자 900명 가량이 탈옥하도록 도왔으며, 무능과 부정부패로 민생을 도탄에 빠뜨린 네팔 친중 정권을 몰아냈다.

네팔에서는 권력층의 부패, 청년실업, 경제난, 일대일로 사업 부실에 따른 부채 급증 등으로 국민 불만이 누적됐는데, 정부의 SNS 차단 조치가 청년층의 분노를 촉발했다. 네팔 청년들의 실업률은 21%로 전 세계 평균보다도 높다. 해외에 나간 네팔 근로자 220만 명이 본국으로 송금하는 돈이 네팔 국내총생산(GDP)의 4분의 1에 달한다. '송금 경제'로 유지되는 네팔에서 SNS는 국외 근로자와 국내 가족을 연결하는 중요한 소통 수단인데, 그런 SNS를 차단하자 권력층의 부패에 대해 켜켜이 쌓여 있던 분노가 폭발한 것이다.

지난 몇 년 사이 남아시아 지역의 불평등 시위는 도미노 현상처럼 이어졌다. 2022년 스리랑카는 시위대가 코로나19를 겪으며 국가부도 상황을 초래한 대통령궁을 점거하자 라자팍사 대통령은 즉시 사임했다. 지난해 방글라데시에서는 재벌 부패와 부자 감세가 겹쳐 정권 붕괴를 촉발했다. 올해 8월 인도네시아에서는 의원들이 최저임금의 10배에 달하는 주거 수당을 챙겨온 사실이 드러나 대규모 시위가 벌어졌다. 최근 필리핀에서도 홍수 방지 사업 부패 스캔들로 반정부 시위가 일어났다. 이 같은 (동)남아시아의 반정부 시위에는 공통점이 있다. 높은 청년 실업과 부패한 권력에 분노한 '젠지(GenZ·Z세대, 1990년대 중반 이후 출생)'가 시위를 이끈 주축이었다.

중요한 것은 이 사태가 중국의 일대일로(一帶一路, 육·해상 실크로드) 전략 실패와도 직결된다는 사실이다. 네팔, 스리랑카, 파키스탄 모두 중국 차관과 인프라 투자의 덫에 걸린 국가들이다. 달콤한 차관 뒤에 숨겨진 채무 함정이 드러나자, 경제 위기는 곧 정치 위기로 이어졌다. 남아시아 시민 혁명의 불길은 중국식 개발 모델의 허상을 폭로하는 사건이라 할 수 있다. 이번 네팔 사태가 도화선으로 작용해 역내 친중 정권 붕괴가 도미노 현상으로 발전할 가능성이 있다는 전망이 나온다.

파이낸셜타임스(FT)가 진단한 남아시아 청년들의 분노엔 ①높은 청년 실업률 ②부(富)를 독점한 정치 엘리트 ③고질적인 부패 문제가 깔려 있다. 좌파 진영은 흔히 불평등 문제를 단순히 분배의 실패로만 규정한다. 그러나 분배 이전에 더 중요한 것은 지속 가능한 경제성장과 국가경쟁력 확보이다.

인구 3천만 명의 베네수엘라에서는 지난 2016년 이후 560만 명이 나라를 떠난 상태이다. 분배만을 강조하다가 경제가 붕괴한 베네수엘라와 네팔 사태가 아시아에 던지는 메시지는 "성장 없는 분배는 모래성"이라는 사실이다.

네팔 사태는 우리에게 많은 점을 시사한다. 첫째, 좌파적 포퓰리즘은 국가를 쇠망하게 한다는 사실이다. 무상 복지와 인기 영합 정책으로는 결코 국가를 유지할 수 없다. 둘째, 국가 자강(自强) 전략을 확고히 해야 한다. 정치 안정과 사회 통합은 흔들려서는 안 될 국가의 바탕이다. 셋째, 안보와 동맹 외교 전략의 강화이다. 한국은 미·중 패권 전쟁의 소용돌이 속에서도 원칙 있는 자유민주 동맹을 견지해야 한다.

기존 질서가 더 이상 사회적 요구와 모순을 감당하지 못할 때 '대변혁의 전조(前兆)'가 나타난다. 이 징후가 누적되고 외부 충격과 맞물릴 때, '대변혁'이 폭발하게 된다. 프랑스 혁명(1789), 러시아 혁명(1917) 등이 그러했다. 지난 2010년 중동과 북아프리카 지역의 독재국가와 군주국들에서 반정부 시위와 정권 전복 기도가 연쇄적으로 일어났던 '아랍의 봄'(Arab Spring)이 있었다. 역사는 반복된다. 네팔 사태는 아시아 전체가 직면한 거울으로, '아시아의 봄' 물결을 일으킬 가능성이 있다.

대한민국은 절정기와 쇠퇴기가 겹친 변곡점에 서 있다. 이럴 때일수록 위기관리가 필요하다. 경제적 불평등은 우리 사회에서도 정치·사회 갈등의 뇌관이다. 세계불평등연구소(WIL)는 지난해 1월 보고서에서 "한국의 경제적 불평등 수준이 1997년 외환위기 이후 나빠져 2020년 현재 1930년대 일제 강점기 수준에 근접했다"고 경고했다. 한미 관세 협상 여파로 국내 투자가 크게 위축될 수 있다. 이러한 우려는 청년층에 '일자리 불평등'이라는 불안을 안길 수 있다. 남아시아의 대변혁 도미노 현상이 우리에게는 국정 전환의 계기가 되어야 한다.

11
통일한국 이후 만주회복과 한몽골연합의 '뉴칭기즈칸' 전략

한민족은 환국-배달국-고조선-북부여-사국시대를 거친 이후 통일신라-발해의 남북국 세력으로 웅거하였으나, 발해멸망 이후 그 활동 영역이 한반도로 축소되었다. 해방 후 남북으로 갈려 6.25 동족상잔을 겪었고, 북쪽에서는 김씨 일가의 3대 세습 독재정권이 주민을 착취하고, 세계 최빈국이 되어 수백만 명을 굶겨 죽였다.

철통같은 국경봉쇄에도 불구하고 목숨을 걸고 수만 리를 돌아서 자유 대한에 안착한 탈북민이 3만 5천 명이다. 중국이 북한 정권을 살리기 위해서 탈북민을 강제 북송시키고 있는데, 만약 방치하고 북한과의 국경을 열 경우, 그것은 김정은 정권의 종말을 의미한다.

자유를 찾은 탈북민들은 통일되는 날 어둠 속에서 신음하는 북녘땅에 민주주의와 시장경제를 펼칠 '선구자', '통일의 선봉대'가 될 것이다. 정부는 '먼저 온 통일'인 탈북민들의 성공적인 안착을 돕고 지원해야 한다. 그것이 '소통일'이고 '자유통일'로 가는 지름길이다. 대한민국은 이미 세계 10대 경제대국이 되었지만, 통일이 되어 8천만 인구가 되면 미국 다음가는 선진 강국이 될 수 있다.

미국 전략국제문제연구소(CSIS) 한국 석좌 빅터 차(Victor D. Cha)는 2024년 4월 코리아소사이어티 주최 대담에서 "한반도의 통일은 갑자기 찾아올 것이며, 보수와 진보 어느 쪽이 정권을 잡든 통일에 대비할 필요가 있다."고 강조한 바 있다. 그는 "'1 국가 2 체제'나 30년에 걸친 점진적인 통합 따위의 일은 일어나지 않을 것"이라며 "한국은 항상 위기 후 균형, 다시 위기 후 균형과 같은 역사를 거쳐왔기 때문"이라고 밝혔다.

최근 이코노미스트는 중국의 국가부채가 GDP 대비 300%가 넘는 것으로 추산했다. 시진핑 주석 체제 유지에 대한 근본적 의문이 일고 있다. 중국경제가 고도성장을 계속하지 못하면 위구르, 티베트, 만주족, 내몽골 등 소수민족의 분리독립 운동이 폭발할 수 있다. 소수민족의 독립운동이 중국의 분열로 치달으면 중국 정부의 힘은 추락할 것이고, 북한도 중국의 보호막이 사라져 고립될 수밖에 없다. 그때가 바로 '자유통일'의 기회이다. 통일한국은 먼 미래가 아닌, 우리가 준비하고 대비할 때 '필연(必然)'으로 다가온다.

국제 관계에서의 압도적인 경제력과 군사력이 곧 '패권(霸權)'이다. 세계 패권경쟁은 대항해시대부터 시작하여 스페인(은화)→네덜란드(상업)→영국(해상무역·산업혁명)→미국(군사·경제·문화) 순으로 패권국가가 되었다. 반도국가로서 1천 년 역사를 꽃피운 로마제국이 위대한 문명의 중심이 된 건 '국력'이 강했고 '포용력'이 있었기 때문이다.

중국·러시아·일본으로 둘러싸인 한반도는 앞뒤로 적을 만나는 '복배수적(腹背受敵)'의 지정학적 위기가 있다. 그러나 국제사회에서 한국은 가 보고 싶은 나라, 청년들이 일하고 싶은 나라가 되었다. 한국의 국력이 더 커지고 포용력 있는 사회가 될 때 21세기 '새로마'가 될 것이다.

한반도의 통일은 한민족의 역사적 무대를 확장하는 출발점이 될 것이다. 통일한국은 대륙과 해양을 잇는 중심 국가로서 새로운 역사를 써 내려가야 한다. 만주회복과 한몽골연합은 바로 그 역사적 사명을 담아내는 시대적 과제로, 만주-몽골-중앙아시아-유럽을 연결하는 네트워크를 창출해야 한다.

통일한국은 고구려와 발해의 고토(故土)였던 만주(동북 3성)를 '경제영토'로 수복(收復)'해야 한다. '만주회복'은 군사적 방식이 아니라 경제사회적 통합과 국제적 승인이라는 방식으로 실현해야 한다. 몽골은 한민족과 역사적 뿌리를 공유하는 광대한 영토와 자원을 가진 나라로, 탈북자가 중국 영내에서 잡히면 송환 당하지만 몽골 국경을 넘으면 자유의 몸이 된다. 몽골 국민은 우리나라를 '솔롱고스(무지개의 나라)', '어머니의 나라'로 인식하고 있으며, 한국의 기술·자본과 몽골의 지하자원이 결합하는 '경제공동체'를 기대하고 있다.

'만주회복'과 '한몽연맹(韓蒙聯盟)'이라는 시대적 과제를 해결하기 위해서는 고구려-발해-고려-조선으로 이어지는 한민족의 역사적 활동무대를 국제사회에 학문적으로 재정립하는 역사적 권원(權原)을 강화해야 한다. 또한 20세기 초 일본의 한·만 결합론, 카이로·포츠담 선언 등 국제회의 문서 속 조항을 근거로 '분쟁 지역'으로 부각하는 국제법적 접근을 해야 한다. 역사적 '동북방 연합' 구도를 재현하여 중·러 견제를 위한 몽골·중앙아시아와 전략적 연대도 필요할 것이다.

역사는 쉼 없이 흐르고, 민족의 운명은 스스로 개척하는 자에게 열려 있다. 해양과 초원을 연결하는 '신(新)실크로드'를 열어 칭기즈칸이 개척했던 초원의 길을 한민족과 몽골족이 함께 누빌 수 있는 그날이 빨리 오기를 손꼽아 고대한다.

12
한국형 '핵추진 잠수함' 건조, 농축·재처리로 완결 지어야

경주 아시아태평양경제협력체(APEC) 정상회의가 지난 1일 막을 내렸다. 이번 회의는 자국 우선주의라는 뉴노멀 속에서 21개 회원국 정상들이 모여 협력, 유대, 공존의 APEC 정신을 부각했다. 정부는 탄핵과 조기 대선에 따른 촉박한 준비 일정에도 불구하고 외교적 위상을 지키는데 나름의 성과를 거뒀다. 무엇보다 실무 준비에 빈틈을 보이지 않은 이철우 도지사가 이끄는 경상북도의 숨은 공로가 컸다.

북·중·러와 한·미·일의 대립구도 속에 한·미 정상회담은 양측이 조금씩 양보하며 핵심 쟁점인 대미 투자금 분할 납부에 합의했다. 특히 한국의 핵추진 잠수함 건조를 도널드 트럼프 대통령이 승인한 것은 놀라운 반전이었다. 미·중 정상회담은 관세와 희토류 제재를 완화하며 시장의 불확실성을 없앴다. 한·중 정상회담은 '한중 관계 회복'과 경제 민생 분야 협력을 이끌어냈다. 한·일 정상회담도 다카이치 사나에 새 총리와 셔틀 외교를 복원하였다.

기존 디젤 잠수함은 연료 보급까지 2, 3주 운행할 수 있지만, 핵추진 잠수함은 수년 이상 장기 작전수행이 가능하여 해상 세력균형의 게임 체인저다. 미국, 영국, 중국 등 6개국만 보유한 전력으로 '바다의 유령'으로 불린다. 이재명 대통령은 지난 10월 29일 트럼프 대통령과 정상회담에서 "디젤 잠수함은 잠항(潛航) 능력이 떨어지기 때문에 북한이나 중국 측 잠수함에 대한 추적 활동에 제한이 있다"며 핵추진 잠수함의 필요성을 강조했다. 이 '대북 억지력, 대중 견제력'이라는 절묘한 승부수가 트럼프를 움직였다.

이 대통령이 미국에 원자력 추진 잠수함(원잠)이 아니라 원잠 연료를 요청한 것은 '건조는 한국에서 할 테니 연료인 농축 우라늄만 달라'는 취지였다. 트럼프 대통령은 하루 만인 지난 10월 30일 SNS를 통해 "한·미 군사동맹은 어느 때보다도 강력하다"며 "이에 기반해 현재 한국이 보유한 디젤 잠수함 대신 핵추진 잠수함을 건조할 수 있도록 승인했다"고 밝혔다. 한화오션이 인수한 "미국 필리조선소에서 건조할 것"이고, "미국 조선업은 곧 대대적인 부활을 맞을 것"이라고 했다.

그런데 원잠을 한국에서 만드는 것과 미국 건조는 크게 다른 문제다. 필리조선소에는 잠수함 건조 시설과 숙련 인력도 없어, 별도 구축에 상당한 시간과 돈이 필요하다. 트럼프 대통령은 한국 원잠을 미국서 건조해 미 조선업을 다시 키우겠다는 복안을 갖고 있지만, 김정은이 원잠 건조를 공언한 상황에서 우리가 필리조선소의 재건→미국 법 통과→원잠 건조를 기다릴 시간이 없다.

핵추진 잠수함 보유는 김영삼 정부 시절부터 우리 정부의 숙원이었다. 1993년 북한이 핵확산금지조약(NPT)을 탈퇴하며 '1차 북핵 위기'가 발생했다. 이에 김 대통령은 핵추진 잠수함 건조를 지시했지만 실패했다. 노무현 정부도 재추진했다가 중단했다. 우리 정부는 지난 수십 년 동안 우라늄 농축과 사용후 핵연료 재처리 허용을 촉구해 왔지만, 비확산 목표를 내세운 미국은 지금까지 부정적이었다.

우리의 숙원이 마침표를 찍으려면 '한미 원자력협정'을 개정해야 한다. 현재 협정은 한국의 우라늄 농축을 20% 미만으로 제한하고 군사적 이용도 금지한다. 원잠에는 농축우라늄 연료가 필요하고, 미국에서 연료를 공급받거나 한국이 독자적으로 농축할 수 있도록 협정을 개정해야만 한다.

안규백 국방장관은 국회에서 "한국은 핵잠수함 건조 여건을 이미 갖췄고 마지막에 핵연료가 필요했던 것인데, 미국의 협조를 받아 완결점을 이뤘다"고 말했고, 원잠 도입 규모에 대해 "4척 이상"이라고 했다. 지금까지 모두 30척의 디젤 잠수함을 건조해 온 한국은 이제 핵잠수함 보유국이 될 길이 열렸다.

한국은 세계 최고 수준의 조선 설비와 인력을 보유하고 있으며, 핵추진 잠수함을 수년 내 개발할 수 있는 기술을 갖고 있다. 원잠은 엔진인 소형원자로가 핵심인데 한국은 원전 5대 강국이고, 원자로 소형화 설계 기술을 가지고 있다. 비용과 시간 모두 한국 건조가 절대 유리하다.

그러나 곳곳에 암초가 도사리고 있다. 트럼프 대통령이 승인했다지만, '원자력협정 개정' 등 후속 협의가 필요하다. 국제원자력기구(IAEA), 유엔(UN) 등 국제사회와 주변국의 우려도 불식해야 한다. 북한은 올해 5,000t급 전략핵추진잠수함(SSBN) 건조 사실까지 공개했다. 한국의 핵잠 추진은 비확산 체제 안에서 북핵 위협에 대한 방어적 조치임을 중국에 설명해야 한다. 정부는 치밀한 외교전략으로 후속 협상에 총력을 쏟아 깔끔하게 완결 지어야만 한다.

13

우크라이나 전후(戰後) 재건, 한국이 먼저 나서야

3년 반이나 지속되고 있는 우크라이나-러시아 전쟁의 원인은 나토 확장에 따른 러시아의 안보 불안과 우크라이나에 대한 이리덴티즘(실지회복주의)이다. 우-러 전쟁은 힘의 균형이 무너진 국제질서 속에서, 자유·시장·법치를 지키려는 국가들의 의지가 시험받는 전선이 되고 있다.

러시아의 침공으로 파괴된 우크라이나 도시와 사회 기반시설은 상상을 초월한다. 머지않아 이뤄질 우크라이나 전쟁 종전(終戰)에 따른 재건(再建)은 거대한 지정학적 재편, 글로벌 공급망의 재부흥, 민주주의 연대의 시험대로 한국이 외교·안보·경제의 세 축을 동시에 강화할 좋은 기회의 장이다.

우리는 6·25전쟁의 폐허와 잿더미에서 경제대국을 세운 값진 경험과 새마을운동 같은 선진 의식혁명을 우크라이나에 전수해줄 수 있다. 우크라이나는 '한강의 기적'을 교과서에 싣고 있으며, 카레이스키(고려인)의 후예들이 살고 있어 우리와 동질성이 있다. 젤렌스키 우크라이나 대통령은 이미 원전, 방산, 자원개발, 재건사업에 한국 참여를 요청한 바 있다.

수도 키이우 교통 마스터플랜과 우만시 스마트시티 마스터플랜, 보리스필 국제공항 현대화 등 한국 기업들이 참여할 6개 프로젝트에도 합의했다. 중요한 것은 이를 실행에 옮기고, 진출 분야를 더 확대해야 한다. 수주전은 국가 대항전이다. 정부는 면밀한 수주 전략을 짜고 광역

지자체 및 기업 등과 원팀이 되어 종전(終戰) 이전에 우크라이나를 돕는 결정을 해야 한다.

한국이 우크라이나 재건에 나서야 하는 이유는 명확하다. 첫째, 전후 인프라 복구 역량에서 한국만큼 검증된 나라는 드물다. 한국은 폐허에서 기적을 일군 국가이고, 중동·아시아·유럽 곳곳에서 대규모 SOC 사업을 성공적으로 수행해 왔다. 발전·송전·철도·주택·스마트시티·디지털 정부 등 우크라이나가 가장 필요로 하는 분야와 한국의 핵심 역량이 거의 정확히 일치한다.

둘째, 안보 연대 차원의 전략적 가치다. 자유 진영 국가들이 '침략은 실패한다'는 메시지를 함께 만드는 일이다. 한국이 우크라이나 재건에 적극적으로 참여하는 것은 중국·러시아가 주도하려는 '힘의 논리'에 대한 견제이기도 하다. 한국 스스로가 지정학적 압박을 받는 상황에서 우크라이나와 연대하는 것은 국제사회의 신뢰를 쌓고 외교적 입지를 강화하는 의미가 크다.

셋째, 우크라이나에는 향후 10년간 1천조 원 이상의 재건 수요를 갖게 되는 시장이 열린다. 우리의 강점을 살린다면 한국경제의 위기 돌파구로 삼을 수 있다. 한국경제가 당면한 신성장 동력 확보, 에너지·식량 안보 확보, 일자리 창출을 할 수 있으며, 국내 제조업 기반시설의 우크라이나 현지화를 통한 제2 성장동력을 확보할 수 있다.

넷째, 경주 APEC 정상회의에서 저력을 보인 경상북도와 관련 기업들의 참여도 요청된다. 우크라이나는 세계 3대 곡창지대로, 농산물 수출액 기준 세계 4위 곡창지대다. 단기 성공사례인 겨울양파, 스마트팜, 바이오, 신재생에너지, 유통, 물류 등 유관 산업과 수평적 통합은 파급 효과가 지대하다. 이에 대비한 농업도인 경상북도의 선제적인 투자와 지원이 요청된다.

우크라이나 전후 재건사업은 선점(先占)이 중요하다. 이미 일본 및 EU·G7 국가들은 재건 시장을 국가전략 차원에서 접근하고 있다. 재건은 '휴전 직후'가 아니라 '전쟁 중'부터 준비하는 나라의 몫이기 때문이다. 정부는 먼저, 깊게 나서야 하며 지금 취해야 할 전략은 명확하다.

첫째, 우크라이나 재건 컨트롤타워를 대통령실 산하에 설치해, 각 부처·기업을 하나로 묶는 '팀 코리아'를 구축해야 한다. 둘째, 한국형 재건 패키지 모델을 조기에 제안해야 한다. 예컨대 △발전·송배전 재건 △철도·도로·항만 복구 △도시·주거 재개발 △디지털정부 구축 △국방·안보 인프라 협력 등으로 구성된 종합 프로그램이다.

셋째, K-방산·K-재건 연계 전략이 필요하다. 우크라이나는 유럽 안보 체계로 편입될 가능성이 크다. 한국의 방산 장비·기술뿐 아니라 유지·보수·훈련 인프라까지 수요가 확대될 것이다. 넷째, 전후(戰後) 공급망 전략과 연계해야 한다. 우크라이나는 풍부한 농업·광물 자원을 가지고 있고, 유럽과 아시아를 잇는 물류 요충지다. 재건 참여는 단순 건설 수주가 아니라 공급망 안정화 투자로 이어질 수 있다.

우크라이나 전후(戰後) 복구는 곧 시작된다. 우크라이나 재건은 비용이 아니라 투자다. 위험이 아니라 기회다. 그때 준비된 국가들만 참여할 수 있다. 한국이 이 기회를 잡는다면, 한국경제의 미래를 여는 이정표가 될 것이다. 성공적인 우크라이나 전후 복구로 우크라이나가 유럽, 중동, 아프리카를 커버할 생산, 수출, 물류 허브로 부상하는 '드니프르강의 기적'이 구현되길 기대한다.

14
신북방외교 전개와 '북방협력위원회(가칭)'의 설립

21세기 지정학의 무게 중심이 빠르게 이동하고 있다. 미국-중국의 패권 경쟁이 과열되고, 러시아-우크라이나 전쟁이 종전(終戰)을 향해 가고 있는 가운데, 새로운 기회의 장이 조용히 열리고 있다. 그것이 바로 '유라시아 시대(Eurasian Era)'다. 대륙과 해양, 에너지와 기술, 국가와 도시를 잇는 초연결의 장(場). 한국은 이 거대한 지각변동 속에서 어떤 전략적 좌표를 가져야 하는가?

그 해답의 중심에는 '신북방정책 2.0'이 있다. 북방정책은 보수·진보 정권 성향과 관계없이 역대 정부에서 다음과 같은 이름으로 추진되었다. 북방정책(노태우 정부)-햇볕정책(김대중 정부)-동북아평화번영정책(노무현 정부)-유라시아이니셔티브(박근혜 정부)-신북방정책(문재인 정부). 그 본질은 좌-우 정부를 초월한 대한민국의 대(對)유라시아 전략 자산이다.

지금 세계는 '글로벌 공급망 전면 재편(Global Supply Chain Reset)'이라는 거대한 구조 변화를 겪고 있다. 지난 30년 동안 유지되던 글로벌 생산체계는 사실상 해체되고 있다. 문제는 이 격변의 충격을 가장 크게 받는 나라가 대한민국이라는 점이다. 한국은 원자재·에너지·식량의 97% 이상을 해외에서 들여오는 '초(超)의존 경제'다. 공급망이 흔들리면 국가 전체가 흔들리는 구조적 취약성을 안고 있다. 미국과 중국은 기술혁신의 시계를 따로 돌리고 있다. 한국은 어느 한쪽에 줄을 서지 않는 다변화된 공급망 포트폴리오를 확보해야 한다. 유라시아는 그 빈공간을 채워줄 중요한 시장이다.

중앙아시아의 태양광·풍력, 몽골의 풍부한 광물, 러시아·카자흐스탄의 천연가스·수소는 한국의 미래 산업에 필수적이다. 미국도, EU도, 일본도 이미 이 지역을 전략적으로 선점하고 있다. 뒤늦게 뛰어들게 된다면, 우리는 전체 공급망의 10~30년을 잃게 된다. 공급망은 단순 경제문제가 아니라 국가안보이며 국가생존의 기반이다. 자원 빈국 대한민국이 국제정세의 파고(波高) 속에서도 성장을 지속할 수 있었던 힘은 안정적 수입·수출망, 해상 물류, 에너지 조달망 덕분이었다.

대한민국은 위기 때마다 '새로운 길'을 개척해 왔다. 1970년대 오일쇼크 때 에너지 다변화를, 1997년 IMF 때 산업구조 조정을, 2008년 금융위기 때 시장의 투명성 강화를 이뤄냈다. 그렇다면 지금의 해답은 무엇인가? 바로 유라시아 공급망 축의 재건, 북방 자원·물류 회랑 확보, 전략광물 동맹 구축, 그리고 정부 책임형 공급망 위기관리 사령탑 설치다. 중앙아시아 국가들은 중국 일대일로(一帶一路)의 지나친 영향력에 피로감을 호소하고 있고, 이들의 한국에 대한 신뢰도가 높으므로 우리가 유라시아 시장에 선제적으로 진출할 절호의 타이밍이라는 뜻이다.

지정학적으로 '신북방정책 2.0'은 한국의 취약한 삼면해양·일면대륙 구조를 보완하여 전략적 공간을 넓히는 프로젝트다. 경제적으로는 한국이 가진 제조·인프라·디지털 역량을 대륙의 성장잠재력과 연결해 신성장동력을 창출하는 국가 프로젝트이다. 따라서 신북방정책 2.0은 생존과 번영을 위한 국가전략 문제다.

중앙아시아는 디지털 전환에 대한 수요가 폭발적이다. 행정 전산화,

디지털 금융, 원격의료 등에서 한국이 주도권을 잡을 수 있다. 스마트 시티, 철도, 공항, 상하수도 등은 한국이 강점을 가진 분야이며, 중앙아시아 국가들이 가장 필요로 하는 영역이다. 러시아·중앙아시아와의 다자협력은 장기적으로 한반도 안정에도 영향을 준다. 대륙과의 평화·경제 네트워크는 북한 문제의 외교적 공간을 넓히는 '전략적 안전판'이 된다.

이양구 전 우크라이나 대사는 "신북방정책 2.0은 선택이 아니라 전략적 필연이다. 지금 우리가 선제적으로 움직이지 않으면, 역사에 죄를 짓는 것이 된다. 우크라이나 전후(戰後) 복구 참여, 북극해 진출, 남북관계 교착상태 돌파 등을 위해 신북방외교 전개와 이를 위한 '북방협력위원회(가칭)'의 설립이 필요하다."고 강조한다.

북극·북태평양 시대를 맞아 북방협력위원회를 활용해 동북아 역내 국가 간 갈등 해소 및 공동번영을 주도하는 21세 린치핀 코리아(linchpin korea) 역할을 수행할 수 있다. 아울러 유엔 주도의 북·중·러 접경 광역두만강개발계획(GTI)을 활성화해 대북 개혁·개방 환경을 조성하고 동북아 평화지대를 구축하는 데 측면 지원할 수 있다.

한국은 지난 반세기 동안 해양에서 부를 만들었다. 하지만 앞으로의 50년은 해양과 대륙을 잇는 '신북방정책 2.0'의 복합국가전략이 필요하다. 한국은 지정학적 운명을 국가 중흥의 계기로 삼아야 한다. 망설이면 기회를 잃고, 주저하면 미래를 잃는다.

15

일·중 격랑 속 대한민국이 가야할 길

미중 패권 경쟁이 구조화되어 있는 상황에서, 지난 11월 7일 일본 다카이치 사나에 총리의 "대만 유사시 일본의 개입 가능성" 발언이 동북아 정세를 다시 흔들고 있다. 중국은 다카이치 총리 발언 직후인 9일 쉐젠 주 오사카 중국 총영사가 X(옛 트위터)에 "더러운 목을 벨 수밖에 없다"고 강력하게 반발한 데 이어 지난 13일에는 린젠 중국 외교부 대변인이 직접 나서 "불장난을 하는 자는 스스로 불에 타 죽을 것"이라는 경고뿐만 아니라 발언의 '취소'를 요구하고 있다.

양국은 외교·안보·경제 전 분야에서 긴장이 급격히 높아지는 일촉즉발(一觸卽發)의 상황이다. 그 충격파가 한반도를 정면으로 흔들고 있다. 문제는 한국이 이 격랑 속에서 단지 '파도에 흔들리는 조각배'가 될 것인지, 아니면 능동적으로 '파도를 타는 강한 국가'로 올라설 수 있을 것인지가 시험에 들어섰다.

다카이치 총리의 이번 발언은 2010년 경제력에서 일본을 제친 뒤 이후 군사대국으로 급속히 성장하고 있는 중국에 대한 강한 경계감을 보여준 것이라는 분석이 나온다. 일본이 더 이상 모호성 뒤에 숨지 않고 '안보 정상국가화'를 향해 가속 페달을 밟겠다는 선언으로 읽힌다. 일본은 지난 20년간 보여준 소극적 국가가 아니다. 방위비 2배 증액, 반격 능력 확보, 미·일 동맹의 실질적 통합 운영 등은 전후(戰後) 안보 체제의 대전환이다. 일본의 전략은 미국의 인도·태평양 전략과 결합되며 지역 질서 재편의 중심으로 부상하고 있다.

중국은 성장률이 급속히 둔화하고 청년실업·부동산 위기 등 구조적 문제가 누적되고 있지만, 외교·군사적 공세는 계속하고 있다. 대만해협·남중국해에서의 군사 활동 확대, 한반도 문제에서의 영향력 과시, 핵·미사일 능력 강화는 한국 안보의 직접적 변수다.

지금 한국의 가장 큰 문제는 유효 '전략 부재'다. 한국은 미·중 패권 경쟁의 소용돌이 속에서 종종 '눈치 외교'를 시도하고, 국내 정치 논리에 따라 외교·안보 기조가 출렁인다. 그러나 일본과 중국의 대립 구조 변화 속에서 중간지대는 더 이상 안전하지 않다. 안보는 미국과의 동맹으로 유지하고, 경제는 중국을 우선하는 이른바 '안미경중(安美經中)' 구도는 이미 사실상 붕괴했다.

한국이 선택해야 할 방향은 분명하다. 한·미·일 협력은 더 이상 선택이 아니라 필수이다. 미사일 방어 공동체 구축, 첨단 기술·첨단 무기 개발 협력, 인도·태평양 안보 네트워크 참여 확대 등 구조적 협력이 한국을 새로운 안보·경제 아키텍처의 중심으로 자리 잡게 할 것이다.

중국은 한국에게 중요한 국가이지만, 의존의 대상은 아니다. 필요한 것은 질서 있는 디커플링(decoupling) 이다. 대중국 경제 의존도를 완만히 분산해야 한다. 핵심 산업은 미국·일본·유럽·동남아로 공급망을 분산하고, 중국과는 무역·문화·민간 교류를 유지하는 균형된 전략 관리가 필요하다. 동남아·인도는 한국에게 리스크 헤지(위험분산), 성장 공동체, 전략 자원 협력이라는 국익을 동시에 제공하는 지역이다. 해상 물류 우회 항로를 확보하고, 동남아·인도와의 공급 협력을 강화해야 한다.

미국의 미래학자 조지 프리드먼(George Friedman)은 중국의 내리막 국면, 일본의 군사적 정상화, 러시아의 장기적 약화, 미국의 인도·태평양 구조 조정의 흐름 속에서 한반도가 향후 10년 전후 통일될 동력이 커진다고 보고 있다. 중국의 중앙통제력이 약화할 경우, 만주는 전략적 진공지대가 되며 그 공백을 통일한국이 떠맡을 수밖에 없다고 주장한다.

미국 조지타운대학교 교수 빅터 차(Victor Cha)는 "북한은 스스로 버틸 수 없는 국가이고, 붕괴를 막는 것은 북한의 힘이 아니라 중국의 의지다."라며 '북한 붕괴론(Collapse Theory)'을 주장하고 있다. 그러면서 이에 대한 한국과 미국의 준비가 부족하다고 일갈한다.

한국은 이러한 예측과 변화에 대비하고 있는가? 동아시아는 다시 힘의 논리가 지배하는 시대가 되었다. 이 변화의 중심에서 한국은 더욱 넓은 시야와 전략적 결단이 필요하다. 한국이 강하면 동아시아 질서가 안정되고, 한국이 약하면 주변 강대국이 충돌한다. 이 단순한 구조는 지정학적 필연이다.

안보가 흔들리면 경제도, 외교도 설 자리가 없다. 대만해협, 동중국해, 그리고 한반도는 하나의 단위로 움직인다. 우물 안에서 국내 정쟁에 매몰된 국가에게 미래는 없다. 자유 진영과 함께하는 강한 한국, 과학-기술-안보 주권을 가진 전략국가의 길만이 동북아의 격랑을 뚫고 한국을 '자유통일과 번영의 길'로 이끌 것이다.

위기危機의 대한민국이 나아갈 길

1. 박정희 대통령 탄신 108주년에 부쳐
2. 박정희 대통령 업적(業績) 지우기 안 된다
3. 전직 대통령이 예우받는 나라 되어야
4. 박정희 대통령의 공과(功過)
5. '불멸의' 박정희정신 복원(復元)
6. 박정희 정부의 행동원리(박정희 모델) 재건(再建)
7. 해룡(海龍)이 되어 나라를 수호한 문무대왕
8. 좌파 광풍(狂風) 이대로 두고 볼 것인가?
9. 보수(保守) 우파의 반성과 지켜야 할 가치
10. '의도' 있는 김재규 재심은 역사의 '반동(反動)'이다
11. 을사오적과 망국7적
12. 경주 APEC 정상외교, 대한민국 국격을 입증하자!
13. 자유통일을 위한 '국가대개조(國家大改造)'
14. 위기 속에서 길을 찾은 지도자들(세종대왕, 이순신, 박정희 리더십)
15. '제2의 박정희' 출현을 대망(大望)한다

VIII

위기危機의 대한민국이 나아갈 길

1 박정희 대통령 탄신 108주년에 부쳐

11월 14일은 박정희 대통령의 탄신 108주년이다. 시대의 위기가 깊어질수록 절망을 희망으로 바꾸었던 그가 남긴 불굴의 용기와 구국의 용단, 그리고 국가비전과 시대정신이 우리 가슴속에 살아난다. 대한민국이 박정희 시대를 겪은 지도 어언 반세기가 넘었다. 그가 세상을 떠난 해에 태어나지도 않았던 이들이 전체 인구의 45%를 차지하고 있다.

박정희는 기러기가 우연히 눈밭에 발자국을 남기고 홀연히 떠난 것이 아니다. 그는 식민의 잔재와 전쟁의 폐허 위에서 '가난은 죄악'이라는 비장한 신념으로 '우리도 한번 잘 사는 나라를 만들어 보자'는 일념으로 자신을 던졌다. 자신은 재가 되어 국민 곁을 떠났지만, 세계에서 가장 가난한 나라를 '경제대국'으로 변모시켜 대한민국의 역사와 세계사의 흐름을 바꿨다.

박정희 리더십의 본질은 단순한 경제개발이 아니라 국가의 생존을 건 '근대화 혁명'이었다. 그의 통치철학은 세 가지로 요약된다. 첫째, 실용과 능률의 국가운영. 말보다 실천을 중시했고, 구호보다 결과를 요구했다. 둘째, 자주와 자강의 신념. 외세 의존을 경계하며 '우리 힘으로 일어서자'는 국민 의지를 결집했다. 셋째, 정의와 근면의 생활윤리. 공직자에게는 청렴을, 국민에게는 근면과 절약을 강조했다.

그러나 오늘의 대한민국은 '박정희 정신'을 잊어가고 있다. 오늘의 번영을 당연시하고, 책임 없는 포퓰리즘에 취해 미래 세대를 저당 잡히고 있다. 극한 분열과 이념대립, 무책임한 정치가 국가의 에너지를 소모하고 있다. '박정희 시대'가 던진 교훈은 바로 지도자의 미래지향적인 통찰력과 국민의 단합이 없으면 어떤 위기도 극복할 수 없다는 점이다.

장동혁 국민의힘 대표는 지난 10월 26일 국립서울현충원에서 열린 박정희 대통령 서거 46주기 추도식에서 이렇게 추도했다. 그는 "박 전 대통령은 한없이 깊은 절망에 빠진 국민에게 우리 한번 잘살아보자는 뜨거운 희망을 불어넣었다."며 "작은 어촌에 세운 포항제철의 용광로는 산업화의 불꽃이 됐다."고 했다. 이어 "거대한 선박의 뱃고동은 대한민국 경제성장의 힘찬 함성이 됐다."했으며, "근면·자조·협동의 새마을운동은 국민의 정신을 바꾼 위대한 혁명이었으며 국토의 대동맥인 경부고속도로는 번영의 길을 열었다."고 평가했다. 이어 그는 "그러나 지금 박 대통령께서 피와 땀으로 일으켜 세운 이 위대한 조국이 미증유의 위기를 맞이하고 있다."며 "이재명 정권과 거대 여당의 반헌법적 폭거는 헌정질서를 유린하고 자유민주주의와 시장경제를 송두리째 흔들고 있다."고 주장했다. 그러면서 "헌정질서 파괴와 선동정치에 맞서 박 전 대통령이 목숨 바쳐 일궈낸 대한민국과 자랑스러운 역사를 반드시 지키겠다."고 했다.

이철우 경북지사는 2024년 11월에 경주의 보문관광단지에 박정희 대통령의 동상과 각종 조형물을 설치했다. 그는 "보문단지는 우리나라 최초의 관광 역사공원이기 때문에 그 역사성(50주년)과 아시아태평양경제협력체(APEC) 정상회의 경주 개최를 기념하기 위해 (박 전 대통령 동상을) 세운 것"이라고 설명했다.

2024년 12월 5일 경북도청 앞 천년숲 광장에서 개최된 '박정희 동상' 제막식에서 이 지사는 "박정희 대통령은 우리 민족을 5,000년 가난에서 벗어나게 해준 위대한 영웅이시다."라며 "이런 영웅을 모시는 것은 우리가 할 수 있는 최소한의 보답입니다."라고 했다. 또 "동서고금을 막론하고 어느 역사적인 인물도 공과(功過)가 있기 마련입니다. 이를 동시에 봐야 하는데 과(過)만 보는 것은 옳지 않습니다."라고 지적했다.

조원진 우리공화당 대표는 지난 10월 25일 박정희 대통령 서거 46주기 추모식에서 이렇게 연설했다. "오늘 위대한 박정희 대통령 서거 46주기를 맞아서 우리는 당당하게 이야기해야 합니다. 박정희 대통령의 5·16은 군사반란이 아니라 군인들에 의한 혁명이었다라고, 부패분자들과 공산사회주의자들에 맞서 분연히 일어난 혁명이었다라고. 그 혁명은 성공한 혁명이고, 그 혁명의 성공은 김일성 일파들과 대한민국 땅에 공산사회주의자들을 몰아내고, 자유통일로 백두산에 태극기를 꽂는 그날이 박정희 대통령의 5·16혁명이 완성이 되는 날이다라고."

오늘날 대한민국이 선진국이 된 바탕은 '박정희정신'에서 비롯됐다는 것을 세계가 인정하고 있다. 장동혁 대표, 이철우 경북지사, 조원진 우리공화당 대표 등이 당당하게 추진하고 있는 박정희 대통령 선양은 후세의 의무이다. 박정희 대통령의 '나라사랑 애민정신'을 알리는 것은 박정희 우상화가 아니라 '박정희 정상화'이다. 지금 대한민국에는 '도전과 성공'으로 상징되는 '박정희정신'은 퇴조하고 있다. 박정희 정신으로 다시 뛰는 대한민국을 만들어 자유통일을 앞당겨야 한다.

2
박정희 대통령 '업적(業績) 지우기' 안 된다

대한민국의 현 상황은 '보수 대(對) 진보', 우파 대(對) 좌파가 아니라 '자유민주주의 대(對) 전체주의'의 구도로 재편되었다고 할 수 있다. '국민 갈라치기'분열의 정치는 파시즘이나 전체주의에서 발견되는 특징이다. 국민 갈라치기에서 한 걸음 더 나아간 것이 '역사 지우기', 위대한 인물 '흔적 지우기'다.

역사적 인물의 업적과 과오를 분리해 객관적으로 성찰하는 일이야말로 성숙한 시민사회의 표지다. 특히 박정희 대통령이 남긴 경제·사회적 성취는 오늘 대한민국의 토대와 직결되어 있다. 산업화의 골격, 수출주도 성장의 구조, 교육과 인프라 투자 등은 단순한 업적 목록이 아니다.

문재인 정부 출범 이후 이미 다 결정된 '박정희 대통령 탄생 100주년 기념우표 발행'이 이유 없이 취소됐다. 대한민국은 이미 이승만 대통령 기념우표를 발행한 바 있다. 전직 대통령의 기념우표 하나 못 만드는 국가가 자유민주주의 국가인지 묻고 싶다. 박정희 대통령은 전쟁의 잿더미 속에서 국가의 생존을 건 산업화의 길을 열었고, '하면 된다'는 정신으로 새역사를 창조했다. 그 덕분에 한국은 세계 최빈국에서 세계 10위권 경제대국으로 도약할 토대를 마련했다. 박정희의 리더십이 없었다면, 오늘의 대한민국은 존재하지 않았을 것이다.

균형 잡힌 역사관이란, 잘한 것은 계승하고 잘못된 것은 반면교사로 삼는 것이다. 한 지도자를 오로지 흑백의 잣대로 재단하는 것은 정치적 감정의 발로이지, 역사적 성찰이 아니다. '흔적 지우기'는 단순히 한 인물을 지우는 것이 아니라, 그 시대를 살아낸 국민의 역사적 경험까지 지우는 일이다. 박정희 시대는 수많은 경제인·산업인·과학자·농민·노동자들이 피땀으로 나라를 일군 시기였다. 그 시대의 기록을 없애는 것은 곧 국민의 노력과 희생을 모욕하는 일이다.

송복 선생은 박정희 대통령을 이렇게 평가했다. "터키의 케말 파샤와 이집트의 나세르는 왕정을 전복하고 공화정을 건설하는 데는 성공했지만, 산업화에는 성공하지 못했다. 반면에 박정희는 국가개조와 산업화에 성공했다."

한 시절 좌파 논리로 대한민국 현대사를 폄훼했던 브루스 커밍스(Bruce Cumings)[1]는 "한국의 경제발전은 위대한 성공이고, 한국의 독립선언이었다."고 축복했다.

국가의 발전사는 영웅의 빛과 그림자를 함께 기록하는 과정이다. 박정희를 지운다고 그의 시대가 사라지는 것은 아니다. 오히려 역사의 맥락이 끊기고, 국가의 정체성이 흔들릴 뿐이다. 박정희 대통령의 흔적은 기억해야 할 역사이자, 성찰해야 할 유산이다. 산업화의 피와 땀과 눈물

1 브루스 커밍스(Bruce Cumings)(1943~) ; 미국의 정치학자, 한국학자이며 시카고 대학교의 석좌교수이다.

의 기록을 있는 그대로 후세에 남겨야 한다. 그것이 역사를 대하는 국가의 품격이며, 미래 세대에 대한 의무이다. 우리가 해야 할 일은 박정희 대통령이 남긴 정신과 한계 모두를 정직하게 복원하는 일이다.

지난 2019년 11월 한국산업단지공단 대구경북지역본부가 구미시 광평동 수출산업탑 앞에 세운 구미국가산업단지 조성 50주년 기념 '선언문비'와 '번영의 문'에는 정작 구미산단을 조성한 박정희 대통령의 이름이 빠졌다. 그뿐만 아니다. 지난 2020년 7월 한국도로공사가 경부고속도로 준공 50주년을 기념해 추풍령휴게소 공원 기념탑 우측 옆에 세운 기념비도 김현미 국토부장관 이름의 기념사는 새겨졌으나, 정작 경부고속도로 건설을 주도했던 박정희 대통령의 이름이 빠졌다.

이상의 사례는 빙산(氷山)의 일각(一角)에 불과하다. 좌파들은 '친일 보수 기득권 세력'이 일본 식민지 지배의 합법성 여부를 따지지 않고 1965년 국교를 정상화했다고 생각하며, 그 연장선상에서 한일협정은 적폐청산의 대상이라고 생각한다. 또한 박정희 대통령의 공(功)은 파묻고 과(過)만 드러내는 영화와 방송이 쏟아지고 있다. 이것은 명백한 '박정희 흔적(痕迹) 지우기'다. 역대 대통령 중 '가장 존경하는 대통령 1위'로 꼽히는 국가지도자에 대한 제대로 된 대접이 아니다.

역사를 되돌아보는 일은 쉽지 않다. 누구에게나 공과(功過)와 명암(明暗)이 있기 마련이다. 수천만 명이 죽어 나간 중국의 '문화대혁명(文化大革命)'이 중국인들 사이에 증오와 복수심을 짙게 남겼듯이, 박정희 지우기도 우리 국민 사이에 씻을 수 없는 갈등과 깊은 상처를 남기고 있다. 박정희 지우기는 역사왜곡을 넘어 역사부정이며, 대한민국 정체성을 부정하는 대한민국 지우기다. 우리는 언제까지 유령 같은 낡은 이념과의 싸움을 계속해야 하나? 우리 현대사에 이승만의 '건국혁명'과 박정희의 '부국혁명'을 빼면 무엇이 남을까 묻고 싶다.

3 전직 대통령이 예우받는 나라 되어야

우리 '헌정사의 질곡(桎梏) 중 하나는 전직 대통령들이 유난히 불행하다는 것이다. 그들은 퇴임 후 감옥에 가거나, 망명하거나, 비극적 최후를 맞는 경우가 반복됐다. 민주주의의 역사에서 전직 국가원수가 이렇게 잇따라 불명예스럽게 퇴장하는 나라는 드물다. 이는 단순히 개인의 문제를 넘어, 국가 품격의 문제이자 정치 문화의 후진성을 드러내는 징후다.

민주주의란 정권이 교체되더라도 국가의 지속성을 지키는 제도다. 그러나 우리는 정권이 바뀔 때마다 '정치보복'이라는 이름의 숙청이 되풀이됐다. 권력을 잃은 순간, 전임자는 적(敵)으로 취급되고, 공과를 가리지 않은 단죄가 이어졌다. 그 결과, 정부의 연속성은 끊기고 국가의 방향성은 흔들렸다.

전직 대통령의 예우는 개인의 특권이 아니라 국가 존립의 질서를 상징한다. 선진국일수록 전직 지도자의 경험과 조언이 자산으로 존중된다. 미국은 전직 대통령에게 '전임 대통령실'을 두고, 안보 브리핑과 국가행사에 참여시키며, 국정의 원로로 대우한다. 프랑스, 일본, 독일도 마찬가지다. 그 이유는 정권은 바뀌어도 국가는 계속되기 때문이다.

반면, 한국은 '현직은 제왕, 전직은 죄인'이 되고 만다. 정권이 바뀌면 전임 대통령을 부정하는 데서 새 정부가 출발한다. 이 악순환이 계속된다면, 어느 대통령도 온전히 국정을 수행하지 못할 것이다. 퇴임 후 처벌의 두려움이 지도자의 결단을 마비시키고, 그 결과 국가의 미래 비전은 사라진다. 예우 없는 나라에는 책임 있는 지도자도 없다.

이제는 단절의 정치를 넘어 존중의 정치로 나아가야 한다. 전직 대통령에 대한 예우는 과거에 대한 면죄부가 아니라, 국가 품격을 지키는 최소한의 절차다. 정권이 바뀌어도, 전임 지도자의 공적은 국가의 역사 속에 자리 잡아야 한다. 대통령이 퇴임 후 법정에 서는 나라, 정치보복이 정권교체의 통과의례가 된 나라는 결코 성숙한 민주주의라 할 수 없다. 과거의 잘못을 반복하지 않기 위해서라도, 전직 대통령의 예우를 제도화하고, 정치적 보복의 고리를 끊는 결단이 필요하다.

국민 다수의 마음으로부터 예우받는 전직 대통령이 없다는 것은 불행한 일이다. 앞으로 우리는 자랑스러운 전직 대통령을 갖게 될 수 있을 것인가. 그러기 위해서는 제왕적 대통령제와 헌법만 탓할 게 아니라, 대통령 스스로 임기추상(臨己秋霜)의 자세로 국정에 임해야 한다. 미국 국민은 성공한 전직 대통령들을 숭배한다. 나라를 세우고(조지 워싱턴), 땅을 넓힌 뒤(토머스 제퍼슨), 분열을 치료하고(에이브러햄 링컨), 강국으로 만든(시어도어 루스벨트) 지도자들의 동상을 세우고 추모하고 있다. 그뿐만 아니다. 1달러 화의 조지 워싱턴, 2달러 화의 토머스 제퍼슨, 5달러 화의 에이브러햄 링컨, 20달러 화의 앤드루 잭슨을 매일 같이 보고 만지며 산다.

메르켈 독일 총리는 집권 16년 동안 동맥경화증을 앓고 있는 '유럽의 환자(患者)' 독일 경제를 되살렸고, 베를린을 유럽 정치의 심장으로 바꿔놓았다. 메르켈은 그 공(功)을 경쟁 정당 소속 전임자 슈뢰더 전(前) 총리에게 돌렸다. 슈뢰더는 노동개혁으로 사회보장제도의 누수를 틀어막았다. 이처럼 전임자에게 공을 돌리는 게 자신의 공적을 더욱 빛나게 하는 게 정치 문법이다.

현행 초등학교 사회 교과서는 이승만 대통령에 대해서는 독재정치·부정부패·부정선거, 박정희 대통령에 대해서는 군사쿠데타·3선개헌·유신독재 등 부정적 이미지만을 강조하고 있다. 당연히 두 대통령의 큰 공(功)에 대해서는 일체 언급하지 않고 있다. 이러한 편파적 역사 서술은 '교육'이 아닌 '반(反)교육'이고, '역사'가 아닌 '반(反)역사'이다. 우리의 자랑스러운 '건국'과 '부국'의 역사를 '부끄러운 역사'로 둔갑시키는 것은 국가의 동량(棟梁)인 청소년들을 오도시키는 것이다.

이 같은 박정희 지우기 망동(妄動)은 결코 성공할 수 없다. 왜냐하면 한국사 전체를 통틀어 박정희 집권 시기만큼 역동성이 분출했던 '금박(金箔)의 시기'를 발견하기란 쉽지 않기 때문이다. 아울러 대한민국 전역이 '박정희 기념관'이라고 할 수 있을 정도로 전국에 박정희 대통령의 흔적이 남아있고, 박정희 대통령은 한국사는 물론 세계사에 불멸의 업적을 남겼기 때문이다.

박정희 지우기는 외눈박이의 관점에서 출발한 것으로 후세에 대한 범죄이다. 짝눈으로 보면 진실의 반만 볼 수 있지만, 두 눈으로 보면 온전히 볼 수 있다. 국내 좌파세력의 역사왜곡을 통한 반(反) 박정희 선전·교육에도 불구하고 해외에서 '박정희 배우기'는 여전히 인기가 높다. '물을 마시면 그 근원을 생각하라(飮水思源, 음수사원)'고 했다. 역사를 부정하고 지우는 나라엔 미래가 없다. 박정희대통령기념재단에서 추진하려다 뜻을 이루지 못한 '박정희상 제정 및 시행'이 조속히 이루어져야 한다.

4 박정희 대통령의 공과(功過)

'지지위지지 부지위부지 시지야(知之爲知之 不知爲不知 是知也)'. 공자는 〈논어〉 '위정편'에서 "아는 것을 안다고 하고 모르는 것을 모른다고 하는 것, 이것이 참으로 아는 것이다."라고 했다. 역사는 대의명분에 따라 객관적 사실에 근거해서 엄정하게 기술되어야 한다. 이것이 춘추필법(春秋筆法)이다. 그런데 현행 중·고교 교과서는 이승만·박정희 대통령의 위대한 업적에 관한 서술이 빠져 있다. 두 지도자의 공(功)은 지우고 과(過)만 들추고 있다. 옳고 그름을 엄정하게 가리는 포폄(褒貶)이 무시된 것이다.

세계사를 지도한 영웅들은 모두 공과(功過)가 있다. 역대 미국 최고의 대통령으로 평가받는 링컨도 '외교, 문제해결능력, 행정력, 지도력, 인품' 등 거의 모든 분야에서 최고의 평가를 받고 있지만, 영국과 프랑스 등 관련국들과의 외교관계에서 다소 부드럽지 못했다는 평가를 받고 있다.

박정희 대통령의 영욕(榮辱)의 삶과 재임 18년 5개월 기간은 오늘날 한국인에게 무엇을 의미하는가? 고도 경제성장을 견인한 '박정희모델'

은 어떤 역사적 의미로 남을 것인가? 박정희모델은 미래에도 여전히 유효할 것인가? 대한민국 현대사에서 박정희 리더십에 대한 논쟁은 아직도 계속 진행형이다. 누군가에겐 '산업화의 영웅'이고, 또 다른 이에게는 '권위주의의 상징'이다.

박정희의 공과(功過)를 균형 있게 조명하는 일은 대한민국이 앞으로 나아갈 방향을 정립하는 중요한 일이다. 무엇보다 박정희의 공(功)은 분명하다. 1960년대 초, 전쟁의 폐허 속에서 국민소득이 100달러도 안 되던 나라를 불과 20년 만에 산업국가로 세워냈다. 경제개발5개년계획, 중화학공업화, 경부고속도로 건설, 수출입은행과 경제기획원의 설립 등은 체계적 국가전략의 결과였다. '하면 된다'는 정신과 목표 중심의 추진력은 박정희 리더십의 핵심이었다.

그의 개발전략은 단순한 경제성장을 넘어, 국가자립과 국민의식 개조라는 철학을 품고 있었다. 새마을운동은 농촌근대화 사업을 넘어, 국민 스스로가 주체가 되는 공동체 혁신운동이었다. '근면·자조·협동'의 가치가 사회 전반으로 확산하면서 국민은 '가난은 극복할 수 있다'는 확신을 가지게 되었다. 오늘 대한민국의 산업기반인 조선·자동차·전자·철강 등은 모두 그의 결단에서 비롯됐다.또한 그는 국가안보와 자주국방을 중시했다. 베트남 파병과 한미동맹 강화, 자주국방력 확충은 냉전의 위기 속에서 국가생존을 지키기 위한 불가피한 선택이었다. 핵심 기술 확보와 방위산업의 기초를 다진 것도 그 시기의 성과다.

그러나 박정희의 시대에는 분명한 과(過)도 존재했다. 압축성장의 그늘 속에서 민주주의 발전은 지연되었고, 3선개헌·유신헌법·긴급조치 등 권위주의 정치가 권력집중의 부작용을 낳았다. 그런데도 박정희 대통령을 단순히 '독재자'로 규정하는 것은 역사의 절반만 보는 것이다.

미래학자 앨빈 토플러(Alvin Toffler)[2]는 아래의 논리로 '박정희=독재자'를 부정했다. "민주화는 산업화가 끝난 후에나 가능하다. 이런 인물(박정희)을 독재자라고 말하는 것은 언어도단이다. 박정희는 누가 뭐래도 세계가 본받고 싶어 하는 모델이다." 필자는 박정희 대통령의 공과를 '공팔과이(功八過二)'라고 주장하고 싶다. 세계 역사에서 왕정에서 공화정으로 바뀐 나라 중 어떤 나라에도 박정희를 뛰어넘은 지도자가 없기 때문이다.

오늘의 대한민국은 민주주의의 과실을 누리고 있지만, 박정희 시대의 '행동원리'를 잃어버렸다. 책임 없는 정치, 실행력 없는 행정, 비전 없는 리더십이 국가의 에너지를 소모하고 있다. 박정희의 결단력과 실행력, 목표지향적 사고를 민주주의 시스템 안에서 재해석해야 한다. 박정희의 공과는 리더십의 두 얼굴이다. 이는 국가생존과 발전이라는 대의 속에서 자유와 효율, 민주와 질서 사이의 균형을 어떻게 잡을 것인가 하는 문제로 귀결된다. 박정희의 공을 계승하되, 그의 과를 반복하지 않는 것, 그것이 진정한 복원이다.

영웅이란 한 나라의 사회자본이고 국력이고 국부(國富)다. 우리는 있는 영웅도 홀대하는 부박(浮薄)한 세태가 됐다. 덧셈의 역사가 아닌 뺄셈의 역사는 나라의 정신적 영토를 잠식할 뿐이다. 중국 문학계의 거목인 이장우(李章佑) 교수는 이렇게 갈파했다. "문화대혁명으로 탄압과 고초를 많이 받았던 중국의 지식인들이 모택동 사망 시 만시(輓詩)를 쓴 것

2 앨빈 토플러(Alvin Toffler, 1928~2016) : 저명한 미국의 미래학자. <미래의 충격> <제3의 물결> <권력이동> <부의 미래> 등 미래를 꿰뚫는 통찰력을 담은 저서로 유명하다.

을 보면 중국인들의 '공칠과삼 문화'를 알 수 있다. 우리 사회가 배워야 할 점이다."

나라의 새로운 도약을 위해서는 후대들이 한국 현대사에 끼친 '박정희의 공과(功過)'를 객관적으로 조명할 수 있도록 해야 한다. 공은 공대로, 과는 과대로 바로 봐야 한다. 그것이 역사 속의 인물에 대한 포폄(褒貶)에서 오류를 범하지 않는 방법이다.

5 '불멸의' 박정희정신 복원(復元)

철학자 헤겔은 "어떤 시대를 관통하는 하나의 절대적인 정신이 있다."고 보고 그것을 '시대정신'이라고 불렀으며, 그 "시대정신은 한 시대가 끝날 때만 알 수 있다."고 말했다. 한 국가가 흥기(興起)하기 위해서는 그 시대를 이끌어가는 시대정신이 있어야 하며, 그 시대정신의 발현을 통해 역사가 발전한다.

고구려는 '다물정신(多勿精神, 잃어버린 옛 땅을 되찾자)'을 건국정신으로 삼고 조의선인(皂衣先人, 검은 옷을 입은 선인(선비·전사))-'무절(武節, 무사의 충절)'-'싸울아비(고구려 전사 문화의 총체적 상징)' 제도로 단군조선과 부여의 옛 땅과 역사 문화를 되찾아 700년간 '글로벌 고구려'로 부흥했다. 백제는 고유의 산악·제천 신앙에 중국 도교 문화가 결합해 형성된 신선 추구 사상인 '신선도(神仙道)'가 있었으며, 찬란한 사상과 문화는 일본의 고대문화를 꽃피우는 데 많은 도움을 주었다.

신라는 '화랑정신'으로 삼국을 통일한 후, 그 힘을 바탕으로 한반도에 영토적 야심을 갖고 있던 당나라와 '나당7년전쟁'에서 승리하여 천년제국을 구가했다. 화랑정신은 선비정신·호국정신으로 이어져 새마을정신으로 수렴되었다. 이것이 '경북4대정신'이며 오늘의 대한민국을 있게 한 한민족의 기본정신이다. 고려는 불교 우대와 '포용과 상무정신'으로 분열된 삼한을 재통일해서 동북아의 문화대국으로 500년간 위세를 떨쳤다. 조선은 의리와 지조를 중요시하는 '선비정신'으로 500년간 존속했으며, 선비정신은 한국을 대표하는 '문화유산'으로 재조명되어야 한다. 일제 강점기 때는 '다물단(多勿團)'이 비밀 조직으로 결성되어 항일 저항운동을 펼쳤다. 6.25 국난 때는 학도의용군 7,000이 전장(戰場)에서 산화(散花)하였으니, 그들이야말로 진정한 '화랑의 후예'였다.

한국 현대사에서 박정희 대통령은 국가의 위기 속에서 나라와 국민을 위해 결단하고 행동한 지도자였다. 전후 폐허 속에서 경제를 일으키고, 안보를 지키며, 국민에게 자립과 도전의 정신을 심어준 그의 '정신'은 오늘도 유효하다. 이제 대한민국은 다시 이 '불멸의 박정희 정신'을 복원해야 할 시점에 서 있다.

위기를 기회로 바꾸는 힘, 국가적 결단과 실행력, 국민과 함께하는 목표 달성, 모든 것이 바로 박정희 정신의 불멸한 가치다. 이제 그 정신을 복원하여, 대한민국의 미래를 다시 세워야 할 때다.

박정희의 사전엔 '편 가르기'나 '네 편 내 편 갈라치기'가 없었다. 오로지 대한민국의 번영을 위한 '국론결집'과 '부국강병'만 있었다. 불행하게도 박정희 대통령 서거 후 반세기 가까운 동안 대한민국에는 국가를 이끌어가는 시대정신이 보이지 않는다. "우리도 할 수 있다." "잘살아 보자."는 박정희정신과 탁월한 리더십이 없었더라면 오늘날 우리는 지금과 훨씬 다른 세상을 살고 있을지도 모른다. 박정희가 꿈꾸었던 대한민국은 그가 1963년에 쓴 〈국가와 혁명과 나〉라는 책의 "소박하고 근면하고 정직하고 성실한 시민사회가 바탕이 된 자주독립이 된 한국이 나의 꿈이다."라는 마지막 구절에 잘 나타나 있다.

원로 언론인 고재구 일요서울 회장은 60년대 말에 학생운동을 하다가 남산 중앙정보부 6국으로 끌려가 지하실에서 모진 고문을 받은 적이 있다. 그런 고 회장이 이렇게 술회(述懷)한 적이 있다. "당시 5%의 저항세력이 박정희 대통령의 강권통치에 핍박받았지만, 95%의 국민은 초근목피(草根木皮)로 연명하던 '보릿고개'를 5천 년 만에 탈피하게 만든 박 대통령의 조국근대화 업적에 경의를 표하고 있었다. 김일성은 5만의 권력층만 풍요롭게 하고, 2천만 인민은 굶주리게 만든 독재를 했다. 우리가 박 대통령을 만나지 못했다면 현 좌파 정권이 코로나19 사태로 어려움을 겪고 있는 국민에게 어떻게 재정지원을 할 수 있겠는가. 현 정권의 물적 기반도 따지고 보면 박 대통령이 이룩한 부국(富國)의 유산이다."

이처럼 박정희 정권에 의해 탄압받은 피해자가 오히려 박정희를 용서하고 박정희의 열렬한 지지자가 되어 '역사와 화해'한 것은 '박정희정신'이 대한민국에 끼친 영향이 지대(至大)했기 때문이다. 그래서 필자는 박정희정신 앞에 없어지거나 사라지지 않을 '불멸(不滅)'이라는 수식어를 붙이고 싶다. 그리고 역사 속에 자리 잡은 '박정희정신'이 정당하게 복원되길 기대한다.

차제에 박정희정신을 세계에 알리는 일환의 하나로 '대구경북 신공항'의 이름을 '박정희 공항'으로 작명하기를 제안한다. 외국은 공항 이름에 지도자 이름을 많이 딴다. JF 케네디 공항, 워싱턴의 로널드 레이건 공항, 캘리포니아의 존 웨인 공항, 휴스턴의 조지 부시 공항, 영국 리버풀의 존 레넌 공항, 샤를 드골 공항, 인도의 인디라 간디 공항, 이스라엘의 벤 구리온 공항....

세계인들이 인정하는 박정희 대통령을 공항명으로 결정하면 대구경북의 문화유산인 천년고도 경주, 선비정신 안동 등을 세계에 널리 알려 문화관광 차원의 소득을 올릴 수 있음은 불문가지(不問可知)가 아니겠는가.

6 박정희 정부의 행동원리 (박정희 모델) 재건(再建)

1950~60년대 대한민국은 전쟁의 폐허 속에서 하루하루를 버티는 나라였다. 그러나 5·16 혁명 이후 등장한 박정희 정부는 혼돈 속에서 질서를 만들고, 낙후 속에서 산업화를 이끌어냈다. 그 힘의 근간에는 단순한 경제정책이 아니라 국가 행동원리의 체계화가 있었다. 이를 우리는 '박정희 모델'이라 부를 수 있다. 오늘의 대한민국은 '비전의 공백' 시대를 걷고 있다. 세계 10위권 경제 규모를 자랑하지만, 국가 목표에 대한 방향성과 행동원리가 부재하다. 이럴 때일수록 우리는 박정희 정부의 행동원리, 즉 '박정희 모델'을 재건할 필요가 있다.

박정희 모델의 핵심은 목표 집중, 행동 일관성, 성과 측정이라는 세

가지 원리에 있었다. 첫째, 목표 집중이다. 박정희 정부는 '경제 자립'과 '국방 강화'를 국가적 목표로 설정하고, 모든 정책과 자원을 여기에 맞췄다. 둘째, 행동의 일관성이다. 박 대통령은 정책을 발표하면 끝까지 밀고 나갔다. 시행착오를 두려워하지 않았고, 정책 실패를 분석해 즉각 수정했다. 셋째, 성과 측정과 피드백 시스템이었다. 박정희 정부는 모든 주요 사업에 대해 구체적 목표와 시한을 설정하고, 진척을 철저히 관리했다.

중국 문제 전문가인 윌리엄 오버 홀트(William H. Overholt) 미 하버드대 케네디정책연구센터 수석연구원은 2011년 5월 〈문화일보〉와의 인터뷰에서 이렇게 말한 적이 있다. "나는 등소평(登小平)이 한국의 발전전략, 그러니까 '박정희모델'을 그대로 카피(모방)했다고 생각한다."

또한 '박정희모델에 대한 한국 학계의 평가는 논란이 있고 여전히 논쟁적'이라는 질문에 대해 그는 이렇게 말했다. "한국의 오늘은 '박정희모델'이 없었다면 불가능했다고 생각한다. 미국인들은 늘 민주주의를 얘기하는데, 민주주의는 극단주의적인 빈곤과 갈등이 있는 곳에서는 제대로 작동하지 않는다. 박정희는 정치적 입장이나 이데올로기에 의해 좌우되지 않고 경제가 중요하다는 입장에서 한국을 살릴 방법을 모색했다는 점이다. 그게 아시아의 모델이 된 것이다."

좌승희 한국제도경제학회 이사장은 '한국적 경제학은 노벨상도 가능하다.'고 주장하며, 이렇게 설명한다, "2019년 노벨 경제학상은 새마을운동의 축소판이나 다름없는 실험연구에 수여됐다. 몇 개의 서로 다른 그룹 사람들을 실험 대상으로 해 차별화된 인센티브를 제공하는 것이 어떤 행동변화 효과를 가져오는 지를 실험해 온 연구자들에 대해 빈곤퇴치 정책

개발에 이바지할 수 있다고 상을 수여했다. 그런데 박정희 대통령은 이미 1960~1970년대 수출육성정책이나 중화학공업화정책, 새마을운동 등에서 바로 행동경제학에서 주장하는 인센티브 제도를 적극적으로 활용해 한강의 기적을 일으켰음을 확인할 수 있다."

이영훈 전 서울대 교수는 박정희와 그의 정부를 지배한 행동원리를 '4가지'로 요약했다. 첫째, 철저한 실용주의이다. 둘째, 조정과 합의이다. 박정희는 1965년부터 매달 이어진 '수출진흥확대회의'와 '월간경제동향보고' 두 회의를 14년간 빼먹지 않았다. 조정과 합의를 거친 다음의 이견은 그의 정부에 없었다. 셋째, 선택과 집중이다. 박정희는 수출진흥과 새마을운동에 올인했다. 그의 정부는 이 두 가지를 위해 잘 훈련된 군대와 같이 조직이 간편했고 기동이 민활했으며 집행이 강력했다. 넷째, 공명과 강직이다. 박정희는 재임 18년 5개월간 사익(私益)을 추구한 적이 없이 빈털터리로 떠났다. 이 점은 동시대 세계 지도자들에게서 비슷한 예가 하나도 없을 정도로 청빈한 정치적 덕목이다.

'박정희모델'은 이상과 같은 원리와 우리도 '하면 된다'는 캔두(can-do)정신으로 압축된다. 박 대통령은 국민에게 '박정희모델'을 불어넣어 국운을 바꿔놓았다. 박정희모델은 '대외지향 정책을 통한 자립적 국가경제 건설' '대기업 우선의 적하(滴下)식 공업화' '정부·기업·종업원의 협력과 조정'을 특징으로 한다. 박정희는 국민에게 "왜(Why) 우리가 경제개발을 해야 하고, 경제개발을 위해 국가와 국민은 무엇(What)을 해야 하며, 어떻게(How to) 경제를 발전시킬 것인가"를 분명하게 제시하였다.

대한민국을 구원한 리더십이 1960, 70년대의 한국에서 운 좋게 출현했다. 박정희모델은 정부·기업·민간의 상호 유기적 협력체제였으며, 자유와 통상이라는 문명의 큰 원리를 실천한 것이다. 박정희모델은 대한민국의 고도성장을 견인하고 부지불식간에 세계로 수출되었다. 중국의 등소평, 러시아의 푸틴, 싱가포르의 리콴유가 박정희 모델을 치국(治國)에 활용하여 성공했다.

박정희 모델의 재건은 과거 향수가 아니라, 국가 행동원리를 현대적으로 재해석하는 작업이다. 그 기본 원리는 지금도 여전히 유효하다. 따라서 박정희모델을 재해석하고 현실에 맞게 업그레이드할 필요가 있다.

7
해룡(海龍)이 되어 나라를 수호한 문무대왕

미국 해군대학 교관으로 있던 앨프리드 세이어 머핸[3](Alfred Thayer Mahan)은 1890년 명저 〈해양력이 역사에 미치는 영향(The Influence of Power upon History)〉을 발표했다. "바다를 지배하는 자는 세계를 지배한다."는 주제의 이 책은 20세기 이후 미국의 운명을 바꿔놓은 세계전략 지침서가 됐다. 마한은 미국이 세계 해군국이 되기 위해 준비해야 할 일로 대해군의 건설, 해외 해군기지의 획득, 파나마운하의 건설 그리고 하와이왕국의 병합을 제시했다. 미국은 마한의 지침대로 서태평양으로 진출해 오늘날 세계 패권국가가 되었다.

3 앨프리드 세이어 머핸(Alfred Thayer Mahan, 1840~1914) : 미국 해군 제독, 전략지정학자, 전쟁사학자로 "19세기 미군의 전략에서 가장 중요한 인물"로 꼽힌다.

1997년 덩샤오핑(鄧小平·등소평)[4]의 유해가 홍콩 앞바다에 뿌려졌다. 대해(大海)인 태평양에 뿌려 달라는 유언에 따른 것이다. 태평양 진출에 대한 덩샤오핑의 유언이 있었던 후 10년 뒤 후진타오는 '대양해군'을 선언했다. G2로 미국과 세계 패권을 다투고 있는 중국은 2030년대 초·중반까지 5~6척의 항공모함을 서태평양에 띄울 예정이다. 마한과 중국의 '해양굴기'보다 1400년 전에 신라는 해양력을 키운 해륙정책(海陸政策)을 펴서 삼한을 일통했고, 그 힘을 바탕으로 나당7년전쟁에서 당시 세계 최강인 당나라를 한반도에서 완전히 몰아내고 한민족의 터전을 마련할 수 있었다.

신라는 건국 후 500년 이상 약소국이었는데, 약 60년 만에 강국이 됐고, 다시 100여 년이 지나 최후의 승자가 됐다. 그 배경의 하나로서 해양발전이라는 국가전략 선택과 이사부(異斯夫)[5] 같은 뛰어난 지도자의 활약을 들 수 있다.

512년(지증왕 13). 이사부가 지휘하는 신라 수군은 동해 중부의 항구를 출항해 160여㎞ 떨어진 우산국(울릉도)을 정복했다. 이사부는 새로 설치한 실직주(삼척)와 하슬라주(강릉)의 군주가 돼 해양작전을 준비했고, 고구려가 혼란스러운 틈을 이용해 실지 회복전에 성공했다. 이로써 일본열도로 진출하는 울진, 삼척, 강릉 등 항구와 동해 중부 횡단

4 덩샤오핑(鄧小平·등소평, 1903~1997) : 쓰촨성(四川省) 출생으로, 실용주의 노선을 주장하면서 마오쩌둥(毛澤東)과 노선 갈등을 빚어 1966년 문화대혁명 때 홍위병(紅衛兵)으로부터 반모주자파(反毛走資派)의 수괴라는 비판을 받고 실각하였다. 1981년 권력을 장악하였다. 1989년 4월 톈안먼 사건의 위기를 수습하고 개혁과 개방 정책을 추진하였다.

5 이사부(異斯夫, ?~?) : 신라 때의 장군. 지증왕 13년(512)에 가야와 우산국을 정벌하였고, 진흥왕 11년(550)에는 고구려의 도살성(道薩城)과 백제의 금현성(金峴城)을 빼앗는 등 여러 지방을 공격하여 신라의 영토를 크게 넓혔다.

항로를 관할하면서 해양활동 범위를 확장했다. 23대 법흥왕은 517년에 병부를 설치해 군사력을 강화한 후 532년에 금관가야를 접수하여 남해안 일대의 물류망과 해양력을 흡수했으며, 일본열도와 교류할 수 있는 교두보까지 확보하였다. 24대 진흥왕은 551년에는 한강 상류인 죽령(소백산맥) 이북의 10개 군을 고구려로부터 탈취하였으며, 562년에 대가야를 합병했다. 이후 신라는 남해안과 낙동강 수로망, 남한강과 서울지역을 낀 한강 본류의 수로망을 유기적으로 이용할 수 있게 되었다.

이로써 신라는 남양만(화성)을 이용해 중국과 해양교류를 펼치면서 국제질서에 능동적으로 진입했고, 훗날 삼국통일의 강력한 군사력이 된 서해 수군을 육성할 수 있었다. 이렇게 갖춘 해륙국가의 토대는 100여 년 뒤에 삼한일통이라는 결실을 낳았다. 왜국은 668년 나당연합군에 의해 고구려 평양성이 함락되기 직전에 신라와 국교를 재개하였다. 이는 나당연합군이 고구려를 멸하고 난 후 왜국을 침략할 것에 대비한 외교적 노력의 일환이었다.

신라 제30대 문무대왕(文武大王, 재위 661~681)은 부왕인 태종무열왕의 통일 대업의 위업을 완수한 군주였다. 그는 임종을 앞두고 "내가 죽은 뒤 시신을 화장하여 동해에 뿌리면 용이 되어 나라를 지키겠다."고 유언했다. 이는 왕이 죽어서도 국가의 수호신으로 남겠다는 자기희생의 정치철학이었다. 바다에 잠긴 그의 능은 파도에 씻기며 천년의 세월을 견디고 있다. 신라인들은 파도가 거세게 일면 "대왕께서 왜구를 물리치러 나가신다."고 믿었고, 이 정신은 대한민국 보국(保國)의 원형(原型)이 되었다. 문무대왕과 김유신 대장군은 나당7년전쟁을 승리로 이끌었고, 신라의 국경을 대동강 이남으로 확정해 자주통일의 틀을 세웠다. 정치적으로는 중앙집권을 강화하고, 군사적으로는 삼국의 병제를 통합했다. 문무왕의 삼한일통은 한민족 국가의 기틀을 세운 자주적 통일이었다.

문무대왕의 '해룡정신(海龍精神)'은 나라의 위기를 감지하면 다시 솟구쳐 오르는 민족혼의 상징이다. 그 정신은 국가가 흔들릴 때마다 "누가 이 나라를 지킬 것인가"를 묻는다. 해룡이 되어 나라를 수호한 문무대왕처럼, 오늘의 대한민국에도 그런 '정신의 수문장'이 필요하다. 1,300년 전의 당나라나 그 후예인 중국은 여전히 한반도에 대해 영토적 야심을 가지고 있다. 지금의 한반도 또한 주변 4강의 대립 구도 속에서 위태롭다. 대왕암에 잠들어 있는 문무대왕이 지금 마음이 편치 못해 포효(咆哮)하고 있다. "해룡의 혼은 꺼지지 않는다!."

8
좌파 광풍(狂風) 이대로 두고 볼 것인가?

지금 대한민국은 이념의 풍랑 속에 있다. 그 중심에는 '좌파 광풍(狂風)'이 있다. 그들은 '진보'라는 이름으로 포장하지만, 실상은 자유와 시장, 안보와 공동체를 갉아먹는 급진적 세력이다. 이념전쟁에서 보수가 침묵한다면, 대한민국의 근본이 흔들린다.

좌파의 광풍은 교묘하다. '평등'의 이름으로 경쟁을 무너뜨리고, '인권'의 이름으로 법질서를 흔들며, '민주주의'의 이름으로 신독재를 합리화한다. 그 결과는 무엇인가. 사회는 분열되고, 국가는 약화되고, 국민은 피로하다. 불공정을 없앤다면서 오히려 새로운 특권층을 만들고, 약자를 보호한다면서 대놓고 국민을 편 가르는 모순이 곳곳에서 벌어지고 있다.

이념의 전장(戰場)은 교육과 언론, 사법, 문화 전반으로 확대됐다. 역사 왜곡과 국가 부정의 서사가 교과서와 방송, 영화 속을 점령했다. 건국의 정통성과 산업화의 업적은 폄훼되고, 북한은 이미 '주적'이 아니다.

보수는 왜 침묵하는가. 자유를 지켜야 할 사람들이 '눈치 보는 보수', '비겁한 중도'로 퇴색했기 때문이다. 좌파의 공격 앞에 침묵은 중립이 아니라 항복이다. 보수가 지켜야 할 것은 권력이 아니라 국가의 방향과 문명적 질서다. 세종대왕의 통찰, 이순신의 결기, 박정희의 국가개조 정신은 바로 이 위기의 순간에 필요한 리더십이다.

우리나라 사회주의 세력은 1980년대 초반부터 1990년대를 거치며 장기간 광범하게 성장했다. 그중 대세를 장악한 '주사파(김일성의 주체사상을 추종하는 세력)'들은 대부분 전향하지 않고 노동계, 교육계, 학계, 문화계, 정치계, 심지어 법조계까지 진출하여 그 세력을 넓혀왔다.

이들은 '운피아(운동권 마피아)'라고 불릴 정도로 대한민국 최상의 권력 엘리트 집단이 된 지 오래다. 대통령, 국회의장, 국무총리, 국회의원, 청와대 수석·비서관, 공기업 임원 중에서 운동권 출신 아닌 자들을 찾아보기 힘든 가히 '운동권 천하 정권'이다.

민주화운동을 했다는 사람들이 '군사독재정권' 사람들보다 더 염치가 없는 이유에 대해 최진석 교수는 이렇게 풀이했다. "민주화운동이라는 것은 필연적으로 계급운동입니다. 계급은 국내 문제예요. 그러다 보니 민주화운동세력들은 어쩔 수 없이 시야가 국내적으로 좁아져 버리고, 자기만 옳다는 자기 확신이 강해진 것입니다. 그러기 때문에 좁아진 자기를 보지 못하고, 그것을 근거로 정책을 펴는 것입니다. 주(週)52시간제라든지 최저임금제라든지 하는 것들이 전부 국제경쟁 관계를 전혀 고려하지 않은 국내용입니다. 외교도 대외개방적이고 과감하게 도전하는 외교가 아니라 철저하게 국내용으로만 이루어지고 있습니다. 우리나라가 대외개방적인 과감한 태도를 가졌던 때는 산업화 시대입니다. 그러던 것이 민주화 시대가 되면서 문을 닫으면서 시야가 국내용으로 급격히 좁아져 버렸어요. 그것이 아주 큰 문제입니다."

우리나라 진보(사실은 주사파)는 노예 상태에 있는 북한 주민의 인권을 철저히 외면하고 있다. 오히려 북한 김여정의 요구에 따라 '대북전단금지법'을 만들었다. 자기는 부동산 투기하면서 다른 사람은 투기를 못 하게 한다든지, 자기는 자식을 자사고나 외고에 보내면서 자사고나 외고를 폐지한다든지 하는 것은 진보가 아니다. 영국의 낭만파 시인인 조지 고든 바이런[6]은 "국가를 형성하는 데는 천년의 시간도 충분하지 않지만, 먼지 속으로 사라지는 데는 한 시간이면 족하다."고 했다. 한 국가를 일으켜 세우는 데는 수 세대에 걸쳐 국민의 피와 땀과 눈물이 요구되지만, 쇠망하는 것은 순식간이다. 공무원들이 충성해야 할 대상을 헷갈리고 있을 정도로 지금 우리나라는 국가 관념이 약화되고 있다.

포퓰리즘과 사회주의 배급정책을 쓴 나라는 예외 없이 몰락했다. 아르헨티나의 페론, 그리스의 안드레아스 파판드레우, 베네수엘라의 차

6 조지 고든 바이런(George Gordon Byron, 1788~1824) : 영국의 대표적인 낭만파 시인. 존 키츠, 퍼시 비시 셸리와 더불어 2세대 낭만주의를 대표하는 인물이다.

베스를 닮은 '퍼주기 정책'이 대한민국을 유린하고 있다. 안드레아스 파판드레우 총리의 슬로건은 "국민이 원하는 것은 다 줘라(Give them all)!" 였다.

진영의 대립과 적대감이 내전(內戰) 상태가 되었다. 이제 많은 국민은 '대한민국은 여기까지가 한계인가 보다' '이제는 내리막길만 남았다'라며 체념하고 있다. 그러나 좌파의 광풍(狂風)을 이대로 두고 볼 수 없다. 국민의 힘으로 막아내야 한다.

좌파의 광풍을 막을 방패가 사라지면 사회는 무너진다. 자유를 외면한 국민은 결국 자유를 잃는다. 보수우파는 이제 다시 깃발을 들어야 한다. 이념은 사라지지 않는다. 다만 보수가 이념 전선을 포기할 때, 그 자리를 타락한 이념이 차지할 뿐이다.

9
보수(保守)우파의 반성과 지켜야 할 가치

보수의 본령은 변화를 거부하는 것이 아니라, 원칙을 지키며 점진적인 개혁을 하는 것이다. 세종대왕의 통치철학, 이순신 장군의 충(忠), 박정희 대통령의 근대화정신은 시대를 달리해도 변하지 않는 '보수의 가치'였다. 그 핵심은 국가와 국민에 대한 헌신, 그리고 책임정치였다.

1987년 6.29 선언에 따른 직선제 개헌('87체제') 이후, 보수우파는 30년 세월을 이승만-박정희 리더십으로 구축한 대한민국의 정체성과 부국(富國)의 성과물을 단지 소비만 하며 안주해 왔다. 그러는 사이에 종북좌파는 체제변혁을 위한 지평을 꾸준히 확장해 왔다. 광우병사태-세월호사태의 연장선상에서 '촛불난동'으로 '대통령 탄핵'이라는 체제 탄핵의 폭거를 불러왔다.

30년 전, 양동안 선생은 속물근성으로 가득 찬 이 나라 우익세력의 행태를 다음과 같이 고발했다. 첫째, 우익인사들은 사상전을 남이 대신 해주는 것으로 생각한다. 둘째, 대부분의 보수우익 지도자 운운하는 세력들은 위기가 닥치면 싸울 생각은 하지 않고 피난 갈 생각부터 한다. 셋째, 다수의 우익인사는 좌익에 대해 도덕적 우월성을 확보하지 못해 좌익의 도전에 상상할 수 없을 정도로 취약하다. 넷째, 우익은 자신들이 공부하지 않는 것은 물론, 젊은 세대를 우익으로 양성하는 노력조차 하지 않았다.

30년 전 상황이 지금이라고 달라진 것이 있는가? 오히려 분열과 기회주의, 개인주의가 더더욱 고질화되었을 뿐이다. 일부 얼치기 사이비 보수들은 "박정희식 반공 보수는 시효가 끝났다." "보수는 웰빙이고 꼰대다." 등으로 자학(自虐)한다. 이처럼 대세를 따르고, 현상 유지에 몰두하며, 기회주의적으로 처신하는 용기 없는 '속물적 리버럴리스트'들이 국민의힘의 대세를 이루고 있는 게 더 큰 문제다.

김용삼 대기자는 "이 나라에 '우익'이 존재한다면, 그것 자체가 기적 아니겠는가."라는 논거(論據)를 다음과 같이 제시했다. "(중략) 더욱 충격적인 사실은 오늘날 한국 보수우파를 대표한다는 모임에 가 보면 태반 인사들이 좌익 세상에서 한가락 했던 군상들이란 점이다. 한 시절 열심히 좌익 물 빨면서 한국 사회 붉게 물들이던 좌익 공신들이 느닷없이, 석연치 않은 이유로 전향 운운하면서 "내가 진성 우파"라고 외치는 이 기현상을 무슨 논리와 이론으로 이해하고 받아들여야 하는 것일까?"

국민의힘 정강정책은 좌파정당의 흉내를 내고 있으며, '경제민주화'를 금과옥조(金科玉條)로 삼고 있다. '좌파 정당 흉내내기'로는 좌파 정당 2중대가 될지언정 집권할 수 없다. 보수 진영 내에서도 "박정희 패러다임이 끝났다." "박정희식 낡은 보수"라고 비하하며 자신을 '개혁보수'로 자처하는 사이비 정치인들이 있다. 이런 평가는 '자폐적'인 역사관이다. 박정희모델에는 절대로 폐기할 수 없는 소중한 가치가 담겨있다.

역사적으로 보수 정치인과 보수정당이 몰락한 적은 있지만, 보수의 가치가 몰락한 적이 없다. 자유민주주의와 시장경제, 법치주의는 보수가 목숨 걸고 수호해야 할 근본 가치다. 앞으로 보수의 가치가 역사와 정의의 편이라는 믿음을 세우고 대도(大道)를 당당하게 걸어야 한다. 또한 보수우파 지도자들은 이승만·박정희 전직 대통령의 묘역 참배를 정례화해야 한다.

현대 보수주의 이론의 창시자인 18세기 영국의 에드먼드 버크(Edmund Burke)는 "보수는 과거를 보존키 위해 개혁한다."고 했다. 개혁을 거부하는 것은 수구(守舊)이지 보수가 아니다. 보수는 변화에 선제 대응함으로써 파괴적 혁명을 예방하면서 사회를 발전시킨다. 보수는 가치 보존을 위해 끊임없이 변화하고 개혁한다.

역사적 대개혁은 본래 좌파가 아닌 보수우파가 해왔다. 영국 보수당의 여성 선거권 도입 주도, 미국 공화당의 노예 해방, 독일 비스마르크의 사회보장제도 창설은 대표적인 보수의 혁신정책이다. 박정희 대통령도 이런 보수의 기본정신에 깊은 뿌리를 두고 그린벨트, 의료보험, 국민연금, 고교 평준화 정책 등 진보 어젠더(agenda)를 과감하게 수용한 것이다.

보수우파의 반성은 단지 정치적 패배에 대한 것이 아니다. 국가와 사회를 이끌 책임의식의 퇴락을 돌아보는 것이다. 보수가 다시 일어서려면, '국가 재건(再建)'의 비전을 앞세워야 한다. 온고지신(溫故知新)처럼 옛것을 기본으로 새롭게 변화해야 한다.

지금 보수가 지켜야 할 가치는 명확하다. 첫째, 자유와 질서의 균형이다. 자유가 방종으로 흐르지 않도록 공공선의 울타리를 세워야 한다. 둘째, 공정과 책임의 실천이다. 사회적 신뢰를 회복하려면 특권과 불공정을 단호히 끊어야 한다. 셋째, 역사의 정통성 계승이다. 건국과 산업화, 민주화를 이룬 대한민국의 서사를 왜곡하려는 세력에 당당히 맞서야 한다.

10
'의도' 있는 김재규 재심은 역사의 '반동(反動)'이다

최근 법조계 일각에서 김재규 전 중앙정보부장에 대한 '재심 청구' 논의가 다시 수면 위로 떠오르고 있다. "10·26 사건은 내란이 아닌 민주화운동이었다"는 주장이 일부에서 제기되며, 그를 영웅시하려는 시도가 노골화되고 있다. 그러나 이것은 단순한 법리 해석의 문제가 아니다. 그것은 대한민국 건국 이후 이뤄낸 질서와 정통성을 뒤흔드는 정치적 도발이자, 역사의 거꾸로 가는 반동(反動)이다.

김재규 전 중앙정보부장은 1979년 10월26일 박정희 대통령과 차지철 청와대 경호실장, 그리고 대통령 경호원 4명을 살해한 혐의로 기소돼 1980년 5월 사형이 집행됐다. 대한민국 역사상 유일한 국가원수 피살 사건이었다.

10·26 사태 이후 국사범(國事犯) 김재규의 사진은 군부대 전시가 금기시되었다. 그러나 문재인 좌파 정부는 근 40년 만인 2019년 김재규의 사진을 그가 지휘관을 지냈던 군부대(3군단, 6사단 등) 역사관 등에 다시 걸게 하는 등 조직적으로 김재규의 '신원 회복'을 추진했다.

김재규가 사형에 처해진 지 41년 만인 2021년에 국제인권법(우리법연구회 전신) 출신인 이미선 헌법재판관을 비롯한 7명의 변호사(이상희·김수정 법무법인 '지향')·이영기(법무법인 자연)·조영선·이정일·이혜선(법무법인 동화)은 김재규가 고문당했다는 이유로 재심을 청구했다. 이들은 윤석열 대통령 탄핵에 찬성하며 2024년 12월27일 '시국선언문'을 발표하여 한덕수 대통령 권한대행에게 내란특검법 공포 및 헌법재판관 임명을 촉구한 인물들이다.

이 중 이상희 변호사는 이미선 헌법재판관의 동생으로 위안부 할머니들의 지원금을 갈취한 윤미향의 조직 기반인 '정의연'의 이사였고, 윤석열 대통령 탄핵추진위원으로 활동하고 있다. 그는 "신군부는 내란목적의 살해라고 주장했지만, 김 전 부장은 수사와 재판 과정에서 일관되게 박정희 개인을 살해한 이유가 유신체제의 종식을 구하고 민주주의를 회복하기 위한 것"이라고 주장하였다.

2025년 2월 19일 서울고법 형사7부(이재권·송미경·김슬기 부장판사)가 김재규 사건에 대해 재심 결정을 했다. 이에 국민은 크게 우려하고 있다. 검찰은 2월 25일 김재규 사건 재심개시결정에 대해 즉시항고했다. 검찰은 "재심 제도가 신중한 사실심리를 거쳐 확정된 사실관계를 재심사하는 예외적인 비상구제절차"라며 "형사재판의 법적 안정성이라는 형사법의 대원칙을 고려할 때 본건은 재심사유의 존재가 확정판결에 준하는 정도로 증명되었다고 보기 어렵다."라고 주장했다.

박정희 대통령이 자신이 키워준 심복 김재규에게 총을 맞고 서거(逝去)한 것은 로마시대 시저와 브루투스 사건에 비교될 수 있다. 김재규는 은혜를 원수로 갚은 배은망덕의 전형이요, 국가원수를 시해한 '대역죄인(大逆罪人)'이다. 당시 재판장도 "국내외적으로 국가 위기 상황에서 국가원수를 시해한 것은 명백한 대역(大逆) 행위로, 어떠한 명분으로도 정당화될 수 없다."라고 판시한 바 있다. 정작 재심이 필요한 것은 억울하게 '사기 탄핵'당한 박근혜 전 대통령 탄핵 재판이다. 그의 생전에 반드시 재심이 이루어져 명예 회복이 되어야 하고, 탄핵을 주도하고 반성하지 않은 정치·언론·사법 세력에 대한 역사적 응징이 반드시 따라야 한다.

윤석열 대통령이 내란죄의 우두머리 혐의로 구속된 시점에 고등법원에서 재심이 결정된 것이 과연 '우연의 일치'라고 할 수 있는지 묻고 싶다. 또한 국가원수와 경호원 다섯 명의 목숨을 빼앗는 인면수심(人面獸心)이 '민주화'를 위한 정당한 결단이 될 수 있는가? 내란 목적의 대통령 암살범(暗殺犯)을 '혁명가'로 둔갑시켜 혹세무민해서는 안 된다. 김재규와 그 일당들은 '집단 살인'의 살인범일 뿐이다. 김재규가 10·26 이후 공판에서 "나는 야수의 심정으로 유신의 심장을 쏘았다."라고 말한 것은 아마도 변호사들에 의해서 오염된 발언일 것이다.

에즈라 보겔 미국 하버드대 교수는 "박정희가 없었더라면 오늘날의 한국도 없었을 것으로 생각한다."고 했다. 박정희 대통령은 인류 역사상 세계 최고의 포용적 '동반성장시대'를 이끌어 세계 최빈국 대한민국을 '경제대국'으로 만든 청렴한 지도자이다. 그리하여 우리 국민뿐만 아니라 세계인으로부터도 '부국(富國) 혁명'의 영웅으로 존경받고 있다.

박정희 시대의 공과는 후세의 역사가 몫이지, 뒤늦게 법정에서 '위장 정의'로 재단할 사안이 아니다. 법원의 잘못된 판단은 국론을 더욱 분열시켜 나라를 혼란의 소용돌이로 몰아갈 수 있다. 형사법의 법적 안정성과 사안의 중대성, 그리고 역사성에 비추어 대법원은 '집단 살인범' 김재규 재심에 대한 현명한 판단을 해주기를 바란다.

11 을사오적과 망국7적

'을사5적(乙巳五賊)'은 1905년 11월 17일 일본이 대한제국의 외교권을 박탈하기 위해 대한제국 정부를 강압하여 체결한 '을사늑약(乙巳勒約)' 당시 찬성을 표시했던 정부 대신 5명을 이르는 말이다. 학부대신 이완용, 군부대신 이근택, 내부대신 이지용, 외부대신 박제순, 농상공부대신 권중현이 그들이다. 정부 대신 가운데 끝까지 반대 의견을 피력한 인물은 한규설이었다.

을사늑약는 국제 사회가 일제의 조선 지배를 합법적으로 보게 하는 단초를 제공했다. 가장 큰 책임은 고종에게 있다. 그리고 이들 '을사5적'은 나라를 판 대가로 이후 일왕으로부터 은사금과 일본의 벼슬, 그리고 귀족의 작위까지 받으면서 승승장구한다. 해방 이후 반민족행위자 명단에도 포함되었다.

지금의 대한민국에도 '제2의 을사5적'이 있다. 나라의 미래보다 정권의 안위와 개인의 영달에만 매달려 국가를 위기로 이끄는 위정자들이다. 이들은 자유민주주의 질서를 위협하는 내부의 적으로, 애국심은 찾아보려 해도 찾을 수 없고 잘못된 이념에 사로잡혀 나라를 중국과 북한의 손아귀에 휘둘리게 만든 매국노들이다. 부끄러운 줄 모르기 때문에 머리를 쳐들고 산다.

한국경영학회장인 박영렬(연세대 경영대) 교수는 지난 9월 13일 〈서울경제〉와의 인터뷰에서 이렇게 말했다. "우리 기업은 선진국 수준인데 정부의 마인드와 규제 등 시스템은 개발도상국 수준에 머물러 있다. 정부 개입을 줄이고 민간이 최선을 다할 수 있는 여건을 만들어주면 지금보다 몇 배 더 성과를 낼 수 있다. 기술 환경이 급변하는 상황에서 규모의 경제로는 한계가 있다. 선택과 집중을 통해 초격차 기술을 확보하는 전략을 빨리 마련해야 한다."

고(故) 장기표 선생이 제기한 '망국7적'이 대한민국의 현주소를 극명하게 보여준다. 그는 "우리가 처한 총체적 국정파탄과 국민 불안을 극복하고 국민 모두가 행복할 수 있으려면 나라를 이 지경으로 만든 암적 존재를 척결해야 한다."고 주장하며, 우리 사회의 7가지 암적 존재를 △민주노총 △전교조 △대깨문 △공기업 △미친 집값 △탈원전 △주사파로 보고, 이를 '망국7적' 이라고 규정했다.

또한 그는 "민주노총 때문에 청년실업과 비정규직이 생기고, 전교조 때문에 공교육이 붕괴하고 학교폭력이 난무하며 이념갈등이 심각해졌다. 대깨문 때문에 민주주의가 파괴되고 국민이 분열하며, 공기업 때문에 국가부채가 늘어나고 공공요금이 오른다. 미친 집값 때문에 벼락 거지가 생기고 청년들이 3포세대가 돼 '이생만(이번 생은 망했음)'을 절규하고 있다. 주사파 때문에 북한이 핵무기를 보유하고 국가안보가 실종됐다."고 주장한다.

그렇다. 건국 이후 간난신고(艱難辛苦)를 겪고 만들었던 자랑스러운 대한민국이 '망국7적' 때문에 망국의 길을 걷고 있다. 이러한 상황에서 우리는 무엇을 어떻게 해야 하는가? 답은 한반도의 선진통일을 위해 국가를 대개조(大改造) 하는 데 있다. 이를 위해서는 박정희정신으로 무장한 위국헌신(爲國獻身)하는 애국자들이 힘을 합쳐 정권교체를 이뤄내서 '망국7적'을 척결해야 한다.

중국의 사상가인 량치차오(梁啓超·1873~1929)[7]는 아래와 같은 말로 중국이 한국을 반면교사로 삼아야 한다고 갈파했다. 마치 현 좌파 정권의 탐욕과 부패를 예언이나 한 것처럼. "한국 인민은 미천한 관직이라도 얻으면 더없는 영광으로 여기고, 관직을 얻었다 하면 사당(私黨)을 끌어들여 이익을 서로 주고받고 나라를 잊는다. 그러니 정권과 한패가 된 사람을 제외한 일반 국민은 국사(國事)가 자신과 아무 관계가 없는 일로 생각한다."

지금 대한민국은 북한에 공중납치(하이재킹) 당했다는 말이 나올 정도다. 대한민국은 훈련받은 승무원들의 위장 미소와 거짓 몸짓에 속아 승객들은 기장이 납치범으로 바뀐 영문도 모르고 따라가고 있는 형국이다. 또한 한국은 동북아에서 제2의 베네수엘라의 길을 걷는 유일한 나라다. 문재인 정권은 북한에는 평화를 구걸하고 있으며, 국내에는 현

7 량치차오(梁啓超, 1873~1929) : 중국 청나라 말에서 중화민국 초의 정치가·사상가. 입헌군주제를 주장하여 무술변법을 시도하였으나 실패하자 일본으로 망명하였다. 저서에 <중국역사연구법>, <청대학술개론> 등이 있다.

금을 살포하여 국민을 사육하고 있다. 나라의 안보·외교 정책은 도끼로 제 발등을 찍고, 경제·교육·복지 정책은 제 살 뜯어 먹기 방향으로 가고 있다.

현 좌파 정권이 정권을 연장하게 되면 대한민국은 망국의 길을 걸을 수밖에 없다. 국민이 국사(國事)가 자신과 아무 관계 없는 일로 생각하고 망국적인 포퓰리즘과 신독재의 강압에 숨죽이면 나라를 망하게 하는 데 동조하는 것이 된다. 중국 경제정보 채널 '궁푸차이징(功夫財經)'의 '한국, 내부 분탕질로 죽어간다'라는 사설처럼 지금 대한민국호가 서서히 침몰하고 있다. 팬티 바람으로 자신만 살자고 탈출한 세월호 선장 같은 지도자의 재출현을 막아야 한다.

12
경주 APEC 정상외교, 대한민국 국격을 입증하자!

경주는 대한민국의 원형이 탄생한 곳으로, 현대 한국인 DNA의 근간이며, 위대한 문명으로 가득 찬 세계적인 역사 도시이다. 최초로 통일국가를 이룬 신라는 천년에서 8년이 모자라는 992년(기원전 57~935)을 존속하여 세계에서 두 번째로 역사가 긴 국가이다. 신라보다 역사가 긴 국가는 1천58년(395~1453)을 존속한 동로마(비잔틴)제국뿐이다.

세계적인 고고학적 가치를 지닌 신라금관에는 불멸을 꿈꾸었던 고대인들의 영원한 욕망이 새겨져 있다. 유럽과 아시아를 잇는 최초의 실크로드, 8천㎞가 넘는 광활한 유라시아 초원길은 북방 유목민족들이 인류문명을 동서로 나르던 황금길이기도 하다. 초원길은 찬란한 황금문화를 전파해주었고, 카자흐스탄과 몽골초원을 지나 만주를 거쳐 이 길의 종착지였던 경주는 세계적인 '황금문명'을 꽃피울 수 있었다. 신라는 초원과 사막, 바다 등 다양한 경로를 통해 끊임없이 세계와 교류한 글로벌 제국이었다

〈삼국유사〉의 기록에 따르면 신라의 수도 서라벌에는 금으로 장식한 금입택(金入宅)이 30여 채에 이르고, 사찰의 수가 200여 개소가 넘었으며, 가구 수가 17만 8,936호(1호를 5인으로 잡으면 90만 정도의 인구)로 나온다. 이에 비춰볼 때 8세기 때 신라의 서라벌은 동로마제국의 콘스탄티노플이나 당나라의 장안(長安), 이슬람제국의 바그다드와 함께 세계 4대 도시였음을 알 수 있다.

대한민국 민족문화의 원형은 '3대 경북문화'와 '4대 경북정신'으로 고스란히 응축돼 있다. 경주 불교문화, 안동 유교문화, 고령 대가야문화의 '3대 경북문화'와 화랑정신, 선비정신, 호국정신, 새마을 정신의 '4대 경북정신'이 그것이다. 이것은 모두 대한민국의 국가정체성으로 연결되고 있다.

천년 고도(古都) 경주가 세계 외교사의 주 무대가 되었다. 10월 31일 APEC 정상회의가 열리며, 미·중 정상이 나란히 방한하는 역사적 장면이 연출된다. 이철우 경북도지사는 지난 25일 "도널드 트럼프 미국 대통령과 시진핑 중국 국가주석의 회동으로 벌써 세계의 이목은 경주로 향하고 있으며, 두 정상의 만남으로 경주 APEC 정상회의는 더욱 특별해졌다"며 "전 세계에 감동과 희망을 전할 수 있는 역대 최대의 행사가

되도록 남은 기간 최선을 다하자"고 당부했다.

지금 세계 질서는 미·중 패권 경쟁이 격화되는 불안정의 시기이다. 미국은 우리의 혈맹이자 안보의 버팀목이고, 중국은 최대 교역국으로서 경제적 현실과 직결된다. 이 두 정상이 동시에 경주에 온다는 사실은, 한국 외교의 전략적 중요성을 단적으로 증명한다. 바로 그렇기에 이번 APEC 정상회의는 "국익 실현의 경연장"이라 할 수 있다.

이번 경주 APEC에서 우리 정부는 튼튼한 한미동맹을 기반으로, 실용적 대중 외교를 통해 국익을 극대화해야 한다. 냉철한 현실 인식 속에서 공급망·에너지·AI 규범과 같은 미래 어젠다를 주도해야 한다. 반도체, 배터리, 원전 등 전략 산업은 한국 경제의 심장부다. 미국과는 기술동맹, 방위산업 협력을 강화하되, 동시에 중국과는 무역 및 공급망의 안정성을 유지하는 균형이 필요하다. 강대국 사이에서 흔들리지 않는 실용 외교야말로 우리 외교의 올바른 길이다.

이번 회의의 개최지인 경주가 갖는 상징성은 실로 크다. 신라인들은 호국불교의 상징인 불국사, 세계 유일의 인조석굴인 석굴암, 신라의 꿈이 담긴 황룡사구층탑, 천년 궁성 월성(月城), 동아시아 전통 우주론이 깃들어 있는 첨성대 등 숱한 세계적인 문물을 창조했다.

이러한 문화유산은 "천년 지속 가능 국가경영"의 상징이며, 세계 정상들에게 한국의 문화적 저력을 각인시킬 귀한 기회다. '경제강국'을 넘어 '문화강국'으로서의 대한민국의 '소프트 파워'를 제대로 보여줄 때, 우리의 국격이 한 단계 업그레이드된다. 과거 신라가 해상과 육상의 교역로를 통해 동아시아 문명을 주도했듯, 오늘의 대한민국도 양대 세력 균형의 '가교역할'을 해야 한다.

이번 경주 APEC은 기회이자 도전이다. APEC 정상회의가 '미·중 진영 갈등의 최전선'이 될 위험도 크다. 치밀한 전략과 완벽한 준비를 통해 APEC 정상회의 의장국인 한국이 미·중의 화해 계기를 만들어 20여 개 회원국 입장을 반영한 '경주 선언'을 성공적으로 이끌어내길 바란다.

미국과 중국이 각자의 세계전략을 관철하려 하겠지만, 한국은 국격을 높이는 '다자 외교', 국익을 지키는 '실용 외교'를 펼쳐야 한다. 경주 APEC은 외교의 지평을 넓히고, 안보와 경제, 문화와 가치 외교를 아우르는 역사적 전환점이 되어야 한다. 경주 시민들의 적극적인 협조와 성숙한 국민의식이 이번 APEC 성공의 열쇠다.

13 자유통일을 위한 '국가대개조(國家大改造)'

대한민국은 지금 거대한 역사적 분기점 앞에 서 있다. 국제질서는 흔들리고, 기술패권 경쟁은 국가의 존망을 좌우하는 힘이 되었다. 인구 감소, 산업 정체, 안보 위협 등 '복합위기' 속에서 우리가 가야 할 길은 분명하다. 바로 대한민국의 근본 체질을 다시 세우는 '국가대개조', 그리고 그 최종 목표인 자유통일의 실현이다.

자유통일은 감상이나 구호의 문제가 아니다. 그것은 단순한 민족적 염원이 아니라, 대한민국이 다음 100년을 준비하기 위해 반드시 넘어야 할 시대적 과제이며 국가의 생존전략이다.

그러나 지금의 대한민국은 그 거대한 역사적 과업을 감당할 체력도,

정신적 일체감도, 제도적 준비도 되어 있지 않다. 이대로는 통일 이전에 국가의 내적 균열이 문제가 될지도 모른다. 이제 '국가대개조', 즉 국가 시스템 전반을 재편해 통일 이후의 국가경쟁력을 확보해야 한다.

첫째, '정신의 개조'로, 국가정체성의 회복이다. "우리는 누구인가"라는 물음부터 다시 써야 한다. 해방 이후 대한민국은 자유민주주의와 시장경제라는 헌법적 가치 위에 세워졌으나, 이제 그 근본이 흔들리고 있다. '대한민국 건국 부정론'이 퍼지면서, 청년세대는 국가의 출발점조차 혼동하고 있다. 정신의 뿌리가 흔들리면 공동체 유지가 어렵다. 이제 국가는 정체성 교육을 국가안보의 차원에서 재정립해야 한다. 건국의 역사, 산업화와 민주화의 경험, 그리고 자유를 위한 피의 희생을 청년 세대가 자랑으로 인식할 수 있게 만들어야 한다.

둘째, '제도의 개조'로, 국가경영 시스템의 혁신이다. 대한민국의 행정·사법·정치 시스템은 선진국의 외형을 닮았지만, 내용은 구한말의 파벌정치와 다르지 않다. 정책은 5년마다 뒤집히고, 법은 이념의 무기로 전락했다. 통일의 시대를 준비하려면 '국가경영 시스템'을 선진형으로 재편해야 한다. 행정은 전략 중심으로, 사법은 국민 신뢰 기반으로, 정치는 책임 연합형으로 개조해야 한다. 대통령 중심제의 독주 구조를 완화하고, 중장기 국가전략을 초당적으로 관리할 상설기구를 두는 것도 검토할 때다.

셋째, '경제의 개조'로, 생산 중심 경제로의 회귀이다. 경제는 이미 '분배의 정치'에 갇혀 있다. 하지만 통일 이후의 한반도는 8천만 인구의 생산 공동체가 되어야 한다. 이를 위해선 복지와 규제의 늪에서 벗어나 기업이 마음껏 혁신할 수 있는 환경을 조성해야 한다. '일하는 복지',

'도전하는 청년', '시장의 성장'이라는 원칙을 회복하지 않으면 자유통일은 공허한 말장난이 된다.

넷째, '사회의 개조'로, 공동체 윤리의 회복이다. 오늘의 한국 사회는 권리와 자유는 넘치지만 책임과 절제는 사라졌다. 지역·세대·이념의 분열이 일상화되었고, 개인주의가 공동체를 해체하고 있다. 통일의 길은 사회적 신뢰 위에서만 가능하다. 우리는 다시 '함께 사는 법'을 배워야 한다. 효(孝)와 예(禮), 공공의식 같은 전통적 미덕을 현대적으로 복원해야 한다.

다섯째, 국가의 비전으로, '자유통일'의 로드맵이다. 통일은 단순한 남북의 결합이 아니라, 새로운 문명국가로의 도약이어야 한다. 대한민국의 자유와 번영의 체제를 북한 주민과 공유하고, 한반도를 세계 5대 선진국 반열로 끌어올리는 '통일강국'을 목표로 삼아야 한다. 과거의 리더가 산업화를 통해 가난을 극복했다면, 미래의 리더는 체질을 바꿔 통일 한국의 기적을 완성해야 한다.

건국 77년 동안 전진(前進)하던 대한민국의 성장엔진이 멈춰 섰다. 온 나라가 낡고 좌편향된 국정이념의 포로가 되어 국론분열과 갈등의 도가니가 되었다. 국민은 좌·우 이념으로 두 동강이 나 서로를 배타하고 질시하고 있다. 국가 미래는 보이지 않고 암울하며, 국가비전과 전략은 실종상태로 길을 잃고 표류하고 있다. 설상가상으로 65세 이상 '고령층' 비중은 오는 2030년에는 25.0%, 2050년에는 39.8%까지 상승하게 된다. 인구 10명 중 4명이 일손을 놓게 돼 경제 전반에 활력이 떨어지고 성장률에 제동이 걸리게 된다.

대한민국호(號)가 안팎의 위기를 극복하고 다시 전진하기 위해서는

'박정희정신'을 부흥하고 박정희모델을 재건해야 한다. 좌승희 박정희 대통령기념재단 이사장은 나라의 밝은 미래를 위해서는 '박정희의 교훈'을 배워야 한다고 역설하고 있다. 첫째, '기업부국 패러다임'이다. 둘째, 평등과 균형에서 노력과 성과를 중시하는 '차별화정책'으로 가야 한다. 셋째, '정치의 경제화', 정치가 경제에 봉사해야 한다. 넷째, 경제·시장·기업은 민주화의 대상이 아니다. 민주화는 정치의 영역에 가두어 놓아야 한다. 다섯째, '지속 가능한 복지사회정책'을 펴야 한다. 여섯째, 남탓하는 국민에서 자조하는 국민으로 '의식혁명'이 일어나야 한다. 국가의 흥망은 시대의 도전에 어떻게 응답하느냐에 달려 있다. 이제 대한민국은 '대개조' 없이는 생존할 수 없다.

14
위기 속에서 길을 찾은 지도자들(세종대왕, 이순신, 박정희 리더십)

조선의 세종, 임진왜란의 이순신, 산업화의 박정희. 이 세 인물은 시대 환경은 달랐지만, 국가 위기 속에서 길을 만들어 낸 국민 영웅이다. 그들의 리더십에는 오늘 우리가 잃어버린 '국가경영의 정신'이 깃들어 있다. 세종대왕은 지성(知性)으로 다스린 '민본 리더십'의 전형이다. 그의 통치는 '인정(仁政)'으로 대표되지만, 그 핵심은 지성에 기초한 통찰의 정치였다. 그는 백성의 고통을 외면하지 않았고, 이를 해결하기 위해 학문과 기술, 제도의 힘을 총동원했다. 훈민정음 창제는 단순한 문자 혁신이 아니라, 백성을 계몽의 중심으로 하는 지식 민본주의의 출발이었다. 세종은 '국가의 지속 가능성'을 설계한 경영자였다. 그는 유능한 인재를 발탁해 집단지성을 제도화했고, 합리와 데이터로 정책을 결정했다. 오늘의 정치가 배워야 할 것은 바로 이 '지적 리더십'이다.

이순신은 절망 속에서 일군 '구국 리더십'의 전형이다. 그는 전쟁의 영웅이었지만, 그를 진정 위대하게 만든 것은 흔들리지 않는 멸사봉공의 리더십이었다. 12척의 배로 133척의 왜선을 물리친 명량대첩은 단순한 전술의 승리가 아니라, '무너진 국가의 자존'을 세운 역사적 승리였다. 그는 조정의 불의에도 분노하지 않았고, 백성의 눈물을 먼저 생각했다. 죽음 앞에서도 "내 죽음을 알리지 말라!"고 했다. 이순신은 두 자루 장검을 항상 벽에 걸어두고 자신의 정신과 기상이 새겨진 '검명(劍銘)'을 보면서 마음을 가다듬었다. "석 자 장검 높이 들어 하늘에 맹세하니, 산하가 떨고(三尺誓天 山河動色·삼척서천 산하동색)", "한번 휘둘러 쓸어버리니, 피가 산하를 물들인다(一揮掃蕩 血染山河·일휘소탕 혈염산하)." 오늘의 리더들이 이순신에게 배워야 할 것은 불평 대신 헌신, 권력보다 사명이다.

박정희는 근대화의 신념으로 일군 '실천 리더십'의 전형이다. 20세기 대한민국의 기적은 '박정희정신'의 산물이었다. 폐허 위의 나라에서 그는 '잘살아보세'라는 구호로 국민의 역량을 하나로 결집했다. 농촌 근대화, 수출 산업화, 교육 투자 어느 것 하나가 우연이 아니었다. 그는 세계 속에서 한국의 생존공간을 개척한 '현대판 개국 군주'였다. 박정희의 리더십은 비전과 실행의 결합이었다. 미래의 청사진을 제시하고, 그것을 밤낮으로 실현한 지도자였다. 물론 그의 시대엔 권위주의의 그

늘도 있었지만, 그가 남긴 '성장과 자주'의 국정 철학은 지금도 국가의 생존전략으로 유효하다.

세 지도자의 공통점은 나라를 다시 세운 거나 마찬가지로 '국가를 생각한 지도자'였다. 세종은 배움을 통해, 이순신은 신념을 통해, 박정희는 실행을 통해 나라를 세웠다. 세 사람에게 공통된 것은 자기 이익보다 국가의 존립을 먼저 생각한 '국가 우선 리더십'이었다. 오늘의 한국 사회는 풍요롭지만, 지도자는 가볍고 분열은 깊다. 세종의 지성, 이순신의 절의, 박정희의 실행력을 합친 리더십이야말로 대한민국이 다시 도약하는 데 필요한 '통합의 DNA'다.

역사는 늘 위기 속에서 리더를 부른다. 나라가 어지럽고 혼란스러워 갈 길을 찾지 못하고 있는 이때 우리는 박정희 대통령을 생각한다. "우리는 일을 하여야 한다. 고운 손으로는 살 수가 없다. 기름으로 밝히는 등은 오래 가지 못한다. 피와 땀과 눈물로 밝히는 등만이 우리 민족의 시계(視界)를 올바르게 밝혀줄 수 있는 것이다. '경제 지상(至上)' '건설 우선(優先)' '노동 지고(至高)' 이러한 국민행동의 강령이 제고되어야 할 것이다." 〈국가와 혁명과 나〉 중(中)

1963년 박정희 대통령이 쓴 이 글은, 62년이 지났지만 촛불난동, 사기탄핵, 그리고 적폐청산의 광풍(狂風)과 국민 갈라치기의 소용돌이 속에 무너진 우리 사회에 큰 가르침으로 다가온다. 노산(鷺山) 이은상(李殷相)[8] 선생이 별세하시기 전에 장경순 전 국회부의장에게 전한 일화(逸話)를 소개한다.

8 이은상(李殷相, 1903~1982) : 시조 시인. 호는 노산(鷺山). 필명은 남천(南川). 8·15 광복 이후 호남신문 사장과 숙명여대 이사장을 지냈다. 작품에 시 <가고파>, <성불사>, <고향 생각>, <봄처녀>, 시조집 <노산 시조집>, 저서에 <이충무공 일대기>가 있다.

"우리 역사에는 훌륭한 지도자가 세 분 있었소. 세종대왕, 이순신 장군, 박정희 대통령이오. 박 대통령은 세종과 이순신의 업적을 합친 지도자요. 세종 당시 조선의 인구는 약 700만~800만 명 정도였는데, 당시 백성들이 보릿고개에 굶주렸소. 통치의 근본은 백성들이 배를 곯지 않게 하는 것인데 많은 치적을 쌓은 세종도 가난만은 해결하지 못하였소. 그런데 박 대통령은 4천 년 가난의 고리를 끊으신 것이오. 이순신은 23번 일본군과 싸워 승리했소. 세계 해전사에는 트라팔가해전에서 승리한 영국의 넬슨 제독보다 이순신을 더 위대한 장군으로 평한다오. '노일전쟁'을 승리로 이끈 일본의 도고 헤이하치로(東鄕平八郎)[9] 제독조차도 "자기의 전공(戰功)은 이순신에 비교할 바가 못 된다"고 하였소. 손자병법에도 '싸우지 않고 승리하는 것이 최상책(不戰而勝·부전이승)'이라고 했소. 박 대통령은 부국강병으로 김일성이 감히 전쟁할 엄두를 못 내게 했소. 이게 어떤 전쟁보다도 월등한 승전이요."

15 '제2의 박정희' 출현을 대망(大望)한다

대통령제를 유지하는 우리나라에서 대통령에 투영된 '구세주(savior) 열망'은 피할 수 없다. 현 대한민국의 정국은 '대란대치(大亂大治, 크게 어지러워야 크게 다스릴 수 있다)'의 형세다. 박근

9 도고 헤이하치로(東鄕平八郎, 1848~1934) : 일본의 해군 원수. 노일전쟁 때 연합 함대 사령장관으로서 쓰시마 해전에 대승, 1913년 원수가 되고 1914년 동궁(東宮) 학문소 총재가 되었다. 정치에 개입치 않고 '침묵의 제독'으로 불리었다.

혜 대통령 탄핵 이후 대한민국은 '체제탄핵'이 시작됐다. 역사학자들은 박정희를 두고 "다시는 그런 인물이 나오기 어렵다."고 평한다. 그러나 "난세에 영웅이 난다."고 했다. 오늘의 대한민국은 그 '다시는'에 대한 부정(否定)이 필요하다. 국가정체성이 흔들리고, 성장의 엔진이 멈추며, 공동체의 근간이 무너지는 국망(國亡)의 시기에, 국민은 '제2의 박정희'를 대망(大望)하고 있다.

박정희의 시대는 '기적의 시대'였다. 가난한 나라, 전쟁의 잿더미에서 지도자의 결단과 국민의 근면이 만나 산업화를 이뤘다. 경제개발 5개년계획, 경부고속도로, 포항제철, 새마을운동…. 이 모든 것이 불가능을 가능으로 바꾼 국가의 서사였다. 그 서사에는 단 하나의 명제가 있었다. "국가가 먼저다." 개인과 집단의 이해보다 국가의 발전을 앞세운 통치 철학, 그것이 '박정희정신'의 핵심이었다.

오늘의 한국 정치에서 그런 철학은 찾아보기 어렵다. 국가 비전은 사라지고, 공공의 가치는 실종되고, 리더십은 포퓰리즘의 인질이 되었다. 그 결과, 국력은 분열되고, 성장은 멈추고, 외교·안보의 축마저 흔들리고 있다. 박정희 리더십의 본질은 '결단과 실행'이었다. 그는 계획을 세우면 밀어붙였다. 수많은 반대와 비난 속에서도 '가능성'을 현실로 만들었다. 그는 "우리가 못 하면 누가 하겠는가?"라는 소명의식으로 난제(難題)를 밀어붙였다. 지금 대한민국은 그 같은 책임감의 부활을 절실히 원한다.

'제2의 박정희'는 국가 재건의 비전과 실천을 겸비한 리더십의 귀환이다. 산업화 시대에 박정희가 있었다면, 미래산업·AI·에너지·안보의 전환기에는 또 다른 박정희가 필요하다. 혁신의 고통을 감수하며, 좌우의 진영논리를 넘어, 국민을 하나로 묶을 수 있는 지도자 말이다. 대한민국을 다시 도약시키겠다는 신념 하나로 국민을 설득할 수 있어야 한다.

박정희 대통령의 장손 박세현(20) 씨가 지난 10월 27일 해병대 병사로 입대했다. 박세현 씨는 박 대통령의 아들 박지만 EG 회장과 서향희 씨 사이의 4형제 중 첫째로, 미국에서 유학 생활을 하다 입대를 결정했다. 그는 '해병대 수색대' 지원 의사가 강한 것으로 전해졌다. 해병대 수색대는 적지 중심에서 특수 정찰, 대테러, 침투 작전 등을 수행하는 정예부대로 '해병 중의 해병'으로 불린다. '장수의 집안에는 호랑이 같은 아들이 난다.'는 '장문호자(將門虎子)'라는 말이 박세현 씨에게 잘 어울리게 되길 기대한다.

보수우파는 스스로 유능하다는 것을 국민에게 알려야 한다. 보수는 과연 자신들이 진정한 대안이 될 수 있느냐는 국민적 의문을 해소해야 한다. 정권교체가 대한민국과 나를 위한 더 나은 선택이라는 인식을 국민에게 심어줘야 한다. 위기극복을 위한 대한민국의 생존전략과 국가 백년대계를 위한 방략(方略)을 찾아야 한다. 국가시스템을 재정비하고 미래 성장동력을 확충하는 일에 전력을 기울여야 한다. 현 정부의 '국가주도' '공공주도'에서 탈피해, '민간주도' '시장주도'를 추진해야 한다. 경제 잠재성장률 저하, 노동·규제개혁, 저출산·고령화, 빈부격차, 중앙·지방격차, 소멸하는 대학·지방문제, 과학기술 초격차 확보 등을 정면 돌파해야 한다.

역대 대통령들의 자질이 점점 하락하고 있다는 발표가 있다. 이것이 굳어지면 국가의 재앙이 된다. 무능한 국가지도자는 급변하는 세계의 진운(進運)을 읽어내지 못하며, 그 결과는 '국망(國亡)'으로 귀결된다.

내일을 팔아 오늘의 지지(支持)를 사는 정치인들이 문제다. 온갖 비난을 무릅쓰고 국가개조를 위해 정면 승부하는 지도자가 나와야 한다. 진정한 보수는 미래의 과제를 선취(先取)해서 도전해야 한다. 이미지만으로 지도자를 선택하면 나라가 망한다.

지금 이 나라는 방향을 잃은 배와 같다. 박 대통령이 맨주먹으로 발전시킨 대한민국이 건국 이후 최대의 위기에 봉착해 있다. 국가 재건(再建)의 리더십이 다시 필요한 때이다. 대선이 있는 2030년의 시대정신은 무엇이 될까. 필자는 '다시 한번 흥기(興起)'와 '자유 통일'이라고 생각한다. 정권교체는 있어야 할 데에 국가가 있게 하도록 보수우파가 이뤄야 할 시대의 소명이다.

보수 지도자들은 "하면 된다(can do)"는 '박정희정신'을 배워야 한다. 대란(大亂)이 대치(大治)로 해결될 수 있도록 체제를 수호하고, 부국강병으로 안보위기를 불식하고, '부국(富國) 혁명(경제 개혁)'으로 경제 살리는 비전을 제시해야 한다. 제2의 기적'은 준비된 국민과 결단의 리더가 만날 때 일어난다. 그날을 위해, 우리는 시대를 읽는 혜안과 미래 지향적인 통찰력으로 부국강병을 이룰 수 있는 지도자, '제2의 박정희' 출현을 대망(大望)한다.

에필로그

대한민국이 흔들릴 때마다 우리는 묻게 된다. 이 나라는 어떻게 여기까지 왔는가? 그리고 어디로 가야 하는가? 그 질문의 중심에는 언제나 '박정희 시대'가 있다. 박정희는 과거의 인물이 아니다. 그는 여전히 국민의 마음속에 살아 숨 쉬는 현재 진행형 인물이다. 대한민국이 위기의 갈림길에 설 때마다 시대가 다시 불러내는 이름이다. 이 책이 '소환 박정희'라 이름 붙은 이유도 여기에 있다. 자유체제의 바탕 위에 산업화와 민족중흥이라는 그의 선택과 결단은 오늘의 대한민국이 어떤 길을 가야 하는지를 묻는 거울이기 때문이다.

졸저 〈소환 박정희-시대가 소환한 박정희 정신〉은 박정희를 미화하기 위한 기록이 아니다. 자유 대한민국을 지키고 키워낸 위대한 역사에 대한 응답이다. 특히 오늘의 청년 세대에게 박정희는 낯설고, 때로는 왜곡된 이미지로만 전해져 왔다. 그러나 자유와 번영의 대한민국을 만든 '박정희정신'을 다음 세대에게 온전히 전달하는 것은 오늘을 사는 기성세대의 책무이기도 하다.

이러한 문제의식을 더 넓은 국민적 공론의 장으로 확장하기 위해, 우리는 또 하나의 '소환'을 준비하고자 한다. 자유체제 수호 다큐멘터리 〈전쟁의 유산〉으로 냉전과 안보의 본질을 집요하게 조명해 온 거장(巨匠) 김채영 감독과 함께, 박정희 대통령 시대와 정신을 다큐멘터리로 담아내는 〈소환 박정희〉 영화 제작을 추진한다.

이를 위해 본서 출판기념회는 영화 〈소환 박정희〉 제작 추진위원회 발족을 공식적으로 밝히는 출발점이 된다. 이 영화는 과거를 둘러싼 이념적 소음을 걷어내고, 젊은 세대가 스스로 판단할 수 있는 이론적 논거를 제시하는 데 목적이 있다. 자유 대한민국의 역사와 미래를 지키고자 하는 시민 한 사람 한 사람의 참여가 모이면, 역사 왜곡과 좌 편향 이념에 맞서는 힘이 된다.

이 다큐 영화는 박정희에 대한 감상이나 신화를 넘어, 박정희가 어떻게 혁명의 결단을 했고, 어떻게 가난을 극복하고 대한민국을 부민강국(富民强國)으로 발전시켰는지를 사실과 기록, 증언으로 조명하는 작품이 될 것이다. 박정희 개인이 아니라, 박정희를 소환할 수밖에 없는 '시대의 조건'을 묻는 작품이 될 것이다.

우리는 박정희 대통령 탄신 110주년이 되는 2027년 11월 상영을 목표로, 이 다큐멘터리 제작을 위한 국민 모금에 나설 계획이다. 이는 미래를 위한 성찰의 과정이며, 자유·안보·국가라는 본질적 가치에 대해 다시 생각하는 계기가 될 것이다. 자유는 공짜로 주어지지 않는다. 국가 역시 누군가의 결단과 희생 위에 세워지고 지켜진다.

역사는 올바르게 기억하는 민족에게 미래를 개척하는 자산이 된다. 이 책을 읽는 독자 여러분께 감히 요청한다. 동행자가 되어 달라. 대한민국의 정체성을 지키고, 역사를 지켜내는 주체가 되어 달라. 지금, 우리는 다시 박정희를 소환한다. 그리고 그 소환은 〈소환 박정희〉 책과 영화, 그리고 독자의 참여로 완성된다. 끝.

시대가 소환한다

소환 박정희

인 쇄 2026년 1월 13일
발행일 2026년 1월 23일

저 자 | 우종철
펴 낸 이 | 김광태
펴 낸 곳 | 도서출판 승연사
디자인·인쇄 | 네오프린텍㈜
출판등록 | 1991년 4월 21일 제318-2005-000054호
전 화 | 02-2671-5305 / 02-391-2239
핸 드 폰 | 010-3243-5305
주 소 | 서울시 종로구 진흥로432 요진오피스텔 908호
E-mail | ktkim7788@naver.com

값 25,000원
ISBN 978-89-93297-36-2 03340